OUVRAGES DU MÊME AUTEUR

Lieutenant en Algérie, Julliard.
Le Défi américain, Denoël.
Le Manifeste radical, Denoël.
Le Pouvoir régional, Grasset.

Le Défi mondial est publié simultanément à l'automne 1980 par les éditeurs suivants :

Verlag Fritz Molden, Munich, Allemagne, Autriche.
Editora Nova Fronteira, Rio de Janeiro, Brésil.
Plaza y Janes S.A. editores, Barcelone, Espagne et Amérique du sud.
Simon & Schuster inc., New York, Etats-Unis.
Fayard, Paris, France.
Werner söderström osakeyhtiö, Helsinki, Finlande.
William Collins sons & co Ltd., Londres, Grande-Bretagne.
Vikas publishing house Pvt Ltd., Delhi, Inde (3 langues).
Zmora bitan modan, Tel-Aviv, Israël.
Arnoldo Mondadori editore, Milan, Italie.
Shogakukan publishing co Ltd., Tokyo, Japon.
Arab Institut for research & publishing, Beyrouth, Liban et Pays Arabes.
Gyldendal norsk forlag, Oslo, Norvège.
Uitgeverij Orbis en Orion NV (Langue néerlandaise), Pays-Bas.
Publicações dom Quixote, Lisbonne, Portugal.

Agent international : *Alex Grall, Paris.*

LE DÉFI MONDIAL

Jean-Jacques Servan-Schreiber

Le Défi mondial

Fayard

Maquette de couverture : Régis Pagniez

Sommaire

TROISIÈME PARTIE

LA RESSOURCE INFINIE

1.

Un soir à Taïf

Montagnes hautaines aux faces cuivrées, fraîcheur délicieuse de l'air... Le Massarah dresse, à 1 800 m d'altitude, ses colonnes de cristal et ses jardins en terrasses, au flanc du village silencieux. Et sur l'autoroute du désert, l'aéroport d'altitude le plus moderne du monde émerge du crépuscule.

Les feux de balise des pistes s'allument. Quatre lettres, tracées ici uniquement en arabe, s'illuminent : TAÏF.

Dix jets privés atterrissent successivement : ceux des ministres du Pétrole. Des limousines viennent se ranger devant chaque appareil puis repartent aussitôt.

Deux officiers en uniforme léger beige, frappé aux épaules des sabres verts entrecroisés du royaume d'Arabie, montés sur grosses cylindrées Honda noires, leur ouvrent la route toute neuve, à trois voies, qui, sur 15 km, conduit à la petite ville sainte de Taïf.

Les équipages motorisés s'enfoncent entre les montagnes majestueuses que le soleil oblique teinte maintenant de ses derniers feux, dépassent deux minarets d'où descend l'appel à la prière du soir, traversent le village, inchangé depuis qu'à l'aube du siècle dernier Séoud le Grand y fut tué en pleine conquête, et poursuivent sur l'autoroute qui mène vers Djeddah, La Mecque, la mer Rouge.

Ce petit mur de pierre, devant lequel chaque escouade du cortège ralentit un instant, c'est tout ce qui reste de la maison de berger où, il y a treize siècles, le Prophète Mohamed trouva refuge, pendant une nuit et un jour, lorsque, chassé par une foule incroyante, il dut s'enfuir de La Mecque. C'est là, à Taïf, qu'il réunit la petite poignée de fidèles qui allait, autour de lui, entreprendre les conquêtes de l'Islam.

Les voitures contournent un vaste palais moderne, aux lignes élancées, couleur de sable, que l'on distingue à peine, dessiné par les deux plus célèbres architectes du moment, un Américain et un Japonais. Il a été construit cet hiver pour le prince héritier. Au cours d'un week-end, le roi est venu l'admirer. Le prince, son frère cadet, le lui a alors offert.

A gauche, au bout d'une allée d'arbres, surprenante sur ce sol de montagne, une villa célèbre entourée d'un jardin verdoyant, qu'on appelle familièrement : « celle de Zaki ».

Le cortège atteint la hauteur d'où domine le Sheraton, surplombé par le lourd radar géant qui pivote lentement, balayant la mer Rouge. Les chauffeurs déposent chacun leurs passagers devant l'une des villas qui les attendent. Une armée de 1 500 hommes, chargés de veiller sur la sécurité des gardiens du pétrole, forme, avec ses véhicules blindés immobiles, comme une ceinture de bronze.

Le silence est total... A une heure d'avion, à Riyad, c'était, en ce jour de printemps 80, la cohue. A Riyad où se bousculent dans la fournaise marchands et ministres accourus des quatre coins de la terre. A Riyad où s'échangent d'heure en heure les « fortunes du siècle » et où se pressent, en une procession ininterrompue, ceux qui furent les maîtres, venus ici pour flatter, mendier, promettre, arracher de haute lutte quelques contrats.

Là, dans la lourde bâtisse de l'Intercontinental, unique lieu de rendez-vous, se trouvaient en même temps, avec leurs délégations respectives, le chef des Palestiniens de l'OLP (quinze chambres), l'envoyé spécial du Président des Etats-Unis (vingt chambres), le chef de l'Etat syrien (dix chambres), croisant le chancelier d'Autriche sur le départ. S'ignorant les uns les autres, se succédant sur le chemin des palais des princes, cherchant un fauteuil libre dans l'un des trois salons du rez-de-chaussée envahis par quelques poignées d'hommes aussi humbles à Riyad qu'ils sont assurés chez eux : les patrons des multinationales de la construction et des travaux publics, de l'armement, de la métallurgie, de la pétrochimie, de l'aéronautique...

La foire aux milliards de Riyad éclipse aujourd'hui Wall Street et sa fièvre, la City de Londres et sa légende, Zurich et ses secrets, et même les dernières venues des grandes places financières : Francfort, Tokyo, Hong Kong.

Toutes ces fières cités marchandes, où il sied d'avoir pignon sur rue et de s'agiter si l'on veut « compter » dans le réseau international, tournent aujourd'hui comme des satellites autour de cet astre surgi si brusquement qu'il demeure encore presque inconnu, sauf des possesseurs, dépositaires, démarcheurs, intermédiaires, clients et traiteurs de l'or du monde : Riyad.

Mais en ce soir d'été, le royaume saoudien montre aussi son autre visage...

Dans le calme de Taïf, que toute la péninsule sépare du redoutable détroit d'Ormuz, si vulnérable, on défait les bagages.

De chaque serviette ministérielle sort un exemplaire du rapport sur lequel travaillent, depuis deux ans, ces hommes chargés de formuler, pour la première fois, une « stratégie à long terme » pour le plus ambitieux cartel dans l'histoire de l'économie moderne : l'Organisation des Pays Exportateurs de Pétrole, dont les initiales imprimées, martelées jour après jour, redoutées, jalousées, souvent menacées, rythment le sort des nations : OPEP.

L'examen du texte, longuement discuté, pesé et peu à peu devenu de portée planétaire, va occuper ces hommes pendant deux jours. Après Taïf, ils auront à se rencontrer inlassablement de ville en ville, de crise en crise. Pourront-ils faire prévaloir une volonté commune ? Ici, à Taïf, ils l'espèrent et s'y préparent.

Les 40 pages du manifeste à couverture verte, accompagné pour chacun d'une lettre personnelle, courtoise et solennelle, de Cheikh Yamani, Président du comité de Stratégie à Long Terme, tracent l'architecture d'un nouvel ordre mondial que ses auteurs destinent à la relève de celui que le monde occidental mit en place au lendemain de la guerre, voici trois décennies — et qui est épuisé.

Au cœur du document de Taïf, il n'y a plus seulement le pétrole et son prix. Il s'agit d'autre chose : sous quelle forme le monde peut-il revivre ? La question est celle d'une Renaissance.

Des mondes qui se sont depuis toujours ignorés, méprisés ou entre-tués, sont désormais impuissants contre la force des choses. Ils apprennent qu'ils ne peuvent vivre qu'ensemble et jamais ils n'ont eu aussi peur les uns des autres. Ils ne peuvent plus, selon la formule fameuse, « supporter ni leurs maux, ni leurs remèdes ». Mais l'échéance est là.

Tout au long des dernières années, les représentants de ces blocs fermés, méfiants, repliés sur eux-mêmes, — celui de l'univers industriel, celui du Tiers-Monde, celui de l'Opep, — se sont régulièrement rencontrés, avec solennité, pour tenter de se parler. Rien n'en est sorti. Bientôt il va être trop tard. Toutes les ressources s'épuisent. Même l'espérance.

D'où l'initiative, décidée depuis deux ans maintenant, des hommes réunis à Taïf. Non, certes, pour prendre en charge un univers en miettes ou en faillite qu'ils ne peuvent songer à reconstruire autour du golfe d'Arabie. Ils craignent plutôt que l'on attende trop d'eux. Comme ils ont appris à redouter les conséquences de l'excès même de leur soudaine richesse. Mais la démission des maîtres d'hier a laissé un vide...

Ces hommes possèdent le pouvoir pétrolier dont la nature leur a fait don. Et une poignée d'entre eux, des pays les plus riches et les moins peuplés sont devenus les maîtres du pouvoir financier. *Les deux clés de l'économie mondiale affaissée — l'énergie, l'investissement — sont ainsi entre leurs mains.* Entre leurs mains fragiles. Ce pouvoir presque magique, ils savent qu'il faudra le mettre, d'une manière ou d'une autre, au service de tous. Ils n'ont guère le choix. Mais à quelles conditions ?

Que tous se mettent, pour la première fois dans l'Histoire, à travailler ensemble pour créer. Que le *développement,* ce domaine fabuleux auquel les trois milliards de prolétaires de la planète n'ont jamais, jamais eu accès, devienne un bien commun. Que les univers se complètent enfin, qu'ils trouvent en eux la volonté, qu'ils définissent les voies. Alors le trésor de l'Opep, comme il le doit, pourra être mis en jeu sans être perdu. Mais avant ?

Ce qui va devenir l' « esprit de Taïf », et inspirera la politique du Golfe, n'est pas en soi un programme ; c'est un appel. Il met en garde. Il place chacun devant ses responsabilités. Et, en premier lieu, l'Occident souverain, déposé comme despote mais non comme partenaire, s'il accepte de se reconnaître comme tel et de commencer à construire, avec les autres et parmi eux, un nouvel ordre mondial.

Tel est le message de Taïf, préparé au nom de milliards d'hommes au destin incertain, comme celui de ses auteurs.

Chaque semaine qui passe, risque d'apporter plus de désordre encore. Il faut gagner le désordre de vitesse... Ceux qui sont réunis à Taïf posent les vrais problèmes. Il faudra bien leur répondre. C'est faute de l'avoir fait que la tension des pays de l'Opep, comme la faillite économique autour tendent à devenir incontrôlables.

Leur main n'a pas tremblé :

« La tournure des événements a fini par conférer objectivement à notre Organisation une dimension tout à fait nouvelle, une responsabilité mondiale.

« Nous entendons assumer cette responsabilité en son entier. Et nous l'entendons ainsi : définir avec les autres pays du Tiers-Monde un programme commun, et global, sur chacun des aspects essentiels du nouvel ordre mondial à négocier face à l'univers industrialisé.

« Tout doit être fait pour transformer radicalement la situation des pays du Tiers-Monde par un transfert massif des capacités à partager avec les pays industrialisés.

« Au-delà, il s'agit de mettre en œuvre une réforme complète du système économique et monétaire qui a régi l'ordre ancien, lequel n'est plus acceptable. »

Ce mardi soir, tandis que ses collègues et invités arrivent des capitales de l'empire du pétrole — Tripoli, Téhéran, Koweit, Alger, Bagdad — Ahmed Zaki Yamani, leur hôte, venu la veille de Riyad pour une journée de réflexion chez lui, profite de cette courte pause parmi sa famille et quelques rares amis, pour se préparer à la plus ambitieuse bataille qu'il ait livrée depuis bientôt vingt années, face à ce vainqueur de toujours, immense et multiforme, inaccessible et dominateur : l'Occident.

Cheikh Yamani est, ici, bien différent de son image publique, de cette silhouette « à l'occidentale », élégante, toujours en mouvement, entre une puissante limousine et l'entrée d'un palace, face à des batteries de caméras et de micros, prononçant d'une voix volontairement basse, à mots presque sybillins, quelques sentences qui font le tour du monde et souvent le font trembler.

Non, ce soir, il est chez lui. En robe de soie, tête recouverte, babouches confortables et discrètement dorées aux pieds, il est paisible, comme ré-enraciné. Il devise parmi ses amis avec plaisir ; il n'a plus à peser ses mots. Il se laisse aller à son naturel, revers de cette dureté d'acier qu'on lui connaît dans la négociation : une gentillesse réelle. Il déteste la passion et n'a jamais connu la haine. Jamais, en tout cas, à Taïf, seule résidence qui soit vraiment la sienne, si près de La Mecque sa ville natale, — qu'on aperçoit au fond de la vallée, au bout de l'autoroute éclairée de mille feux qui serpente jusqu'à Djeddah.

Par la force des choses plus que par détermination, Cheikh Yamani est aujourd'hui devenu l'une des premières vedettes politiques sur la scène mondiale. C'est aussi un personnage unique.

Sur les dix ministres de l'Opep venus le rejoindre et dont les avions tournent au-dessus de la piste de Taïf, pas un seul n'occupe son poste depuis plus de quelques années, souvent même quelques mois, pas un seul ne figurait dans le club de l'Opep lorsque Yamani y arriva en 1962. Pas un seul, même, qui fût présent au moment des chocs de 1970 et 1973, lors de la prise de contrôle par les pays producteurs du prix du pétrole en même temps que de sa production.

En dehors même des atouts qu'il a su patiemment mettre dans son jeu à travers bourrasques et tempêtes, l'influence et le pouvoir de Cheikh Yamani reposent sur deux piliers visibles de tous les horizons : la capacité financière sans égale de l'Arabie Saoudite; la durée sans précédent de la présence personnelle du Saoudien à son poste.

Ce soir, il ne se dérangera qu'une fois avant le dîner. Ce sera pour accueillir le Président en exercice de l'Opep, le ministre vénézuélien Umberto Calderon-Berti.

Ils ne peuvent, à aucun moment, oublier combien les querelles et les surenchères idéologiques, nationalistes, religieuses existent — comme partout. Le poids des hégémonies, le conflit permanent entre l'Irak et l'Iran, le jeu libyen, la question palestinienne, pèsent sur l'avenir.

Pour atteindre leur premier objectif, qui paraissait si lointain, suspect et aléatoire — l'union entre l'Opep et le Tiers-Monde —, un complice convaincu et efficace du Saoudien a été le Vénézuélien.

Calderon-Berti, ingénieur de profession, n'a accédé que récemment à son poste mais il l'a fait en Amérique latine, région sensible, vulnérable, en constante éruption sociale et politique. De Cuba à la Jamaïque, entre Mexique et Costa Rica, les régimes se radicalisent, chaque pays, pris entre la puissance colossale, écrasante des Etats-Unis et une misère chaotique, enfante durement son avenir. Les « nouveaux riches » du pétrole sont devenus la cible des attaques révolutionnaires et d'une jeunesse révoltée.

Le Vénézuéla, le Mexique ont été perçus dans la profondeur des masses sud-américaines comme des complices objectifs des compagnies multinationales qui règnent sans partage, avec l'appui politique « yankee », sur le pétrole mondial. Calderon-Berti a ressenti, au milieu des siens, la force de ce bouillonnement et la longue impuissance des responsables — y compris ceux de l'Opep — à y répondre.

Aussi, dès son entrée en fonction, s'est-il entretenu avec Cheikh Yamani à Londres, dans l'appartement du Saoudien. Leurs analyses convergeaient. Ils n'ont eu besoin que de deux heures pour s'accorder sur une véritable doctrine commune, et de longue portée. Celle qui va gouverner chaque phase ultérieure de leur travail — et, si possible, l'avenir.

Après cette entrevue de Londres, le Vénézuélien énonça cette doctrine simplement et une fois pour toutes :

« L'Opep devra devenir l'instrument le plus puissant que l'on ait jamais mis au service des pays du Tiers-Monde. Désormais, nous traiterons avec eux, face à l'Occident. Nous irons jusqu'au bout. »

C'est ce qu'ils ont décidé de faire au milieu d'un immense et légitime scepticisme. Le mouvement n'est qu'esquissé, demeure bien vulnérable. Le travail de Taïf est destiné à provoquer l'ébranlement. Le moment s'y prête.

L'affaiblissement économique de l'ensemble du système industriel, à l'Est comme à l'Ouest, depuis ce qu'on a appelé « le second choc pétrolier » — en fait, nous le verrons, le troisième : la hausse de 100 % qui a suivi la révolution en Iran et la chute du Shah —, a frappé des économies rongées par l'inflation, dérivant sans coordination vers une guerre commerciale intestine sans merci, maintenant exsangues en capitaux au moment même où elles éprouvent le plus cruel besoin de se renouveler. Les pays « riches » ont atteint la limite de leur développement. Et ce constat leur est insupportable.

Les pays pauvres, eux, sont en perdition. Les divergences idéologiques et les multiples conflits du Tiers-Monde ne sont finalement que la surface des choses. La réalité c'est la chute vers une misère absolue. De moins en moins d'investissements, des capacités de développement par conséquent en régression, un endettement si considérable que près de cent pays du Tiers-Monde au bord de la banqueroute étudient la manière dont ils pourraient, sans provoquer de catastrophes en chaîne, et d'abord pour eux-mêmes — se déclarer « en état de cessation de paiement »...

Tel est, à l'aube des années 80, l'état du monde. Il est, au sens strict, intolérable. Il ne sera pas toléré.

2.

Les tonnerres du ciel

Ce soir, dans le salon de travail aux hauts murs de pierre rempli de fleurs du jardin, la présence du Vénézuélien, arrivé le premier, a rallumé chez Zaki Yamani les plus violents souvenirs. A commencer par le plus ancien. Le lointain prédécesseur de Calderon-Berti, qui représentait son pays il y a vingt ans à la première réunion de l'Opep, celle de 1960 à Bagdad, était déjà un homme sage, réfléchissant sur le long terme : Juan Pablo Perez Alfonso.

Le premier orage venait d'éclater entre les peuples de la péninsule arabique, encore impuissants, à peine éveillés de la nuit coloniale, et les grandes compagnies, propriétaires souveraines de la chaîne du pétrole, depuis l'extraction au fond des puits jusqu'à la vente à la pompe, contrôlant la production, les prix, le transport, la transformation, la commercialisation.

C'est une décision technique, prise dans la belle salle à air conditionné du conseil d'administration de la société Esso, au Rockefeller Center de New York, qui allait unir, dans un même combat face aux géants industriels de l'Occident, deux continents, deux peuples, deux cultures : l'Arabie islamique et l'Amérique latine.

Rencontre qui devait bouleverser les rapports de

forces économiques mondiaux et faire surgir, à vingt années de distance, l'appel de Taïf.

Un philosophe, un sociologue, un historien auraient sans doute soupçonné la force, nourrie de patience et de passion, de souplesse tactique et de détermination stratégique, que l'intelligente convergence de ces deux civilisations si différentes pouvait produire. Mais aucun politique, aucun économiste, aucun pétrolier n'en eut la moindre prescience lorsque M. Monroe Rathbone, président de la principale compagnie pétrolière américaine, Esso, prit une décision fatidique.

Considérant la surproduction et les ventes massives de pétrole russe qui provoquaient une nouvelle et inévitable baisse des prix sur le marché, le président d'Esso mit à l'étude une réduction du fameux « prix affiché » (posted price), base d'accord depuis le début du siècle entre les grandes compagnies pétrolières, les « Majors », et les pays producteurs auxquels, sur cette référence contractuelle, étaient versées les redevances.

Il s'agissait là de la principale, et, en général, de la seule ressource de ces pays, celle dont dépendaient leur budget, leurs équipements, leurs importations, la nourriture de leur peuple.

Le conseil d'administration d'Esso publia, sans consultation, un communiqué annonçant une baisse immédiate de 10 cents par baril. En quelques jours, les autres compagnies — BP, Shell, Mobil Oil, Aramco — s'alignèrent sur cette décision.

Ce qu'allait déclencher ce coup de force dont aucun gouvernement n'avait été prévenu, quelques hommes le pressentirent. Ceux qui, dans l'empire du Pétrole, avaient pris le temps et la peine d'apprendre et d'assimiler la culture, la nature des peuples de ces régions, soumis à la loi de la colonisation économique.

L'Américain Howard Page, dans la foulée des célèbres pionniers britanniques comme T.E. Lawrence, l'auteur des « *Sept Piliers de la sagesse* », avait appris à bien connaître et à aimer l'Arabie. Membre du conseil d'Esso au titre d'expert des questions du Moyen-Orient, on l'avait consulté et il écrivit à l'intention de son président : *Si vous faites cela, tous les tonnerres du ciel se déchaîneront. Vous n'imaginez pas l'ampleur et la durée des conséquences.*

L'Anglais Harold Snow, mathématicien de la BP (British Petroleum), eut une réaction « d'horreur », selon ses propres termes, et, dans son bureau, devant ses collaborateurs, pleura. Il en était sûr : l'univers allait basculer.

Les dés étaient jetés. Les compagnies, maîtresses de leurs décisions et de leur gestion, avaient décidé qu'elles pouvaient amputer d'un coup, sans négociation ni préavis, les ressources et les budgets des pays producteurs. Ceux-ci n'auraient aucun moyen de réagir, comme depuis le début du siècle. Comme depuis toujours.

Le Vénézuélien Perez Alfonso fut le premier à annoncer que les temps avaient changé : « Puisque c'est ainsi, nous allons monter un club, un club très fermé, un club qui contrôlera 90 % du pétrole brut sur les marchés du monde. Nous travaillerons la main dans la main. Désormais, nous allons faire l'histoire. »

C'était un mois, jour pour jour, après la décision d'Esso.

Perez Alfonso était un adepte attentif du premier inspirateur du Moyen-Orient, Gamal Abdel Nasser, qui avait prophétisé dans sa « Philosophie d'une révolution » : « Le pétrole, mes frères, est le nerf vital de la civilisation. Sans lui elle n'aurait plus aucun moyen d'exister. »

De Caracas, Perez Alfonso se mit en relation avec son homologue saoudien, le ministre du Pétrole de Riyad : Abdullah Tariki. Ils décidèrent d'organiser immédiatement une réunion secrète de cinq pays : l'Arabie, le Venezuela, l'Irak, le Koweit et l'Iran.

Le Shah d'Iran, Mohammed Reza Pahlavi, que les Américains étaient allés chercher dans son exil à Rome pour le replacer sur le trône, après avoir liquidé, en 1953, la première révolution iranienne, celle de Mossadegh, avait pris conscience de son pouvoir comme de ses intérêts. A la surprise de ses protecteurs, lui aussi se déchaîna comme les autres : « Même si cette initiative des compagnies pouvait leur paraître fondée en l'état du marché, elle est absolument inadmissible pour nous, prise sans nous consulter et sans notre accord ! »

Indigné, il consentit à se retrouver à Bagdad, sans préalable, avec ses ennemis acharnés, les révolutionnaires irakiens, pour s'unir en vue de mener la bataille contre les compagnies occidentales.

Pour l'organisation de cette réunion de Bagdad, qui s'ouvrit le 9 septembre 1960 dans l'indifférence générale des capitales occidentales — aucun journal n'en fit mention — Perez Alfonso s'en était remis au génie mobilisateur du Saoudien Tariki, ministre du Pétrole.

Tariki proposa aux délégués de fonder un instrument commun : l'« Organisation des Pays Exportateurs de Pétrole ». Ce soir-là s'inscrivaient dans leur siècle les quatre lettres fatidiques. Et cette « Opep » publiait son premier communiqué :

« Les membres de l'organisation ne pourront plus rester passifs devant l'attitude des compagnies. Ils exigeront pour l'avenir la préservation des prix. Ils s'efforceront d'abord, par tous les moyens, de rétablir les prix existant avant la dernière réduction. »

Abdullah Tariki, au nom du roi Saoud — fils et successeur du fondateur de l'Arabie, le fier guerrier Ibn Seoud, mort à Taïf en 1953 — venait de forger l'arme des temps nouveaux.

Un simple regard sur l'histoire de ce fameux « prix du baril », dont on ne cessera plus d'entendre parler, permet de mesurer ce qui vient de se passer. A quoi il n'a guère été fait de publicité. Et pour cause.

En 1900, prix du baril : 1,20 dollar. Trente ans après, krach de Wall Street et crise générale de l'Occident, prix du baril : 1,19 dollar. Premiers succès du « new deal » de Franklin Roosevelt et redémarrage de la machine économique des Etats-

Unis — prix du baril : 1,10 dollar. Pearl Harbour et entrée, en 1941, de l'Amérique dans une guerre qui devenait aussitôt mondiale — prix du baril : 1,14 dollar. Victoire des alliés, instauration d'un nouveau système monétaire reposant sur le dollar, lancement du plan Marshall, création des Nations Unies — prix du baril : 1,20 dollar. Déclenchement de ce que l'on appellera la « guerre froide » et chute, à l'hiver des années 50, du « rideau de fer » stalinien sur l'Europe coupée en deux — prix du baril : 1,70 dollar. Enfin, dix ans plus tard encore, réunion à Bagdad et naissance de l'Opep — prix du baril : 1,80 dollar.

On mesure la souveraineté des compagnies sur cette précieuse matière. Elles l'avaient au siècle précédent, découverte et s'en étaient assuré la maîtrise. En échange de bénéfices sans contrôle, elles l'avaient mise au service du prodigieux développement de l'Occident qui, en cinquante ans, de 1920 à 1970, fonda sur elle ses usines, ses activités, ses transports, ses villes, ses universités, ses laboratoires, sa civilisation, sa prospérité. Sans jamais songer à rémunérer davantage les pays producteurs et comme s'il s'agissait là d'une loi de nature, valable pour l'éternité.

Comme la plupart des jeunes gens des familles aisées du Moyen-Orient, Tariki avait fait ses classes, après la dernière guerre, aux Etats-Unis. Il avait parcouru, fasciné, le Texas et ses 20 000 puits de forage. Il avait assisté au Capitole à toutes les séances du Sénat américain au cours desquelles, en 1952, furent révélées par la « Federal Trade Commission » les pratiques monopolistiques et les doubles comptabilités des grandes sociétés texanes, héritières de leur père fondateur à toutes, le vieux John D. Rockefeller. Il avait été témoin de l'impunité de ces mastodontes qui pompaient, transportaient, distillaient et vendaient ce sang de la civilisation et qui figuraient désormais, les unes derrière les autres, aux premières places du tableau des sociétés industrielles internationales, loin devant les grandes firmes de l'automobile, de l'acier ou de la chimie. Se partageant sans bruit les marchés, subventionnant partout les pouvoirs politiques locaux...

Ainsi formé, éclairé, maintenant résolu, Tariki fut donc celui qui alluma la flamme. Il allait s'y brûler.

Dans la foulée de son triomphe à Bagdad, il voulut déclencher l'affrontement général. Il réunit une deuxième conférence à Caracas, avec un objectif audacieux : « Définir et imposer une formule équitable de fixation du prix du pétrole. » Il emporta une adhésion de principe. Mais comment s'y prendre ensuite ?

Dans la logique de sa démarche conquérante, sentant derrière lui la masse compacte de son Arabie, il convoqua une nouvelle réunion pour franchir d'un coup le cap : « Définir, d'un commun accord, le volume de production comme instrument indispensable à la mise au pas des compagnies, puis la fixation des prix et des redevances. »

Sûr de son bon droit, encouragé par l'union chaleureuse de ses deux parrains, l'Arabie et le Venezuela, qui prenaient l'Occident en tenaille, étonné et ravi de la surenchère du Shah lui-même, Abdullah Tariki attaquait sur tous les fronts, afin d'imposer l'Opep.

Il était soutenu sans réserve par le roi Saoud, qui se confinait dans la gestion interne d'un pays à l'unité encore précaire, toujours à court de fonds, dilapidés au rythme des versements de redevances par les membres d'une famille innombrable sur laquelle il ne régnait que par compromis et compromissions — pâle reflet de son redoutable père, Ibn Séoud, autoritaire, incontesté, vénéré.

Pour faire fructifier le pétrole, le roi s'en remettait donc à Tariki. Quant à l'héritier spirituel du fondateur du royaume, le préféré de toujours d'Ibn Séoud, Fayçal, frère cadet du roi Saoud, il occupait alors le poste, surtout honorifique, de ministre des Affaires étrangères. Il attendait son heure. Elle sonne.

Affrontement avec les grandes compagnies, épreuve de force sur les prix, création soudaine de l'Opep et remous violents qu'elle entraîne, chantage financier immédiat sur les pays producteurs sans ressources, sans réserves en devises, sans possibilités d'emprunt sauf à travers les banques liées aux compagnies elles-mêmes — le tonnerre se déchaîne.

L'Arabie Saoudite, en particulier, est lourdement déficitaire dans son budget intérieur comme dans ses comptes extérieurs. Le royaume, sans autres richesses que ses puits, dépendant du bon vouloir des sociétés multinationales, est au bord de la faillite.

Fayçal voit monter l'inquiétude des membres de la famille régnante dans les conciliabules de Riyad, de La Mecque, de Taïf, puis parmi leurs alliés des sociétés de commerce regroupées sur la mer Rouge, autour du port de Djeddah. Angoissée, la grande famille lui demande d'entamer une négociation avec son frère le roi pour que le pouvoir, dans cette tempête, change de mains.

L'issue ne fait guère de doute. Elle interviendra rapidement. Un nouveau gouvernement est nommé dont Fayçal, sous le simple titre de vice-Premier Ministre, mais avec le contrôle de tous les ministères importants — dont le Pétrole et les Finances — devient le maître. Parmi les garçons des familles du royaume que le prince suit et guide dans leurs études de droit et d'économie, vers Le Caire, la London School of Economics, ou les universités américaines, il a distingué très tôt le fils d'un juge modeste mais estimé de La Mecque. Il lui a fait parcourir tout le cursus honorum et le surveille au fil de ses succès : Le Caire, New York, Harvard. Au moment où le pouvoir lui appartient enfin, Fayçal, qui a hérité de son père un jugement sûr pour choisir les hommes, fait de son protégé, bien jeune mais doué et formé, son nouveau ministre du Pétrole : Ahmed Zaki Yamani. Il a trente-deux ans.

Le nouveau ministre jouit d'un préjugé favorable dans les milieux de New York. Il est aussitôt nommé, par exception, et en signe d'espoir dans la cordialité des futures relations, membre du conseil d'administration du consortium des compagnies pétrolières occidentales en Arabie : l'Aramco.

Yamani réserve sa première visite officielle à New York pour venir siéger à ce conseil. Par la modération de son expression, la sobriété de ses gestes et de ses propos, il conquiert. Il est bien le disciple de Fayçal, l'Arabe au visage d'aigle, à l'affût, le regard impérieux, qui va maintenant devenir roi.

Le contraste avec l'ère de Tariki, exilé au Caire, va s'avérer considérable.

Le roi Fayçal a depuis toujours une ambition : la renaissance de la puissance arabe. Sa foi religieuse est intense : du jour au lendemain, il fera respecter par la société saoudienne, tous les enseignements du Coran, dont lui-même s'inspire scrupuleusement. Les milliers d'ingénieurs et de techniciens américains de l'Aramco, dans leurs oasis modernes à air conditionné, éparpillés sur l'immense péninsule de sable, ont peine à croire les instructions qu'ils reçoivent : plus une goutte d'alcool à l'intérieur des frontières de l'Arabie, fût-ce dans un lieu privé ; plus une salle de distraction publique, fût-ce un cinéma ou une salle de jeu, ouverte après le coucher du soleil. Fayçal veut régénérer son pays.

Le roi a une stratégie politique : l'entente avec les Etats-Unis. Pour plusieurs raisons. Il craint, au nom de sa foi et des enseignements de Mahomet, tout ce qui ressemble au communisme des Soviets. Il redoute, dans cette région convoitée, les mouvements excessifs, nationalistes ou révolutionnaires. Il n'a pas d'indulgence pour ce qu'est devenu Nasser, avec qui il ne s'entendra plus. Il ne garde que de mauvais souvenirs des liens avec les Britanniques et ne comptera jamais sur Londres pour soutenir ses vues. Enfin, il vise Jérusalem et sa mosquée d'Al Aqsa, sœur en sainteté de celles de La Mecque et de Médine. Ainsi entend-il, en échange d'une patiente modération sur le pétrole, mettre Washington dans son jeu.

Tel est le cadre général dans lequel doit s'inscrire

l'action de son nouveau ministre, qui s'y tiendra d'autant plus
fidèlement qu'il y adhère de cœur et d'esprit.

Derrière son visage impassible et la modération
constante de sa voix, Yamani est habité par une certitude : le
triomphe final de l'Arabie, à condition que soit évité tout
accident, que soient soigneusement distinguées les vraies occasions des fausses. Ce ne sera jamais facile...

Ainsi, tout au long des années 60, Cheikh Yamani se
tiendra — et avec lui le royaume — sur une constante réserve. Il
respecte et soutient l'Opep ; mais il sait que les conditions du
succès ne sont pas encore réunies, que dans un affrontement
l'organisation, dont le maniement restera toujours délicat, se
briserait.

A la conférence de Tripoli, en Libye, où la plupart des
dirigeants de l'Opep veulent, en 1965, prendre le contrôle de la
production et en fixer le volume pays par pays, Cheikh Yamani
est absent.

Les propositions suivantes y sont faites : 9 %
d'augmentation de la production pour l'Irak, 14 % pour l'Iran,
10 % pour le Koweit, 30 % pour la Libye, etc. Mais l'unanimité
des membres est exigée pour leur mise en application. L'Arabie
s'y oppose.

Cheikh Yamani déclarera : « Le débat n'était pas
vraiment sérieux. Il n'avait pas de rapport avec la programmation de la production en tant que telle. Il ne faisait que recouvrir
des besoins économiques mal mesurés. »

Année après année, il maintient sa position et, en
1967, l'Opep renonce officiellement à prétendre contrôler la
production. Quant aux prix...

Les chiffres parlent. Nous avons vu comment les
compagnies occidentales étaient parvenues à maintenir un prix
constant — c'est-à-dire, en valeur réelle, de plus en plus faible
— pour l'achat du pétrole aux pays producteurs : de 1,20 dollar
en 1900 à 1,80 dollar en 1960. Dix ans plus tard, dix années
pleines après la création de l'Opep, le prix était, en 1970, de...
1,80 dollar. Il y avait eu, entre-temps, la guerre des « Six

Jours », l'humiliante défaite des armées d'Egypte, de Syrie et de Jordanie, l'appel pressant des dirigeants du « champ de bataille » à leurs frères arabes, à leur solidarité, les suppliant d'utiliser enfin l'arme du pétrole pour inverser le rapport des forces.

Mais cette vague de revendications continue de battre un roc : l'impassible Arabie. Fayçal et Yamani attendent, et attendront encore d'être sûrs de jouer gagnants.

Sans l'Arabie, personne au sein de l'Opep ne peut rien changer d'essentiel sur le marché du pétrole. Sa masse, sa production, ses réserves dominent de si haut que l'accord de Riyad est une nécessité, pour tous.

Tous, sauf l'Iran, puissant rival du royaume saoudien. Mais le Shah, de tous les dirigeants de l'Opep, était le plus étroitement lié à l'Amérique et violemment hostile aux mouvements populaires où il croyait toujours deviner la main de Moscou. Très averti lui aussi de la nature puissante et complexe des forces — pétrolières, financières, bancaires, industrielles, politiques, militaires — qui surveillaient et contrôlaient le précieux « marché du pétrole », il estimait, comme le roi d'Arabie, que les conditions d'un affrontement avec les compagnies et leurs protecteurs n'étaient pas réunies, ni même près de l'être.

Dix années après la création de l'Opep, rien n'a donc vraiment changé, hormis quelques améliorations, non négligeables d'ailleurs, dans le partage des redevances. Rien qui touche au pouvoir.

Et ce n'est ni de Téhéran, ni de Riyad, les deux puissantes capitales pétrolières, que va venir l'ébranlement, mais d'un autre lieu imprévu, désertique, domestiqué : le royaume du vieux monarque Idriss, la Libye.

En moins d'une semaine, à l'été 1967, la guerre dite des « Six Jours » avait vu l'écrasement des armées arabes coalisées et avait diffusé dans le monde musulman un terrible sentiment d'humiliation.

Non que les chefs militaires eussent jamais espéré la victoire par les armes. Ils avaient néanmoins calculé que la bataille durerait assez longtemps — deux semaines peut-être — pour que les « frères » qui ne se battaient pas, qui ne donnaient pas leur sang mais qui détenaient l'arme du pétrole, saisissent l'occasion fournie par le conflit militaire pour montrer enfin, à la face du monde, que le rapport des forces économiques était renversé — grâce au miracle pétrolier du Moyen-Orient, à la création de l'Opep, à la vulnérabilité, nouvelle et profonde, de l'Occident.

Churchill, le premier, avait déclaré à la Chambre des Communes, en 1919, à la fin de la Première Guerre mondiale : « Il ne fait aucun doute que les alliés n'ont pu naviguer jusqu'à la victoire que sur le flot ininterrompu du pétrole. » Si ce même pétrole, un demi-siècle plus tard, n'appartenait plus aux puissances coloniales de l'Occident mais aux pays du Golfe, la victoire était accessible. Il aurait d'ailleurs suffi de la menace... Elle ne vint pas.

Les nationalistes arabes en furent meurtris. Décidément, la puissance de l'Occident industriel était diabolique. Et la nonchalance des peuples du soleil sans doute trop ancrée dans les siècles pour être, à l'instant de l'épreuve, et non plus dans les discours, transformée en courage.

Les choses n'avaient pourtant pas été aussi simples. La plupart des pays de l'Opep, à l'appel de l'Egypte et de la Syrie menacées de déroute, avaient réclamé l'embargo pétrolier contre les puissances occidentales. Ils avaient rencontré deux obstacles décisifs, que le roi d'Arabie leur avait fermement laissé présager, puis que la fougue de Nasser et la passion populaire avaient balayés de leurs esprits.

Un embargo n'agit à court terme, en temps utile pour infléchir une bataille, rompre des alliances, que s'il est général.

Or, deux pays de la région, l'un sur le Golfe, l'autre

sur la Méditerranée, riches en pétrole l'un et l'autre, étaient solidement arrimés à l'Occident et nullement prêts à l'affronter.

D'abord, l'Iran du Shah, dont la fortune, la puissance économique et l'armée moderne, équipée par les Etats-Unis, se gonflaient d'année en année, ne visant rien moins que la reconstitution de l'antique empire de Perse, celui de Cyrus le Grand, dont serait bientôt fêté dans le faste le 2 500e anniversaire.

L'autre, sur la côte africaine de la Méditerranée, le vieux et stérile royaume de Libye, conquis et reconquis par les expéditions britannique, italienne, allemande, puis de nouveau britannique et enfin américaine, comme un boulevard désert et plat où il suffisait d'arriver avec quelques colonnes motorisées — et un peu d'or pour le Trône. A présent les prospecteurs étrangers y avaient découvert de considérables champs pétrolifères, et d'un hydrocarbure de la meilleure qualité. Sa fortune était faite.

Mais la fortune libyenne alimentait exclusivement les bénéfices des grandes compagnies et l'entretien des palais ou autres hôtels particuliers où frères, cousins, neveux et nièces, alliés du roi Idriss, vivaient en Europe.

A aucun moment, malgré l'embargo préparé par l'Opep pour soutenir la cause arabe contre l'Occident, ni l'Iran ni la Libye ne cessèrent d'envoyer leurs tankers pleins à ras bord, et à une cadence accélérée, vers les ports d'Europe et d'Amérique. Téhéran et Tripoli, durant plusieurs semaines, gagnèrent même ainsi, avec les compagnies qui les exploitaient et les encadraient, des marchés considérables.

Ayant prévu cette faille, résolu à ne pas s'associer à un fiasco, le roi Fayçal d'Arabie et son ministre du Pétrole n'avaient pas même pris part aux réunions de l'Opep sur l'embargo.

L'Amérique, rassérénée, y vit une nouvelle justification de son alliance avec le royaume. Alliance qu'avaient si bien parrainée et engagée, au cours de leur première et dernière entrevue à la fin de la Grande Guerre, les deux vieux chefs réunis à bord du croiseur « Quincy », sur la mer Rouge : Ibn Seoud et Roosevelt. Ils avaient, en un après-midi, scellé une union qui renaîtrait après leur mort.

Les Etats-Unis, vainqueurs et maîtres du monde, et l'Arabie devenue Saoudite, s'étaient alors reconnus comme désignés par le destin pour construire ensemble, de leurs forces conjuguées, le second versant du siècle. Voire au-delà.

Vingt ans plus tard, l'Amérique, ayant liquidé en Iran la première révolution nationaliste de l'empire du Pétrole, celle du vieux et prophétique Mossadegh, pour y remettre le jeune Mohammed Reza Pahlavi sur son trône, ayant arrimé l'Arabie à la grande aventure économique de tout l'Occident, ayant maintenu la Libye au rang des clients sûrs, put assister à la dérive impuissante des pays pétroliers. Au bout d'un mois à peine, la velléité d'embargo était officiellement abandonnée.

Jamais peut-être l'indépendance, si longtemps rêvée, si longtemps espérée et enfin acquise, ne parut si dérisoire aux peuples d'Afrique et d'Asie.

Ils avaient leurs drapeaux, leurs ambassadeurs, des sièges à l'ONU, des gardes d'honneur et des bureaucrates. Mais l'Occident, une fois encore, avait été plus astucieux et plus fort. Aucune main qui ne lui fût soumise n'avait pu approcher des grands leviers économiques du monde — et surtout pas des vannes du pétrole.

Ces Arabes, si fiers de leur culture et de leur très ancienne et glorieuse histoire, prêts au sacrifice suprême comme à l'ascétisme — davantage il est vrai qu'à la constance et à l'organisation —, aussi sensibles à l'invention qui féconde l'avenir qu'attachés au passé dans ce qu'il a de grand, quelle voie allaient-ils maintenant choisir, face à cet obstacle immense à cette force omniprésente, insaisissable : l'Occident industriel et développé ?

Le plus passionné de leurs amants, qui se révéla à lui-même par sa rencontre avec eux, qui les galvanisa jusqu'à la victoire sur les Turcs, jusqu'à la conquête décisive des rivages de la mer Rouge, le mystérieux T.E. Lawrence, décrit en termes inspirés, dans son livre mystique et prophétique, l'essence de l'arabisme :

« On peut lier les Arabes à une idée, comme à une longe. On les entraînerait aux quatre coins du monde. Leur esprit est étrange et sombre, riche en affaissements comme en exaltations, mais plus ardent et plus fertile en croyances que n'importe quel autre monde... Peuple aussi instable que l'eau mais, précisément comme l'eau, assuré à la fin de la victoire. Depuis l'aurore de la vie, ses vagues, tour à tour, se brisent. Chacune d'elles est retombée. Mais un jour une lame semblable roulera sur le lieu où le monde matériel aura cessé d'exister et l'esprit de Dieu planera alors sur le visage de ces eaux... l'Arabie. »

Réfléchir sur l'arabisme, à ce qu'il pourrait en advenir, n'était nullement, à vrai dire, à l'ordre du jour des maîtres d'une économie multinationale en plein essor.

Les Arabes étaient, à leurs yeux, gavés par les redevances d'un pétrole dont le volume d'extraction ne cessait de se développer à partir des puits, inégalables, du Moyen-Orient. Ils n'avaient jamais été aussi pétrifiés, les uns par la désespérante répétition des échecs militaires, les autres par les satisfactions de toutes natures que leur prodiguait une alliance étroite avec l'économie occidentale.

C'est pourtant de l'excès d'humiliation qu'allait surgir la foudre.

3.

Surprise en Libye

D'abord un épisode très discret dans un vieux quartier de Londres.

Quatre jeunes gens, dont deux Arabes, arrivèrent au club des « Ambassadeurs », fréquenté à la fois comme restaurant renommé et, à l'étage supérieur, comme salle de jeu de classe internationale.

Après le dîner, les deux Arabes, dont c'était l'une des rares soirées de permission durant leur séjour d'entraînement dans les camps d'élite de l'armée britannique, montèrent au premier étage pour regarder le spectacle.

Le plus jeune, étrange et robuste, s'approcha d'une table de jeu et, désignant l'un des joueurs, dit à son ami : « J'ai déjà vu cet homme-là. Qui est-ce ? Et avec qui joue-t-il ? »

Celui qu'il avait reconnu jouait de fortes sommes face à un célèbre armateur grec. A force de regarder fixement celui qui menait avec fièvre ce jeu d'enfer où il perdit près d'un demi-million de dollars en l'espace d'une heure, le jeune Arabe l'identifia enfin : c'était le conseiller personnel du roi Idriss.

Le soldat en fut glacé. Transformé en statue, s'imprégnant, rigide, de ce qu'il voyait là, à deux mètres de lui : ces mains, ces billets, cette ivresse du jeu, ce vertige.

Son camarade voulut l'entraîner, aller prendre un peu

l'air. Mais il refusa et dit seulement à voix basse : « Laisse-moi regarder encore. Voilà donc ce qu'ils font de tout l'or qu'ils nous volent ! »

Il resta une heure de plus, comme pour assimiler totalement, et pour toujours, cette révélation. En cet instant, le capitaine Muammar Kadhafi sentit sur son épaule la main du destin. Il pratiquait une foi fervente, depuis sa jeunesse passée dans le désert avec sa tribu des Sénussis, sous les tentes de peaux de chèvres, et prit ce soir-là la résolution d'obéir, sans hésitation ni nuance, à ce que lui inspirerait le prophète Mohammed [1].

Le capitaine libyen s'en retourna au royaume d'Idriss où, sous sa tente militaire, il se mit à lire chaque soir pendant de longues heures.

A côté du Coran, qui le plongeait dans la méditation, il disposait trois livres de chevet qu'il reprenait régulièrement, les conjuguant dans sa réflexion.

D'abord celui de son maître politique : la « Philosophie de la Révolution », de Gamal Abdel Nasser.

Ensuite les deux tomes complets des discours du président américain Abraham Lincoln pendant la guerre contre les Sudistes, pour l'émancipation des esclaves noirs.

Enfin, les Mémoires du très puritain et très calculateur général britannique qui, au cours de l'année brûlante et décisive de l'affrontement des armadas blindées, le long de cette côte désertique du Caire à Tripoli, de la baie d'Alexandrie et du golfe de Syrte, contemplait chaque soir, placée sous sa lampe de chevet, la photo de son adversaire légendaire, Rommel, pour mieux réfléchir à sa stratégie du lendemain : le maréchal Lord Montgomery, devenu vicomte d'El-Alamein.

Ainsi entouré de ses trois héros, plus méditatif et solitaire encore depuis son séjour à Londres, Kadhafi, à la fin de 1969, reçut un jour l'ordre de commander la garde qui

---

1. Le récit de cette soirée de Londres a été fait à Leonard Mosley par le compagnon de Kadhafi aux « Ambassadeurs » : le Cheikh Ahmed Al Abah, d'Oman.

rendrait les honneurs, au cours d'une grande cérémonie d'inauguration du plus moderne pipeline d'Afrique du Nord, aux invités du roi Idriss et de ses ministres : il s'agissait du fameux Armand Hammer, président de l'Occidental Petroleum, et des membres du conseil d'administration de cette compagnie américaine qui avait obtenu, par faveur spéciale et onéreuse, une très féconde concession en territoire libyen, et qui développait régulièrement sa production à l'écart des grandes compagnies.

La cérémonie fut magnifique. Cadillac, Rolls Royce, buffet, champagne, cigares Havane, cadeaux échangés, ravissantes hôtesses venues tout exprès d'Italie. Kadhafi, médusé, ne se laissa pas distraire. Il n'avait d'yeux que pour un seul homme : le roi Idriss saluant avec respect les seigneurs d'outre-Atlantique, s'inclinant devant leurs épouses.

De retour à son camp de Bab-Izizia, il réunit le soir même ses plus proches compagnons d'armes et ils prirent leur décision : dès la prochaine occasion...

Trois semaines plus tard, le roi et sa cour se trouvant en visite officielle en Turquie, Kadhafi, ayant pris le temps de choisir et de persuader ses complices en d'autres régiments placés aux endroits stratégiques, lance l'ordre de s'emparer des postes de commandement essentiels, des ministères, des administrations-clés, de la centrale électrique de Tripoli et des quelques généraux qui résisteraient. Il n'y en aura pas. En quelques heures, tout est fini.

Il annonce à l'aube que le roi est déchu et son régime aboli. Un Conseil de la Révolution, présidé par lui-même, est créé. Kadhafi est assisté par son ami intime, le seul qu'on lui connaisse, le commandant Abdessalam Jaloud. Précieux allié, celui-ci ne ressemble en rien au jeune homme de vingt-six ans qui vient de prendre le pouvoir. Homme affable, disert, déployant avec soin ses relations dans tous les milieux, libyens et occidentaux, de la classe dirigeante, Jaloud connaît, homme par homme, ceux qui détiennent les leviers du pouvoir.

Après avoir consulté Jaloud sur la personnalité des

officiers américains de la base aérienne de Wheelus Airfield, mise à la disposition des Etats-Unis, et après avoir sondé les réactions populaires, Muammar Kadhafi déclenche sa grande opération.

Il intime publiquement à l'armée américaine l'ordre d'évacuer sans délai les installations de cette base stratégique, et à tous ses hommes de quitter le pays.

Suspense considérable. Personne n'envisageait une capitulation de l'Amérique. La base était d'ailleurs imprenable, et la Sixième Flotte fonçait à présent vers la côte libyenne.

Le néophyte inconnu de vingt-six ans ne ressemblait en rien au vieillard éloquent, passionné, roué, démagogue, soutenu par tous les oulemas, qui avait réussi après une longue préparation populaire le même coup en Iran, vingt ans — déjà ! — auparavant...

A l'époque, la popularité, le charisme de Mossadegh — que l'on retrouvera, trente ans plus tard, chez l'ayatollah Khomeiny — constituaient une force exceptionnelle, et l'on avait eu très peur. Mais il n'avait fallu que quelques mois aux grandes compagnies, à la CIA et à l'état-major américain pour l'abattre, ramener de son exil romain le jeune Shah Mohammed Reza Pahlavi, et le remettre sur le trône.

Rien de comparable dans le coup libyen. Un capitaine sans implantation réelle, une population coupée du monde, un régime vicié, certes, mais qui comblait son peuple, le nourrissait, ne persécutait personne. Kadhafi affrontant l'Amérique ? Une question de jours.

Revenu d'un séjour d'été à Taïf dans son palais de Riyad, le roi d'Arabie est à peine informé de cette affaire, d'ailleurs bien lointaine, et concernant un pays de rang secondaire.

Il reçoit un envoyé spécial du roi Idriss qui, avant d'essayer de rentrer en Libye, sollicite conseil et appui du plus puissant seigneur de la région. Fayçal répond : « Qu'il ne s'inquiète donc pas trop. Il pourra bientôt rentrer. En s'attaquant de front aux Américains, ces jeunes gens sont allés trop loin. »

Trois mille kilomètres, que Fayçal n'a jamais franchis, séparent le désert entourant Riyad du golfe de Syrte, au pied de Tripoli... Fayçal se trompe.

Les profondes blessures au cœur des peuples arabes, la haine de l'Occident tout entier, ont marqué la population libyenne comme les autres. La colère populaire, les mouvements de foule dans les rues des villes, l'approche de colonnes d'hommes, de femmes et d'enfants en direction de la base de Wheelus Airfield, étaient autant de signes...

Si, dans les années 50, on pouvait encore impunément recourir au complot et à la force contre un Mossadegh pour reprendre le pouvoir — et les puits de pétrole —, la solution en 1970 ne se présentait pas de même manière, sauf à courir de grands risques.

Pour une fois, les experts du Département d'Etat — dont le leader compétent était James Akins, que nous retrouverons — furent écoutés attentivement. Sur leurs conseils pressants, la Maison Blanche donna l'ordre d'évacuer les bases militaires de Libye — espérant sauver le pétrole.

Deux semaines de plus, quelques émeutes, et le gouvernement britannique, de fort mauvaise humeur, en fit autant. Il donna instruction à son armée, celle-là même dont les pères avaient forcé la victoire sous les ordres de Montgomery dans ce désert libyen, d'évacuer définitivement leurs bases légendaires de Tobrouk et de Benghasi.

Kadhafi avait gagné. Il en remercia humblement, en public, Mohammed le Prophète, et Nasser son inspirateur.

Le monde arabe, stupéfait et ravi, contempla ce bouleversement, quelque peu sceptique encore sur l'épreuve de force qui allait inévitablement s'engager, non plus avec des garnisons militaires, qui ne sont de nos jours que des proies ou des otages potentiels, mais avec des adversaires autrement redoutables : les Grandes Compagnies.

Quand le jeune Kadhafi allait-il, face à leur bloc, se rompre le cou ?

Ne voulant pas relâcher un instant la cadence des événements, il confia au commandant Jaloud, devenu vice-président du Conseil de la Révolution et faisant fonction de Premier Ministre, qu'il allait proclamer la nationalisation immédiate de toutes les sociétés pétrolières installées en Libye.

Jaloud mesura le danger. Il eut le courage de s'opposer à son jeune Bonaparte du désert. Il le fit longuement, précisément, décrivant tout ce qu'il avait appris dans les réceptions et les dîners sur la nature du pouvoir économique moderne, ses différences, essentielles et redoutables, avec la fausse puissance militaire. Kadhafi ne se cabra pas. Il écoutait. Il voulait comprendre.

Jaloud lui dit : « En nationalisant les compagnies, tu risques de tout reperdre. Tu risques le boycott qui nous paralysera, car toutes les compagnies sont solidaires. Tu risques la fermeture des puits, l'arrêt des installations de pompage et de transport, la coupure des réseaux commerciaux et de distribution... Et nous n'avons pas un seul technicien pour nous en saisir. Tu risques la ruine. Ils n'attendent que ça.

Kadhafi : — Alors que proposes-tu ?

Jaloud : — Ne prends pas les compagnies, elles ne te serviront à rien. Tu n'aurais que des bâtiments vides sur les bras, et des puits inutilisables. Ce que tu veux, c'est leur argent. C'est par là que tout a commencé, tu t'en souviens, lorsqu'ils ont décidé, sans préavis ni consultation, de réduire le « prix affiché », déjà dérisoire, du baril de pétrole extrait du sol arabe. Ta mission est de les faire fléchir sur ce point crucial, de les faire revenir sur leur décision. Après, tout s'enchaînera. Si nous y parvenons...

Kadhafi : — Alors, nous l'annonçons.

Jaloud : — Surtout pas. Si tu prends de front l'ensemble des compagnies, toutes celles qui sont installées en Libye, ce sera le refus immédiat et solidaire. Elles ont les moyens de se passer longtemps du pétrole libyen. Pour des mois et des mois. Nous ne pourrons pas tenir tout ce temps. Tu dois t'attaquer à une seule, obtenir qu'elle signe, ne serait-ce qu'elle seule, un nouveau contrat relevant le prix. Par exemple de cinquante cents par baril. Ce serait suffisant. Ce serait un triomphe. »

Kadhafi examine avec Jaloud et quelques conseillers la liste des compagnies qui travaillent sur le sol libyen.

L'une d'elles a comme seul champ pétrolifère au Moyen-Orient une concession contestée, vulnérable, en Libye : l'Occidental Petroleum, celle d'Armand Hammer.

Le représentant d'Occidental Petroleum est chargé d'un ultimatum pour son patron : ou il accepte les termes d'un nouveau contrat, et l'augmentation de cinquante cents du prix affiché du baril, ou la Libye ferme ses installations — sans toucher à celles des autres compagnies.

Hammer, ce tigre qui cinquante ans plus tôt a séduit Lénine en lui fournissant, par contrats, médicaments et nourriture pour son peuple encerclé, puis fait fortune en Union Soviétique et, de proche en proche, dans tant d'autres pays avant d'en venir au pétrole, se trouve pour la première fois dans la situation d'un otage isolé. Personne ne prendra Hammer en pitié. Il est détesté de ses pairs qu'il ne se cache pas de mépriser. Cette fois, son isolement le condamne et il est d'ailleurs tout le contraire d'un naïf, il s'attendait à ce qui devait arriver. Il ne met pas longtemps à comprendre : il signe. Il saura en tirer profit.

Dans les quinze jours, les autres exploitants « indépendants » en Libye, foudroyés par la capitulation du tigre, signent à leur tour. Et, avant la fin du mois, les grandes compagnies s'inclinent.

Le 14 septembre 1970, un pays arabe a imposé ainsi, pour la première fois, l'augmentation du prix à tout le système pétrolier du monde occidental.

Après dix années d'immobilisme, la voie est grande ouverte pour l'aventure de l'Opep.

4.
Le serment d'Alger

Fayçal comprend tout ce qui peut en découler, à condition de préparer soigneusement la grande manœuvre. Il va s'y appliquer méthodiquement. Ce n'est pas simple. Il y faudra beaucoup de chance.

Après avoir envoyé un message cordial au nouveau maître de la Libye dont il respecte, par-delà les différences politiques, la foi scrupuleuse, le roi part méditer plusieurs jours à La Mecque puis se retire dans son palais de Taïf où il convoque l'un après l'autre ses ministres et collaborateurs. L'Arabie doit désormais prendre la conduite des opérations.

La perte de contrôle du pétrole du Moyen-Orient, dont les conséquences déferlent encore par vagues successives au moment de la réunion de Taïf, en 1980, trente ans après la révolution de Mossadegh, vingt ans après la création de l'Opep, dix ans après le coup d'Etat libyen, les experts du Moyen-Orient la datent tous de ce moment-là : la rencontre inattendue de deux volontés, celle du jeune loup sorti des rangs de la modeste armée libyenne et celle du seigneur d'Arabie, héritier d'une formidable dynastie et maître de l'utilisation, le jour venu, de l'arme absolue du pétrole — l'embargo.

Cette rencontre, au cœur de l'Opep, entre le prince souverain d'un fabuleux empire, fin manœuvrier, allié des

Etats-Unis, farouchement anticommuniste, allergique à tout
mouvement social violent, et le bouillant révolutionnaire libyen
qui a montré depuis au monde entier son intransigeance, sa
haine de l'Occident et de ses valeurs, sa volonté d'abattre les
privilèges et les élites, chez lui et partout où il peut étendre son
pouvoir — cette rencontre a pu paraître fortuite, éphémère,
artificielle. Or, elle a les racines les plus profondes : l'Islam,
l'arabisme.

Le meilleur historien de la dynastie saoudienne et de
son fondateur est le Français Jacques Benoist-Méchin. Il a
connu personnellement Ibn Séoud, il a fréquenté longuement
ses frères, ses fils, sa famille, il a appris l'arabe, il a vécu parmi
eux, il a observé avec effroi l'ignorance, le mépris de l'Occident,
pressenti la puissance d'avenir que recelait ce grand peuple, au
centre du monde. Dans son ouvrage essentiel consacré à Ibn
Séoud et à son royaume, il tente de percer le secret de cette
pensée et de cette force conquérantes :

« Deux fois au cours de l'Histoire, les bédouins
d'Arabie ont fait irruption dans le Bassin méditerranéen. Mais
chaque fois, toute l'énergie dissipée au cours de ces expéditions
avait été détournée du but essentiel : la constitution d'une
nation arabe. Que ce fût au IXᵉ ou au XIXᵉ siècle, le peuple arabe
était sorti de ces aventures exsangue et plus pauvre qu'auparavant. Ibn Séoud se refusait à commettre la même erreur.
L'Islam était pour lui l'essence même du génie arabe : une
discipline nécessaire sans laquelle les bédouins sombreraient.
C'était un mystique.

« La grande impulsion de sa vie ne lui avait été donnée
ni par les livres ni par le spectacle des injustices sociales. Jaillie
dans la solitude, elle découlait de la vision qu'il avait eue, dans
le désert. Toute sa vie ne s'éclaire et ne s'explique que par elle...
Avec le pétrole et les hauts salaires allait venir, pour les Arabes,
la grande tentation de l'Occident... Ibn Séoud voulait bien
accueillir les bienfaits de la civilisation occidentale, mais il
refusait d'en laisser pénétrer chez lui les aspects destructeurs,

qui pouvaient corrompre ses sujets. Pour tenir ces forces en respect, il se servit du Coran. »

Voilà, au plus profond, par où les deux hommes que tout en apparence séparait, aux vues fort dissemblables sur le monde à reconstruire après la renaissance du pouvoir arabe, voilà par où Fayçal et Kadhafi étaient « frères » de combat.

L'Occident, aveuglé par ses armadas, ébloui par l'amoncellement de ses propres richesses matérielles, négligea de s'en apercevoir lorsqu'il était encore temps de comprendre, avant de se retrouver solliciteur.

L'Islam, religion populaire, a d'abord donné sa dimension, sa puissance et son ambition au mouvement des pays pétroliers. Puis, peu après, à ce qui allait transformer en profondeur le rapport de forces : l'enracinement de l'Opep dans le Tiers-Monde. Alliance irrésistible que Nasser, précurseur pauvre et mal armé, avait annoncée à Nehru, à Tito, à Soekarno, à Ben Bella, à tous les chefs historiques de la décolonisation et de l'avènement des peuples prolétaires.

Son ami intime, son compagnon jusqu'à sa mort, Mohammed Heikal, longtemps directeur et éditorialiste du plus grand quotidien arabe, « Al Ahram » du Caire, aujourd'hui encore consulté régulièrement par les leaders politiques du Nord et du Sud, vient de le redire trente ans après Nasser lui-même. Il a publié à l'été 1980 une analyse de ce phénomène qui continue de témoigner de l'étonnante incapacité des hommes de la civilisation industrielle à comprendre ce qui est étranger à leur culture. Morgue née de la domination séculaire de l'Europe conquérante ? Infirmité ? Trente-cinq ans de croissance économique sans stratégie, conduite dans l'imprévision, trente-cinq ans de fautes politiques, de brutalité et de débâcles militaires en Asie, en Afrique, en Amérique latine, débouchent à l'aube des années 80 — affaissement de la machine économique et blocage de la machine politique — sur le désordre et la peur. Heikal écrit :

« Les têtes politiques de l'Occident tentent aujourd'hui d'expliquer ce qu'elles appellent « le renouveau islamique ». Mais « renouveau » impliquerait une absence antérieure. Or il n'y a jamais eu absence, la divinité dans l'Islam ne transcendant jamais l'Histoire mais restant toujours en elle. L'Islam ne fait aucune distinction entre le temporel et le spirituel et la main qui dispense la justice est celle-là même qui manie l'épée.

« La révolution de Mossadegh en 1951, en Iran, s'intégrait dans le grand mouvement de libération nationale qui saisit le Tiers-Monde dès le lendemain de la guerre mondiale. Les années 50 et 60 furent marquées partout, dans ces régions, par la révolution nationaliste et la décolonisation, ponctuées par les mouvements menés en Indonésie par Soekarno, par Gandhi et Nehru en Inde, Jinnah au Pakistan, Mossadegh en Iran, Nasser en Egypte, Nkrumah au Ghana, Ben Bella et Boumedienne en Algérie ; un seul et même mouvement. »

Derrière la souplesse tactique de sa diplomatie, Cheikh Yamani est, comme Ibn Séoud et comme Fayçal, un militant convaincu du « nouveau pouvoir ».

Une mode constante, dans les capitales de l'Occident frivole, veut qu'on tienne le leader de l'Opep pour un allié, pour celui « qui comprend », qui ne laissera pas les plus extrémistes détruire, par leur impatience et leurs excès, la société industrielle. Mais s'il est vrai que Cheikh Yamani ne joue jamais, pour l'Arabie, la politique du pire — il redoute trop les ravages qu'elle entraînerait pour son peuple au milieu d'un chaos universel —, il ne faut pas s'y tromper : son intransigeance est du même acier que celle affichée par les chefs populaires iraniens ou libyens. Plus lucide, elle n'en est que plus redoutable.

Il l'a montré — on l'oublie aisément — contre ses propres collègues de l'Opep lorsque, au moment de la crise la plus grave de l'organisation, au lendemain de la guerre des Six Jours, devant l'impuissance et la timidité du cartel, il convoqua un sommet purement arabe, plus étroit, uni par l'Islam, et proposa lui-même, pour menacer l'Opep et la forcer à l'action, une nouvelle organisation : l'Opaep (Organisation des Pays

Arabes Exportateurs de Pétrole), unissant autour de l'Arabie, pour commencer, la Libye, le Koweit et les émirats du Golfe. Nous mesurerons son efficacité au moment de la guerre de 73.

La nouvelle organisation, plus militante, de Yamani, admit en son sein, aux côtés de Kadhafi, l'Algérie, pourtant bien « socialiste » au goût du royaume saoudien, puis l'Irak, bien qu'allié de Moscou. Arabisme d'abord. Islam d'abord.

C'est ainsi qu'une communauté neuve, ancrée dans un même passé de quatorze siècles, dans une même culture coranique, une même volonté de maintenir la primauté du « spirituel » sur le « matérialisme » de la société technicienne, commença de mettre ses puissants moyens au service d'une ambition suprême : celle d'englober dans cette union l'immense masse des peuples misérables du Tiers-Monde pour mettre en œuvre avec eux, après trente ans « d'indépendance » de façade, les vrais moyens d'une émancipation économique, d'un décollage industriel, d'un mode de développement.

L'Irak, si différent, n'emploie pas le langage sobre des dirigeants de Riyad. Le responsable des investissements extérieurs au ministère irakien du Pétrole exprima cette même volonté en publiant dans l'organe officiel de l'Opep, peu avant Taïf 80, un éditorial rédigé en ces termes :

« La dimension politique du pétrole est issue de l'histoire même du colonialisme. A cause du pétrole et des convoitises étrangères, tous les pays de l'Opep, et particulièrement les Arabes, ont subi d'innombrables occupations, guerres, humiliations et pillages. Des maîtres étrangers, depuis le début du siècle, se sont emparés chez nous du pétrole, et nous ont à la fois ruinés et dicté notre destin. C'est pourquoi la prise de contrôle du pétrole est maintenant l'affaire de tous les mouvements de libération de par le monde. »

Comme l'Irak, mais sans ambition de conquêtes, l'Algérie de Boumedienne milite pour la fusion de l'Opep et du Tiers-Monde.

De tous les pays de l'Opep, de tous les pays arabes, c'est elle qui a versé le plus de sang pour conquérir son indépendance. L'Algérie est à l'Afrique et au monde arabe ce que le Vietnam est à l'Asie. La longue, cruelle et fratricide « guerre d'Algérie » a dominé l'époque, autant que la « guerre d'Indochine ».

Boumedienne demanda donc — et tout le monde l'admit —, que la première conférence plénière de l'Opep ait lieu avec éclat, avec un ordre du jour ambitieux, dans la capitale de l'Algérie.

Elle s'ouvre au Palais des Nations d'Alger, dans la banlieue de ce qui fut la perle — « Alger la blanche » — de l'empire colonial français. Le spectacle, dans lequel le monde occidental ne verra qu'une sorte de carnaval, sera extraordinaire.

Voici, pour la première fois au coude à coude, l'émir du Koweit, au large sourire, régnant avec aisance sur un petit pays devenu ultra-moderne, Suisse du Moyen-Orient, qui investit déjà dans quarante-cinq pays du monde — et les énigmatiques révolutionnaires libyens, fils du désert.

Voici le maître populiste de l'Irak, Saddam Hussein, face à son ennemi de toujours, élégant, habillé par les meilleurs tailleurs de Londres, empereur entouré de ses ministres et de ses généraux : le Shah Inshah d'Iran.

Devant la salle bondée, Hussein, à la tribune, s'avance vers le Shah, à qui jamais il n'avait adressé la parole. Il l'embrasse. Les délégués, debout, applaudissent interminablement.

Voici la statue du Commandeur : dans sa cape noire, Houari Boumedienne, yeux brûlants dans son visage si maigre, se dirige vers le fauteuil présidentiel.

Sur le drap vert qui recouvre la tribune apparaît, pour la première fois, un écusson portant, en blanc sur fond bleu, quatre cercles mêlés, le sigle magique : OPEP.

« Majesté, Frères... » Dès les premiers mots de son discours qui va durer trois heures, Boumedienne est interrompu par un tonnerre d'applaudissements, qui saluent comme la naissance d'un monde.

La déclaration finale des chefs de l'Opep, adoptée à l'unanimité, traite des plus graves problèmes (inflation, système monétaire, chômage, famine, commerce international, énergie, ressources naturelles, industrialisation) d'un point de vue volontairement mondial. Comme la presse des grandes métropoles industrielles n'en reproduit que quelques lignes, noyées dans de longs commentaires sur le « folklore » de la conférence et des supputations sur l'unique question, obsédante, du prix du baril de pétrole, les dirigeants de l'Opep décident d'acheter une page de publicité dans les principaux quotidiens d'Amérique et d'Europe pour y publier le texte intégral de leur déclaration.

Les deux décisions qui vont peu à peu dominer la scène, pour se déployer au début des années 80, y sont rapportées tout au long. Et d'abord l'annonce de la croisade :

« Les souverains et chefs d'état de l'Opep affirment *la solidarité naturelle qui unit leurs pays aux autres pays qui luttent pour vaincre le sous-développement.*

« Ils marquent combien ils apprécient le puissant soutien apporté à l'Opep par tous les pays en voie de développement, proclamé par la conférence générale qu'ils ont tenue sur la question fondamentale des matières premières, le mois dernier à Dakar.

« Ils constatent que la crise économique mondiale découle des inégalités profondes de progrès économique et social entre les peuples, inégalités engendrées par l'exploitation étrangère qui a entretenu le drainage des ressources naturelles et empêché tout transfert effectif de capitaux et de technologies. De ce déséquilibre fondamental procèdent l'inflation généralisée, le ralentissement universel de la croissance, la dislocation du système monétaire...

« Ils affirment donc leur volonté de coopérer avec tous les pays exportateurs de matières premières, et autres produits de base, pour obtenir des prix équitables et rémunérateurs. »

Vient ensuite en conclusion l'accord donné à une concertation globale, à ce qui va devenir, de conférences en réunions, d'échecs en malentendus, « le dialogue Nord-Sud » interminable. Appel qui n'a pas fini de retentir dans les cauchemars des gouvernements, les nuits blanches des fonctionnaires et des experts. Annonçant l'histoire à venir et à faire, il est exprimé en ces termes :

« Les souverains et chefs d'Etat donnent leur accord au principe de la tenue d'une conférence internationale réunissant les pays industriels et les pays en voie de développement.

« L'objectif d'une telle conférence devra être de faire avancer l'action destinée à alléger les difficultés majeures de l'économie mondiale et, en conséquence, *son ordre du jour ne peut en aucun cas se limiter à l'examen de la question de l'énergie.*

« Il doit comprendre les questions relatives aux matières premières, la réforme du système monétaire international, la coopération générale en faveur des pays en voie de développement. »

Exigence sérieuse de dialogue sur les causes profondes de la crise.

Cette crise a déjà brisé la croissance des pays industriels où les tensions sociales se sont, du même coup, exacerbées, où le niveau de vie de chacun, après trente ans d'expansion continue, ne cesse plus de se dégrader.

Cette crise a également commencé d'accabler les pays du Tiers-Monde, qui souffrent un peu plus encore, sous le triple poids de l'augmentation du coût de l'énergie, de l'escalade des prix des produits manufacturés et alimentaires qu'ils doivent obligatoirement importer, et du rétrécissement des marchés qui se ferment aux produits fabriqués par eux.

Le dialogue réclamé par l'Opep, depuis la tribune d'Alger, n'est donc ni superflu ni prématuré. Si difficile qu'il soit de l'engager, il est capital et urgent de s'y atteler. Cette fois, tout le monde l'a compris. Ce sera fait dès le mois suivant.

A Paris, en plein mois d'août, sur l'initiative du nouveau Président français, Valéry Giscard d'Estaing, une conférence préparatoire se réunit. Dix délégations ont été choisies d'un commun accord, sans discours ni publicité, pour préparer en comité restreint l'ordre du jour de la conférence mondiale à trois (Occident, Opep, Tiers-Monde), la liste des participants, la date et l'organisation. *Neuf jours après, c'est l'échec.*

Ce premier échec, qui va réveiller les plus vieilles méfiances, provient de la question du pétrole.

Les pays industriels, sauf la France, veulent traiter séparément le problème de l'énergie et celui des autres matières premières. Refus catégorique des représentants de l'Opep et du Tiers-Monde. Ajournement *sine die* de la conférence préparatoire.

Il faudra... plus de deux années avant que ne se retrouve, toujours à Paris, une conférence aux objectifs plus modestes sur « la coopération économique internationale ».

L'échec cette fois intervient au bout de *deux jours.* Incompréhension totale.

L'univers industriel, provisoirement soulagé après les deux premiers « chocs » pétroliers — celui des accords de Téhéran en 1971 après le coup de force de Kadhafi, celui de l'embargo de 1973 après la guerre d'Octobre — grâce à la baisse régulière du dollar et au fameux « recyclage » des capitaux du pétrole au sein de son propre système bancaire, ne se sent nullement pressé de faire des propositions novatrices.

Entreprendre des changements radicaux, modifier vraiment les « termes de l'échange », aussi inégalitaires qu'ils soient... tout cela exige des sacrifices qu'aucun dirigeant d'Europe ou d'Amérique ne croit devoir consentir. Quelle voie nouvelle emprunter, qui débouche sur une solution créatrice ? On ne l'entreverra que bien plus tard.

L'Opep, de son côté, une fois l'alliance voulue avec le Tiers-Monde, commence à découvrir l'énormité, la diversité redoutable des innombrables « revendications légitimes » présentées par les délégués des trois milliards de prolétaires de la planète.

Au-delà du serment d'union, au-delà de l'aide financière (3,5 % du PNB des pays pétroliers contre une moyenne de
0,4 % de la part des pays industriels), l'Opep n'est pas parvenue
à proposer à ses alliés un programme cohérent.

Le Tiers-Monde enfin, après deux décennies de
conférences en chaîne toujours aussi stériles, toujours aussi
incantatoires, s'enlisant aussitôt achevées, a perdu jusqu'à
l'envie de mettre de l'ordre dans ses besoins et ses demandes. Et
comment le pourrait-il ? Il n'a rien, il a besoin de tout, et de tout
à la fois. Il ne dispose même pas du minimum vital — en
nourriture et en éducation — qui lui permettrait de commencer
à réfléchir. Il ne peut que hurler. Il ne connaît plus d'autre
langage.

Cet échec de la conférence de Paris, première et
légitime tentative de dialogue Nord-Sud, est un événement qui
ne passe pas inaperçu. Le monde prend peur.

L'avenir paraît sombre et même bouché. Chacun se
met à anticiper sur les conséquences que peut engendrer chez
lui cet immense désordre. Le tableau, en cette fin 1977, est
noir. Personne ne se risque plus à faire des prévisions au-delà
du très court terme. Elles sont devenues impossibles, ou
inadmissibles. Les responsables, partout, sont saisis par l'angoisse. Mais qui proposera quoi ?

Au début de l'année suivante, deux tête-à-tête discrets
vont simultanément avoir lieu.

L'un à Washington entre deux vedettes de l'Occident,
deux amis : Robert McNamara, président de la Banque mondiale, et le chancelier Willy Brandt, l'homme d'Etat allemand le
plus prestigieux. L'autre dans le golfe d'Arabie entre deux
leaders de l'Opep, deux amis aussi : Cheikh Zaki Yamani et son
nouveau collègue du Koweit.

5.
Technologie ou rien

McNamara, ancien ministre de la Défense des Etats-Unis, préside depuis dix ans la Banque mondiale. Avec l'acharnement surhumain qu'il met à « se racheter » de la guerre sur ordinateurs du Vietnam, il a parcouru quatre-vingt-cinq pays où il a découvert la misère absolue. C'est un homme désespéré.

Il convie l'ex-chancelier allemand Willy Brandt, prix Nobel, à former un groupe d'une dizaine de personnalités de premier plan, disposant de deux années de travail et d'un budget de trois millions de dollars, pour étudier les aspects principaux de l'anémie économique mondiale et pour formuler sinon un plan, du moins une série de propositions. Ce sera le « rapport Brandt ».

Publié en mars 1980, sous la forme d'un rapport technique, dans une présentation ingrate, il n'aura pas l'audience attendue mais deviendra un symbole. On ne l'oubliera plus.

A Riyad, Cheikh Yamani a invité un jeune homme qu'il suit depuis longtemps, dont il apprécie la lucidité et l'audace, qui lui rappelle sa propre jeunesse, et qui vient d'être nommé, comme lui, à trente-deux ans, ministre du Pétrole de son pays : le Koweitien Ali Khalifa Al Sabah.

Cheikh Ali est d'abord un Al Sabah, membre de la famille régnante du deuxième pays pétrolier du Golfe, dont la production a maintenant dépassé celle de l'Iran. Il est donc allé de bonne heure aux meilleures écoles de l'émirat et, une fois sa culture arabe bien assurée, c'est une formation économique moderne qu'il a reçue. Moderne, car les choses ont changé...

Au cours des quinze dernières années, les crises mondiales se sont déroulées selon une nouvelle logique. Les théorèmes de l'ère keynésienne, qui renouvelèrent la dynamique de l'Occident, ne s'appliquent plus ni à l'emploi, ni à la masse monétaire, ni à la productivité. Les grands temples d'enseignement de la science économique ont, eux aussi, surgi ailleurs.

Dans les années 30, 40, 50, de Roosevelt à Kennedy, rien n'aurait pu se comparer à Harvard, au Massachusetts Institute of Technology, à la Princeton School of Advanced Studies, tous situés sur la côte Est, entre Washington, New York et Boston. Avec la fin des années 60, qui aura vu l'affaissement des piliers du système de Bretton Woods, la rupture du lien dollar-or, l'abandon des taux de change fixes entre les monnaies, l'irruption de la masse des eurodollars, puis des pétrodollars, liés à aucune banque centrale et donc hors de tout contrôle, c'est sur la côte Pacifique, face au Japon et non plus à l'Europe, que les universités américaines ont progressivement élargi leur domaine d'enseignement à l'intention des jeunes générations.

C'est à Stanford, au Cal-Tec (California Institute of Technology), à Berkeley (la perle de San Francisco), à Ucla (University of California at Los Angeles), tout le long de la côte, et dans la fameuse « Silicon Valley » où germent les prodigieuses inventions de la micro-électronique aussitôt exploitées sur place par une myriade de petites entreprises lancées par les étudiants et les professeurs eux-mêmes... C'est donc là, en Californie, que les dirigeants du Koweit envoyèrent Cheikh Ali quand il n'avait pas encore vingt ans.

Il en revient confiant, ayant mesuré combien l'avenir

économique du monde va être différent du passé, et avec un souci dominant : si l'on veut enrayer la chute, prévenir l'effondrement, la relève doit être rapide.

Il va falloir que les « industries du futur » soient créées, financées et lancées sitôt les inventions sorties des laboratoires, afin que de nouvelles activités et de nouveaux emplois viennent remplacer ceux, innombrables, qui sont voués à disparaître — on le sait.

Il va falloir qu'un nouveau système monétaire soit mis en place avant que le pilier-dollar ne soit officiellement abandonné par le marché des capitaux, et que le Fonds monétaire international ne soit submergé par l'ampleur des dettes mondiales.

Il va falloir, enfin, unifier toutes ces décisions économiques en un « nouvel ordre international » qui prenne en compte, cette fois, non plus le seul, l'étroit domaine développé de l'Occident, mais les continents du Tiers-Monde où introduire désormais les mécanismes du développement. Nécessité politique pressante si l'on veut éviter l'explosion de colère et de désespoir des affamés. C'est aussi une contrainte économique très nouvelle qui s'impose : si le Tiers-Monde ne « décolle » pas, il n'y aura plus aucun marché en expansion. Alors les performances neuves, que l'on peut désormais espérer de l'impulsion scientifique, ne trouveront ni débouchés, ni investisseurs. Au lieu de forger un nouveau cycle, elles déboucheront sur le vide.

Cette évidence nouvelle, les esprits ne sont pas préparés à la recevoir. Elle deviendrait salvatrice et même exaltante si l'intelligence multiraciale s'attelait collectivement, méthodiquement, égalitairement à la tâche du siècle : définir par quels moyens peut, dans les délais voulus, être étendu le champ de la création et de la fécondité, par-delà l'enclos occidental, à l'ensemble de la planète.

Depuis qu'il s'est pénétré des grands traits de cet avenir à inventer, Cheikh Ali Khalifa Al Sabah, revenu au Koweit, a commencé par faire le long apprentissage de la pratique des affaires d'Etat. Nommé, à vingt-cinq ans, directeur des Affaires économiques, à vingt-huit ans premier adjoint du ministre des Finances, il a eu le temps de démontrer sa maîtrise des dossiers, sa capacité à trouver des solutions, à partir du petit mais très puissant Koweit, aux problèmes mondiaux de l'énergie, du commerce, des investissements dont il a eu à connaître. Quatre jours sur sept, il travaille à son bureau ; le jeudi et le vendredi sont réservés à la lecture, chez lui, loin de tout téléphone et de tout télex, et aux promenades rituelles de méditation le jour du repos religieux, le vendredi, dans le vaste désert qui l'entoure ; le dimanche, au Conseil des ministres, dont il fait maintenant partie en qualité de ministre du Pétrole.

Au moment où Cheikh Yamani l'invite à un échange de vues inhabituel pour essayer de bâtir un projet qui puisse renverser le cours désastreux des dernières années, ponctuées par tant d'échecs ou de tentatives infructueuses de « dialogue Nord-Sud », le jeune Koweitien est donc prêt. Il y croit. Il sait pourquoi. Les deux hommes se complètent et, en moins de deux jours, ils vont résumer presque d'un trait le sommaire du rapport économique et politique global qu'ils vont soumettre à un comité restreint de leurs collègues de l'Opep, pour une étude qui aboutisse, sur chaque point, à des conclusions et à des propositions — en deux ans :

a) Le cadre des problèmes : nature des relations de l'Opep avec les autres pays du Tiers-Monde, puis nouvelle définition des termes de l'échange.

b) Evolution, sur le long terme, du pétrole de l'Opep. La « crise de 1985 » ; la « crise de 1990 ».

c) Système permanent de réajustement du prix du pétrole, qui évite les à-coups et les chocs.

Cheikh Yamani précise : « Nous devons viser non pas la stabilité du prix, qui n'est pas acceptable, mais sa prévisibilité. Ce serait déjà beaucoup pour les consommateurs. Ce sera dur... »

d) Répondre aux besoins immédiats des pays du

Tiers-Monde, contribuer à éponger l'accumulation écrasante de leurs dettes. Les intégrer dans le cycle de la production. Avec quelles priorités ?

e) L'interdépendance désordonnée entre le pôle industriel (Amérique, Europe, Japon) et le reste du monde : en cerner les « points forts » et les « points faibles ». Concevoir une irrigation financière qui permette l'élan d'un nouveau cycle.

f) Conclusion — « en cinq pages au plus », demande Cheikh Yamani.

La cohérence d'ensemble doit laisser de côté les modalités techniques, pour imposer avant tout une force d'évidence.

Les deux hommes y sont résolus. Pour Cheikh Yamani, cette séance de réflexion, après tant de conférences épuisantes, année après année, et malgré la permanence des tensions au sein de l'Opep, a ranimé l'espoir.

L'ébauche déjà rédigée hisse pour la première fois l'ambition de son organisation, l'Opep, qui sous sa forme de cartel pétrolier n'a connu qu'une carrière chaotique et décevante, à un tout autre niveau : devenir, par son double pouvoir *énergétique et financier,* l'instrument qui contraindra à la création d'un « nouvel ordre économique international ».

Tout le monde en parle, c'est même devenu un slogan, mais que recouvre-t-il ? Personne encore n'a vraiment cherché à y répondre sérieusement.

Le Tiers-Monde est bien trop malheureux, trop désabusé, trop méfiant, pour avancer des propositions dont il ressent qu'elles ne pourraient qu'être, une fois de plus, détournées par le machiavélisme de l'Occident.

L'univers industriel, encore affaibli par les blessures qu'il a reçues, les hémorragies qu'elles engendrent, se révèle moins capable encore que du temps de sa splendeur de s'intéresser à autre chose qu'à lui-même.

Puisqu'il en est ainsi et qu'il faut réveiller tout le monde sous peine de ne plus pouvoir rien sauver, eh bien, c'est à l'Opep, dont l'avenir n'est guère plus assuré, de tenter la percée.

C'est son rôle, a conclu le Saoudien, sans illusion sur les nombreux aléas de l'entreprise, et les menaces sur l'Opep. C'est sa chance, lui a répondu le Koweitien.

Il leur reste à proposer la liste des membres du comité de travail, à choisir une date, à fixer un lieu. Combien ? demande Ali Khalifa. Pas plus de six, si possible, répond Yamani.

Ils dressent une première liste : Algérie, Iran, Irak, Koweit, Arabie Saoudite, Venezuela. Elle sera acceptée. Les différentes tendances sont représentées. Y figurent à la fois les plus grands producteurs de pétrole, les plus riches en surplus financiers, mais aussi, et ce ne sont pas les mêmes, les pays les plus peuplés de l'Opep. Si un comité aussi diversifié idéologiquement pouvait aboutir à un plan, la suite ne devrait plus présenter de difficultés majeures.

Date ? Compte tenu du calendrier 78, déjà si inutilement chargé, des organisations internationales, d'autant plus acharnées à fabriquer des conférences et des réunions qu'elles ne servent plus qu'à fournir des auditoires à des discours-fleuves, la date la plus rapprochée est le début de l'été.

Lieu ? En vérité, il n'y en a qu'un pour travailler sérieusement. Aucune ville, que ce soit Le Caire, Caracas, Alger ou Bagdad, ne l'a jamais permis. Et puis, c'est pour eux un lieu inspiré. Comme à chaque grande échéance, pour chaque grande décision, ce sera donc Taïf.

C'est à Taïf, alors que tout se résumait encore au face à face Amérique-Arabie, que s'était produit, un an avant, un événement étrange par sa nouveauté, symbole du bouleversement économique et monétaire : l'audience demandée d'urgence au roi Fayçal par le ministre des Finances des Etats-Unis, M. William Simon.

Le roi avait demandé à Cheikh Yamani de se tenir seul

à ses côtés pour recevoir le maître du dollar. Il connaissait la nature de l'entretien qui allait se dérouler et l'importance des réponses qu'il aurait à faire.

Car le ministre américain et son gouvernement avaient été mis devant une situation imprévue et, pour beaucoup, inimaginable : la somme des pétrodollars qui flottaient sur les places financières d'Europe et d'Asie était maintenant d'un montant supérieur au total de la masse monétaire des Etats-Unis. Le gouvernement américain n'était plus maître de la gestion de sa monnaie. Cette monnaie, qui demeurait pourtant la seule base de référence des échanges mondiaux, ne pourrait continuer à flotter sans l'appui de l'Opep, et d'abord de l'Arabie.

Mandaté par le gouvernement de Washington, William Simon venait donc demander au roi dans quelles conditions il pourrait s'engager pour accorder un certain sursis à la monnaie de réserve et éviter de spectaculaires faillites en chaîne, à investir une part substantielle de ses bénéfices pétroliers — des dizaines et des dizaines de milliards de dollars — en bons d'Etat du Trésor américain. Ceux-ci seraient garantis, en première priorité, par la Banque centrale (la Federal Reserve).

La première partie de l'entrevue se déroula dans la sérénité. Le roi eut naturellement les mots et les gestes appropriés pour faire oublier au grand argentier des Etats-Unis le caractère humiliant, à vrai dire extraordinaire, de la démarche à laquelle la tournure des événements avait fini par le contraindre.

Sur le fond, le roi tenait réellement à éviter l'aggravation de la dérive américaine. Aussi longtemps que rien, vraiment rien, n'aura encore été ébauché pour qu'un autre système international vienne prendre la relève, il évitera le pire.

Mais il y met des conditions. Et le dialogue sur les mesures de sauvetage du système monétaire dépasse alors singulièrement le mandat et les compétences de son interlocuteur. Il est à la dimension des deux puissances continentales dominantes, dont Roosevelt et Ibn Seoud avaient eu la vision prémonitoire : l'Amérique des ordinateurs, l'Arabie du pétrole.

Une suspension de séance est nécessaire. Cheikh Yamani a préparé, dans sa villa toute proche du palais, un dîner intime autour duquel auront lieu des échanges de vues plus libres et détendus sur l'avenir. Il sait que cette première conversation officielle ne pourra aboutir qu'à quelques engagements de principe et à court terme. Aller au-delà exigera de plus amples négociations.

Arrivant à pied avec le ministre américain devant son allée d'arbres, Yamani est entouré par quelques envoyés spéciaux de la presse mondiale qui, pour une fois, ont été dépêchés. Il les fait asseoir et se soumet au feu de leurs questions.

Elles tournent toutes, comme toujours, sur l'unique et obsédant sujet : le prix du baril de pétrole.

Yamani indique qu'il n'en a pas été question au cours de l'entretien Fayçal-Simon. Les journalistes sont déçus. A quoi d'autre peut-on intéresser leurs lecteurs et leurs rédacteurs en chef ? Seul le prix du pétrole est un sujet de « une ». Le reste va s'enfouir, ils le savent, dans les pages spécialisées consacrées à la finance et à l'économie.

Il y a néanmoins un autre mot, devenu magnétique, qui capte l'attention : l'Opep.

Yamani prête donc l'oreille à une série de questions sur l'attitude de l'Opep vis-à-vis du futur dialogue, toujours urgent, toujours retardé, avec le monde occidental.

Il les comprend, dit-il, mais rien n'est encore mûr. Et il ajoute en pesant ses mots, comme pour qu'ils soient pris sous la dictée :

« Vous devez admettre que le pétrole et le temps sont de notre côté. C'est donc à vous, Occident, de jouer... Le moment approche où nous ne prendrons plus aucun engagement sur l'énergie, et moins encore sur nos réserves financières, sans qu'on ait accepté un système permanent de transfert de technologie vers tous les pays en voie de développement. Nous n'avons jamais vu venir une action. Il le faut. Les technologies, le développement doivent être accordés sans restriction, si vous voulez du pétrole. Son vrai prix, le voici : le transfert de technologie. »

Cette fois, Taïf fait la « une » des journaux. Dans une simple causerie apparemment improvisée, le leader de l'Opep a livré son message de fond.

Après un émoi considérable dans les capitales industrielles, la routine reprend néanmoins le dessus. Aucune suggestion n'est avancée.

Telle est la raison d'être, deux ans plus tard, de la réunion avec le ministre koweitien, destinée à préparer, cette fois de manière unilatérale, des propositions. L'ambition est bien celle d'un plan à l'échelle mondiale. Mais comment ? Par quels moyens ? Est-ce possible ?

Cheikh Yamani fit part au gouvernement et au roi des résultats de cette réunion, et des modalités prévues pour tenir une conférence à Taïf.

Il fut décidé que le nécessaire serait fait pour compléter l'équipement de la Ville Sainte, si petite, si isolée. Palais, hôtels, villas y seraient aménagés dans les meilleurs délais, en respectant scrupuleusement l'antique harmonie du village. Si Taïf devait devenir le berceau d'une réflexion si ambitieuse, il fallait lui conserver sa vertu.

Pour comprendre l'esprit de Taïf, il est bon de relire la chronique du premier voyageur occidental à avoir pénétré au cœur de l'Arabie, dans le Hedjaz, du côté de la mer Rouge.

Elle fut publiée à Londres en 1829 sous le titre « Voyage en Arabie, rapport sur les territoires du Hedjaz que les musulmans considèrent comme sacré », par John Lewis Burckhardt. Le premier chapitre s'intitule : Djeddah. Le second : voyage vers Taïf. Et le troisième : résidence à Taïf.

C'est à Taïf que le très européen et très protestant Burckhardt décida de se convertir à l'Islam et, face au

gouverneur turc occupant la ville sainte, devint militant musulman. Il était conduit par la conviction, combien prémonitoire,
que la primauté de la civilisation anglo-saxonne, devant
laquelle, en cette même année, Napoléon Ier venait de s'incliner, n'aurait de chance à l'avenir que dans une union avec
l'Arabie.

　　Il ne se trompait pas de beaucoup. C'était il y a un
siècle et demi.

6.
Le miracle noir

Au ministère du Pétrole de Bagdad, Awni Al Ani fait désormais partie du petit groupe de travail de l'Opep qui, une fois prise la décision de régler la question du « prix du pétrole », s'occupe de ce qui compte davantage : les débouchés éventuels pour l'investissement, l'ouverture des marchés, la stratégie du développement.

Si ses compagnons et lui-même assument un travail épuisant, s'ils doivent discuter de tant de rapports d'experts, commandés aux plus grands instituts de recherche économique (de Kiel, de Tokyo, de Londres, de New York, qui s'arrachent leur clientèle et forment chez eux la nouvelle génération des économistes arabes), c'est qu'avec le pétrole et ses revenus, ils sont au centre de tout.

Awni Al Ani l'explique bien au nouveau QG intellectuel de l'Opep, situé dans l'immeuble très fonctionnel construit à Vienne depuis le jour où les autorités de Genève refusèrent, dans les années 60, de continuer à héberger dans leur ville de réputation internationale « une organisation qui n'était reconnue par aucune instance diplomatique ».

L'Histoire retiendra que, de ce jour, est née la nouvelle vocation mondiale de l'ancienne capitale de l'Empire autrichien, dont le Reich hitlérien avait fait un faubourg de province et le traité de Yalta un îlot isolé. Vienne, capitale administrative de l'Opep, carrefour entre l'Est et l'Ouest, connaît un plein renouveau.

Awni Al-Ani dit :

« Nous allons transformer un à un tous les marchés de matières premières pour mettre un terme au pillage, générateur d'injustice et de malheur. Si nous en avons le pouvoir, il est dû au caractère exceptionnel du pétrole.

« Il est présent à lui seul dans toutes les dimensions de l'activité économique, militaire, sociale, politique.

« En matière d'économie et de développement, toutes les industries qui découlent du pétrole, qui sont nées avec lui, sont les plus complexes et les plus fécondes de toutes les activités.

« En matière d'énergie, le pétrole a représenté pour la première fois dans les années 70 plus de la moitié des besoins économiques globaux de l'humanité : 54 %. Alors qu'il n'en représentait que 10 % il y a encore cinquante ans.

« L'importance stratégique du pétrole est devenue telle qu'aucune guerre au monde n'est plus envisageable sans que soit assurée, au départ, une immense réserve de pétrole.

« Enfin la dépendance de toute société moderne à l'égard du pétrole est devenue si étroite que l'on mesure le degré de prospérité d'une économie à sa consommation en pétrole.

« On peut toujours rêver — il le faut — sur ce qui sera changé au-delà de l'an 2000, mais, pour les dix ou quinze ans qui viennent, *rien* ne pourra modifier ce lien entre pétrole et développement. Ils sont indissociables. »

L'accès au pétrole fait — et continuera de faire dans les années à venir — la différence entre le dépérissement d'une communauté humaine et sa prospérité. Car, dans la société industrielle où nous avons vécu, le pétrole est aujourd'hui au centre de tout.

Il est devenu le sang de tous les transports modernes qui, par la mobilité de l'échange, ont donné naissance à la société industrielle actuelle. C'est 35 % de tout le pétrole qui est consommé dans le moteur des automobiles, des camions, des avions, des navires, des fusées. Et c'est leur développement extraordinaire qui a véhiculé et accompagné l'explosion du progrès — et celui du niveau de vie.

Au moment de la Première Guerre mondiale, qui n'est pas si lointaine puisque nos pères ou nos grands-pères y combattirent, il y avait en tout et pour tout 2 millions de voitures et de camions.

Au lendemain de la dernière guerre, au milieu des années 50, le nombre de véhicules était passé à 100 millions.

Aujourd'hui, moins de vingt-cinq ans plus tard, 350 millions de voitures et de camions circulent. Dont 220 millions pour l'Amérique et l'Europe à elles seules.

Combien de pétrole ces véhicules brûlaient-ils hier et brûlent-ils aujourd'hui ?

La quantité de carburant consommé était, en 1914, de 6 millions de tonnes. Cinquante ans plus tard, en 1960, elle était passée à 300 millions de tonnes. Et quinze ans seulement après, en 1975, elle dépassait les 500 millions de tonnes.

Comment en serait-il autrement, malgré les belles déclarations des « sommets » qui réunissent régulièrement, de Tokyo à Venise, les nations « riches », aussi longtemps que l'industrie automobile demeurera la première industrie manufacturière de ces pays, la première pourvoyeuse d'emplois, la première du commerce international, la première en consommation et la première en investissements ?

Qui va décider quand et comment elle doit cesser de l'être ? Va-t-on vraiment finir par appliquer la solution la plus lâche : attendre que l'industrie automobile, dont l'essoufflement est déjà partout préoccupant, s'effondre en écrasant dans sa chute les millions d'hommes et de femmes qui en vivent ?

C'est l'une des rudes interpellations à laquelle, face à un pétrole rare et cher, se doit de répondre la civilisation industrielle. Un tiers du pétrole...

Un autre tiers du pétrole est consacré non plus au transport des hommes et des produits, mais à la vie de l'industrie elle-même, qui fait travailler ces hommes et fabrique ces produits. Là, le pétrole est à la fois *combustible* (pour faire tourner les machines, atteindre les températures de fonctionnement, nourrir la métallurgie, la fabrication du ciment, celle du verre, etc.) et *matière première :* c'est toute la chaîne, en déploiement rapide, de la pétrochimie.

Le professeur Barry Commoner, spécialiste de l'énergie et écologiste renommé, résume ainsi l'enchaînement qui a transformé, et ne cesse de transformer, le pétrole-combustible en pétrole-matière première :

« Un comité d'ingénieurs, dans une société de pétrochimie, se réunit pour étudier le projet d'une unité de production d'éthylène. Ils savent que l'un des sous-produits de la fabrication de l'éthylène est le propylène. On peut évidemment le brûler, ce qui économiserait du gaz naturel. Intervient alors un jeune ingénieur, plein d'idées et d'ambitions. Il signale une nouvelle réaction qui permet de transformer le propylène en acrylonitrile, matière première des fibres acryliques. Ses collègues n'ont pas besoin d'ordinateur pour comprendre qu'ils feront gagner beaucoup plus d'argent à leur société en transformant le propylène qu'en le brûlant. Alors, pour vendre leur éthylène avec le maximum de profit, ils créent un nouveau marché.

« Cette valorisation systématique a conduit à édifier, en un quart de siècle, une incroyable collection de molécules et de macromolécules. Plastiques, fibres et caoutchoucs synthétiques, insecticides, engrais, peintures, médicaments, colorants, détergents, adhésifs, encres. On estime maintenant le nombre des produits issus de l'industrie du pétrole à plus de 80 000 ! »

Début du miracle noir. Début seulement.

Au-delà de cette masse embrassant les transports qui reposent sur le pétrole, les industries qui fonctionnent au pétrole ou qui en dérivent, l'empire du pétrole englobe encore deux autres grands secteurs de la vie quotidienne moderne : le chauffage et l'électricité. A quoi il faut ajouter, en attendant de découvrir d'autres merveilles énergétiques, chimiques, biologiques contenues dans ce produit de la nature, le domaine de l'alimentation.

Tout a changé, dans la modernisation et les rendements de l'agriculture, avec le matériel moderne d'exploitation, tracteurs à socs multiples, semis mécaniques, faucheuses et moissonneuses-batteuses, pompes d'arrosage, tamis à grains, moulins à huile, etc. A la fin des années 70, il y avait 18 millions de tracteurs agricoles — dont un quart aux Etats-Unis qui sont ainsi devenus la première puissance exportatrice de produits alimentaires grâce au pétrole.

La pétro-agriculture ne s'est pas arrêtée là. Elle se poursuit activement, dans un domaine parallèle et déjà très actif : celui de la transformation industrielle de certains dérivés d'hydrocarbures en « protéines alimentaires » qui fournissent au bétail une alimentation de base, économique et efficace, produisant ainsi indirectement de la viande.

On le voit : dans la société moderne, transport, industrie, chauffage, électricité, agriculture reposent sur le pétrole.

A Paris, l'un des experts occidentaux qui, d'année en année, surveillent et mesurent l'irrésistible pression du pétrole sur les vaisseaux de nos sociétés, M. Jean-Claude Balaceanu, de l'Institut du pétrole, a pu dresser ce tableau :

« Qu'est-ce que la société de consommation, sinon le pétrole à discrétion ? Imaginons un instant la France privée d'hydrocarbures.

« Rien ne roule plus sur les routes. D'ailleurs, il n'y a plus de routes, faute de goudron et d'asphalte. Plus de distribution. Les commerçants, de l'épicière du coin au supermarché, les halles et les abattoirs sont obligés de fermer.

« Pas de tracteurs dans les champs, pas d'avions dans le ciel. Tous les bateaux condamnés à rester à quai, sauf quelques antiques caboteurs marchant au charbon... et les voiliers de plaisance.

« Pas de chauffage au fuel, c'est-à-dire plus de la moitié des maisons, des bureaux, des écoles, des hôpitaux, condamnés au froid. L'industrie est paralysée. L'agriculture recule d'un siècle.

« Presque toutes les matières plastiques, les fibres artificielles ont disparu. Plus de nylon, plus de stylos à bille, plus de chemises, plus de vêtements imperméables, plus de lainages antimites, plus de disques... Dans un bureau moderne, de la moquette au combiné téléphonique, du revêtement mural aux meubles métalliques peints, des corbeilles au ventilateur, tout est en pétrole. »

Ainsi, en l'espace d'un demi-siècle, nations et villes se sont bâties sur le pétrole.

L'instinct de Churchill ne le trompa pas lorsque, dès 1913, premier Lord de l'Amirauté, il créa une mission britannique en Perse, qui ne s'appelait pas encore l'Iran, pour aller y prospecter d'éventuels gisements de cette matière qui paraissait si extraordinaire... Peu après, il obtint que le gouvernement anglais fonde une compagnie qui s'y consacrerait : ce fut l'Anglo-Persian qui devait devenir la gigantesque BP (British Petroleum.)

Et le chef suprême de la coalition, le mobilisateur des énergies humaines, l'auteur du sursaut final, le Français Georges Clemenceau, dans le discours suivant le cessez-le-feu, où il dressa le bilan de tout ce qui avait contribué à la convergence minutieuse d'exploits humains et d'organisation des productions matérielles, eut cette phrase lapidaire : « Désormais, pour les nations et pour les peuples, une goutte de pétrole a la valeur d'une goutte de sang. »

Dans l'intervalle entre les deux conflits mondiaux, puis de manière plus irrésistible encore au lendemain de la dernière guerre, le pétrole a complètement transformé la capacité des hommes à produire, à multiplier leurs forces, à élever sur lui, avec lui, le niveau de vie des peuples.

Le bilan de cette très brève période — trente années — qui a vu ce prodigieux essor est bien décrit, en particulier pour l'Amérique qui en prit la tête, par le professeur Carl Sohlberg :

« Dès que le pétrole remplaça le charbon comme principale source d'énergie, l'Amérique était sur la trajectoire qui allait la lancer vers son zénith. Depuis la première découverte de cette nouvelle matière, les experts n'ont cessé de s'émerveiller. La fluidité du pétrole, sa maniabilité, sa densité énergétique, son extraordinaire valeur chimique, ont fait de sa recherche dans le sol des continents l'aventure économique et capitaliste par excellence. C'est en tablant sur le pétrole que les démocraties occidentales ont pu poursuivre leur industrialisation sur la base de la libre entreprise. Il nous paraît maintenant évident que la démocratie est devenue complètement dépendante du pétrole. Sans pétrole, il n'y a pas de liberté d'entreprise. Le pétrole à bon marché, les milliards de barils extraits et achetés à des prix qui, en valeur, ont diminué entre les années 50 et les années 70, ont subventionné totalement l'essor des sociétés industrielles d'Europe et d'Amérique. »

Dans la toute dernière période, de 1960 à 1977, cet appétit boulimique de pétrole n'a plus connu de frein.

Pour l'ensemble des pays industriels, la consommation en énergie a ainsi augmenté en moins de quinze ans de 100 % — et la consommation de pétrole de 160 %.

La part de pétrole importé, essentiellement du Moyen-Orient, est passée, pour l'ensemble Amérique-Europe-Japon, de 38 % à 53 %. La dépendance de l'univers industriel vis-à-vis des pays du pétrole était alors irréversible.

Ces pays qui, en 1960 encore, n'avaient besoin, chaque année, que de 65 millions de tonnes achetées à l'extérieur, devaient, dès 1973, en trouver 290 millions de tonnes ; et cinq ans plus tard — pourtant au cœur de la prétendue « crise » et à des prix jugés « injustifiables » — ils en importaient 410 millions de tonnes.

L'explication de cette folle aventure qui, sans pause, hésitation ni réflexion, a conduit l'Occident à devenir une colonie du pétrole, c'est que celui-ci était resté, depuis toujours, quasiment gratuit.

Fait extraordinaire, et dont tout a dépendu, que la

possession des champs pétrolifères par une demi-douzaine de grandes compagnies ait permis contre toute loi économique, contre toute prudence ou clairvoyance, contre l'avenir et contre le bon sens, de maintenir *pendant soixante-dix ans* le prix du pétrole constant, à moins de deux dollars le baril. Comme nous l'avons indiqué, de 1900 à 1950, ce prix passa seulement de 1,20 dollar à 1,70 dollar ; de 1950 à 1970, dans les années de consommation en forte augmentation, il a stagné à 1,80 dollar.

Ce prix que les grandes compagnies fixaient souverainement et imposaient aux pays producteurs de pétrole a permis non seulement le prodigieux essor industriel des pays riches, mais aussi, pour elles, de fabuleux bénéfices dont les montants furent tels que personne n'était plus en mesure de leur demander des comptes. Mais tout cela était arrivé si vite...

« L'explication probable de l'incapacité des nations industrielles à prévoir la crise pétrolière qui allait se déclencher est sans doute la durée extraordinairement courte de l'ère du pétrole, explique Denis Hayes, directeur du « Solar Energy Research Institute » au Colorado.

« Les enfants du pétrole ont tendance à oublier combien cette période a été brève. Il y a moins de 50 ans, les trois quarts de l'énergie du monde provenaient encore du charbon, et seulement 16 % du pétrole. Aussi récemment qu'en 1950, le charbon en fournissait encore 60 %. C'est dans les deux décennies qui ont suivi que le pétrole a pris son élan pour dépasser le charbon dans les années 1960. Aujourd'hui, il représente, à lui seul, les deux tiers de tout le budget énergétique mondial. Or, il ne reste plus de pétrole que pour moins d'une trentaine d'années. »

Ce fut une ivresse telle que même les augmentations incessantes du prix du pétrole, ces dernières années, n'ont qu'à peine freiné le délire de consommation et les usages des hydrocarbures. Or, plus on attend pour y remédier, plus la reconversion sera pénible. Pourtant, il faudra bien y venir. C'est même la seule chose qui ne fasse aucun doute.

Le prix du pétrole ne cessera plus d'augmenter.

Bondissant en dix ans de 2 dollars à 32 dollars le baril, il est déjà officiellement prévu — et d'ailleurs annoncé par l'Opep — qu'il va encore doubler d'ici 1985. Voire avant, si un nouvel « accident » de type iranien devait intervenir.

L'ancien ministre américain de l'énergie, James Schlesinger, qui a fait sans succès les efforts les plus sérieux, dresse ce constat qui ne doit rien à l'imagination : « La seule véritable solution serait *de remplacer l'ensemble de nos installations industrielles, sur des bases technologiques et énergétiques entièrement changées.* Ce qui reviendrait à refaire, en une dizaine d'années, nos usines, nos immeubles, nos foyers, nos transports, etc., hors de la dépendance du pétrole. Mais qui aura les moyens d'entreprendre un investissement aussi colossal ? » Qui, à part les pays du Golfe, mais alors à quelles conditions qui les incitent à un engagement durable ?

La puissance des pays du Golfe tient à la répartition géologique de cette mystérieuse matière.

Tous les grands bassins pétroliers du monde se trouvent sous les sols qui ont remplacé les mers disparues. Au Moyen-Orient, en Afrique du Nord, mais aussi au Texas, en Californie, au Venezuela, en Alaska, en Sibérie...

Mais tous les pétroles n'ont pas la même qualité. L'extraction et la production de ceux qui sont dits « lourds » s'avèrent très onéreuses. C'est pourquoi les géologues et les pétroliers ont concentré leurs activités sur les champs d'où l'on pouvait pomper le liquide à la surface, par simple pression naturelle ou par des méthodes calorifique ou chimique.

L'avènement spectaculaire du pétrole au Moyen-Orient, depuis les années 30, est dû au fait que cette région présente les caractéristiques les plus favorables pour l'extraire facilement. Dans les champs libyens, koweitiens ou saoudiens, on arrive à pomper entre 12 000 et 20 000 barils par jour à la surface d'un puits. Alors que les puits des Etats-Unis fournissent en moyenne 17 barils par jour !

Les champs de la mer du Nord, du Canada et des Etats-Unis, fournissent un pétrole qui coûte, à l'extraction, 9 à 10 dollars le baril. Il n'en coûte qu'un dollar dans les champs de Ghawhar en Arabie, ou de Burgan au Koweit.

Ainsi l'avantage décisif des pays du Golfe n'a cessé de s'accroître [1].

Le pétrole n'est entré dans la vie des hommes qu'au milieu du siècle dernier.

Le hasard de la vie mit à la retraite un employé des chemins de fer, Edwin Drake, dans le petit village de Titusville, en Pennsylvanie, où l'on observait ici et là la trace du liquide brun et visqueux.

Après avoir parlé avec un ami, le forgeron William Smith, il décida de forer un trou dans le roc.

Les deux hommes rassemblent un balancier, un chevalement, une corde et un trépan, et commencent à creuser. Le froid arrive, ils s'interrompent et ne reprennent leur travail qu'au printemps suivant.

Le travail dure, et les voilà à court de fonds. Ils créent alors une petite société, la « Seneca Oil Co », pour y associer des voisins. Le samedi 29 août 1859 au soir, au moment où ils atteignent 20 m de profondeur, ils voient pour la première fois, au fond du trou, la nappe de liquide qu'ils recherchaient. Le pétrole jaillit.

Ayant entendu parler du gisement de Drake, d'autres, en Pennsylvanie, se mettent à creuser des trous dans les vallées voisines et dans l'ensemble de cette région qui sera baptisée « Oil Creek » (rivière du pétrole). D'autres encore en font autant en Californie, dans le Middle West, au Texas. Mais il n'y a pas d'acheteur. Les quelques foreurs d'avant-garde, n'arri-

1. Notons d'ailleurs ici, pour la précision, que lorsqu'on évoque le « pouvoir financier » des pays de l'Opep, on parle en fait des pays riverains du golfe d'Arabie qui ont, à la fois, la plus forte production et la plus faible population — d'où leurs fortunes disponibles : Arabie, Koweit, Emirats.

vant à vendre leur liquide qu'au prix de 10 cents le baril, ne rentrent pas dans leurs frais. L'aventure ralentit, puis s'arrête.

Une vingtaine d'années s'écoulera avant qu'un autre pionnier, comptable dans une modeste société de Cleveland, n'apparaisse et, avec lui, le génie financier du pétrole : John D. Rockefeller.

Avec son austérité de baptiste et son ardeur au travail, sa brutalité légendaire pour traiter ses ouvriers ou ses partenaires, Rockefeller, en 1880, a lancé la « Standard Oil Trust » dont le développement et la fortune ne devaient plus connaître ni pause, ni limite, et devint le symbole même du capitalisme. Et la première des grandes compagnies.

C'est en écoutant Rockefeller, et en examinant son produit, qu'un autre personnage devint lui aussi légendaire. Henry Ford mit en œuvre, quinze ans plus tard, le moteur à explosion à bord des premières automobiles.

Les conditions de l'exploitation systématique du pétrole et de la motorisation de la société industrielle étaient réunies.

Ainsi est-ce à Drake, à Rockefeller et à Ford que nous devons l'aventure moderne — en passe de s'achever.

Le pétrole, exploité sans compter, est devenu indispensable à tant de choses de la vie que l'idée d'avoir à s'en priver paraît inacceptable, voire même irréalisable.

C'est sans doute pourquoi, au cours des années 70-80, malgré l'évidence de la crise et la nécessité impérieuse de freiner vite et fort la consommation de pétrole, l'ensemble des pays industriels n'ont pratiquement rien fait.

La facture pétrolière des Etats-Unis, qui importent à présent la moitié de leur consommation de pétrole, est passée de 42 milliards de dollars, il y a seulement deux ans, à 80 milliards — la moitié du budget militaire américain.

Et quand l'Amérique dépend du pétrole importé pour 45 %, l'Europe et le Japon en dépendent pour 80 %.

Pendant plusieurs années, la crise s'aggravant, deux pays sont néanmoins parvenus à maintenir un commerce

extérieur en excédent : l'Allemagne et le Japon. Leurs industries ont accompli des performances fabuleuses et réalisé des
miracles à l'exportation. *Mais, pour eux aussi, c'est aujourd'hui
fini.*

Depuis le début de l'année 1980, ces deux puissances
industrielles sont, à leur tour, en lourd déficit. Il n'y a plus
d'exception.

A l'Est, c'est pire : dans le silence et la stérilité de
l'empire soviétique, la crise pétrolière et la spirale de l'inflation
assèchent la société bureaucratique, comme les autres.

La très puissante banque centrale d'Allemagne fédérale, la Bundesbank, sur laquelle repose non seulement la
monnaie la plus solide — avec le franc suisse — mais l'ensemble
du système monétaire européen, a dû, à son tour, faire la quête
dans le golfe d'Arabie. Au printemps 80, le ministre des
Finances allemand a pris lui aussi le chemin de Riyad pour
passer un accord avec la banque centrale d'Arabie et placer,
sous forme de bons, des milliards de deutschmarks auprès des
Saoudiens. Cet événement marqua la pénétration du pouvoir
pétrolier jusqu'au saint des saints de la citadelle industrielle et
financière de l'Occident.

Le président de la Bundesbank annonça que l'accord
passé avec Riyad ne constituait qu'une première étape, car
l'évaluation qu'il faisait maintenant du déficit allemand pour
l'année s'élevait au moins à 20 milliards de deutschmarks, soit
le double de celui de l'année précédente, et il ne pouvait faire de
prévisions pour l'année suivante. Tout dépendrait des accords
de plus longue durée susceptibles d'être passés avec le nouveau
centre de pouvoir financier : l'Opep, le Golfe.

A l'autre bout du globe, le Japon réussissait des
percées industrielles et scientifiques fantastiques qui plaçaient
six groupes japonais en tête des sociétés mondiales.

Malgré ce prodige, dont nous découvrirons plus loin [1]
les secrets, le Japon terminait lui aussi l'année en lourd déficit

---

1. Voir IIIe partie.

avec l'Opep et engageait une alliance financière pour stabiliser sa monnaie.

Naturellement, ces efforts dispersés n'ont aucune chance d'aboutir à une solution cohérente. On colmate. Chacun pour soi. Mais l'angoisse des pays dits industriels est telle que leurs dirigeants n'ont pas encore pu trouver le temps — hormis quelques rapides sessions diplomatiques, baptisées « sommets » pour la façade — *de faire un travail parallèle* à celui du « Comité de stratégie économique à long terme » de l'Opep, pour répondre aux questions légitimes formulées depuis Taïf, pour rechercher une nouvelle dynamique créatrice au lieu de se contenter d'envoyer ministre après ministre mendier dans le Golfe quelque garantie d'approvisionnement et conclure quelques contrats de prestige.

Les conséquences de ces improvisations ne cessent de dégrader profondément le tissu social des démocraties industrielles. Pour la première fois depuis les années 30, l'impuissance et le désarroi face au chômage, à l'inflation, à la chute de l'épargne, aux déficits publics, à la fermeture des marchés, à l'angoisse des jeunes, tout laisse craindre, sans parler d'une guerre que les armes modernes rendent difficile à imaginer, que la force des événements ne conduisent à nouveau les peuples, comme il y a un demi-siècle, à réclamer des régimes autoritaires — l'ordre à tout prix.

Conséquence plus immédiate, déjà, des blessures profondes que laisse saigner, à ses flancs, la société industrielle : l'indifférence de plus en plus marquée à l'égard d'un Tiers-Monde dont tout contribue à faire oublier, comble d'incohérence, qu'il est la véritable frontière vers le renouveau.

Qu'il n'y ait, pour personne, la moindre chance de sauve-qui-peut individuel, l'Opep s'est donc chargée de rappeler qu'elle a les moyens de ne pas le faire oublier.

Son secrétaire général adjoint, l'Irakien Fadhil Al Chalabi, qui est aussi le directeur de la revue de l'Opep, l'explique sans détours :

« *Il faut bien comprendre qu'il n'existe aucun substitut au pétrole de l'Opep, au moins pour les dix ans à venir.* Or ce pétrole, avant vingt ans, aura commencé à s'épuiser. Chaque année, nous en consommons plus que nous n'en découvrons. L'augmentation des prix n'a pas encore été assez rapide pour freiner suffisamment la consommation. Nous ne pouvons pas continuer au rythme actuel sans prendre des risques intolérables. D'autant que l'Amérique tire de moins en moins de pétrole de ses propres gisements et que, sans doute, l'Union soviétique, jusqu'à présent exportatrice, interviendra sur le marché, avec son or comme moyen de paiement, pour deux ou trois millions de barils par jour. Il nous reste très peu de temps pour transformer radicalement les modes de production et de consommation et, par conséquent, le partage des tâches avec le Tiers-Monde. Chaque semestre qui passe sans dialogue sérieux est dramatique. »

On reste songeur lorsqu'on découvre que, de longue date, des hommes compétents ont tout fait pour attirer l'attention sur ce qui risquait de se produire.

En 1950, déjà, la « commission Paley », conduite par le vigoureux fondateur de la CBS, fut chargée d'étudier, à la demande du président Truman, l'éventualité « d'une dépendance extérieure des Etats-Unis pour les matières premières stratégiques ».

Constituée des meilleurs experts et savants, la commission remit son rapport l'année suivante. Conclusion : avant vingt ans (1970), l'Amérique aura perdu son indépendance énergétique, elle devra aller, chaque jour, chercher son pétrole au Moyen-Orient...

C'était il y a trente ans. Le rapport Paley, rendu public, n'eut pas le moindre écho.

Dix ans plus tard, le professeur King Hubbert, géologiste de la Shell, entama avec quelques collègues une étude minutieuse sur les rythmes de découverte des gisements pétroliers en Amérique du Nord.

Lorsqu'il l'eut terminée, il fut invité à s'exprimer devant l'Institut américain du pétrole, au début des années 60, au cours d'une séance privée à laquelle assistaient les responsables gouvernementaux et industriels dans le domaine pétrolier. Sa conclusion : « Avant 1970, la production de pétrole sur le continent nord-américain aura commencé à décliner, et la dépendance extérieure ne cessera plus d'augmenter. »

Le rapport Hubbert n'eut pas plus d'audience que celui de la commission Paley dix ans plus tôt.

Arrivent les années 70. Toutes les prédictions, qui avaient paru fantaisistes ou apocalyptiques à l'époque, deviennent soudain réalité. Et rien n'a encore changé.

7.
Lettre à l'Opep

Ainsi la puissance du pétrole, grâce à l'effet conjugué de son développement et de notre imprévoyance, est devenue écrasante. Elle est multipliée maintenant par la *puissance financière* sans égale, au fur et à mesure que quelques pays de l'Opep accumulent dans leurs réserves le montant des déficits de tous les autres pays du monde. Ce qui lui donne, au-delà du contrôle de l'énergie, celui de l'investissement [1].

La puissance du pétrole tient enfin à ce que la grande, l'éternelle solution, appartient désormais au passé : contre les champs pétrolifères, « l'option militaire » n'existe pas.

La longue impuissance de l'Amérique face à un Iran violemment hostile a d'ailleurs jeté la lumière la plus crue sur cette nouveauté : la stérilité des armes dans un monde économique aussi imbriqué que fragile. D'année en année, l'Opep a pris conscience de cette nouvelle dimension de son pouvoir, sans

---

1. Soit, en 1980 : entre 120 et 150 milliards de dollars. D'ici 1985 : entre 500 et 800 milliards de dollars. C'est-à-dire entre 2 000 et 3 500 milliards de francs. A titre de comparaison, le total des investissements annuels publics et privés d'un pays comme la France est de 400 milliards de francs. La capacité d'investissement de l'Opep, pour les années cruciales qui viennent, équivaut donc à une dizaine de fois l'investissement total d'un pays développé de bonne taille. Là se situe, au-delà du pétrole, l'élément révolutionnaire de la nouvelle situation.

d'ailleurs se voir jamais opposer une volonté organisée de résistance, ni des propositions sérieuses.

En perspective historique, l'opinion mondiale considère que le déclenchement de la « crise pétrolière » date de l'embargo consécutif à la guerre d'octobre 73. On se rappelle que le prix du baril en sortit soudain multiplié par quatre. C'est pourtant là l'une des idées reçues les plus fausses de notre histoire moderne.

Les décisions de hausse régulière prises par l'Opep avaient commencé avant, elles ont continué après ; l'embargo n'en a été que l'un des épisodes, accentuant vivement, il est vrai, une tendance déjà irréversible et inscrite dans les faits.

La vraie rupture avec l'ordre ancien, qui aura duré un peu plus d'un demi-siècle, se situe deux ans auparavant au moment du long face à face organisé, méthodique, qui s'est déroulé, à la demande des grandes compagnies et de leurs gouvernements, avec l'Opep. Celle-ci s'y était préparée après que le roi d'Arabie eut pris en mains toutes les possibilités d'action que venaient de lui ouvrir les révolutionnaires libyens.

C'est dans le bureau de l'avocat américain John J. McCloy, à Wall Street, que les patrons des grandes compagnies tinrent séance sous sa conduite avisée, afin de préparer une discussion générale avec l'interlocuteur que l'on s'était jusqu'à présent contenté de mépriser ou d'ignorer. Mais les temps avaient changé.

McCloy, qui fut le proconsul américain en Allemagne occupée à la fin de la guerre, est l'un de ces très puissants « lawyers » qui opèrent en permanence à la frontière entre le pouvoir politique et les grandes sociétés, veillant à l'efficacité de leur convergence. Parmi eux, Clark Clifford, ancien assistant du président Truman, qui fut l'interlocuteur de John Kennedy, au lendemain de son élection, pour traiter en tête à tête du choix des principaux ministres ; George Ball, ami intime de Jean Monnet et d'Adlaï Stevenson, qui fut le parrain, aux Etats-Unis, de la Communauté européenne et demeure l'ange gardien de l'aile internationaliste du Sénat.

John McCloy demanda d'emblée aux compagnies de cesser de jouer à cache-cache avec l'Opep, leur démontrant qu'à vouloir la briser ils perdaient leur énergie et leur temps. Que c'était là une vue aussi illusoire que celle d'une invasion militaire. Qu'en conséquence, le premier acte de bon sens, pour tenter d'obtenir quelques résultats durables, était d'abord de reconnaître l'Opep pour pouvoir fixer progressivement les règles d'un nouveau jeu et, pourquoi pas, le temps passant, d'une collaboration raisonnable.

Il leur proposa donc de signer tous ensemble une lettre simple et courtoise qui serait, pour la première fois, adressée à la présidence de l'Opep en tant que telle.

Cette modeste proposition déclencha la consternation et la colère. McCloy s'y attendait. Mais la force de l'évidence, et celle de ses arguments appuyés par les démonstrations rigoureuses de l'expert du Département d'Etat James Akins, vinrent assez rapidement à bout de cette tempête d'amours-propres.

Il dicta alors la lettre, dans le silence méditatif des vingt-trois présidents des plus grandes sociétés mondiales — les compagnies pétrolières — qui l'entouraient. Elle commence ainsi :

« Notre vœu est de présenter à l'Opep et à ses membres des propositions simples et constructives... Nous sommes arrivés à la conclusion que nous ne pourrions discuter plus avant des revendications émanant des pays membres de l'Opep que sur des bases garantissant l'accord simultané de tous les états producteurs... »

C'était non seulement la reconnaissance de l'Opep, mais la bénédiction du cartel des consommateurs au cartel des producteurs, l'un consolidant l'autre pour assurer quelques garanties de résultat au dialogue qui pourrait s'engager.

A partir de là, tout alla assez vite. La réunion chez McCloy avait eu lieu le 11 janvier 1971. A la fin de l'année, tout était à peu près réglé.

McCloy et Akins mirent sans difficulté la Maison-Blanche et le gouvernement dans leur jeu. Un envoyé très officiel, l'ambassadeur Jack Erwin, beau-frère du patron d'IBM, fut mandaté par le Président des Etats-Unis auprès des trois leaders des pays de l'Opep que l'Amérique considérait comme ses meilleurs interlocuteurs : le roi d'Arabie, le Shah d'Iran, l'émir du Koweit.

« Ma mission, raconte Erwin, était tout simplement d'expliquer aux principaux dirigeants des pays producteurs du Golfe l'inquiétude très sérieuse qu'éprouvaient les Etats-Unis à envisager que la production de pétrole puisse être diminuée, voire arrêtée, et par conséquent leur désir de traiter avec eux. »

Premier choc : aucun de ces dirigeants, tout en se montrant concerné et compréhensif, n'accepte de traiter directement avec l'Amérique. L'interlocuteur qualifié, pour parler en leur nom et avec leur soutien, était désormais, indiquèrent-ils : l'Opep. L'Amérique s'inclina. C'était, pour l'organisation, le deuxième couronnement en quelques semaines.

Pour rencontrer les émissaires occidentaux et négocier avec eux, l'Opep désigna une équipe de trois hommes : Zaki Yamani (Arabie), Jamshid Amouzegar (Iran) et Saadoun Hammadi (Irak). Ils avaient tous fait leurs études dans des universités américaines. Tous avaient traversé ensemble les années d'impuissance et de timidité. Tous avaient vécu aussi le grand renversement du rapport de forces.

Au début de la série de réunions qui vont s'enchaîner, l'un des négociateurs américains, avant d'engager les conversations, demande une entrevue en particulier à Yamani, « sur un sujet très grave ».

Il confie au Saoudien que des informations sont parvenues à Washington indiquant qu'au cours de la dernière réunion à huis clos de l'Opep, un plan a été discuté et élaboré pour mettre en œuvre, si besoin s'en fait sentir, ou si les événements l'imposent, un « véritable embargo mondial sur le pétrole » propre à faire prévaloir, en cas de crise, les positions de l'Opep. Ce plan, ajoute le diplomate américain, « aurait même reçu l'approbation du roi d'Arabie et du Shah d'Iran ». Ce qui lui paraît d'ailleurs douteux.

Au contraire, réplique Yamani, c'est exact. Il lui demande, afin qu'il n'y ait aucun malentendu ni risque de dérapage, de prendre ce plan, approuvé en effet, très au sérieux.

L'envoyé américain, stupéfait, interroge : « Est-ce que vous vous rendez vraiment compte de la perte de prestige et de pouvoir qu'un nouvel embargo, qui tournerait court comme la dernière fois, en 1967, entraînerait pour l'Opep, alors qu'elle vient de recevoir sa consécration internationale ? »

Yamani lui répond avec le même calme : « Je ne crois pas que vous vous rendiez compte vous-même de ce qu'est devenue l'Opep, de la manière dont les problèmes se présentent à tous ses membres, très différents, parfois même opposés sur des questions politiques, mais désormais solidaires sur le problème pétrolier. Ne vous y trompez plus. Ce serait un luxe d'un autre âge. »

Au même moment, le Shah, protégé par excellence des Etats-Unis, donne une conférence de presse à Téhéran pour dissiper toute idée de division ou de pression dirigée contre l'Opep : « L'attitude des grandes compagnies, qui continuent à s'accrocher à leurs privilèges exorbitants, est un exemple typique de ce qu'est devenu l'impérialisme économique.

« Il faut qu'elles sachent qu'il est condamné, comme le fut le colonialisme lui-même. Je le leur dis, ici en Iran : les conditions qu'elles ont connues et exploitées, il y a vingt ans, contre Mossadegh, n'existent plus. Personne en Iran ne se pelotonnera, cette fois, sous ses couvertures, personne n'ira se calfeutrer dans sa chambre. »

Dernière tentative et dernier espoir : le gouvernement américain convoqua à Paris une assemblée extraordinaire des pays développés (l'OCDE) pour connaître le sentiment de leurs alliés. Ce fut vite fait : ni l'Europe ni le Japon n'avaient la moindre envie, ils le déclarèrent clairement, de prendre le moindre risque de conflit pour s'opposer à une hausse des prix du pétrole, désormais considérée comme inévitable. Il fallait s'entendre, un point c'est tout.

Tout était dit. Au cours d'une réunion générale à Téhéran, Yamani, avec l'équipe des négociateurs de l'Opep, obtint sans crise la révision générale des contrats des grandes compagnies. C'est l'accord, historique, dit « de Téhéran ».

Les demandes des pays producteurs sur le prix affiché et sur la répartition des redevances étaient toutes acceptées, et seraient toutes renouvelables.

John McCloy écrivit une lettre à la Maison-Blanche pour justifier ce grand règlement.

« Bien que le coût de ce règlement soit extrêmement élevé, on peut estimer que nous en avons tiré le meilleur parti possible grâce à la position commune des compagnies qui devrait permettre, maintenant, de mieux résister à de nouvelles et éventuelles menaces collectives de l'Opep. »

Ce langage diplomatique dissimulait à peine deux faits de première grandeur.

La signature des accords de Téhéran en février 1971 coûtait aux grandes compagnies, et aux consommateurs, pour les trois années à venir qu'ils engageaient, une somme évaluée à 45 milliards de dollars.

Elle marquait surtout, officiellement, un changement d'époque. Le ministre du Pétrole irakien, Saadoun Hammadi, dit à Yamani en quittant la dernière séance : « Eh bien, maintenant, chacun sait que ce ne sont plus les compagnies mais les pays producteurs qui sont les maîtres du pétrole. »

Le prix du baril n'avait augmenté que de 50 % — de 1,80 à 2,60 dollars — mais telle n'était pas la vraie mesure de l'événement. Car ce prix allait ensuite doubler, puis doubler encore, et rien ne pourrait plus l'en empêcher. Le contrôle des décisions avait effectivement changé de main. Et le prix n'était pas tout. Le cœur des choses, le « partage de la rente », pour employer les termes du métier, était lui-même engagé dans un enchaînement irréversible.

Au début des années 1950, à l'époque de Mossadegh, le revenu de chaque baril de pétrole extrait était réparti pour 70 % aux compagnies et pour 30 % aux états producteurs. En

1960, avec la création de l'Opep, et sans que les prix bougent, le partage de la rente devint le suivant : 50 % pour les compagnies, 50 % pour les états. En 1970 et 1971, après le coup libyen, la prise en charge de la négociation par l'Opep et l'accord qui venait d'être signé à Téhéran, ce fut : 30 % pour les compagnies et 70 % pour les états.

Un an plus tard, le processus devait aboutir à son terme — avant même le fameux « choc » de l'embargo — puisque le partage était alors fixé une fois pour toutes à 95 % pour les états... et 5 % pour les compagnies.

Il ne restait donc plus à celles-ci que le salaire de leur travail. Ce n'était pas une mince révolution.

C'est celle-là même que l'Opep voudra étendre aux autres pays du Tiers-Monde pour l'exploitation et le paiement de leurs matières premières à eux. Même objectif : 95 % aux pays propriétaires, 5 % aux sociétés industrielles lorsqu'on a besoin d'elles pour faire le travail.

Ce qui est apparu, il y a moins de dix ans, comme un bouleversement de l'ordre mondial et le commencement de la fin de la « prospérité de l'Occident », n'a été qu'une modeste préface aux transformations qui se sont enchaînées pour aboutir à un partage radical du pouvoir. Partage que le Manifeste préparé à Taïf vient annoncer pour les années 80.

Ce n'est ni par un sursaut, ni par un élan de solidarité, ni par une stratégie cohérente que l'Occident répond à la rupture historique qui s'est produite.

C'est par un débat entre experts économiques et politiques, qui n'en finira plus. Débat, une fois de plus, de nature théologique, débat byzantin comme ceux qui ont toujours fait les délices des sociétés anémiées. En évitant de poser les vraies et rudes questions, on évite d'y répondre.

Ainsi toute une école s'épanouit, dont l'un des leaders bénéficie d'une autorité particulière : le professeur Adelman, du MIT (Massachussets Institute of Technology), expert mondial en matière de pétrole. Il multiplie les conférences, les articles (dont un texte dans la célèbre revue « Foreign Affairs ») et les livres, dont « Le Monde et le marché pétrolier » publié par la Johns Hopkins University.

Le professeur Adelmôn résume ainsi sa doctrine : « Il y a, en fait, un excès de pétrole sur les marchés mondiaux. Si les pays consommateurs savent s'entendre et prennent les mesures élémentaires qui sont à leur disposition, ils peuvent retourner la situation quand ils le veulent. *Ils peuvent et ils doivent briser l'Opep.*

« Car l'existence de l'Opep, son monopole de fait sur l'énergie, est une menace inacceptable et grave. On peut agir vite, car l'Opep est fragile et artificielle. Il faut agir vite, sinon les énormes revenus financiers que va s'assurer l'Opep en plus du pétrole, lui donneront une capacité redoutable à menacer et à durer. Alors on verra se multiplier dans le désordre les fautes de manœuvre des pays consommateurs et une rivalité diabolique s'instaurer entre eux pour s'approvisionner en pétrole, bientôt à n'importe quel prix. Ce cercle vicieux deviendrait fatal. Mais il n'est pas encore inévitable. »

D'un autre horizon, le plus connu des analystes pétroliers, M. Walter J. Levy, qui fait autorité dans les meilleures revues économiques de langue anglaise, soutient alors la même opinion :

« Les Etats-Unis et l'Occident ne peuvent ni ne doivent absolument pas tolérer que leur approvisionnement vital en pétrole se mette à dépendre d'une poignée de pays du Moyen-Orient, extrêmement instables et imprévisibles. Sinon, c'est toute la sécurité, c'est même la liberté politique pure et simple des démocraties industrielles qui serait condamnée. »

Ces voix portent. Elles rencontrent un instinct profond. Elles autorisent l'espoir que la « crise » sera provisoire, que l'ordre des choses se rétablira comme un fleuve rentre dans son lit ; elles invitent les sociétés de consommation à se préparer à des épreuves de force plutôt qu'à des sacrifices et à des changements de modes de vie. Bref, elles plaisent. Et elles font école.

Leurs affirmations sont reprises à la tribune des démocraties par des ministres trop heureux de faire entendre que l'orage sera passager, que tout ira mieux demain.

Elles façonnent toute la politique d'attentisme, de passivité qui va traîner l'Occident jusqu'à l'extrême limite des illusions possibles.

La voix des sirènes, rencontrant le penchant naturel des gouvernants à choisir la facilité, *aura gâché sept années pleines* au cours desquelles les occasions d'agir ont été perdues. L'avenir nous dira le prix de ce gaspillage.

Mais la clairvoyance de certains esprits en Occident n'est pas annihilée pour autant. D'autres hommes beaucoup moins écoutés ont la lucidité et le courage de montrer les premiers le chemin à suivre.

Il faut rappeler la fondation, pendant cette même période, du « Club de Rome » et l'action du visionnaire italien qui fut à l'origine de sa création : Aurelio Peccei.

Le Club de Rome publie, au bout d'un an de travail, une sorte de manifeste, fortement appuyé par les études sur modèle informatique de M. Meadows, du MIT, et par plusieurs équipes internationales. Ce texte, en 1970, va faire scandale. Il s'intitule : « Halte à la croissance ! »

La démonstration est écrasante : les ressources naturelles de la planète ne sont pas inépuisables, on peut, pour chacune d'elles, mesurer le temps qu'il nous reste pour en disposer ; l'accélération de la croissance occidentale des trente dernières années a pris une cadence si frénétique qu'elle gaspille toutes nos réserves dont beaucoup ne sont pas renouvelables, à une vitesse telle que cette machine, si l'on ne change pas rapidement de cap, s'arrêtera net dans les vingt à trente ans qui viennent, peut-être avant, au milieu de catastrophes naturelles, économiques, sociales et raciales, imprévisibles.

Dans ses premiers rapports, le Club de Rome déclare que les réserves mondiales de pétrole, au rythme actuel et au prix actuel de l'extraction et de la consommation, s'épuiseront autour de l'an 2000. Le pétrole, dont la société industrielle est maintenant faite tout entière, n'en a donc plus guère que pour trente ans. Dans ce cas, il faut mettre en place d'autres énergies, un autre appareillage industriel, un autre cycle de développement, d'autres modes de production et de consommation, avant quinze ans (soit 1985). Au-delà, il sera très tard, trop tard car les délais entre les décisions et les réalisations, s'agissant de systèmes si complexes, exigent entre huit et quinze ans — souvent davantage. Il faut donc choisir. Ou bien changer le cours des choses, par un effort volontaire et coordonné, alors qu'il reste encore un peu de temps. C'est possible, il faut le savoir. Ou bien se résigner au chaos, aux révolutions, à la guerre — démissionner.

Les scientifiques et les prévisionnistes qui partagent les vues du Club de Rome, bientôt plus généralement admises, pousseront jusqu'au bout la logique de leur raisonnement. Ils l'expriment ainsi :

« Si l'Opep n'avait pas existé, il aurait fallu l'inventer. C'est une bénédiction. Sans le bouleversement politique du monde pétrolier, on aurait continué, comme depuis le début du siècle, à gaspiller jusqu'au bout le pétrole à deux dollars le baril — jusqu'à la catastrophe. Grâce à l'action, certes d'abord intéressée, des militants nationalistes et de l'Opep, on va être rapidement conduit à des prix enfin raisonnables, indispensables au freinage puis au changement d'économie, des prix qui ne doivent pas être inférieurs à celui des « énergies de substitution », et bientôt de l'exploitation du solaire, c'est-à-dire 60 dollars le baril. »

Ce qui rejoint la prévision faite, au cours de l'année 80, par Cheikh Yamani et l'Opep : « Avant 1985, le prix du pétrole aura encore doublé. »

Mais au début des années 70, malgré le coup libyen, malgré l'action de l'Opep, malgré les accords de Téhéran, on n'en prend pas le chemin. La puissance de freinage, la capacité de récupération des sociétés multinationales et des grandes

compagnies occidentales, sont encore telles que le prix du
pétrole va stagner, voire baisser sous les effets de l'inflation. A
la grande satisfaction des prophètes de l'euphorie. Au désespoir
des esprits clairvoyants.

Les responsables de l'Opep qui sont bien loin, ils le
savent, d'être les maîtres du jeu, sentent qu'une autre action,
d'une autre nature, devra être entreprise.

Ils s'en entretiennent les uns après les autres avec
Fayçal d'Arabie.

Celui-ci en est lui-même à présent convaincu. Il va
entreprendre cette action dans le plus grand secret, résolu cette
fois à ne plus tenir compte d'aucune alliance, d'aucun lien avec
un passé qui se sera révélé si trompeur. Il va jouer le plus fort
possible. L'embargo, quand ?

8.
Le calcul de Fayçal

Longtemps le roi d'Arabie n'en fera confidence à personne, sinon à Yamani (qui doit jurer le secret) sur lequel il compte pour l'aider à maîtriser l'immense affaire. Il a accepté de prendre un engagement jusque-là inimaginable pour lui, qu'il a toujours refusé, dont il connaît la charge de violence, difficilement contrôlable, et les probables réactions en chaîne : il va accepter un embargo sur le pétrole contre l'ensemble des pays industriels.

L'action se développe en trois directions : Le Caire, Washington, Moscou.

Le Caire, car c'est là que se préparent les conditions d'un choc militaire. Choc limité destiné à provoquer le ralliement occidental contre les Arabes autour d'Israël, en difficulté sur le terrain. Alors la solidarité immédiate demandée par l'Egypte, l'Arabie y répondra cette fois automatiquement, permettant ainsi d'ouvrir les abcès pour les traiter à chaud.

Washington, parce que le roi ne veut pas provoquer l'irrémédiable, pour l'avenir qu'il faudra bien assurer, en risquant de faire de l'Amérique (comme les Japonais à Pearl Harbour) un adversaire blessé et irréductible. Il faut donc tenter, à leur endroit, un dernier et ferme avertissement, au titre de leur très ancienne amitié. On s'en souviendra, après l'action. Et peut-être, même si Fayçal n'y croit guère après tant de déceptions, l'avertissement sera-t-il entendu à temps pour éviter le pire.

Moscou, car il sait qu'un conflit au Moyen-Orient, ouvert par le choc des armes, s'étendant aux alliances, se propageant par un embargo mondial sur le pétrole, présente des risques incalculables de « montée aux extrêmes » et de confrontation entre les superpuissances nucléaires. Cela, Fayçal n'en veut à aucun prix.

Moscou sera donc prévenu qu'il y aura une épreuve, mais qu'elle restera limitée à des objectifs déterminés, n'affectant en rien les intérêts soviétiques. On compte sur la neutralité de l'URSS. En échange de quoi « des rapports nouveaux », pour la suite, pourraient s'établir.

Le président égyptien, Anouar el Sadate, qui est venu exposer ses préparatifs au roi, à Riyad, en revient comblé : l'Arabie va financer ses efforts. L'Arabie surtout lui promet, si la guerre qu'il prépare est assez sérieusement conçue pour assurer plusieurs jours de succès, qu'alors l'embargo général — celui que Sadate n'osait plus espérer — interviendra aussitôt pour faire fléchir l'Occident, arrêter les combats, ouvrir un autre avenir.

Cheikh Yamani part pour Washington, accompagné de son secrétaire d'Etat, le fils de Fayçal. Une surprise, ou plutôt un sujet de stupéfaction les y attend : Watergate.

Ils n'imaginaient pas, de Riyad, à quel point le scandale avait déjà progressé, paralysant la Maison-Blanche, isolant le Président, ravageant l'Amérique.

Toute la classe politique américaine, le gouvernement, l'administration, n'ont qu'une affaire en tête : Watergate et, fait sans précédent dans l'histoire bicentenaire des Etats-Unis, les premières suggestions de destitution du président en exercice. Le processus parlementaire, judiciaire, démocratique, qui aboutira, dans quelques mois, à la démission effective de Nixon, s'est mis en branle.

Yamani est reçu courtoisement, mais personne ne l'écoute.

En désespoir de cause, il donne une interview à deux journalistes du « Washington Post », David Ottaway et Ronald Koven. Sur ordre du roi, l'interview ne peut pas être très explicite, néanmoins le mot qui compte, le mot tabou — « embargo » — est prononcé, pour le cas, précise Yamani en termes soigneusement choisis, où l'Amérique ne réviserait pas l'ensemble de sa politique en fonction des objectifs de la nouvelle puissance arabe.

Cette déclaration n'eut que deux conséquences. Et Fayçal, à Riyad, sera rendu plus amer encore par tant d'indifférence.

De tout le gouvernement de Washington, un seul fonctionnaire comprend le message. Il rédige un mémoire qu'il fait transmettre au Président. Il s'agit, encore, de James Akins, qui s'est tenu à l'écoute quotidienne des informations en provenance du front du pétrole. Dans sa note, il met en garde la Maison-Blanche et le Département d'Etat, c'est-à-dire Henry Kissinger, contre « la menace réelle, formulée pour la première fois, d'un embargo pétrolier qui sera conduit par l'Arabie Saoudite elle-même, si les Etats-Unis n'engagent pas, dans les tout prochains mois, une négociation au Moyen-Orient, en commençant par le pétrole. Négociation urgente, en fait inévitable, qui a déjà bien trop attendu pour la stabilité de l'économie mondiale, maintenant profondément menacée ».

Nixon ne lira pas le mémoire d'Akins. Kissinger, qui a une tout autre arrière-pensée sur l'immense question, le classe.

L'autre conséquence, ironie de l'histoire, c'est la disparition de deux paragraphes dans le texte du « message au Congrès » que la Maison-Blanche a préparé sur la politique énergétique d'ensemble des Etats-Unis. Ce message sur un sujet majeur a pour objet de détourner l'attention publique du Watergate. Les deux paragraphes éliminés faisaient allusion « au risque que représentait déjà, et pourrait représenter plus gravement encore à l'avenir, la dépendance croissante des Etats-Unis à l'égard du pétrole du Moyen-Orient ».

L'allusion à un « embargo » dans l'interview accordée par Yamani a fait craindre que l'Arabie ne prenne ce passage du message présidentiel pour un premier effet de l'intimidation. Il ne saurait en être question. Que les compagnies pétrolières négocient leurs affaires pour éviter le pire, c'est une chose. Que le gouvernement des Etats-Unis envisage un instant que la première puissance militaire du monde, assurée d'ailleurs d'immenses réserves de pétrole sur son propre territoire, puisse infléchir sa politique sous la menace de l'un de ses clients arabes, quel homme d'état l'admettrait ?

Fayçal, qui suit les préparatifs d'Anouar el Sadate, sait que Moscou ne bougera pas ; que Washington a la tête ailleurs et ne comprendra que sous l'emprise d'un événement violent ; et il doit maintenant organiser avec l'Opep, dans le maximum de discrétion, la manière dont la grande affaire aura à se dérouler si l'attaque prévue se déclenche pour atteindre ses objectifs : pas d'embrasement excessif sur le champ de bataille ; pas d'exception, cette fois, à l'embargo pétrolier, et mise sur pied, au sein de l'Opep, d'un comité permanent pour en diriger toutes les phases jusqu'à ce que l'Occident, sur le front pétrolier, capitule, accepte la nationalisation générale des installations et de la production, renonce à toute discussion sur les prix qui doivent désormais relever « de la stricte souveraineté » des pays de l'Opep, et admette de préparer « la révision de l'ordre économique mondial ».

Sadate attaquera finalement le samedi 6 octobre. L'Opep se réunira à Vienne, en séance plénière, le lundi 8. L'Opaep, strictement arabe, que contrôle Yamani, se retrouvera au Koweit aussitôt après.

Un seul homme avait compris, qui a réuni les informations les plus complètes sur ce qui va se produire : c'est Henry Kissinger, le secrétaire d'Etat américain qui, dans la tempête du Watergate, dirige maintenant la politique extérieure américaine.

Mais Kissinger ne bronchera pas et ne préviendra pas. Il a sa propre idée sur la manière de se servir du drame. Le drame seul peut lui donner, pense-t-il, le pouvoir d'agir. Il va donc suivre son plan à lui. Très loin des pensées du roi d'Arabie.

Le dernier message vers Moscou est envoyé directement par le président égyptien au Premier soviétique, Leonid Brejnev.

Il reste encore environ quinze jours de préparatifs avant le déclenchement des opérations.

Mais il convient de tenir régulièrement les Russes au courant. Les relations de confiance sont encore bien ténues et le moindre malentendu, de ce côté-là, comporterait des risques dépassant le cadre et les objectifs de l'opération. A aucun moment Moscou ne doit être pris par surprise. Moscou ne le sera pas.

Les Américains non plus. Les Israéliens non plus. Mais la décision stratégique a été prise à Washington par le secrétaire d'Etat Henry Kissinger : ne pas bouger. A aucun prix « ne refaire 67 » en engageant la moindre action préventive.

Le risque « géopolitique », selon l'expression favorite du secrétaire d'Etat, qui serait pris en frappant les premiers les Arabes, était encore acceptable à l'époque. L'Occident était alors à peu près invulnérable à la menace pétrolière. Plus maintenant...

Kissinger juge que la position d'Israël, sur le terrain, demeure solide, et que l'état hébreu peut donc se permettre d'attendre le premier assaut, mais qu'il n'en est plus du tout ainsi de l'ensemble occidental.

Il est informé de l'accord passé entre Fayçal et Sadate. Il ne s'arrête guère à la menace d'embargo. Son déroulement et ses conséquences pourront, à ses yeux, être maîtrisés — à condition que les Israéliens ne prennent pas l'initiative d'ouvrir le feu.

En revanche, si une attaque préventive d'Israël entraîne une défaite militaire arabe, le Moyen-Orient tout entier peut s'embraser, une réaction violente et passionnelle de l'Arabie et de ses alliés de l'Opep peut se produire. Kissinger, alors, ne répondrait plus du contrôle des événements. Aussi a-t-il délibérément et fermement écarté cette éventualité.

Le plan d'attaque égyptien sur le canal de Suez est supputé. L'irruption simultanée des armées syriennes sur les hauteurs du Golan, aussi.

Interrogé par la presse, alors que Nixon reste à étudier ses « écoutes » avec ses avocats, Kissinger affirmera sans sourciller, quelques jours après le déclenchement des hostilités :

« Nous avions demandé à nos services de renseignements, ainsi qu'aux services des Israéliens, à trois reprises, dans la semaine qui a précédé le samedi des hostilités, leur évaluation de la situation. Ils ont été, ensemble, d'accord pour estimer que le déclenchement d'une guerre était si peu probable qu'ils ont évalué cette probabilité à zéro. »

Zéro ? Le samedi 6 octobre, à 8 h du matin, le Premier Ministre d'Israël, Golda Meir, retrouve à l'heure dite son ministre de la Défense, le général Dayan, et le chef des services de renseignements, Zeira. Ils savent maintenant que la guerre éclatera le soir même. Et ils connaissent aussi la position de Kissinger. Israël ne doit pas bouger.

Dans la nuit, le chef d'état-major, le général Elazar, a demandé à Dayan l'autorisation de mener une opération préventive « comme la dernière fois »...

Moshé Dayan, sans affronter le regard de son camarade, a simplement répondu : « Non. Ce ne serait pas intelligent de notre part. »

Il n'a pas accepté ses questions.

Le samedi matin, alors qu'il est encore temps, le même Elazar, qui a pu évaluer maintenant l'heure à laquelle aura lieu l'attaque, fait à son tour irruption dans le bureau du Premier Ministre, s'adresse directement à elle, et, les larmes aux yeux, réclame l'autorisation de prendre les devants.

« Pourquoi, mais pourquoi devrions-nous attendre

d'être attaqués puisque nous savons ? Pourquoi ne pas jouer de notre seule supériorité, l'offensive aérienne, comme en 1967 ? Quelle différence ? »

Golda Meir le regarde, droit :

« Quelle différence ? C'est moi qui suis au fait de la différence. Longtemps j'ai cru que ce qui s'était produit en 1967 était clair pour tout le monde, que l'on avait compris : nous étions encerclés, menacés, nous avons joué notre seule chance de survie en attaquant les premiers les aérodromes. Mais je me suis trompée... Tout le monde nous a reproché cette « guerre des Six jours ». Et l'isolement d'Israël, si terrible depuis, n'a cessé de s'aggraver. Qu'avons-nous tiré de nos faits d'armes ? Regarde notre situation. Cette fois, il faut que tout soit clair pour tout le monde. Je comprends parfaitement ton point de vue. Tu as droit à une réponse franche : c'est non. »

Le général Dayan complétera plus tard :

« En déclenchant une attaque, nous détruisions, et nous en étions prévenus, l'essentiel de nos relations avec les Etats-Unis. Alors ? »

Et le général Rabin, successeur de Dayan à la tête de l'Etat-Major, ancien ambassadeur à Washington : « Si Israël avait déclenché les hostilités, l'Amérique mettait fin à son soutien. Nous le savions. »

A 10 h du matin, l'ambassadeur des Etats-Unis demande à remettre un dernier message à Golda Meir. Il confirme. La tactique, élaborée par Kissinger et sur laquelle celui-ci a obtenu, en échange de son appui ultérieur, l'accord tacite des responsables israéliens, demeure inchangée : attendre.

Dans la matinée, seule dans son bureau dont elle a interdit la porte, une femme de soixante-quinze ans doit maintenant décider, en son âme et conscience : pourra-t-elle maintenir jusqu'à la fin de ce samedi de Sabbat le silence, figer son pays, son peuple, son armée dans l'immobilité jusqu'à l'heure où les frontières seront franchies, le sol envahi ? Ou, y réfléchissant une dernière fois, comme elle le racontera plus tard, doit-elle prendre le risque de mettre son seul allié, l'Amérique, devant un fait accompli ?

Elle a appris à peser ce que Kissinger, tant de fois au cours de ces dernières semaines, lui a fait savoir : la bataille, l'épreuve, le sort du Moyen-Orient ne sont plus une affaire de rapport de forces militaires, d'occupation de terrains. Le pétrole, l'Opep, l'embargo — voilà ce qui est en jeu. Tel est le champ nouveau sur lequel il faut savoir qu'on peut tout perdre, ou limiter les dégâts. Rien d'autre ne compte. Rien d'autre ne doit compter. Le sort d'Israël est lié au sort du monde.

En 1973, pour la première fois, sous la conduite de l'Arabie, l'Opep a les moyens d'imposer et de faire respecter un embargo. L'Amérique pourrait « tenir » longtemps. Elle a sa propre production et des réserves. Mais combien de temps ?

Quant à l'Europe et au Japon, ce n'est même pas une question de temps. Devant un véritable embargo, ils céderont immédiatement. Ils n'ont aucun moyen de le supporter. Ils n'en ont pas non plus de le tourner. Ainsi, ce qui est en jeu, c'est l'éclatement de l'Occident.

Kissinger pense avoir une chance de le conjurer, même une fois l'inévitable embargo déclaré, en gagnant du temps, en recréant une forme de solidarité, en exerçant des contrepressions sur le Golfe. Il entrevoit un *modus vivendi,* mais à une condition : qu'en aucun cas l'agression ne puisse être imputée à Israël.

Il en a parlé aux gouvernants israéliens avec assurance, sachant pourtant quel sacrifice il exige. Il n'a pas exercé de chantage. Il aurait échoué. Il a montré l'autre aspect des choses : que l'Amérique ne dépend du pétrole arabe (en cet automne 1973) que pour 10 % de ses approvisionnements. Elle n'est guère vulnérable aux pressions. Mais l'Europe en dépend pour 75 %, et le Japon pour 80 %. Les deux piliers du dispositif américain, du côté de l'Atlantique, et du côté du Pacifique, sont devenus plus que fragiles : minés. Et l'Amérique ne saurait envisager que ses alliances se rompent. Ce serait un pur désastre.

Il faut donc jouer en conséquence, conclut Kissinger. Sur le front local, l'armée israélienne devra encaisser le choc initial, et se redresser ensuite. Sur le front mondial, celui de l'énergie, l'Amérique ne peut que laisser Fayçal déclencher son embargo. Il veut ainsi s'assurer la direction de l'Opep. L'Amérique non menacée, elle, de manquer de pétrole, se présentera alors en protectrice de ses alliés et traitera des intérêts de l'ensemble de l'Occident avec l'Arabie.

Kissinger se sent d'autant plus sûr de sa manœuvre, et d'un bon dénouement, qu'il tient dans sa main, pour l'épreuve ultérieure face au roi d'Arabie, un atout maître, préparé de longue date : l'Iran du Shah.

L'attaque se déclenche au début de l'après-midi. Les lignes, au sud comme au nord, sur le Canal et sur le Golan, sont enfoncées. L'Etat hébreu vit ses premières heures de défaite et de retraite depuis sa fondation, il y a vingt-cinq ans. Le monde a tourné sur ses gonds.

Mais si la première blessure, les premiers sacrifices, sont ainsi imposés par le nouveau cours des choses aux survivants de l'holocauste maintenant constitués en nation, cette fois ils seront loin d'être les seules victimes. Ce qui va suivre étendra aux nations développées les privations et les humiliations.

Certes, les Israéliens n'y trouvent guère de consolation. Ils continueront à refuser d'admettre que tout a changé pour l'ensemble du monde. Qui ne les comprendrait ? Mais les événements imposent leur loi.

Le lendemain de l'offensive militaire, le déroulement du programme d'ensemble se poursuit d'heure en heure. Et les péripéties de la bataille, qui a pourtant pris une tournure violente et acharnée, ne reviendront que très provisoirement au premier rang des préoccupations. Le grand jeu a commencé. Ailleurs.

Les délégués de l'Opep, le dimanche 7, arrivent les

uns après les autres à Vienne pour la réunion prévue depuis plus d'un mois.

Ils doivent y rencontrer les représentants des grandes compagnies à qui ils ont annoncé, avant le moindre bruit de guerre, qu'à cette date interviendrait un *doublement* du prix du pétrole. Pour le moins.

Cheikh Yamani a exposé dans un court mémorandum les motifs de cette décision : à lui seul, le rythme de l'inflation des pays industriels, de 1970 et 1973, a annulé tous les avantages financiers que l'Opep avait obtenus pour son pétrole ; cela ne peut continuer. D'autre part, le marché est si tendu, malgré les nouveaux prix, par l'accélération de la consommation, que les premiers « prix spot » — c'est-à-dire établis librement, en dehors des contrats à terme, selon les lois de l'offre et de la demande sur quelques places centrales comme Rotterdam — avaient déjà dépassé à la fin septembre 5 dollars le baril. Alors que le prix officiel restait fixé à 2,5 dollars.

La réunion de Vienne commence. Les ministres des deux pays producteurs les plus influents la président conjointement : Yamani, le Saoudien, et Amouzegar, l'Iranien.

C'est une habileté destinée à montrer aux compagnies, dès le début du grand jeu, que la solidarité de l'Opep s'étend au-delà du cercle strictement arabe, que l'Amérique ne peut plus compter, à ce moment-là au moins, en matière de prix, sur le Shah.

L'Iranien Amouzegar prend d'abord la parole. Il ne dit pas un mot des informations relatives à la guerre qui fait rage. Il parle pétrole et avance, d'emblée, qu'il ne saurait être question de s'entendre sur un chiffre inférieur à 6 dollars. Instructions personnelles du Shah.

Il confie, le soir, à l'observateur britannique Anthony Sampson : « Nous en avions assez, depuis plusieurs mois déjà, de leur maquignonnage, de leur façon de nous chamailler pour le moindre sou. Et puis nous nous rendions bien compte que les compagnies étaient maintenant en situation de faiblesse, même si elles ne l'avouaient pas. Au fond, elles commençaient à s'affoler à l'idée qu'elles pourraient bien, quel que soit le prix payé, ne plus être assez ravitaillées pour approvisionner leurs clients. Elles n'avaient plus beaucoup de capacité de résistance. »

Cheikh Yamani, après Amouzegar, confirme la décision de l'Opep. Six dollars. L'émoi est considérable. Aucune des compagnies n'est prête à accepter pareille augmentation.

Yamani dira : « Elles avaient dans l'idée de commencer, comme d'habitude, à marchander en partant de 40 ou 45 cents, en espérant aboutir à un compromis autour d'un dollar. *Elles ont commis une terrible erreur.* »

Les représentants occidentaux des compagnies demandent, en effet, une suspension de séance pour pouvoir téléphoner à New York et à Londres. Puis deux d'entre eux, délégués par les autres, l'Américain George Piercy, d'Esso, et le Français André Bénard, de la Shell, expriment le vœu de rencontrer Yamani, seul, à l'hôtel Intercontinental.

Ils lui indiquent que si on leur accorde un délai d'une quinzaine de jours, ils espèrent arriver à un certain rapprochement des points de vue.

Le Saoudien a des instructions précises de Fayçal. Il connaît la suite. Il interrompt très vite la conversation en refusant tout délai « qui serait parfaitement inutile ». Il laisse entendre à ses interlocuteurs « qu'ils auraient tout intérêt à se montrer plus compréhensifs » sur-le-champ, avant que ne s'achève la réunion de Vienne. Il ne va pas plus loin pour l'instant. Et le dialogue s'arrête.

Quand les représentants des compagnies reviendront à la salle de conférences, ils ne trouveront plus personne.

Cheikh Yamani et les autres ministres du Golfe ont pris l'avion pour se retrouver au Koweit entre membres de l'Opaep.

C'est donc la rupture. La dernière. Il n'y aura plus jamais de dialogue avec les compagnies. Désormais, les interlocuteurs des producteurs de pétrole seront les états.

Seul le « Financial Times » de Londres consacre à

l'événement, qui va bouleverser les fondements de l'économie mondiale, quelques lignes en page 13. Les envoyés spéciaux de la presse mondiale ne sont ni à Vienne, ni au Koweit. Ce sont les péripéties de la bataille militaire qu'ils suivent, tous, sur place comme du temps où le sort des armes décidait de l'avenir.

Dans la grande salle du Sheraton, au centre de Koweit City, munie du plus récent équipement acoustique de traduc- tion simultanée, l'Opaep tient la réunion la plus importante de son existence.

Les ministres de l'Arabie et du Koweit ont ouvert la séance par une demande immédiate d'embargo. La discussion est fiévreuse. Bien des délégués ont été pris de court. Ils cherchent à mesurer l'ampleur de ce que va engendrer la décision capitale qu'on leur demande en somme d'entériner. Il y a quelque flottement. A cet instant, comme convenu entre Fayçal et Sadate, on annonce l'arrivée du nouveau ministre du Pétrole de l'Egypte, Mohammed Hillal, dont l'avion vient d'atterrir en provenance du Caire.

Hillal est l'un des proches du président égyptien qui lui a fait accomplir une rapide carrière dès qu'il est revenu des Etats-Unis avec son diplôme d'ingénieur chimiste. C'est aussi un excellent orateur. Il est chargé d'un message personnel de Sadate, réclamant la solidarité arabe la plus complète et, par conséquent, l'embargo pour l'après-midi même — au nom de ceux qui tombent d'heure en heure en des combats meurtriers, tout au long d'un front qui ne cesse de s'étendre.

Hillal, conduit de l'aéroport par la puissante voiture américaine de son collègue koweitien précédée de l'escorte officielle, traverse les larges avenues de la ville moderne, nette, égayée par les couleurs pastel des châteaux d'eau à double dôme. En moins de dix minutes, il est devant l'entrée du Sheraton, traverse les deux salons au style identique à celui des palaces de Houston ou de Dallas, qui mènent à la salle de conférences.

A l'invitation de Yamani, tous ses collègues le reçoi- vent debout.

Sans laisser le moindre répit, le Saoudien met aux voix, devant Hillal très ému, qui n'a eu le temps de prononcer que quelques mots — et rien de plus n'était nécessaire —, la motion proposant aux chefs d'Etats de l'Opaep de décider l'embargo sur le pétrole arabe. Il n'y a ni délibération ni abstention. La décision est adoptée. Chacun va regagner sa capitale.

L'Irak annonce, avec les restrictions sur les livraisons, la nationalisation complète des installations d'Esso et de Mobil Oil dans le champ pétrolifère irakien de Basara. L'Arabie Saoudite, le Koweit, les émirats du Golfe proclament ensemble la réduction immédiate de leur production et l'arrêt progressif des envois vers les ports d'Europe, d'Amérique et du Japon.

A Washington, sous la présidence de Nixon, sorti pour un instant de son bunker où il vit les débuts du calvaire du Watergate, le Conseil national de sécurité tient une réunion de crise où il est décidé de déclencher, pour la première fois depuis la crise de Cuba (1962), une alerte nucléaire générale afin de prévenir toute initiative des Russes dans la région du champ de bataille, en attendant le cessez-le-feu ; et de préparer simultanément un message présidentiel à la Nation sur les mesures de restriction face à l'embargo.

Le lendemain, épuisé, méconnaissable, Nixon réapparaît après une longue absence sur les écrans de la télévision. Le pays tout entier regarde ce personnage sorti de l'Histoire qui vient parler des affaires de la Nation au milieu d'un drame mondial dont chacun a ressenti le choc sans vraiment en mesurer la portée.

« Les Etats-Unis d'Amérique », commence Nixon en butant sur les mots d'un texte qu'il lit, parce qu'il parvient mal à faire effort de mémoire, « les Etats-Unis vont avoir à affronter les restrictions d'énergie les plus sévères qu'ils aient jamais connues, même pendant la guerre mondiale. »

Il esquisse l'annonce d'une série de mesures qu'il va immédiatement soumettre au Congrès : limitation de vitesse sur les routes à 80 km/h, réduction du chauffage dans tous les immeubles, préparation d'un plan de rationnement pour le fuel, etc.

Dans la salle de délibérations du « plus important Parlement du monde », selon l'expression consacrée, l'un des membres les plus écoutés du Sénat des Etats-Unis, le sénateur William Fulbright, président de la commission des Affaires étrangères, demande le premier la parole.

Connu pour sa modération, son ouverture d'esprit, son soutien aux grandes causes internationales, son parrainage des très illustres et efficaces « bourses Fulbright », qui drainèrent les jeunes cerveaux de tous les continents vers les universités américaines tout au long des trente années d'après guerre, il s'exprime aujourd'hui d'une voix sourde, en des termes inhabituels : « Je vous dois, mes chers collègues, le fond de ma pensée, sans ambages. Les producteurs arabes de pétrole n'ont que des forces militaires insignifiantes dans le monde d'aujourd'hui. Ils sont comme de faibles gazelles dans une jungle de grands fauves. Nous devons, comme amis, le leur rappeler.

« Ils prendraient pour eux-mêmes des risques terribles s'ils en venaient à menacer vraiment l'équilibre économique et social des grandes puissances industrielles, le nôtre en particulier.

« Qu'ils se rendent compte, avant qu'il ne soit pour eux trop tard, de ce qui risquerait alors de les frapper. »

Le ton, les termes de Fulbright ont d'autant plus de poids qu'il n'a jamais cessé de critiquer vigoureusement l'emploi de la force militaire pendant toute la guerre du Vietnam, sous Johnson comme sous Nixon. Il a publié, il y a moins de deux ans, un livre clair et convaincant intitulé : « L'arrogance de la force », pour dénoncer l'illusion selon laquelle l'Amérique peut prétendre dominer le monde, régler par ses interventions les problèmes de toutes les régions, se charger d'imposer un ordre international. « Tant de présomption et d'arrogance, y écrit-il, ne pourraient déboucher que sur les pires déceptions, et des catastrophes. » Face à l'Opep et à l'embargo, la tentation est grande. Dans les années qui vont suivre, ce recours à la force, qu'il évoque dès le premier jour, reviendra constamment dans les esprits et les débats. Il ne cessera plus de faire l'objet de préparatifs...

De l'autre côté de l'Atlantique, l'organe prestigieux de la presse britannique, « The Economist » de Londres, publie un éditorial solennel en tête d'un numéro spécial : « C'est une idée absurde d'imaginer que l'Amérique du Nord, l'Europe occidentale et le Japon, qui représentent plus de 80 % de la puissance industrielle de l'univers, puissent accepter de voir leur croissance économique interrompue par quelques potentats arabes qui, tous ensemble, représentent moins de 1 % de la population mondiale. »

L' « absurdité » cependant fait son chemin, et à vive allure, dans l'esprit des responsables d'Europe et du Japon. Ils sont saisis de panique.

Le gouvernement japonais réagit le premier. Il annonce « une première réduction immédiate de 10 % des fournitures de pétrole aux industries suivantes : automobile, acier, machinerie électrique, aluminium, ciment, pneus, tissus synthétiques, papier et pétrochimie ». C'est le rationnement.

Le Premier Ministre, en conseil de cabinet, confie que si l'embargo devait se prolonger plus de quelques semaines, l'industrie japonaise s'arrêterait.

En Allemagne aussi, la réaction est rapide. Dès le dernier week-end du mois, le fameux réseau autoroutier, si dense et si actif, de toute l'Allemagne Fédérale, est désert : interdiction de circuler.

Le 15 novembre, les chefs d'Etat et de gouvernement des « Neuf » de la Communauté européenne se retrouvent à Copenhague en session extraordinaire.

Un bilan est présenté par leurs experts sur « l'aggravation de l'inflation, du déficit et du chômage prévisible en conséquence de l'embargo ».

Le chiffre de 4 millions de chômeurs est avancé pour l'ensemble de la Communauté, dès l'année suivante.

En moins de deux heures, les Neuf décident une déclaration « d'identité européenne » à l'égard des questions du Moyen-Orient. Et appellent à un dialogue direct entre l'Europe et les pays arabes.

Trois jours plus tard, toujours à Copenhague, les ministres européens des Affaires étrangères reçoivent les émissaires des pays arabes qui attendaient cette invitation.

La séance est présidée par le Premier Ministre danois, M. Joergensen. Il conduit les envoyés des pays du pétrole dans la plus grande salle de commission du Parlement danois et commence son allocution en s'excusant, « pour les raisons que chacun connaît, qu'il fasse si froid dans cette pièce qui, comme tout l'immeuble, a cessé d'être chauffée ».

La délégation arabe, en sortant, tient une conférence de presse. Son porte-parole est le ministre algérien M. Bouteflika. Il se déclare satisfait :

« Je peux assurer que les contacts entre l'Europe et nous ne cesseront plus. Cette rencontre a été un très bon début vers ce que l'on peut appeler une « intensification » des relations entre l'Europe et les pays arabes. »

Intensification, — c'est bien la moindre des choses pour les Européens. Ils veulent en finir au plus tôt avec l'embargo. Ils voient fondre leurs réserves, monter les prix, diminuer rapidement la production des pays exportateurs. Ils sont prêts à s'exécuter. Qu'on leur dise seulement ce qu'on leur demande... en échange du pétrole. Mais quoi ?

Avant de quitter le territoire des Neuf pour aller rejoindre leurs collègues de l'Opep à Vienne, les émissaires arabes reçoivent la visite du président en exercice du Conseil de la Communauté européenne. Il vient leur parler, dit-il, « d'homme à homme et en toute amitié ». Son message est celui-ci : « Ne voyez-vous pas que nous ne pouvons rien au Moyen-Orient ? C'est l'Amérique que vous visez avec l'embargo. Mais l'Amérique n'est guère touchée et c'est l'Europe que vous atteignez. Dites-nous où vous voulez en venir. »

Le panache, certes, n'y est plus. Mais il y a là beaucoup de vrai. C'est un cri du cœur.

Les ministres arabes, impressionnés de voir soudain leurs interlocuteurs devenus modestes, faibles, prévenants, mais aussi impuissants et désorientés, vont rapporter à Vienne, à leurs collègues, les enseignements de cette « tournée européenne ».

A l'issue de la réunion des ministres du Pétrole, le secrétaire général de l'Opaep fait savoir que l'organisation « a décidé de récompenser la Communauté européenne pour son attitude, et de faire un geste ».

Ce geste n'est pas bien large. Mais enfin, c'est un premier pas : comme la mécanique mise en branle par l'embargo consiste à diminuer automatiquement, chaque mois, de 5 % les livraisons des pays de l'Opep, il est annoncé « qu'en ce qui concerne le mois de décembre, cette aggravation ne concernera pas les pays de la Communauté européenne ». Sauf la Hollande, qui s'est cabrée.

L'Europe n'offre plus de résistance. Les choses vont comme prévu. Et le Japon ?

Le Japon est le plus torturé de tous. Accepter de céder, à son tour, sous la pression de l'Opep, c'est prendre, pour la première fois depuis trente ans, le risque qui a toujours paru inimaginable d'une rupture avec l'Amérique, à laquelle le Japon adhère comme une huître à son rocher. Mais repousser les appels des Arabes, c'est provoquer le désastre : sans le ravitaillement régulier, quotidien, par les tankers géants qui traversent la moitié du monde, du détroit d'Ormuz jusqu'au port de Yokohama, la grande île s'arrête et sombre.

Le Premier Ministre japonais envoie au roi d'Arabie et à l'émir du Koweit un émissaire qui les connaît bien : le mystérieux et habile président de la seule société pétrolière japonaise, « l'Arabian Oil », M. Mizuno.

Toujours silencieux, sans cesse en voyage entre Tokyo et le Golfe, reçu sans préavis à chacun de ses retours au Japon

par les maîtres du pays — le président du Keidanren, organisation générale du patronat, le vénérable Toshiwo Doko, et le
Premier Ministre —, Mizuno revient cette fois de Riyad et du
Koweit avec un message qu'il transmet aussitôt à ses deux
interlocuteurs : le Japon sera coupé de tout approvisionnement
en pétrole s'il ne se déclare pas lui aussi solidaire des Arabes —
dans la semaine. Avant la prochaine réunion de l'Opep.

Pour être plus sûr d'être entendu, le roi Fayçal
demande en même temps à Cheikh Yamani, qui est revenu à
Vienne, de rendre public un message particulier à l'intention du
Japon.

Il ne reste plus que trois jours avant la réunion de
l'Opep. Le 21 novembre, Cheikh Yamani déclare : « Le Japon
doit définir sa politique. S'il veut être exempté lui aussi, comme
maintenant la plupart des pays de la Communauté européenne,
pour le mois de décembre, d'une nouvelle réduction de
fourniture de pétrole, il doit publiquement faire en sorte de
pouvoir être considéré comme un ami de la cause arabe, et se
déclarer prêt à la soutenir. »

Les journalistes demandent au Saoudien s'il s'agit
d'une « exigence ». Yamani répond : « La déclaration se suffit à
elle-même. »

Elle suffit en effet. Et à la veille de la réunion de
l'Opep, un nouveau Premier Ministre japonais déclare devant le
Parlement que son pays est prêt à s'entendre avec les Arabes
« pour soutenir leur politique devant l'ONU, pour une assistance particulière aux Palestiniens, pour une coopération économique et technique directe avec l'ensemble des pays en voie de
développement du monde arabe ».

Les premiers objectifs sont atteints : l'Europe a
capitulé, le Japon aussi.

C'est ce qu'attendait Fayçal dans son palais. Mais
aussi Henry Kissinger à la Maison Blanche.

Le terrain étant libre, le secrétaire d'Etat américain,

maître de sa politique et de ses décisions, va entrer en scène. Il se présente désormais comme le seul interlocuteur qui ne soit pas « tenu » et qui puisse s'adresser de plain-pied au souverain d'en face : le roi d'Arabie.

9.
Le jeu de Kissinger

Depuis plusieurs mois, Henry Kissinger n'a guère quitté Washington.

Il fait mettre en alerte son avion personnel « Air Force II » et demande audience à Fayçal à Riyad. Une autre période commence.

L'Amérique, seule puissance industrielle encore intacte, seule puissance militaire, entre dans l'étrange mêlée. Les circonstances sont celles que Kissinger a aussitôt entrevues lorsqu'il a lu le mot « embargo » dans l'interview de Yamani au « Washington Post », quelques mois plus tôt. Les conditions pour pouvoir agir sont réunies. Il est prêt pour le face à face.

Fayçal a envoyé Yamani à Washington pour s'adresser publiquement à toute l'Amérique, à partir du « National Press Club » où il est reçu par une foule de représentants de la presse comme jamais homme d'état étranger n'en a attirée depuis la guerre.

Devant la forêt de caméras et de micros, il déclare :

« Les changements qui viennent d'intervenir, à partir du pétrole, auront des conséquences dans tous les domaines : l'industrie, l'économie, les finances et la politique. Ils ne cesseront plus d'en avoir...

« Ces changements sont fondamentaux. La nouvelle

situation du monde, telle qu'elle apparaîtra bientôt après cette transition rapide, n'aura guère de ressemblance avec la précédente. Le rapport des forces dans le monde a changé de façon radicale.

« Le pouvoir de décision sur l'énergie, qui appartint si longtemps aux compagnies occidentales, est maintenant tout entier entre les mains des pays producteurs.

« Au-delà du pétrole, c'est le transfert du pouvoir financier qui va commencer lui aussi à s'inverser. Jusqu'ici, il était à sens unique : vers les pays industriels. Maintenant nous allons assister à un renversement radical pour tous les pays concernés. »

Il conclut : « L'équilibre des pouvoirs, dans le monde, ne sera plus jamais ce qu'il était. »

Kissinger a connaissance de cette déclaration avant de rencontrer Fayçal. Il n'en est guère impressionné. Le prix du pétrole, les transferts financiers sont loin d'être son obsession. Il a une tout autre idée en tête : avec qui assurer la « garde militaire » du Golfe contre toute tentative de pénétration soviétique ? C'est là, pour lui, le vrai et seul danger. Celui dont il s'occupe.

Aussi a-t-il une série de questions à examiner avec le roi. Il a prévu, pour les jours suivants, plusieurs entretiens avec le Shah d'Iran.

Toute la politique des Etats-Unis, pour les six années qui vont suivre, va désormais se construire au cours des allées et venues du ministre américain entre Riyad et Téhéran. Elle ne changera plus — jusqu'à épuisement.

Kissinger a retenu le secret de Metternich. Son maître et inspirateur avait inventé une diplomatie singulière : il confiait une vérité au tsar de Russie, une autre au roi de Prusse, une autre encore au souverain français ; sachant que chacun la garderait pour soi et qu'il faudrait des années avant qu'ils ne les comparent. D'ici-là...

Kissinger reprend la formule : une vérité pour Sadate en Egypte, une autre pour Assad en Syrie, une autre encore pour Fayçal en Arabie — et ses vraies confidences pour le Shah d'Iran. Certain, lui aussi, qu'ils se méfient trop les uns des autres pour échanger leurs secrets, et qu'il restera maître du jeu le temps nécessaire.

Les choses allèrent ainsi pendant plusieurs mois. Lorsqu'il arrivait, au hasard des circonstances, que les responsables du Golfe se fassent quelques confidences, ils en tiraient seulement la conclusion que l'autre avait mal compris ce que lui avait déclaré Kissinger.

Mais, au bout de deux ou trois tournées de cette nature, le nombre d'indiscrétions sur les entretiens de Kissinger finit par répandre une certaine méfiance.

D'ailleurs, le secrétaire d'Etat ne cachait guère l'essentiel : il ne recherchait pas une entente sur une politique du pétrole capable de stabiliser les rapports économiques, fixant une progression continue du prix du pétrole selon des règles convenues, évitant les crises et permettant la reprise d'un certain dynamisme économique. Ce n'était pas son problème. Il avait une autre obsession : que l'Iran devienne une forteresse militaire assez puissante, face à l'URSS, pour protéger, comme seule l'armée iranienne pouvait le faire à ses yeux, l'ensemble des champs pétrolifères, et l'artère vitale : le détroit d'Ormuz.

Depuis les années 71 et 72 déjà, Kissinger avait rencontré le Shah à plusieurs reprises et s'était engagé à son égard : l'Iran aurait accès à toutes les armes modernes que le Shah jugerait bon de demander à l'arsenal américain au fur et à mesure qu'il construirait son armée, sa flotte et son aviation.

Le Shah d'Iran comprenait parfaitement Kissinger. Ses revenus pétroliers gonflant d'année en année, il ne mettait plus de limites à son appétit pour les armes les plus sophistiquées dont il ne calculait même plus le prix.

L'affaire avait même fini par poser un problème inquiétant : l'Iran n'avait plus les moyens de payer un armement aussi dispendieux.

Le Shah en réclamait toujours davantage. Le Pentagone avait ordre de lui fournir ce qu'il demandait. Mais il n'était plus en mesure de régler la facture.

Les conséquences de l'embargo et la tension sur le marché du pétrole offrent la solution à ce problème irritant : il suffit d'accélérer la hausse du prix du baril. Le Shah renflouera ainsi ses finances et pourra poursuivre ses commandes. Les deux hommes en conviennent.

L'Amérique, promet Kissinger, ne se gendarmera pas lorsque le Shah réclamera une nouvelle hausse, et encore une nouvelle hausse. A la fin de 74, la *moitié* de toutes les ventes d'armes des Etats-Unis se font à une seule nation : l'Iran.

L'autre pilier sur lequel Kissinger comptait s'appuyer au Moyen-Orient était naturellement l'Arabie Saoudite. Non pas sur le plan militaire — ce pays n'en a pas les moyens —, mais sur le plan financier et énergétique, c'est le seul allié à la hauteur de la situation.

C'est bien pourquoi il a fallu envoyer le ministre des Finances des Etats-Unis à Taïf pour demander un soutien régulier des Saoudiens au dollar. Et depuis, chaque mois, la banque centrale du royaume, la SAMA (Saudi Arabian Monetary Agency, a acheté discrètement une masse considérable de bons d'Etat américains.

Au cours d'une nouvelle entrevue avec Kissinger, le roi Fayçal lui indiqua qu'il comptait continuer à soutenir le dollar — d'ailleurs la seule monnaie de réserve, pour le moment, de tous les pays du Golfe — mais qu'il ne pourrait y parvenir si des « chocs » continuaient à se répéter sur le marché du pétrole. En conséquence, il demandait instamment à Kissinger de faire pression sur le Shah pour qu'il cesse d'agir, par saccades brutales, sur l'évolution des prix.

James Akins, nommé ambassadeur à Riyad, nota : « Les Saoudiens étaient très inquiets. Les émissaires du roi venaient me trouver constamment pour me confier : Kissinger doit absolument faire pression sur le Shah si nous voulons éviter des crises économiques et des tensions sociales désastreuses, résultant des prix « sauvages » du pétrole. Comment se fait-il qu'il n'y parvienne pas ? »

A l'automne 74, Kissinger se rend une nouvelle fois au palais royal pour tenir Fayçal au courant « des progrès de la diplomatie américaine pour un règlement pacifique au Moyen-Orient ». En échange, il demande au roi de bien vouloir opérer unilatéralement une réduction du prix du pétrole saoudien, au débit considérable, de manière à stabiliser l'ensemble du marché et à éviter l'affolement sur les prix, dont les conséquences commençaient à être catastrophiques.

A bord d' « Air Force II », ayant décollé de Riyad, Kissinger s'adresse aux quelques journalistes qui l'accompagnent :

« J'ai trouvé les Saoudiens très compréhensifs. Ils partagent notre analyse sur la nécessité de stabiliser, avec des hausses progressives et modérées, le prix du pétrole. Nous espérons de tout cœur que les autres producteurs suivront l'exemple du royaume. »

Deux semaines plus tard, Kissinger retourne en Iran. Il rencontre le Shah dans son palais d'été, à Sadabad. Ils ont un entretien d'une journée. Ils discutent des questions militaires de la région, et des nouveaux équipements destinés à l'armée iranienne. Pas un mot du pétrole. Quand le Shah indique, en passant, qu'il aura besoin de revenus pétroliers plus substantiels dans les prochains mois — Kissinger acquiesce.

Peu après, les conseillers de Fayçal reçoivent un compte rendu de cet entretien — par le Shah lui-même.

Le souverain d'Arabie a peine à le croire. Mais ce n'est pas la première fois que ce genre d'information lui parvient. Il commence à s'interroger sérieusement sur la politique américaine, sur les ambitions du Shah, sur l'équilibre des forces économiques et militaires au Moyen-Orient, sur la stabilité même de la région et sur son avenir.

Or, il entend rester maître du jeu. Il comprend qu'une partie se joue en dehors de lui. Et dans des termes qu'il n'approuve nullement : le golfe d'Arabie n'est pas fait pour les affrontements militaires.

Au début 75, Kissinger juge bon de publier une interview où il précise sa pensée « stratégique » concernant le Golfe :

« Je n'ai jamais imaginé que nous puissions utiliser notre force militaire pour intervenir sur la question des prix du pétrole. Mais c'est une chose pour l'Amérique de faire sentir sa force pour peser sur les prix, ce que j'exclus ; et c'en est une autre de savoir que nous pourrions intervenir si le monde industriel risquait vraiment d'être privé d'énergie. Voilà quel est le cadre de notre action dans nos rapports avec nos alliés. »

Quand Kissinger arrive, un mois plus tard, à Riyad, le prix du pétrole a augmenté pour la quatrième fois consécutive en moins de six mois. Il y prête à peine attention. Il a d'autres problèmes. Le roi demande à Yamani d'aller accueillir le secrétaire d'Etat à l'aéroport pour essayer d'en savoir un peu plus sur le fond de sa pensée, dont il n'arrive pas à déchiffrer l'ultime objectif, ni même vraiment la cohérence.

Yamani conduit Kissinger au palais royal. L'ambassadeur Akins les accompagne.

Le souverain, qui maintenant n'a plus aucun doute sur le double jeu de Kissinger avec le Shah, réclame que l'Amérique prenne position publiquement contre la « politique pétrolière » du Shah, qui disloque toute cohérence de l'Opep et menace la stabilité politique de l'ensemble de la région.

Anthony Sampson assiste au début de l'entretien dont il a publié le récit suivant : « J'observais la rencontre entre les deux hommes dans le grand bureau du roi à Riyad. Fayçal, avec son visage fascinant, les plis amers de sa bouche, la fixité extraordinaire de son regard, ne fit pas le moindre geste pour saluer son hôte (Kissinger) qui arrivait vers lui en souriant. Il lui fit part avec sécheresse de sa déception et de ce qu'il considérait comme l'échec de sa diplomatie. »

L'entretien se poursuivit sans témoins. Akins complétera l'information en indiquant que le roi avait confirmé que l'Arabie était résolue à rester très modérée sur les hausses du pétrole, connaissant les risques d'une politique sauvage, mais résolue aussi à se servir de l'arme de l'embargo qui avait fait ses preuves, si l'Amérique et l'Occident ne s'employaient pas, avec plus d'efficacité, à régler les questions du Moyen-Orient.

Trois jours plus tard, Kissinger rejoignait le Shah, cette fois en Suisse. Le Shah avait fait ses études dans les meilleures écoles de Genève et de Zurich. Il aimait la Suisse et le ski. Il avait acheté un luxueux chalet à Saint-Moritz, où il passait de longues et fréquentes vacances. Il arriva au rendez-vous en hélicoptère, bronzé et souriant, après trois semaines de montagne.

L'entretien avec Kissinger fut intime et confiant. L'ambassadeur américain en Iran, Richard Helms, ancien directeur de la CIA, y participait. Il le confirmera publique-ment : « La question du prix du pétrole ne fut jamais évoquée entre les deux hommes. Sur cette affaire, Kissinger laissait le Shah décider ce qui lui semblait bon. »

Quelque temps après, Cheikh Yamani écrivit une lettre officielle et personnelle au ministre des Finances de Washington :

« Je viens vous faire savoir que nous ne sommes pas les seuls à tirer de l'évolution des événements une conclusion que nous n'avions pas prévue : la politique américaine ne paraît pas orientée du tout vers une modération de la hausse des prix du pétrole.

« Il y en a même, parmi nous, qui croient pouvoir déceler que, pour des raisons politiques qui nous échappent en partie, la diplomatie américaine soutient, à chaque occasion, ceux qui réclament de précipiter les hausses de prix.

« Les déclarations publiques du gouvernement améri-cain en sens contraire ne nous convainquent plus. Nous pourrions être amenés à en tirer les conséquences. »

Entre-temps, Nixon avait été remplacé à la Maison-Blanche par Gerald Ford qui laissait, plus encore que son prédécesseur, les mains libres à Kissinger pour tout ce qui

10.

URSS : l'empire miné

Alors que le régime du Shah en Iran s'effondre sous le poids de la militarisation et de la corruption[1], les services de renseignements américains reçoivent une série d'indications sur un drame qui se déroule dans un tout autre univers : le Grand Nord sibérien. Les conséquences des deux événements vont se rejoindre.

Depuis longtemps la CIA a mis au point des équipes de renseignements, dans les domaines industriel et économique, qui sont devenues supérieures à ses équipes militaires. La réputation de l'Agence a sérieusement souffert de ses erreurs de prévision stratégique et des manipulations de la Maison-Blanche. Mais nul ne s'est mêlé de ses analyses économiques, et les experts leur accordent un réel crédit.

Les agents de la Centrale américaine commençaient, au milieu des années 70, à analyser de près les informations en provenance de l'une des régions les plus désolées, les plus inaccessibles du monde : celle de Tyumen.

Immense zone uniforme et glacée, Tyumen, très largement inconnue, sauf des dirigeants soviétiques, est en fait le deuxième réservoir de pétrole du monde après celui du golfe

1. Voir deuxième partie, page 236.

concernait le Moyen-Orient, le pétrole, l'armée du Shah, le jeu avec l'Arabie.

A la fin du règne de Kissinger, qui aura duré huit ans, cette belle mécanique avait gravement altéré les relations de l'Occident avec le golfe d'Arabie et scellé le sort de l'Iran. Chaos politique, chaos financier, chaos social : les Etats-Unis — et l'ensemble du monde — n'ont pas fini d'en payer le prix.

d'Arabie. On considère que le grand glacier sibérien recouvre des nappes pétrolifères et de gaz naturel dont l'ampleur équivaut à l'ensemble des champs du Texas, de la Californie et de l'Alaska réunis.

A Tyumen, en particulier, se trouve le plus vaste champ de pétrole en exploitation : celui de Samotiar. Grâce à Samotiar et à quelques autres gisements considérables, l'Union Soviétique était devenue, en 1974, sans que l'on y prêtât grande attention, le premier producteur mondial de pétrole. Et en 1979, on évaluait la production soviétique à 11,5 millions de barils par jour. Plus que l'Arabie Saoudite.

L'URSS pouvait alors se permettre de devenir l'un des gros *exportateurs* de pétrole : 3 millions de barils par jour.

Les gisements soviétiques étaient ainsi en mesure de ravitailler à la fois l'industrie et l'armée russes, l'ensemble des pays de l'Est (au prix du marché mondial) et d'exporter vers l'Occident, en particulier sur les marchés « spot » comme ceux de Rotterdam, pour y récolter de précieuses devises nécessaires à l'achat d'importations alimentaires et d'équipements industriels.

C'est de Samotiar que se font entendre les premiers craquements. La pression naturelle des puits, qui permettait, un peu comme au Moyen-Orient, une exploitation techniquement assez simple et de bonne rentabilité, commence à baisser dans des conditions inquiétantes.

Bientôt le même phénomène apparaît dans d'autres champs de la région de Tyumen et s'impose la conclusion que cette chaîne de puits, en exploitation, en arrive à son point d'épuisement.

Comme les Soviétiques n'ont pas encore commencé — nous verrons pourquoi — à exploiter d'autres réserves sur leur immense territoire, on voit se rapprocher dangereusement deux courbes dont il n'était pas du tout prévu qu'elles se rejoindraient dans un avenir immédiat : celle de la production de l'URSS, et celle de la consommation du bloc soviétique.

Les évaluations que le gouvernement américain et les

services d'études des compagnies pétrolières se mettent à
étudier de plus près, indiquent que le chiffre annuel de
croissance de la production soviétique, situé aux environs de
10 % dans les années 60, a commencé à tomber à 5 %, en
moyenne, dans les années 70, puis à moins de 4 % au cours de
l'année 79.

Dans le même temps, plus encore qu'en Occident, la
consommation du bloc soviétique n'a cessé de croître et le
gouvernement de Moscou d'accélérer ses exportations pour
profiter des excellentes conditions du marché mondial créées
par l'Opep. Les Soviétiques, exploitant la carence de l'Iran, se
sont mis à ravitailler l'ensemble des pays d'Europe occidentale
et, en particulier, l'Allemagne, plus le marché de Rotterdam.

Les rapports de synthèse élaborés par la CIA indiquent que l'inversion des courbes dessine, pour un avenir assez
rapproché — le début des années 80 —, une situation tout à fait
nouvelle : l'URSS deviendrait importatrice de pétrole.

Les publications soviétiques spécialisées confirment
ces premières indications : le programme de forage de Tyumen-
Oblast est en retard sur le plan de 200 puits et « les objectifs du
plan quinquennal pour 1980 », fixés à 4,2 milliards de barils,
doivent être révisés en baisse.

Les services américains transmettent une note de
synthèse contenant les précisions suivantes : « Notre évaluation
indique maintenant que l'URSS aura cessé, au milieu de la
décennie 80, d'être une puissance exportatrice, que les besoins
d'*importation* de l'ensemble du bloc de l'Est s'élèveront, pour le
moins, à 3,5 millions de barils/jour. Si les difficultés récentes
signalées sur les champs pétrolifères russes devaient se prolonger, les besoins d'importation de pétrole pourraient même
s'élever à 4,5 millions de barils/jour. »

De ces informations, dont on ne mesure pas tout de
suite la portée, découlent une série d'événements.

Le Président des Etats-Unis, cherchant à faire admettre par le Congrès américain la gravité de la crise pétrolière,
décide de rendre public le rapport secret de la CIA. L'effet en

est considérable. On y voit clairement une nouvelle et immi-
nente menace : l'arrivée d'un nouveau et redoutable client sur
le marché du pétrole dans le golfe d'Arabie.

On y voit une autre menace : la tentation croissante,
pour l'URSS, d'accentuer l'encadrement stratégique des pays
du Golfe afin d'exercer la pression voulue au fur et à mesure que
ses besoins vitaux en pétrole augmenteront.

Sans même attendre ces développements qui pourraient dominer les années 80, Moscou commence à inviter les
dirigeants des pays de l'Est à prendre des contacts commerciaux
avec les pays producteurs de l'Opep. Dès le début de l'année,
les négociations sont engagées.

Le Koweit répond qu'il ne fera aucune discrimination
entre les acheteurs de pétrole, à partir du moment où ils payent
le prix officiel et règlent en devises. L'Arabie Saoudite fait
savoir publiquement, par une déclaration de son ministre des
Affaires étrangères Saudi Fayçal, qu'elle livrera à l'est comme à
l'ouest, se refusant à faire du pétrole une arme politique dans la
guerre froide entre les blocs.

La Libye, l'Iran suivent bientôt la même voie. Et les
pays de l'Opep invitent les compagnies occidentales à adopter à
leur tour cette doctrine de « neutralité » en acceptant des
contrats avec l'Est pour réduire les tensions. Ce qu'elles font.

Mais le problème n'est pas résolu pour autant.
Comment réagir au déroulement d'un phénomène aussi nouveau et qui pourrait prendre, si on le laisse se développer, des
allures de catastrophe ?

Comme toujours, face à l'empire soviétique, deux
attitudes possibles se présentent : profiter de la crise russe et si
possible l'aggraver pour affaiblir, voire paralyser le système ; ou
bien éviter des risques excessifs de tension et de durcissement,
saisir l'occasion de coopérer au développement économique de
l'URSS...

C'est une très ancienne et permanente discussion
entre les responsables politiques et économiques d'Occident.
Mais ce vieux débat revêt un caractère d'urgence en raison de la

nature très particulière du problème du pétrole, et de la situation stratégique du Golfe.

Washington, sans consultation avec ses alliés d'Europe et du Japon, sans consulter davantage les principaux pays de l'Opep, fait son choix : quelques mois après que le Premier soviétique, M. Leonid Brejnev, eut déclaré devant le Soviet suprême que « l'URSS n'hésiterait pas, s'il le fallait, pour maintenir sa production pétrolière, à faire appel à des technologies étrangères de forage et d'exploitation qui permettent d'ouvrir de nouveaux puits », le conseiller spécial du Président des Etats-Unis, M. Brezinski, obtient de la Maison-Blanche une décision d'embargo sur tout transfert de technologie pétrolière à l'Union Soviétique et aux pays du bloc de l'Est.

Les conséquences de cette décision sont d'une grande portée. Elles peuvent interdire pour plusieurs années la mise en exploitation des immenses réserves pétrolières repérées en Union Soviétique, au-delà de la région de Tyumen elle-même : sous l'Arctique, dans la mer de Barents en Sibérie orientale, et autour de la mer Caspienne.

Ces réserves, d'une ampleur considérable, selon l'estimation de tous les géologues, sont d'un accès infiniment plus difficile et onéreux que les nappes de la région de Tyumen. C'est pourquoi, jusqu'à présent, la technologie soviétique n'a pas permis de les atteindre.

L'Occident industriel tient ainsi en main la réponse à la question, peut-être la plus grave de toutes, de ses rapports avec l'Union Soviétique : faut-il la laisser souffrir d'un déficit pétrolier de plus en plus accusé, ou faut-il l'aider, et le plus tôt possible, à développer ses ressources ? Car la réponse n'appartient pas aux Soviétiques eux-mêmes. Leur retard technologique dans ce secteur vital est devenu tel qu'il ne peut plus être comblé avant les années 90 sans une coopération active de l'Occident.

L'un des experts spécialisés, depuis près de vingt ans, dans l'étude de la situation pétrolière de l'URSS, M. Arthur Meyerhoff, de Tulsa (Oklahoma), estime que le niveau de la technologie soviétique en matière de prospection pétrolière est en retard d'*au moins trente ans.* Il donne cette indication : « L'équipement géophysique des compagnies occidentales leur permet de sonder, dans la recherche des nappes pétrolifères en profondeur, jusqu'à 15 et 25 km sous terre. Celui des Soviétiques n'a jamais dépassé une capacité de 5 km, ce qui les rend aveugles à toute prospection profonde et, par conséquent, à l'étude des nappes souterraines des régions autres que celle de Tyumen. »

Un expert de la société Petroconsultant S.A. de Genève, M. Laurent Zawadynski, conclut sa dernière étude en précisant : « Les Soviétiques connaissent très bien les théories scientifiques qui régissent les méthodes sismiques de sondage pétrolier, mais ils n'ont même pas commencé à pouvoir en fabriquer les équipements. »

Après le sondage, le forage. Là encore, le retard technique de l'URSS est accablant : M. Meyerhoff l'estime à vingt-cinq années.

Lorsque les Russes parviennent à détecter une nappe pétrolifère, il leur faut cinq années pleines pour creuser un puits qui pénètre jusqu'à 5 000 mètres de profondeur. Pour forer ce même puits, il faut cinq mois aux compagnies américaines.

Au milieu de l'année 80, une étude détaillée est publiée par le « Wall Street Journal ». Elle compare l'ensemble des éléments chiffrés sur les capacités soviétiques, confirme les conclusions précédentes et pose clairement le problème qui ne pourra plus longtemps être éludé : laisser ou non l'URSS devenir à son tour un client majeur de l'Opep et du golfe d'Arabie — de gré ou de force.

La tournure prise par cette grave question, puis les événements militaires autour du Golfe, en Afghanistan, en Iran, au Pakistan, au Yemen, en Ethiopie, réveillent l'anxiété qui se manifeste par deux prises de position publiques.

Cheikh Yamani, sortant de sa réserve au cours d'une réunion de l'Opep, fait connaître son sentiment, que l'on s'est habitué à ne pas prendre à la légère : « Les perspectives

nouvelles, dit-il, des besoins soviétiques en pétrole, si elles se
confirment, pourraient conduire à des risques majeurs d'affrontement militaire au Moyen-Orient. »

Le gouvernement américain, alarmé par la présence
de négociateurs des pays communistes dans les capitales du
golfe d'Arabie pour traiter de contrats d'achat à long terme,
dont aucun ne leur est refusé, décide de faire une exception à la
règle et accepte de vendre à l'URSS un matériel d'exploration
en profondeur « destiné à des sondages sur les côtes de l'île
Sakhaline ».

Les gouvernements alliés, en particulier les Allemands et les Japonais, cherchent à faire mesurer par Washington combien la politique d'embargo technologique à l'égard de
l'URSS comporte de risques. D'abord sur le marché du pétrole.
Ensuite sur la situation militaire aux abords du Golfe.

Ces démarches ne connaissent pas grand succès. C'est
plutôt le contraire qui se produit. Les moyens technologiques
en matière de sondage et de forage que l'Allemagne et le Japon
ont mis au point, sans avoir atteint le niveau américain, sont
très supérieurs à ceux dont disposent les Soviétiques. Mais les
Etats-Unis confirment leur désir de les voir exclus de tout
marché avec Moscou, désir exprimé aux termes des « accords
sur les livraisons de matériel stratégique » qui lient par traité les
deux pays à l'Amérique.

Cette politique américaine à l'égard de l'URSS et du
pétrole manque de cohérence. Il y a pourtant longtemps que se
dessine la conjonction redoutable entre les besoins éventuels de
l'URSS en pétrole et l'encerclement du golfe d'Arabie.

Dans l'ouvrage de Benoist-Méchin sur l'histoire d'Ibn
Seoud et de l'Arabie du début du siècle, on trouve ce passage
qui prend tout son relief à la lumière des derniers événements :

« Lorsque Molotov est allé voir Hitler en mars 1941,
une des conditions mises à la conclusion de l'alliance germano-
russe fut : « Les mains libres en Iran et en Irak, ainsi que la
prise d'une portion assez grande de l'Arabie Saoudite pour

assurer aux Soviets le contrôle du golfe Persique et du golfe d'Aden. »

« Depuis, les dirigeants du Kremlin n'ont pas modifié leur doctrine. Lors de la conférence tenue en novembre 1948 par l'état-major soviétique et le Politbureau, il a été exposé devant Staline un vaste plan d'opérations comportant une offensive éclair sur le golfe Persique menée par une armée blindée de 50 divisions.

« Deux ans plus tard, en novembre 1950, les Russes réunissaient à Batoum une conférence consacrée au Moyen-Orient où étaient étudiés, en présence de délégués et d'observateurs de Turquie, de Palestine, d'Iran, d'Irak, de Syrie, du Liban, de Transjordanie et d'Egypte, les moyens de protéger la zone pétrolifère de l'URSS « en même temps que l'annexion des sources de carburant situées dans les pays limitrophes. »

« Les Américains, nouveaux venus dans cette région du monde, finirent par saisir l'importance de l'enjeu que représentait l'Arabie... Et les experts du Pentagone en vinrent à considérer que celui qui détiendrait ce bastion aurait un avantage immense. Ils allaient jusqu'à dire que « dans dix ans, celui qui serait maître de l'Arabie et du Moyen-Orient serait pratiquement maître du continent européen tout entier. »

Depuis près d'un demi-siècle se manifeste ainsi l'intérêt soviétique pour le golfe d'Arabie.

La politique américaine d'embargo, en privant l'URSS, à l'aube des années 80, des moyens d'intensifier sa propre production pétrolière, a contribué, par un paradoxe inquiétant, à accélérer la manœuvre soviétique, de longue haleine, en direction du Golfe.

A ce danger, les dirigeants américains répondent non par un changement de politique économique, mais par l'intensification des préparatifs et des avertissements militaires dans la région. Un cercle vicieux se resserre ainsi autour du point névralgique le plus sensible, le plus vulnérable qui soit.

Quand la présence militaire soviétique s'affirme sur terre, en Afghanistan (où l'armée d'occupation dépassait, à l'été 80, 150 000 hommes), sur les frontières de l'Iran, où sont massées des divisions représentant des effectifs de 125 000 hommes, et sur mer, avec l'arrivée de deux flottes puissantes, l'une dans la mer Rouge, l'autre dans le Golfe lui-même, le Pentagone donne l'ordre à ses unités navales et aériennes, réparties de la Méditerranée au Pacifique, de détacher d'importants éléments vers les mêmes centres stratégiques.

Le Président des Etats-Unis annonce : « L'Union Soviétique a engagé une série de mouvements militaires pour consolider ses positions stratégiques autour du golfe d'Arabie. Elle crée ainsi une menace très grave à l'encontre de la liberté de circulation dans les détroits de la région vitale du Moyen-Orient. »

Il énonce alors ce qu'on appellera « la doctrine Carter ». Dans les termes suivants : « Que chacun comprenne bien clairement notre position : toute tentative, par des forces extérieures, de prendre le contrôle du Golfe sera considérée comme dirigée contre les intérêts vitaux des Etats-Unis d'Amérique. Une telle menace devra alors être repoussée par tous les moyens, y compris par la force militaire. »

Sitôt énoncée, la « doctrine » se heurte à une série de difficultés qui vont rendre plus fragile encore la situation occidentale dans l'empire du pétrole.

D'abord la réaction immédiate des pays du Golfe eux-mêmes. A commencer par ceux qui sont considérés dans le langage diplomatique, lorsqu'il s'agit des pays de l'Opep, comme les « modérés ».

L'Arabie Saoudite donne le ton sans attendre. Trois messages confidentiels sont apportés, sur instructions personnelles du prince héritier Fahd, à la Maison-Blanche (remis à M. Brezinski, l'inspirateur de la « doctrine »), au Pentagone (au ministre M. Harold Brown) et au Département d'Etat (à M. Cyrus Vance, avant qu'il ne donne sa démission pour protester contre le raid militaire en Iran).

Le principal responsable de la politique saoudienne fait savoir sans ambiguïté qu'en aucun cas il ne jugerait raisonnable ni acceptable la présence en Arabie, ni autour de l'Arabie, de forces militaires américaines. Il pense que dans aucune situation envisageable elles ne pourraient être effectivement utilisées et qu'elles ne serviraient qu'à précipiter des crises et des risques d'affrontement que le Golfe pétrolier ne peut pas courir.

Simultanément, le prince Fahd accorde une interview à un hebdomadaire très informé, le « Middle East Economic Survey ». Fondé dans les années 60 et imprimé aujourd'hui dans l'île de Chypre, à Nicosie, par deux journalistes de grande réputation, le libanais Fouad W. Itayim et l'anglais Ian Seymour, le MEES est devenu de lecture obligatoire pour tous les responsables politiques et économiques des puissances concernées par le Golfe.

Interrogé par le MEES au lendemain de la visite d'une mission envoyée par le Pentagone à Riyad au printemps 80, le prince Fahd déclare :

« Nous n'avons discuté avec la mission militaire américaine que de livraisons de divers matériels aux forces saoudiennes. Il n'y a eu, à aucun moment, échange de vues sur l'éventualité d'installer des bases américaines, de quelque nature qu'elles soient, sur le territoire du royaume ou aux alentours. Vous pouvez donc confirmer de la manière la plus catégorique, et en mon nom personnel, que l'Arabie Saoudite n'acceptera aucune installation militaire étrangère sur son sol, et n'accordera aucune facilité militaire aux forces américaines — ni d'ailleurs à aucune autre. »

Cette première partie de la déclaration du prince, connu pour ses amitiés américaines et sa modération, constitue un événement... Mais il ne s'arrête pas là. Il tient à s'expliquer plus précisément en répondant à une autre question posée dans les termes suivants : « L'Amérique, par la voix de son Président, a déclaré qu'elle n'hésiterait pas à intervenir militairement pour protéger les puits de pétrole au cas où la liberté d'approvisionnement serait menacée. Est-ce que ces avertissements vous paraissent dirigés contre vous, ou destinés, au contraire, à vous rassurer contre des dangers qui vous viseraient ? Quelle est votre attitude à l'égard de cette politique ? »

Réponse : « Je crois que ceux qui expriment ces menaces créent eux-mêmes les risques qu'ils disent redouter. Et que signifient-elles ? Une opération militaire aboutirait à quoi ? A envahir le désert ? Dans ce cas, nous, fils du désert, savons comment nous protéger et savons comment survivre. A s'emparer des puits pour les conserver ? Dans ce cas, chacun sait que les puits sauteront. Nous en prendrons la responsabilité. »

Après le leader saoudien, les autres responsables politiques des pays du Golfe tiennent, à leur tour, le même langage. Ils vont le durcir après le raid militaire du Tabas, lancé à partir des bases américaines d'Egypte et des porte-avions du Golfe pour tenter de délivrer les otages de Téhéran.

L'attitude de plus en plus réservée ou hostile des pays du pétrole à l'égard de toute « protection militaire » n'est pourtant pas la suite la plus fâcheuse de l'énoncé de la « doctrine Carter ». C'est le Pentagone qui porte le coup le plus rude à la crédibilité de cette militarisation bâclée de la question, si complexe, des rapports entre le pétrole et l'Occident.

Un document essentiel, rédigé en 1980 par l'état-major après 18 mois d'études et intitulé « Capacités et options dans le golfe d'Arabie », est publié par la presse. Son élaboration et sa rédaction finale ont été menées sous la responsabilité d'un des dirigeants des services de planification du Pentagone, M. Paul Wolfowitz.

Il aboutit à la conclusion que l'Amérique n'a pas les moyens militaires d'une confrontation dans le Golfe. Qu'en particulier, elle ne serait pas en état de s'opposer, le cas échéant, à une invasion soviétique de l'Iran, après celle de l'Afghanistan.

Après avoir examiné les divers cas de figure qui pourraient se présenter, le rapport Wolfowitz conclut : « En somme, pour avoir une chance de faire face à une opération militaire dans le Golfe, les Etats-Unis seraient dans l'obligation d'en arriver à *la menace d'emploi d'armes nucléaires tactiques.* »

La simple idée de faire exploser des engins nucléaires au milieu des puits de pétrole laisse rêveur...

L'expert américain Walter J. Levy écrit dans « Foreign Affairs » : « La seule chose tout à fait certaine, dans l'hypothèse d'une action militaire dans le Golfe, serait la destruction immédiate des installations pétrolières — qu'il s'agit précisément, en principe, de protéger et de conserver. »

Les scénarios militaires ne devraient plus être évoqués que sous la forme de « science-fiction », ou bien dans la littérature électorale. Ils n'ont plus place dans les discussions sérieuses.

Il n'était que temps, si l'on ne veut pas courir le risque, très réel celui-là, de voir les pays du Golfe, effrayés, prendre leurs distances. Ils n'entendent à aucun prix être engagés dans un conflit, sous quelque forme que ce soit. Ils auraient tout à y perdre.

La vérité sur « la crise », dépouillée de ses fantasmes, commence ainsi à apparaître plus clairement. Elle se situe moins sur des frontières lointaines que dans les profondeurs d'une société industrielle qui arrive, nous le savons, à son terme.

11.
L'illusion industrielle

« Briser l'Opep »... « Tenir tête à Moscou »... Tout au long des années 70, les opinions publiques inquiètes, désarçonnées, nerveuses, ont été nourries de ces slogans destinés à leur faire prendre patience.

Le temps des illusions s'achève, il est achevé.

Faute d'avoir eu l'imagination, la volonté, le courage nécessaires pour transformer à temps les structures de production, les modes de consommation, les conséquences de la crise pétrolière atteignent à présent le tissu social de chacune des démocraties industrielles.

Et ce n'est ni l'existence de l'Opep, ni la stratégie soviétique qui en sont la principale cause, c'est l'absence de politique américaine.

De l'Europe, du Japon et de l'Amérique, c'est celle-ci qui a persévéré le plus obstinément dans l'imprévoyance. Comme si ce grand pays, qui a consenti tant de sacrifices, assumé tant de responsabilités, accompli tant de miracles, ce grand pays qui a porté le monde sur ses épaules, avait soudain perdu le souffle.

S'enfonçant dans l'inertie, les Etats-Unis ont négligé tous les avertissements de l'Opep et le bouleversement énergétique, tout dialogue Nord-Sud où auraient été perçus les cris d'alarme, toutes les conséquences sociales de la révolution technologique qui se préparait. Comme s'ils comptaient sur leurs réserves pour être les derniers atteints, et, en ultime ressort, sur leur puissance militaire. Ainsi la plus grande démocratie du monde s'est comme immobilisée.

Après le troisième choc pétrolier et l'effondrement de l'Iran, les économistes américains et les fonctionnaires des administrations de Washington constataient, en 1979 :

1. Que la production américaine de pétrole a chuté, au long de la décennie, de 3 à 4 % *chaque année ;* tandis que la consommation continuait d'augmenter.

2. Que l'Amérique, encore indépendante en 1970 en matière énergétique, importe maintenant, chaque jour, la *moitié* de sa consommation de pétrole, dont les deux tiers en provenance du Moyen-Orient.

3. Que l'ensemble des réserves pétrolières des Etats-Unis, selon la dernière estimation de « US Geological Survey », s'élève à 28 milliards de barils — soit, *en tout, 9 années* de consommation au rythme actuel.

On évoque aussitôt les « énergies de substitution ». Elles existeront. Mais à deux conditions qui sont maintenant bien connues. Que le prix du baril de pétrole justifie leur mise en exploitation et que l'on mesure sérieusement le temps nécessaire entre la décision de mise en œuvre et leur apparition sur le marché. Quel prix ? Quel délai ?

Les experts en sont d'accord et il n'y a guère de marge de discussion : au prix de revient des énergies de substitution, il faudrait, pour qu'elles soient aujourd'hui « rentables », que le baril de pétrole coûte 50 dollars au moins. Ce qui suppose que ce prix double encore.

Le délai nécessaire à la production d'un volume substantiel d' « énergie synthétique » est de dix à quinze ans. Les spécialistes américains considèrent qu'en 1995, les Etats-Unis pourront remplacer le pétrole importé par du pétrole synthétique pour un volume de 2 millions de barils par jour (sur

une consommation globale actuelle de 20 millions par jour) à
condition de lancer ce programme dès maintenant.

Il est certain que, dans dix à quinze ans, une partie du
pétrole pourra être remplacée par d'autres sources d'énergie
(nucléaire, charbon liquéfié, pétrole synthétique, et surtout
solaire, etc.). Il est non moins certain qu'aujourd'hui, et pour
toutes les années 80, le pétrole reste sans substitut sérieux. Et
plus précisément : le pétrole du Moyen-Orient.

Au cours d'un récent colloque réuni à Vienne, et sans
être contredit par aucun des participants politiques et industriels occidentaux, l'économiste égyptien Charles Issawi a
conclu ainsi son exposé :

« Nous sommes amenés à constater comme un fait
que, pour les dix prochaines années au moins, il n'y aura pas de
substitut sérieux au pétrole importé du Moyen-Orient. Il faut
que le monde s'adapte à ce fait. Ce ne doit être ni un rêve pour
les uns, ni un cauchemar pour les autres — c'est un fait. »

S'adapter comment ? D'abord par des mesures de
conservation d'énergie : trouver un modèle social, un modèle
de création d'activités et d'emplois, un mode de vie qui
absorbent moins d'énergie, moins de pétrole. Cela avant tout.

Le vice-président de la Chase Bank chargé des
questions énergétiques, M. John Winger, éclaire cette question
centrale : « Au fil des années d'expansion, nous avons tous
substitué de plus en plus d'équipements fondés sur l'énergie
(bon marché) aux équipements fondés sur la main-d'œuvre
(trop chère). Maintenant que l'énergie tend vers sa valeur, il n'y
a d'autre choix durable que d'en consommer beaucoup moins.
Le prix à payer, au moins pendant les années de transition vers
la « société du futur » qui se prépare, est simple et rude :
réduction générale du niveau de vie. »

L'objectif n'est pas la « croissance zéro » avec tout ce
qu'elle entraîne de conséquences sociales, à commencer par le
chômage ; mais, le plus tôt possible : *la croissance énergétique
zéro*.

La fondation Ford a publié l'étude la plus complète

sur les perspectives de transformation industrielle et sociale qui permettraient de tendre, comme il le faut, vers cette croissance énergétique modérée, puis stable. Elle écrit :

« La croissance d'hier avait fini par être considérée comme comportant des solutions à tous les problèmes économiques et sociaux. C'était en grande partie vrai. Mais elle avait un terme. Or, on ne voulait ni le savoir, ni le prévoir. Jusqu'au jour, récent, où la croissance elle-même est devenue le problème... Aujourd'hui, nous cherchons la voie qui permette de retrouver une croissance raisonnable sans accroître notre consommation en énergie. La conclusion de nos travaux, c'est qu'il est possible d'y tendre. Mais pas avant 1985. »

Pour atteindre ce nouveau stade, ce ne sont pas seulement les instruments de la technologie moderne qui vont nous être nécessaires, mais la transformation des modes de vie. La preuve, exemplaire, en est dès aujourd'hui le drame de l'automobile dans tous les pays industriels. Première des industries du modèle social d'hier, et d'abord aux Etats-Unis même, nous avons vu comment la naissance du pétrole lui avait ouvert la voie et à quel rythme prodigieux elle s'est développée.

Aujourd'hui, on compte *362 millions de véhicules,* qui roulent chaque jour de par le monde. Et *100 000 véhicules* qui sortent, *chaque jour,* des chaînes de montage à l'intention de nouveaux propriétaires.

80 % des automobiles du monde sont aux mains de 10 % de la population mondiale. 40 % se trouvent en Amérique. 30 % en Europe. 18 % dans les autres pays industriels. Le solde (environ le dixième) est disséminé parmi les trois milliards d'habitants du Tiers-Monde.

Si l'Union Soviétique a tenu un peu plus longtemps que l'Occident face à la crise pétrolière, c'est que, pour 250 millions d'habitants, elle possède, en tout et pour tout, 3 millions de voitures. L'Amérique, avec 220 millions d'habitants, en compte 115 millions !

Entre les années 1950 et 1970, tous les pays d'Europe occidentale se sont, les uns après les autres, engagés sur la voie américaine. Avec, heureusement pour eux, un certain retard et des voitures moins consommatrices.

Mais la différence sur l'essentiel, au bout du compte, n'est pas de très grande ampleur. L'industrie automobile, avec la sous-traitance, employait, au début 80, près de 20 % de la population active des Etats-Unis. Ce chiffre est d'environ *15 %* pour les pays d'Europe. Chiffre énorme dans les deux cas. Masse d'hommes et de femmes dépendant de l'automobile, que les premiers craquements de l'ordre ancien ont atteints de plein fouet. A partir du « troisième choc » pétrolier, celui de 1979, l'industrie automobile n'a plus guère pu éviter la chute.

Aux Etats-Unis, le « troisième grand » de l'automobile, Chrysler, s'est trouvé insolvable dès 1979. Et avant l'été 1980, l'immense complexe industriel du nord-est de l'Amérique, autour de Detroit et à travers le Michigan, l'Ohio, l'Illinois et le New Jersey, a été happé par la spirale implacable de la récession.

Avant que cette crise brutale n'éclate, les Américains, avec leurs voitures, parcouraient, au cours de la dernière année, 19 milliards de kilomètres par an et consommaient ainsi *10 % du total de la production de pétrole du monde — chaque jour.*

Non seulement l'industrie de l'automobile fait vivre celles de l'acier, du pneumatique, du verre, de l'aluminium, etc. ; mais 85 % des travailleurs américains se rendent à leur travail ou à leur domicile, matin et soir, en voiture.

A côté de la voiture : le camion. Il a dévoré tous les autres moyens de transport des marchandises de toutes natures. Sur l'ensemble des marchandises transportées dans un rayon de 150 km autour des villes des Etats-Unis, 88 % sont acheminées par camion — et seulement 7 % par train.

Detroit, capitale de cet immense empire, devint pendant la guerre mondiale « l'arsenal de la démocratie ». Fabriquant jour et nuit les jeeps, camions, tanks, moteurs d'avions et de navires de la victoire.

Detroit et les Etats qui l'entourent connaissent aujourd'hui la crise la plus douloureuse de leur histoire. L'année 80 a véritablement marqué le début du drame : 30 % de voitures fabriquées en moins par rapport à l'année précédente. Baisse de la demande, importation des petites japonaises à contrôle électronique — et moitié moins chères[1]. Les travailleurs des chaînes automobiles ont été naturellement les premières victimes. Sur 800 000 ouvriers du Syndicat des travailleurs automobiles (l'illustre UAW), *un tiers* est à l'automne 80 au chômage. Et ce n'est là qu'une partie du bilan de la crise industrielle générale dont l'automobile est pour le moment le centre le plus visible.

Car, explique le secrétaire de l' « Industrial Union Section » qui regroupe les sous-traitants : « pour chaque ouvrier des chaînes automobiles mis en chômage, il faut compter *au moins deux travailleurs* des entreprises sous-traitantes et des fournisseurs qui perdent leur emploi. » Soit 750 000 chômeurs nouveaux dans la zone sinistrée de Detroit.

Sur la grande Jefferson Avenue, chaque soir, au moment où la principale usine Chrysler ferme ses portes, ses ouvriers se demandent si ce n'est pas pour la dernière fois.

Au milieu de l'année, toutes les banques ayant refusé de nouvelles avances de trésorerie, les dirigeants de Chrysler, dont le président Lee Iaccoca qui inventa la fameuse « Mustang » dans les années 60, se sont tournés vers leur dernier créancier possible : l'Etat. Evénement sans précédent pour l'industrie des Etats-Unis. Et d'autant plus marquant que les deux autres géants, Ford et General Motors, sans en être au stade extrême que connaît Chrysler, annonçaient des chutes de ventes considérables et entamaient à leur tour une série de fermetures d'usines. Le déficit de Chrysler, en 1980, se sera élevé à 1,2 milliard de dollars. Après de longs et difficiles débats au Congrès, le gouvernement américain a obtenu un prêt public sans précédent, d'un milliard et demi de dollars, pour la

---

1. La moyenne de consommation des voitures américaines était de 17 litres aux 100. Dès 1975, le Congrès édicta une loi visant, pour 1985, une norme de consommation de 8,5 litres. Ce qui ne peut intervenir qu'après le renouvellement des usines.

firme. Mais après ? Et combien demain pour les nouveaux investissements de Ford (nous verrons de quels montants il s'agit) et de la General Motors ?...

Le président du syndicat des ouvriers de l'automobile, M. Douglas Fraser, est invité à entrer au conseil d'administration de Chrysler.

M. Iaccoca va jusqu'au bout de la leçon, qu'il juge irréversible, des événements. Il déclare :

« Je ne suis plus du tout assuré qu'il y ait aux Etats-Unis un avenir pour l'industrie privée dans le domaine automobile. J'ai étudié le cas du Japon et je vois que la métamorphose de leur industrie, dans notre domaine, a été due à une planification générale entre l'Etat et les industriels. Ce n'est plus la « libre entreprise » dont nous avons toujours vécu et qui fut notre dogme. Il s'agit d'autre chose. Il va falloir l'apprendre à notre tour. »

Le vrai problème n'est donc pas tant la crise actuelle que les conditions de l'avenir : l'industrie automobile, en Amérique et en Europe, ne pourra revivre qu'après avoir entièrement renouvelé ses équipements. Sur la voie de l'électronisation systématique où se sont engagés depuis plusieurs années les Japonais, cela suppose un long délai et des investissements de dizaines de milliards de dollars. Aucune entreprise, pas plus en Amérique qu'en Europe, ne dispose d'autant. Regardons les ordres de grandeur.

La chambre syndicale de l'industrie automobile américaine calcule que, pour moderniser les trois premiers fabricants des Etats-Unis au niveau japonais, il faudrait engager, d'ici à 1985, 75 milliards de dollars (35 pour la General Motors, 30 pour Ford, 10 pour Chrysler) — soit le double de tout le programme Apollo de conquête de l'espace de toutes les années 60. Tel est le coût du redressement possible (1). Qui fournira de telles sommes ?

Au milieu de l'année 80, même le plus puissant géant

(1) Voir page 400 — troisième partie, chapitre 19.

américain, la prestigieuse « General Motors », hier première au monde, commence à son tour à fermer des usines et affiche ses premiers déficits. Les conséquences sociales et humaines, sur des villes entières, sont dramatiques.

A Anderson, dans l'Indiana, exemple parmi bien d'autres, la General Motors a fait monter le taux de chômage, en cours d'année, à 17,5 %. Robert Hooker, travailleur automobile, conseiller municipal de la ville d'Anderson, licencié comme les autres, raconte : « J'ai été directeur du personnel de l'usine de 1965 à 1978. Chaque travailleur que j'ai personnellement engagé pendant toute cette période est maintenant licencié. Le choc a été si imprévu dans cette ville qu'il s'est traduit en désespoirs et en dépressions dans les foyers des 71 000 habitants d'Anderson. »

Au même moment, à Dearborn, dans le Michigan, au quartier général de Ford, le conseil d'administration de la célèbre firme annonçait pour la première fois depuis trente-cinq ans un déficit global de ses activités pour l'année. D'après les premières évaluations : 1,8 milliard de dollars.

L'avenir de Ford est rien moins qu'assuré. Car la part du marché américain de Ford est tombée, en 1979, à 21 %. Puis, l'année suivante, à 18 % — soit le niveau auquel était descendu Chrysler quand sa débâcle a commencé. Dès que ces chiffres furent connus, avant l'été, Ford décida la fermeture immédiate de trois nouvelles usines, dont son usine géante de Mahwas, dans le New Jersey — ce qui amène maintenant à 12 % des effectifs les réductions opérées par Ford en six mois. Et la suite s'annonce d'elle-même puisque, à l'été, la chute des ventes, par rapport à l'année précédente, atteignait 31 %.

Devant ce phénomène si brutal et si profond, l'ensemble de l'opinion américaine s'interroge. Comment tout cela a-t-il pu arriver sans être prévu ? Comment se fait-il que, désormais, les fabricants japonais vendent, à eux seuls, davantage de voitures sur le territoire américain que toutes les usines Ford réunies ?

Ont commencé alors à être évoqués, bien tard, les

programmes de modernisation par l'automation, la micro-électronique, les contrôles de consommation, la légèreté des nouveaux métaux, la dimension des modèles, des carburants moins puissants, etc. Tout ce à quoi on arriverait avec les 75 milliards de dollars, en épuisant alors toutes les disponibilités financières dont tant de secteurs ont besoin.

Car la modernisation, le rééquipement risquent de répondre trop tard à la question.

Telle qu'elle est produite aujourd'hui aux Etats-Unis et en Europe, la voiture individuelle est condamnée, à brève échéance, par son prix de revient et celui de l'énergie.

Telle qu'elle peut être conçue avec de tout autres équipements, elle peut encore s'adapter aux besoins d'aujourd'hui. Mais quels seront les besoins de demain ?

La voiture individuelle, symbole de la société industrielle, utilisée comme moyen de transport quotidien entre le domicile et le lieu de travail, aura-t-elle une raison d'être dans la société qu'il va falloir maintenant préparer, celle de l'informatisation ?

L'industrie automobile des pays développés n'emploiera sans doute pas le tiers de la main-d'œuvre qu'elle emploie aujourd'hui. Et combien en emploiera la sidérurgie qui, de crise en crise, n'en finit pas de réduire ses effectifs ? Et combien la pétrochimie ? combien la métallurgie ? Cette évolution, malgré son évidente gravité, est inévitable. Il faut l'avoir compris pour prétendre maîtriser l'avenir.

Et personne n'ose faire face à ce que cela signifie : accepter de laisser disparaître des emplois pour être capable d'en recréer dans de nouvelles activités ; assurer cette grande transition, par *tous* les efforts économiques et sociaux nécessaires — une autre politique, *une autre société.*

La modernisation des équipements, c'est le remplacement de la force physique de l'homme par des machines, dans toutes les industries manufacturières. C'est le changement de nature des modes de production *et de travail.* Changement capital, changement révolutionnaire et fécond, déjà en voie de réalisation au Japon où la société industrielle classique laisse la place à la société informatisée. A l'emploi industriel se substituent alors les emplois créés par cette société de l'intelligence pour lesquels non seulement les hommes ne sont pas trop nombreux, mais, nous le verrons, manquent déjà !

Pour avoir eu peur d'une vague de changements qui commence par détruire, le monde industriel a déjà perdu un temps précieux, presque une dizaine d'années. Il n'en reste pas autant pour accomplir la transformation. Elle débute par celle des esprits.

C'est en cela que l'appel de Taïf, qui peut laisser sceptique, que l'on cherche à oublier, à gommer, derrière les soucis, en chaîne, d'une crise immédiate à une autre, pose les vraies questions. Et qu'il doit aider à trouver les réponses que ses auteurs mêmes ignoraient encore.

12.
Orages sur le Golfe

Au soir de la deuxième journée de travail à Taïf, les ministres de l'Opep, qui vont en terminer le lendemain, savent qu'ils sont tombés d'accord sur l'essentiel de leur projet : la redistribution mondiale des revenus et, surtout, des capacités de production et de développement. Ce sera « le vrai prix du pétrole ».

Ils vont se retrouver à Alger pendant l'été, à Vienne à l'automne, ils ne cesseront plus. Ils n'ont pas le choix. Il s'agit d'être prêt pour s'entendre avec le Tiers-Monde, pour faire face au Nord industriel, pour « changer radicalement l'ordre économique ». C'est la mission difficile, encore bien aléatoire, que l'Opep s'est donnée. La survie sans doute en dépend. L'ordre mondial aussi.

Sur cette ambition de l'Opep vers une politique mondiale, après vingt années consacrées à la seule prise de contrôle du pétrole et de ses revenus, le Comité Yamani a obtenu l'unanimité. Sur la politique du prix du baril, les tensions prévues persistent et ne s'apaiseront pas aisément. Trois pays — ceux qu'on appelle, par opposition aux modérés, les « révolutionnaires » — souhaitent conserver une entière liberté d'action et ne se lier à aucune formule, même constamment croissante, d'indexation. Ce sont pour des raisons différentes, deux pays arabes : la Libye et l'Algérie, et de son côté l'Iran.

Mais ni Cheikh Yamani ni le président en exercice de l'Opep n'y voient un motif de rupture. Les prix ne seront sans doute pas unifiés d'ici la réunion d'automne, mais ils varieront à l'intérieur d'une fourchette comprise entre un plancher et un plafond, et c'est le point moyen de cette fourchette (à l'automne 80, entre 30 et 32 dollars le baril) dont on acceptera l'indexation. La fluctuation de la demande et le contrôle de la production feront le reste pour stabiliser, en hausse permanente mais prévisible, le prix d'ensemble du pétrole.

Cette divergence n'est pas la seule, le jeudi soir, qu'il reste encore à préciser ou à réduire. La séance de l'après-midi se prolonge, la discussion continue sur la rédaction d'un paragraphe important que Cheikh Yamani a tenu à introduire. Il propose une *méthode préparatoire* en vue d'une future rencontre, même si elle est encore lointaine, avec les pays industrialisés. Sur ce point, une opposition plus sérieuse s'est affirmée : les trois « révolutionnaires » ne sont plus seuls. Ils trouvent quelques alliés pour demander que le « Manifeste » s'applique à décrire *seulement* les voies de l'union entre l'Opep et le Tiers-Monde, et laisse aux pays développés (« qui, après tout, sont les vrais demandeurs », dit Calderon Berti lui-même) l'initiative de proposer un dialogue lorsqu'ils y seront prêts, après tant d'échecs et de refus. Il n'appartient pas à l'Opep — pas en 1980 en tout cas — de remettre le doigt, elle la première, dans l'engrenage du fameux « dialogue » qui est devenu synonyme de tant d'illusions qu'on ne prononce plus le mot que du bout des lèvres.

Ces questions délicates et complexes à l'esprit, avec le sentiment que la tournure des événements, dans chaque pays du monde, sera sans aucun doute, pour des années, étroitement liée aux 40 pages de Taïf et à « l'ordre international » qu'elles esquissent, les ministres interrompent la séance. Au moment où le soleil se couche derrière les hautes montagnes, plusieurs d'entre eux souhaitent faire le pèlerinage de La Mecque

Peu avant 8 heures du soir, le cortège de voitures s'ébranle et se dirige vers l'autoroute de Djeddah, pour descendre lentement un serpentin de virages serrés : les 35 km qui séparent Taïf de la capitale religieuse de l'Islam.

Lorsque la triple voie autoroutière arrive, en bas des cols montagneux, aux approches de la vallée qui conduit à la mer Rouge, elle bifurque. D'un côté, en haut d'un très grand palier, visible de loin, une indication en caractères arabes : « Pour les musulmans, La Mecque. » De l'autre côté, vers la gauche, un autre écriteau : « Pour le trafic général, Djeddah. »

Le sol de La Mecque, même dans ses alentours, ne doit pas être foulé, et ne l'a jamais été, par d'autres que les fidèles de Mahomet. Le monde extérieur ne connaît la fameuse silhouette de la Mosquée sainte et son haut tabernacle noir que par les photographes.

Mais La Mecque n'est pas seulement, ce soir, le lieu d'un pèlerinage rituel. C'est un souvenir brûlant dans l'esprit de ceux des responsables de l'Opep qui y pénètrent. L'insurrection dont la très Sainte Mosquée a été le théâtre à l'automne dernier, a ébranlé tout le Moyen-Orient et chacun continue d'y réfléchir pour en tirer les exigeantes conséquences.

Aux premières lueurs de l'aube d'une matinée très froide de novembre 1979, la nef majestueuse de la Grande Mosquée de La Mecque est déjà remplie par la foule des pèlerins. Beaucoup plus de 10 000.

Soudain, un bruit de tonnerre éclate et 500 hommes, armés de grenades et de mitraillettes, encadrent le légendaire monument noir, pénètrent par toutes les portes, s'adressent à la foule de pèlerins par haut-parleurs, en réclamant l'immobilité et le silence. Une trentaine d'entre eux se précipitent vers le haut des minarets extérieurs qui surplombent toute la place entourant l'enceinte de la mosquée.

Leur chef se met en position d'être vu et entendu de tous les pèlerins. On lui tend un haut-parleur et il se présente. Le choc est encore plus frappant que l'assaut lui-même : il est Saoudien de pur sang, et même l'un des membres connus, en particulier des autorités religieuses qui le protègent, de la première des tribus du royaume qui soutiennent le trône et les descendants d'Ibn Seoud : la tribu Oteiba. Son nom, qu'il crie avec fierté, sachant l'effet qu'il produira : Juyayman Al Oteibi.

Il complète l'information des croyants en indiquant que la légion qui l'entoure compte, à côté de volontaires venus du Yemen, du Koweit et d'Egypte pour travailler et militer dans le royaume, des compagnons appartenant à l'illustre « Garde Blanche » de la famille royale.

Il annonce que l'un de ses compagnons, également bien connu des jeunes militants islamiques, Mohamed Al Quahtani, a été désigné par le prophète pour « sauver le royaume de la corruption matérialiste, par le renouveau islamique ».

Al Oteibi et Al Quahtani sont des noms que connaissent bien tous les services de sécurité d'Arabie et tous les membres du gouvernement : arrêtés à plusieurs reprises au cours des deux dernières années pour leurs activités politiques, ils ont chaque fois été relâchés à la demande pressante, et inquiétante pour les gouvernants, de l'immense majorité des mollahs, gardiens de la foi en Arabie.

Tandis que les insurgés s'assurent le contrôle de la Mosquée, puis du village de La Mecque, les premières informations, fragmentaires, indéchiffrables au début, arrivent dans la demi-heure au bureau du prince Turki Al Fayçal, fils du roi Fayçal assassiné et frère du ministre des affaires étrangères.

C'est à Turki, fils de Fayçal, qu'a été confié le contrôle de l'ensemble des services de renseignements d'Arabie Saoudite. Homme secret, religieux, d'une grande culture, Turki Fayçal travaille dix heures par jour dans un endroit étrange et retiré.

Alors que tous les ministres disposent, dans la capitale desservie par des artères modernes, d'un grand ministère, le bâtiment où travaille Turki Fayçal est si écarté et si discret qu'aucun chauffeur de taxi ne sait y conduire. Il n'a pas d'adresse. Lorsqu'il fixe un rendez-vous, il envoie l'une de ses voitures chercher son visiteur.

Quant au bâtiment, on dirait une médiocre caserne de province donnant sur une toute petite rue. Là travaille, sans être dérangé, Turki Fayçal. A côté de la vaste pièce nue, ornée seulement d'une grande photo de son père et du drapeau vert aux sabres croisés, il dispose d'une petite pièce où il lit lorsqu'il n'est pas absorbé par des communications et des rapports.

Dès que le visiteur s'assied avec lui autour de la petite table basse qui fait pendant à son bureau, cette froide atmosphère se dissipe : Turki Fayçal a un bon contact humain.

Son expression est directe, simple et claire. Il s'intéresse à tout. Il est naturellement très informé et ne cesse de s'informer davantage, donnant le sentiment que, pour lui, l'Arabie est comme la gardienne d'un monde.

En relation intime avec chacun des principaux membres du gouvernement, lui seul ne quitte jamais le royaume. Pendant que les ministres voyagent à travers les continents, traitant de cent questions où l'Arabie tient désormais une place majeure, il est en quelque sorte en charge du foyer. Ce n'est pas la tâche la plus simple...

Le jour de l'insurrection, le téléphone d'urgence sonne à 6 h 30 du matin dans le bureau de Turki Fayçal. Il appelle aussitôt le prince héritier Fahd, puis le rejoint au palais principal. Ensemble, les deux hommes vont conduire d'heure en heure les opérations. Ils commencent par couper l'Arabie du monde. Toutes les communications téléphoniques sont interdites dans les deux sens, et les aéroports fermés à tout trafic. Les lignes du télex sont ensuite déconnectées par le système central. Avant 8 h 30 du matin, le crépitement permanent des messages entre l'Arabie et le reste du monde est bientôt remplacé par un silence total qui répand dans toutes les capitales une frayeur que personne n'est près d'oublier... Si peu de temps, quelques mois à peine, après la désintégration du pouvoir du Shah en Iran et l'avènement de l'ayatollah Khomeiny à Téhéran... Maintenant l'Arabie ?

Les places financières suspendent les cotations. Les

gouvernements, d'un fuseau horaire à l'autre, sont mis en état d'alerte. L'Arabie reste silencieuse.

Pendant dix heures qui paraissent interminables, personne n'apprendra rien. Là-bas, au cœur du Moyen-Orient, c'est peut-être l'économie mondiale tout entière qui est en train de basculer.

Le lendemain, quelques informations filtrent qui n'ont rien de rassurant : « Insurrection armée à La Mecque. »

Jamais depuis la fondation du royaume par Ibn Seoud pareil événement ne s'est produit. Jamais non plus il n'aurait pu faire trembler la planète comme en cet automne 1979 où le choc iranien n'a pas encore fini de propager ses ondes.

La politique pétrolière et la politique islamique des Etats-Unis se sont effondrées à Téhéran. Les fondements, pour ce qu'il en reste, d'un ordre économique étroitement lié à l'évolution de la situation dans la région du Golfe, nouveau centre du monde, sont-ils sur le point d'être démantelés à La Mecque ?

Au bout de deux semaines, la petite armée insurrectionnelle d'un demi-millier d'hommes, puissamment équipée, sera finalement anéantie par les forces de sécurité de Riyad. Leur tâche a été difficile.

Au début décembre, c'est terminé, annonce le ministre de l'Intérieur. Il explique le nombre élevé des victimes, décrivant que « pendant les premiers jours de l'incident criminel, le groupe de bandits qui a mené l'opération n'a pas hésité à tirer de toutes ses armes dans toutes les directions, blessant et tuant un grand nombre d'hommes et de femmes présents à l'intérieur du Temple sacré et sur la place qui l'entoure ».

Mais la vraie, la grande victime de « l'incident criminel » (seule appellation qui restera admise et imprimée dans la presse), c'est la sécurité, la stabilité dont le royaume d'Arabie avait la réputation : tout le monde maintenant a peur. Peut-on encore, et pour combien de temps, compter sur l'Arabie ?

Cette grande interrogation se pose en fait, nous allons

le voir, en des termes quelque peu différents ; mais qui ne sont pas pour autant rassurants.

« Comme tout est fragile » — dira le ministre iranien, qui sait de quoi il parle — et comme la responsabilité, la tâche de l'Opep donnent, en cet instant, un sentiment d'écrasante responsabilité. Car si le calme et l'ordre public sont revenus en Arabie, le coup de force qui s'est produit au cœur de l'Islam et du royaume n'est pas un épisode que l'on puisse oublier ni qui soit sans racines.

Il est, bien au contraire, l'un des signes des immenses difficultés que rencontrent tous les régimes des pays de l'Opep. On croit, de l'extérieur, que leurs problèmes se trouvent miraculeusement réglés par les revenus du pétrole.

Il serait naturellement souhaitable pour eux, et pour toute l'activité de la planète qui continue d'exiger près de trente millions de barils de pétrole par jour des puits du Moyen-Orient, qu'il en soit ainsi ; que le Golfe soit sans histoire. La vérité est bien différente.

Les dirigeants des pays pétroliers réagissent avec nervosité, parfois avec colère, quand leurs interlocuteurs occidentaux affichent un légitime scepticisme sur la « prétendue alliance de l'Opep et du Tiers-Monde » où ils ne voient qu'un moyen de propagande, une façade, une manœuvre habile, une manière de se donner bonne conscience.

On y voit tout, sauf cette vérité simple et grave : les pays du pétrole sont *des pays sous-développés,* avec toutes les faiblesses économiques, sociales, humaines et politiques de cet état de « sous-développement », face à l'ampleur du colossal transfert de fortune qui leur vient chaque jour du monde entier et que rien ne les a préparés à convertir, raisonnablement, efficacement, en développement créateur.

Développement — c'est le mot-clé. Pendant huit années pleines, depuis le premier choc pétrolier de 1970, et jusqu'à la veille de la chute du Shah, la plupart des pays de du Golfe n'ont pratiquement rien su faire qu'accumuler les revenus dans les banques et les coffres de l'Occident — où ils se sont dissipés. C'est ce que l'on a appelé pudiquement le « recyclage ». Si bien qu'en 1978, un triple constat pouvait être dressé. Les surplus financiers, de l'OPAEP en particulier, avaient fondu sous l'effet de l'inflation ; le prix réel du pétrole exporté avait *baissé* en valeur sous l'effet de la chute régulière du dollar ; au contraire, les prix des produits industriels et alimentaires, importés à 90 % par chacun de ces pays, avaient achevé, par leur hausse continue, de réduire la marge des divers gouvernements du pétrole. Ce pétrole dont on estime maintenant l'épuisement prévisible dans une trentaine d'années au plus. Situation très tendue pour ceux qui, néanmoins, sont devenus les « maîtres financiers du monde ».

La politique des pays du pétrole doit donc se transformer. C'est pour rendre cohérentes ces transformations et pour viser le long terme que le « Manifeste de Taïf » a été mis en chantier et qu'il s'impose. L'Opep n'a aucune marge de manœuvre.

L'Algérien Bedjaoui, ancien ambassadeur à Paris, aujourd'hui représentant de son pays aux Nations Unies, l'exprime ainsi : « Nos Etats sont en sursis. Ils risquent de n'avoir devant eux que deux, peut-être trois décennies dérisoires d'existence — *si, en semant le pétrole, ils ne récoltent pas le développement* ».

Il fait ainsi écho, à trente années de distance, à l'avertissement prophétique du vieux Mossadegh qui annonçait en novembre 1950 : « Notre devoir à l'égard du pétrole nous est dicté par les futures générations. Il faut extraire seulement ce dont nous avons besoin pour organiser notre développement et laisser dans notre sol tout le reste du pétrole. Il appartient aux générations de demain. »

Deux hommes, très différents de Mossadegh, et bien éloignés l'un de l'autre, en sont arrivés, au cours des dernières années, à une conclusion semblable : le ministre algérien Belkacem Nabi et l'ancien ministre des Finances d'Allemagne fédérale, le professeur Karl Schiller.

Quelque temps avant la réunion de Taïf, déjeunant au soleil sur la terrasse de ses bureaux qui domine la rade d'Alger, Nabi en discutait avec deux de ses collaborateurs, dirigeants de la Sonatrach (la Société nationale algérienne du pétrole et du gaz) et deux amis venus de France.

Ses paroles prenaient d'autant plus de poids, surtout aux yeux des Français qui avaient personnellement connu l'activité fébrile du port du temps de la guerre coloniale si récente encore, que la rade d'Alger était maintenant comme morte : pas un navire en mouvement. Les échanges de l'Algérie avec l'extérieur se font au ralenti.

En contraste avec les inquiétudes qu'il exprime, Nabi fait montre de calme et de simplicité. Cet homme du peuple, que les technocrates parisiens traitent avec une certaine condescendance, est un militant dévoué et compétent. Il s'impose par son bon sens et par une grande connaissance des dossiers, considérables, qu'il a à maîtriser.

Nabi explique : « D'abord la population de l'Algérie est passée de 10 à 20 millions depuis la fin de la guerre, en 1962... C'est une jeunesse innombrable qui est là, réclamant à la fois logements, éducation, formation, travail, métiers d'avenir. Ensuite, et c'est un fait, l'Algérie n'a plus de réserves pétrolières que pour une quinzaine d'années. Le problème à résoudre est donc gigantesque. Utiliser ce temps si court, et le peu de pétrole restant à vendre, pour faire de l'immense Algérie, à qui la guerre d'indépendance et l'exode des colons ont tout arraché, un pays industriel développé qui puisse vivre, et bientôt faire vivre 30 millions d'hommes et de femmes des fruits de sa propre activité ».

A Taïf, Nabi a donc tout naturellement parlé pour le Tiers-Monde : si quelqu'un en est, c'est bien lui. En se promenant avec lui dans les faubourgs d'Alger, parmi les incessants défilés d'enfants qui se rendent à l'école ou au stade, on est au cœur du Tiers-Monde, un Tiers-Monde qui commence seulement à s'organiser et qui reste très pauvre, submergé par la masse de ses habitants.

Il a donc été un avocat ardent du « plan à long terme » de l'Opep destiné à obliger les nations industrielles à payer le pétrole non seulement en moyens financiers mais en « transferts de technologie », sans limite et sans protection, pour accélérer la capacité créatrice du Tiers-Monde.

Enfin, il a servi d'intermédiaire permanent et naturel entre les plus riches et conservateurs pays du Golfe (l'Arabie, le Koweit) et les plus peuplés ou les plus révolutionnaires (l'Iran, la Libye).

Au matin du dernier jour, le lendemain du pèlerinage à La Mecque, c'est dans la villa de Nabi que Cheikh Yamani vient pour un petit déjeuner de travail. Il a accompagné Calderon Berti à l'aéroport et il prépare maintenant avec Nabi, qui va prendre la présidence de l'Opep le mois prochain, les conférences de l'été et de l'automne, en examinant encore une fois chacun des points délicats du Rapport à long terme.

Yamani voit bien des avantages à ce que Nabi soit maintenant porté à la présidence : avec l'Algérie en proue, plutôt que l'Arabie, on pourra moins aisément prétendre que l'appartenance de l'Opep au Tiers-Monde n'est qu'une astuce tactique.

Nabi lui-même, par ses vêtements, son allure, l'aspect des deux petites valises qui l'attendent, là-bas, dans l'antichambre, par sa familiarité évidente avec ses collaborateurs, est bien différent des princes et des émirs du Golfe. Militant parmi d'autres du parti du peuple, il n'a jamais cherché à s'en distinguer ni à profiter d'aucun des avantages de sa fonction. Il s'entend facilement avec Yamani ; ils se complètent et se consultent souvent.

Nabi n'a pas encore voulu donner son accord à la « formule d'indexation » (sur le taux de l'inflation, sur un panier de monnaies remplaçant le dollar, et sur la croissance annuelle des pays industriels) que le Comité Yamani a élaborée. Il n'a pas voulu se dissocier de l'Iran et de la Libye. Et il voudrait bien rester entièrement libre, comme eux, de vendre son pétrole le plus cher possible, chaque fois que l'occasion d'augmenter les prix se présentera, sans être lié à une formule même audacieuse exigeant la « prévisibilité ». Il voit arriver si vite la fin de ses réserves.

Mais il a donné son accord, pour le reste, à l'essentiel du Rapport : la nouvelle répartition des ressources et des capacités de production entre les mondes, du Nord et du Sud, la prise en compte de l'ensemble des revendications du Tiers-Monde, l'égalisation des moyens de développement dans les délais les plus rapides — en échange de l'investissement des revenus du pétrole.

Yamani compte sur lui pour l'aider à faire en sorte que l'écart entre les prix se réduise dans des proportions acceptables, puis pour contribuer à l'adoption des objectifs de l'Opep. Il compte aussi sur les forces du marché qui vont pousser dans le sens d'une certaine modération, en raison de la récession qui se propage de mois en mois dans les pays industrialisés.

L'autre personnalité, célèbre en Europe et désormais dans le Golfe, est l'Allemand Karl Schiller.

Schiller est, après Ludwig Erhard, l'homme du « miracle économique » de l'Allemagne fédérale. Pendant sept ans, ministre des Finances et de l'Economie aux côtés de Willy Brandt dont il était déjà l'adjoint à la mairie de Berlin il y a vingt ans, il a plus que tout autre contribué à développer la puissance industrielle et la cohésion sociale de l'Allemagne moderne, social-démocrate.

Ayant quitté le gouvernement sur un désaccord concernant la politique monétaire, il est redevenu professeur d'économie, et s'est retiré avec sa femme Sylvia dans une modeste maison de la banlieue de Hambourg.

C'est là, à Jestelburg, qu'on est venu le chercher lorsque les tensions économiques et sociales ont commencé, il y a quelques années, de menacer les équilibres ancestraux des pays pétroliers et au premier chef de la précieuse Arabie, en le priant de devenir conseiller des principaux gouvernements du Golfe.

Homme du Nord, aux yeux clairs dans un visage serein, aux gestes rares, d'une sobriété et d'une précision bien connues de tous les ministres des Finances du monde, le professeur Karl Schiller a longuement hésité avant d'accepter une mission aussi inattendue, et de plonger dans le vacarme et la chaleur torride du golfe d'Arabie.

Mais lui, l'inventeur en 1970 des « taux de change flottants » qui remplacèrent le système monétaire d'après-guerre, connaît mieux que personne la fragilité de ce qui subsiste de l'ordre monétaire et industriel. Il ne peut refuser le concours qu'on lui demande à la gestion de l'empire de l'Opep. Et puis, pour lui, social-démocrate, l'investissement d'une partie des fabuleux revenus du pétrole au bénéfice des peuples de ces pays doit être entrepris. Il a déjà bien tardé. Schiller se retrouve donc à Riyad.

Il a vécu ainsi dans une chambre de l'Intercontinental pendant des mois. Chaque matin, une voiture du ministère des Finances ou du ministère du Plan venait le prendre. Il allait faire part à ses collègues du gouvernement saoudien du fruit de ses travaux de la soirée précédente.

La puissance de travail, l'intégrité et le désintéressement de cet apôtre de l'économie moderne, son charme aussi, ont fait des principaux technocrates au pouvoir à Riyad ses amis. Abah Al Khail, ministre des Finances, Hisham Nazer, ministre du Plan, Ghasi Al Gosaibi, ministre de l'Industrie, sont pour lui davantage que des collègues et il reste en rapport familier avec eux, depuis l'achèvement de sa mission.

Schiller leur a conseillé de procéder très progressivement sur la voie de l'industrialisation, « en commençant surtout par les infrastructures pour ne pas prendre les risques du Shah »... C'était trois ans avant la chute de l'empire en Iran.

Schiller tremblait à l'idée que les rares ports de l'Arabie pourraient vite être engorgés, et ses rares villes submergées par les réalisations sauvages et innombrables que les industriels, accourus de toutes parts, venaient chaque jour proposer à Riyad. Il a contribué à la modération. Du moins autant qu'il l'a pu. Car la pression de tous les marchands du monde, soutenus par leurs gouvernements, a dépassé sa capacité de résistance et celle de ses collègues saoudiens.

Ainsi Karl Schiller a-t-il vu d'immenses complexes industriels sortir de terre sur les rivages du désert, à l'est sur le Golfe, à l'ouest sur la mer Rouge, autour de deux petits villages maintenant très connus : Jubaïl et Yanbu.

Jubaïl, sur le golfe d'Arabie, comptait encore moins de 3 000 habitants en 1978 et connaissait surtout la pêche, un peu de commerce. Ce sera, à la fin de 1980, une ville industrielle couverte de chantiers, peuplée de plus de 50 000 habitants. Elle doit en recevoir 200 000 avant 1987, 300 000 dans les vingt ans. Logements, usines, routes, voies ferrées, ponts d'embarquement, équipement — tout, vraiment tout doit arriver du dehors, puis sortir du sable.

De même à Yanbu, à l'autre bout de la péninsule, où habitaient moins de 2 000 pêcheurs et chercheurs de perles, il y a encore deux ans, on compte aujourd'hui 20 000 ouvriers au travail. Et 100 000 habitants sont prévus avant trois ans dans cette deuxième métropole industrielle de l'Arabie.

A Jubaïl et Yanbu, qui vont être reliées par deux pipelines géants pour le pétrole et le gaz, cinq complexes pétrochimiques géants sont en construction dont le plus grand du monde ; et aussi cinq raffineries de pétrole, deux aciéries modernes, trois usines d'engrais, etc.

Aux abords des deux immenses chantiers, on voit des rangées de camps militaires, des milliers de tentes alignées où s'abritent les travailleurs étrangers qui ont dû être rassemblés en masse pour accomplir la tâche gigantesque en trois courtes années, ainsi qu'en a décidé le gouvernement de Riyad. Parmi eux, ce sont les Coréens qui ont triomphé, avec les ingénieurs japonais ; mais ils sont entourés de Palestiniens, de Maliens, d'Egyptiens, de Soudanais et de toutes les populations de travailleurs que les prospecteurs ont pu trouver pour accélérer les travaux.

Cheikh Hisham Nazer, le ministre du Plan, très impatient de parvenir à une diversification, dit tranquillement : « Les gens nous croient riches, en Arabie. Mais nous ne le sommes pas vraiment. Nous vendons un pétrole qui ne se renouvellera pas. Et qu'est-ce qu'il nous restera ? La seule richesse est la capacité de créer. Il nous faut donc toutes les industries. Il nous faut le développement. Et il le faut avant que le « pouvoir pétrolier » n'ait perdu... son pouvoir. Très vite. »

Quand Karl Schiller a eu terminé sa mission, pour aller la poursuivre au Koweit, l'inflation en Arabie atteignait encore un niveau insupportable et aux conséquences sociales préoccupantes. Elle a un peu diminué. Mais le développement « industriel » de l'Arabie est en question. Le souvenir de La Mecque n'est pas près de s'effacer. La raison majeure de toutes les difficultés rencontrées, et de l'impatience des dirigeants de l'Opep à forger un accord fondamental de transfert de la part de l'Occident, c'est la racine même du sous-développement : la *sous-éducation*.

Cheikh Hisham Nazer et le professeur Schiller se sont exprimés dans les mêmes termes après un nouveau bilan des problèmes de l'Arabie.

Nazer, dans une conférence à l'université de Riyad, au début de 1980, a conclu : « Les plans saoudiens devront bientôt réduire les projets et les dépenses en ce qui concerne les usines et les infrastructures de communication ou d'urbanisation, pour orienter nos priorités *sur la formation* et *l'entraînement des hommes*. Notre prochain « plan de développement » sera centré sur la mise en valeur, pour notre pays, du capital humain — celui qui nous manque avant tout ».

L'Université de Riyad n'est encore qu'un modeste bâtiment mais tous les constructeurs du monde se disputent, depuis quatre ans déjà, le contrat qui vise à en faire la première et la plus vaste université du monde arabe, pour plusieurs milliards de dollars. Comme si le bâtiment était le problème. Quels sont les programmes ?

Karl Schiller disait au même moment au cours d'un séminaire réuni à Zurich et consacré aux problèmes du Golfe et à leur lien avec ceux des pays industriels :

« Le développement dans les pays arabes producteurs de pétrole illustre le fait qu'un processus précipité d'accroissement des richesses permet, certes, d'atteindre plus tôt que prévu de nombreux objectifs, mais que ce processus engendre simultanément *de grands déséquilibres et de grandes tensions.* D'où des variations dans les comportements humains, qui requièrent des adaptations politiques.

« Pour atteindre les objectifs d'une économie développée, les Saoudiens devront apprendre qu'il ne suffit pas de surveiller gérants et techniciens étrangers ; mais qu'il leur faudra prendre leur place. Une main-d'œuvre locale qui ne se composerait finalement que de commerçants, de banquiers, de propriétaires de magasins, ne suffira pas. Les chefs d'entreprise non plus, certes très recherchés, ne seront pas suffisants. Il faudra être en mesure de disposer des " sous-officiers de l'industrie " pour assumer les fonctions vitales de directeurs d'usines, de contremaîtres, de chefs d'atelier, etc. Il faut donc un effort massif, soigneusement adapté, d'éducation et de formation. »

Cette nouvelle pensée prend corps dans le Golfe. Le Koweitien Ali Khalifa Al Sabah la prolonge et la précise : « Tant que l'on ne proposera pas de véritables débouchés créateurs, sur le long terme, à nos revenus pétroliers, il va nous falloir freiner la production. Sinon, c'est tout l'avenir que nous hypothéquons. »

Et le Koweit a commencé, en deux ans, à réduire sa production de 2,7 millions à 1,4 million de barils par jour.

Pour Cheikh Ali, c'est encore trop. Si une réponse ne se dessine pas concrètement aux questions posées à Taïf, il compte demander une nouvelle baisse de la production du Koweit et de l'ensemble de l'Opep. Il précise :

« Le pétrole que nous laissons dans le sol, que nous refusons d'extraire, augmentera sans cesse de valeur. Tandis que nos placements extérieurs dans le système occidental, compte tenu de l'inflation, voient leur valeur se réduire de 2 à 5 % chaque année.

« *A l'heure qu'il est, nous n'avons devant nous aucune proposition sérieuse d'investissements qui nous permette de placer nos revenus d'une manière créatrice...* Et la saisie par les Etats-Unis de tous les avoirs iraniens placés dans leurs banques n'est certes pas faite pour nous inciter à produire plus de pétrole que nous n'en avons nous-mêmes besoin. La seule réponse économique rationnelle, pour le moment, c'est de réduire la production ! »

Non, ce n'est pas la seule, ni même la meilleure. Mais qui s'est entretenu avec lui, avec eux, de ce qui va transformer les données : la révolution technologique ?

Une autre menace apparaît. Les besoins en pétrole, internes à l'Opep, destinés à nourrir le développement des pays producteurs eux-mêmes, vont augmenter considérablement, et il faut prévoir dès maintenant cette part du marché. Au fil des années 1970, la consommation de pétrole des pays du pétrole eux-mêmes est en effet déjà passée de 700 000 à 3,5 millions de barils par jour en 1980.

Les prévisions actuelles indiquent que cette croissance va s'accélérer et que la consommation interne de l'Opep, avant la fin des années 1980, pourrait atteindre 10 millions de barils par jour — soit plus que toute la production de l'Arabie.

« Voilà le talon d'Achille de l'Opep : ses besoins propres, et la diminution progressive de sa capacité à exporter », constate Cheikh Ali.

Devant la masse énorme de problèmes nouveaux et divers en rapide évolution, les gouvernements du Golfe d'Arabie ont souvent le plus grand mal à conserver la maîtrise de leur politique et de leur développement. Il s'agit d'un phénomène historique qui n'a guère connu de précédent.

A l'université d'Exeter, le directeur du « Centre d'études sur le golfe d'Arabie », le professeur Tim Niblock, en fait l'analyse :

« Nous sommes en face d'un ouragan économique, financier, social et humain qui apparaît comme unique dans l'histoire connue de l'humanité. Ce qui se déroule en ce moment dans le Golfe n'a jamais eu d'équivalent nulle part. La plupart des gouvernements de l'Opep courent en permanence le risque de perdre tout simplement le contrôle des événements. »

Ils le savent. Et c'est ce qui les rend beaucoup plus modestes qu'on ne l'imagine, en dépit de l'énorme puissance dont ils disposent mais dont ils connaissent la fragilité. Très impatients que l'on en arrive enfin à des échanges sérieux sur le « développement » réel et rapide du Tiers-Monde — subissant les mêmes handicaps, ils ne peuvent oublier un seul jour qu'ils font intégralement partie des « sous-développés ».

Comment transformer le pétrole en développement — telle est désormais la seule question. Si on n'y apporte pas de réponse, le monde connaîtra les terribles secousses que Robert McNamara va annoncer.

Telle est aussi l'interpellation très sérieuse lancée par le document de Taïf destiné au vingtième anniversaire de l'Organisation, et qui exprime, quoi qu'il arrive, sa mission essentielle. Il ne faut pas en douter : le temps est trop mesuré.

Ou bien la société industrielle cesse de ne regarder que ses propres plaies — certes très réelles et douloureuses, mais combien moins cruelles et moins profondes que celles de l'Afrique, de l'Asie, de l'Amérique du Sud, de l'innombrable jeunesse non éduquée des pays du pétrole eux-mêmes, — pour s'élever à la hauteur des circonstances et apporter de vraies réponses, des réponses novatrices.

Ou bien la punition de l'Histoire, au long des prochaines années, risque d'être sévère.

L'appel de Taïf apparaît, en Occident, comme irréaliste, dangereux — alors on l'ignore. Mais il est aussi autre chose. Pour les milliards d'hommes du Tiers-Monde, ce peuple de la terre dont nous allons regarder le sort et l'histoire, il est l'appel des circonstances. Il pourrait devenir, si l'Occident n'est pas vidé de son intelligence — et nous verrons qu'il ne l'est pas —, la chance à saisir.

Au lendemain de la longue réunion de Taïf sur le projet dont il veut faire le couronnement de son œuvre pour les générations futures, avant de s'en retourner à la pratique du droit international, à quelque distance des batailles quotidiennes qu'il mène depuis bientôt vingt ans, Cheikh Yamani prend un après-midi de tranquillité, sans téléphone, dans son bureau de Riyad, pour discuter des perspectives.

Ses invités lui demandent : « Croyez-vous que pourra ensuite s'engager un dialogue avec les pays industrialisés ? »

Il reste longtemps silencieux, paraît hésiter sur la réponse, puis pose sur l'interlocuteur un regard intense qui ne dissimule plus sa propre incertitude : « Etes-vous sûr qu'ils le veuillent ?... »

Est-il sûr, lui, de le vouloir ?

DEUXIÈME PARTIE

Le peuple de la terre

1.

Le cuivre de Kaunda

Sur le gazon, le gouverneur jouait au golf. Dix-huit trous, une bonne distance. La longue plage verte, fraîche à l'œil dans la chaleur de Lusaka, entourait sa résidence, une belle demeure victorienne. Quand Kenneth Kaunda a gagné les élections et que la Grande-Bretagne a plié bagages, il s'y est installé, sans rien changer. Simplement, ce sont des paons qui s'ébattent aujourd'hui sur la pelouse.

Le « gentil géant noir » de l'Afrique, comme on l'appelle, « KK » comme dit familièrement la population, gouverne la Zambie depuis plus de quinze ans. Un pays réputé calme, comme son président.

Pas d'enfants au ventre ballonné, pas de mendiants en loques. Et pas de bagarres, dans les longues files d'attente où l'on espère pouvoir acheter un peu de lait en poudre — importé de Suisse —, quelques morceaux de sucre, quelques grammes de café. Le savon et l'huile ne se trouvent plus qu'au marché noir. Il n'y a que du cuivre, en Zambie.

Dans la résidence de Kaunda, les cendriers sur les tables sont en cuivre, le revêtement des tables est en cuivre, le bassin intérieur d'où jaillit une fontaine est en cuivre, les effigies du Président tranquille, accrochées au mur, sont en cuivre. La Zambie est le quatrième producteur mondial de cuivre, après l'Amérique, l'Union Soviétique et le Chili.

Kenneth Kaunda, qui fut instituteur, ouvrier, fermier, emprisonné quand il fut trouvé en possession de littérature interdite, banni avant de prendre la tête du mouvement pour l'indépendance et de triompher, a longtemps rêvé de ce tas d'or rouge... Le cuivre allait rapporter les devises nécessaires pour l'achat d'équipement, la création d'industries locales, l'importation d'aliments que la terre cuivrée ne fournit pas. Le pays pourrait se développer lentement, harmonieusement. Il n'y aurait ni totalitarisme, ni capitalisme sauvage.

Mais c'est à 10 000 km de Lusaka que le prix du cuivre continue d'être fixé. A la bourse de Londres. Là, le London Metal Exchange, en contrôlant 10 % du marché, contrôle en fait le prix du métal rouge. Une rumeur, un événement, une information vraie ou fausse : les hommes gesticulent autour de la corbeille et les cours montent. Ou descendent.

Le cours du cuivre est descendu. Depuis 1977, il est au-dessous du coût de production. Alors que faire ? Réduire la production... « J'ai essayé, dit doucement le « gentil géant » au sourire éclatant sous sa toison blanche. Le 9 janvier 1978. Sans résultat. Quel pouvoir avez-vous quand les stocks mondiaux atteignent plus d'un million de tonnes ? » Il s'évente avec son mouchoir plié.

« Jusqu'à présent, l'industrie du monde nous a exploités en y mettant quelques formes. Maintenant, on nous vole carrément. C'est un hold-up permanent sur nos richesses auquel on nous demande d'assister mains en l'air... attendant notre pourboire ! »

Et soudain pathétique : « Si des mesures ne sont pas prises, nous périrons ! Nous avons un besoin désespéré d'importer des produits, des machines, des pièces détachées... »

Or les exportations de la Zambie sont pour 91 % du cuivre... Alors, faute de devises, les petites entreprises ferment leurs portes. Le seul producteur de pneus du pays, Dunlop Zambia Ltd, a disparu. Incapable de payer le matériel acheté, ses fournisseurs étrangers lui ont refusé tout nouveau crédit.

Les deux quotidiens de langue anglaise, composés sur le modèle du « Times » de Londres, ont annoncé qu'ils allaient disparaître. La Zambie ne peut plus importer les produits chimiques et les plaques nécessaires à leur fabrication.

La terre fournit le maïs, aliment de base de la population. Mais pour que tout le monde puisse en acheter, il faut le subventionner. Avec quoi ? Depuis trois ans, le cuivre n'a rien rapporté.

A quel prix est-il vendu ? 190 tonnes de minerai pour une jeep en 1960, 350 tonnes pour une jeep en 1970 — les « termes de l'échange » n'ont cessé de se dégrader. Ils sont fixés par les grandes compagnies.

« Il faut piller à travers le monde pour avoir des estomacs repus. Et éviter ainsi la révolution », disait Cecil Rhodes, le fameux colonisateur du Sud africain, le fameux fondateur de la Rhodésie. Aujourd'hui, c'est en pillant à travers le monde que l'on féconde les révolutions.

Dans cette Afrique bourrée de richesses où, après l'indépendance concédée ou arrachée dans le sang, les pays changent de nom comme pour renaître vierges d'un passé abhorré, celui du colonisé, Kenneth Kaunda fait encore figure de « modéré ». Mais, autour de lui, c'est le tumulte : l'Angola à l'Ouest, le Mozambique à l'Est, le Zaïre au Nord, le Zimbabwe au Sud, la Namibie au Sud-Ouest.

Afrique australe, Afrique équatoriale, ventre de la terre avec ses entrailles de chrome (90 % des réserves mondiales, toute l'industrie aéronautique en dépend), et de manganèse (la production de l'acier et des alliages d'aluminium en dépend), de bauxite et de platine, de colbalt, d'uranium.

Dans le bureau de Kaunda, admirant les branches mauves du flamboyant qui fleurit sous la fenêtre lorsque vient l'été austral, se tenait, il n'y a pas longtemps, un visiteur de marque, Nicolaï Podgorny, président du Soviet Suprême. Il venait faire des offres.

Offres d'aide et de coopération, précises, concrètes. Kaunda sourit : « Prématurées ! »

L'ambassadeur d'URSS à Lusaka, Vladimir Solodni-kov, l'accompagnait évidemment. Un spécialiste, grand patron de l'Institut africain de Moscou dirigé par le fils d'Andréï Gromyko. Un homme qui comprend le continent africain et ses réalités. On dit qu'il s'intéresse tout particulièrement aux mouvements de libération en Afrique australe.

« On dit cela ? C'est peut-être exagéré », dit Kaunda. « En tout cas, il fait preuve d'un intérêt et d'une curiosité remarquables envers notre pays. Je voudrais que les ambassadeurs occidentaux se montrent pour moitié aussi attentifs à notre égard... »

Justement, après le puissant *apparatchik,* un jeune émissaire est venu des Etats-Unis manifester à son tour l'intérêt que son pays porte à la région : Andrew Young, l'étoile noire de l'Amérique aux Nations Unies, où lui fut aussi donné le titre d'ambassadeur.

« Nous ne sommes pas inquiets de la présence soviétique dans vos pays. Vous découvrirez qu'ils ne peuvent rien pour vous. Nous seuls pouvons vous aider en vous fournissant les biens et les produits dont vous avez besoin », a dit Young.

C'était au cours d'une conférence de presse. Un journaliste zambien l'a interrompu sèchement : « Tout ce que vous dites, Monsieur Young, est du verbalisme. Qui soutient l'Anglo-Américan, la De Beers, Rio Tinto, toutes ces sociétés minières qui nous volent et nous ruinent ? L'URSS ou l'Occident ? »

Dans ce dialogue brutal, il y a trente ans d'occasions perdues, de rendez-vous manqués, d'illusions entretenues, d'aveuglement persévérant. Trente ans d'une histoire qui apparaîtra comme incompréhensible à nos enfants, au siècle prochain. Comment l'Occident, si assuré de détenir toute l'intelligence du monde, y compris l'intelligence de ses intérêts, n'a-t-il rien vu venir ?

Car il y a eu Bandung... Bandung, plus lointain, plus exotique encore que Taïf — qui devait en être le fruit.

2.
Les hommes de Bandung

La conférence de Bandung s'ouvre le 19 juillet 1955, au moment où Albert Einstein se laisse mourir. Le génie allemand, devenu citoyen américain, ne supporte plus ce monde où la science qui se déploie est confisquée par les deux super-puissances pour leurs arsenaux. Il s'en croit responsable. Il avait foi en l'intelligence humaine ; il l'a perdue.

Ce jour-là, dans cette jolie station balnéaire de style art-déco, édifiée en Indonésie par les Hollandais au milieu des plantations de thé, à 200 km de Djakarta, les leaders de 29 nations, représentant déjà un milliard et demi d'êtres humains, se sont donné rendez-vous.

Ahmed Soekarno, nouveau président de l'Indonésie, en a pris l'initiative. Il a arraché, en 1949, l'indépendance des trois mille îles qui forment son pays.

Entre 1945 et 1955, l'Inde, le Pakistan, les Philippines, Ceylan, la Birmanie, le Laos, le Cambodge, le Vietnam, Singapour, l'Indonésie, sont devenus nations souveraines, émancipées de la tutelle coloniale hollandaise, britannique, française. Mao Tsé-tung règne maintenant sur la Chine. L'Asie, désormais, sera aux Asiatiques.

Mais la plus grande partie de l'Afrique est encore enchaînée.

Soekarno proclame : « Il n'y aura pas de nation heureuse tant qu'il existera des nations colonisées. » Le mouvement est lancé, il ne s'arrêtera plus.

Il a formé le projet d'une conférence « où les nations d'Asie et d'Afrique confronteraient leur pensée commune et forgeraient une même politique ». Voici donc Bandung.

D'abord acte romantique dans lequel les participants communient avec le sentiment d'être à la veille d'une nuit du 4 août à l'échelle mondiale.

« Dépossédés, humiliés, méprisés, insultés, opprimés de la race humaine », dira l'écrivain noir américain Richard Wright, présent à la Conférence, ils annoncent leur entrée sur la scène internationale.

Ils portent, à cet instant, le sceau de sang et d'orgueil de la stupéfiante victoire de Dien Bien Phu qui a marqué le Tiers-Monde : là, dans une bataille menée avec leurs armes, les blancs ont été défaits. Donc, on peut les défaire.

Là, dans cette cuvette qu'elle a délibérément choisie pour attirer l'ennemi et pouvoir, enfin, livrer une vraie bataille rangée, hors de la jungle et des marécages, l'armée française, avec ses 17 bataillons, ses 22 000 tonnes de matériel, son artillerie lourde, ses chars, ses 173 avions de combat, ses 71 avions de transport, a tout perdu le 7 mai 1954.

Elle avait tout prévu pour gagner cette bataille décisive. Tout. Sauf l'artillerie du général Giap, bras droit militaire d'Ho chi Minh. Sauf que cette artillerie, insoupçonnée, atteindrait Dien Bien Phu et, souterraine, serait invulnérable à l'aviation dont les Français ont le monopole.

Un chef d'état-major occidental ne pouvait pas concevoir qu'un petit homme jaune, qui n'a fait ni Saint-Cyr en France, ni Sandhurst en Angleterre, ni West Point aux USA, puisse avoir un génie militaire supérieur. Que ses 12 bataillons, ses 28 canons, ses 16 tubes de mortiers rejoindraient, en rampant, Dien Bien Phu, tirés le long de 450 km sous des tunnels de jungle. Qu'une fois à pied d'œuvre, les pièces resteraient enterrées, hors d'atteinte de l'aviation, en d'autres tunnels creusés dans le massif calcaire. Le feu, un matin à l'aube, en jaillira comme la foudre. Nul ne pourra l'arrêter deux semaines durant.

Un chef d'état-major occidental ne pouvait pas concevoir que le ravitaillement du corps de bataille vietnamien serait assuré par 50 000 coolies transportant chacun 350 kg de riz sur des bicyclettes sortant des manufactures de Saint-Étienne ou des usines Peugeot.

Dien Bien Phu a été le terrible salaire du mépris.

La guerre a été déclenchée alors que la France et la république du Vietnam, présidée par Ho chi Minh, négociaient librement l'avenir. Les troupes françaises et vietnamiennes fraternisaient à Hanoï.

Mais, pour le haut-commissaire français qui commande en Indochine, l'amiral d'Argenlieu, Ho chi Minh incarne le communisme asiatique auquel il faut montrer sa force.

Il la montre à la première occasion. Il ouvre le feu de ses canons de marine sur le port d'Haïphong où ont éclaté des incidents. Giap répondra en montrant la sienne. La première guerre d'Indochine qui commence ainsi va durer neuf ans avant d'entraîner la seconde guerre, cette fois entre Giap et les Américains, qui durera encore dix ans...

Commencée en 1945 comme une « expédition punitive », devenue une longue agonie — comme le seront toutes les expéditions qui suivront — pour les grosses divisions.

Si elle a été suspendue en juillet 1954 par la paix négociée à Genève, c'est que deux hommes en Occident ont pressenti l'avenir : celui du Tiers-Monde.

Un Français, Pierre Mendès France, seul pendant huit ans, a dénoncé cette guerre et « le mal qu'elle faisait à la France ». Au moment où le sort des armes est devenu funeste, le pays stupéfait s'est tourné vers lui : il faut arrêter le massacre, signer la paix. Premier Ministre, il s'est donné publiquement un mois, trente jours, pour y parvenir. S'il échoue, il partira. Par cette intervention politique sans marchandages ni négociations, la France, vaincue militairement, retourne la situation, met le vainqueur au pied du mur : trente jours pour accepter. Il gagne, à l'heure dite. Une grande leçon... qui ne sera pas retenue.

Un Américain : le président Eisenhower. Quand sont entrés dans son bureau de la Maison-Blanche, en pleine bataille de Dien Bien Phu, les ministres des Affaires étrangères et de la Défense des USA et de la France, réunis, qui ont déjà approuvé ensemble le principe d'une intervention des forces aériennes américaines pour « sauver » Dien Bien Phu, il ne lui a pas fallu un quart d'heure pour répondre : « Vous êtes fous. Pas question ! »

Les Etats-Unis d'Eisenhower sont alors, selon l'inspiration de Roosevelt et la « Charte de l'Atlantique » signée pendant la guerre, les champions de l'indépendance des peuples qu'ils ont eux-mêmes, en d'autres temps, arrachée à leurs propres colonisateurs. Ils le resteront jusqu'à ce que le successeur d'Eisenhower à la Maison-Blanche, John F. Kennedy, fasse basculer son pays : par la tentative d'invasion de Cuba d'abord, par le début de l'expédition au Vietnam ensuite...

La guerre franco-indochinoise n'a servi de leçon à personne. Pas même à la France. Quand la conférence de Bandung s'ouvre, moins d'un an après la paix de Genève, l'armée française est de nouveau à l'ouvrage : cette fois, il faut « pacifier » l'Algérie où, trois mois après l'armistice de Genève, un inconnu, Ahmed Ben Bella, a déclenché à son tour, avec huit compagnons, l'insurrection.

Il était sous-officier dans le corps expéditionnaire français en Indochine. Il a même reçu la médaille militaire. Il a appris et retenu la leçon. Celle qui s'est répandue à travers tout le Tiers-Monde comme une traînée de feu : on peut défaire le colonisateur, quelles que soient ses armes. Le seul problème, c'est l'aménagement des forces, leur organisation, leur date d'entrée en action.

Hasard symbolique, trois hommes qui incarnent l'émancipation du Tiers-Monde et se connaissent encore à peine, vont arriver ensemble à Bandung.

Nasser, le colonel égyptien qui a chassé Néguib, protégé des Anglais après Farouk, n'a guère confiance dans les lignes aériennes occidentales : les gouvernements anglais et américain ont menacé de l'empêcher d'assister à la conférence. Alors, pour se rendre du Caire à Bandung, il a loué un avion à Air India. Il fait escale à New Dehli pour y prendre Nehru.

Tout sépare ces deux hommes : la race, la religion, l'origine sociale, le style, l'appartenance à deux grandes cultures — bien qu'ensemble ils parlent anglais — qui sont en chacun comme le sable sous la mer.

Nasser, en uniforme, sombre, ardent, avec son allure de fauve un peu lourd, est le fils d'un facteur. Il a fait carrière dans l'armée. Il a pris la tête de la révolte des colonels pour que s'accomplisse la résurrection de son pays anesthésié par trois quarts de siècle d'occupation, puis de protectorat britannique.

Un rêve grandiose l'habite, il l'a décrit : « Unir quatre cents millions de musulmans, voici un rôle gigantesque qui attend un acteur qualifié. C'est nous, et nous seulement que le passé désigne pour jouer ce rôle... *Et le pétrole sera le glaive du monde.* »

Mais, pour l'heure, le pétrole est contrôlé, et pour des années encore, par les grandes compagnies autour du golfe d'Arabie.

Dans l'immédiat, que veut Nasser pour l'Egypte, à présent qu'il en est le chef ? Des tracteurs, des moyens techniques. Sa politique : un réformisme actif dans une « démocratie saine ».

Rugueux et solitaire, vertueux, religieux, il veut dégager pour son pays une voie justicialiste, productiviste, conduisant au développement entre le capitalisme colonial et le communisme dont il est et restera un ennemi virulent.

De Nehru, indien de haute caste, on dit qu'il est le « dernier gentleman d'Oxford ». En fait, c'est à Harrow, comme Churchill, qu'il a goûté les subtilités du cricket et des déclinaisons latines, à Cambridge qu'il s'est passionné pour les sciences. A Oxford, il a fait des études de droit — avant de revenir en Inde et de servir avec passion le génie de Gandhi, le non-violent.

Devenu le Pandit Nehru, il est frêle, âgé déjà de soixante-cinq ans, maître de lui, agnostique, raffiné, une rose fraîche toujours passée à la troisième boutonnière de sa tunique. Chez lui, l'oriental est à peine perceptible, enfoui sous l'éducation britannique. Ah, comme il eût aimé les Anglais s'ils avaient quitté l'Inde au XIX\ siècle ! S'ils n'étaient pas allés jusqu'à couper un doigt aux petites filles de son pays pour qu'elles ne puissent plus tisser ; le tissage devant être réservé aux manufactures de l'Ile impériale, à Manchester.

L'histoire de cette mutilation « protectionniste », Yashpal Kapoor, l'assistant personnel d'Indira Gandhi, fille de Nehru, la racontait encore, cinquante ans plus tard, pendant les soirées triomphales de la campagne électorale de 1980.

Parce qu'il la tenait de sa propre mère.

Le père de Nehru, grand avocat, était le chef d'un mouvement nationaliste. Nehru lui a succédé à la tête de ce mouvement. Grâce à quoi il a vécu neuf années en prison.

Quand le vice-roi britannique des Indes a annoncé en 1939 l'entrée de l'Inde dans la guerre mondiale, avec tout l'empire britannique, sans avoir songé à consulter les dirigeants du pays, Nehru a laissé tomber : « Affront méprisable ! »

Au moment où les troupes hitlériennes de Rommel repoussaient Montgomery et son armée en Afrique, où la dernière garnison britannique se rendait à l'envahisseur japonais à Singapour, Nehru criait : *Quit India,* aux côtés du Mahatma Gandhi, dans l'atmosphère suffocante d'une salle de meeting de Bombay. L'ascète au crâne rasé venait de lancer son mot d'ordre : « Désobéissance absolue si la Grande-Bretagne ne quitte pas immédiatement le pays. » C'était en août 1942. Adolf Hitler était plus près de triompher que jamais. Mais c'était là un problème de blancs.

Nehru est, une fois de plus, arrêté avec sa fille Indira qui ne le quitte jamais, tandis que le peuple indien répond par l'insurrection, dévastant aux quatre coins de l'immense pays les gares, les bureaux de poste, les écoles, les perceptions, sabotant les voies ferrées, les aiguillages, les ponts, les lignes téléphoniques.

Deux mille morts. Cent mille arrestations. En six semaines, le soulèvement était maté et l'Inde mobilisée pour la défense du pays contre les Japonais, sous la responsabilité du gouvernement colonial. Toute sa vie d'homme, Nehru a combattu pour l'indépendance de l'Inde. Quand trois siècles de domination anglaise se sont achevés, avec la fin de la guerre et des empires, sous l'impulsion américaine, c'est lui, Premier Ministre, qui a inventé avec le leader travailliste Stafford Cripps et le remarquable proconsul britannique, Lord Louis Mountbatten, l'ingénieuse formule selon laquelle le roi du Royaume-Uni, à l'époque George VI, devenait « chef du Commonwealth ».

Dans un fourreau de soie, c'est une lame d'acier. En se rendant à Bandung, il croit à une ère nouvelle, à la collaboration entre l'Occident et le Tiers-Monde dont « le dénuement porte une atteinte intolérable à la dignité et à la décence humaines ».

Dénuement sans fond de l'Inde immense qui vit encore sur toute une gamme de siècles divers. Paysans couleur de chanvre qui rentrent le soir sur leurs chars à buffles, villages d'avant l'histoire truffés de temples roses, espaces infinis où les habitants ne savent pas encore comment on creuse un puits et où l'on meurt de soif au-dessus d'une nappe d'eau, terre antique où les terrassements se font à la main, où l'on se chauffe avec de la bouse de vache séchée, où il peut faire si froid, où coexistent Konakrak la divine et Calcutta à l'odeur immonde, déjà la ville « la plus pleine du monde ». Inde dont « nous parlons toujours comme d'une reine du Ramayana », dit Nehru, « alors que c'est une pauvresse comme ces mères que l'on voit au bord des chemins ».

Mais avec les moyens techniques de l'Occident, la famine qui accompagne chaque période de sécheresse, lorsque les enfants grattent en vain la terre craquelée dans l'espoir d'y trouver une racine et se couchent, à la fin, pour y mourir, la famine sera vaincue. La malnutrition chronique aussi. Oui, Nehru le croit.

Il croit en l'intelligence du monde développé. Tant de fibres l'y rattachent. Entre Nasser et Nehru, si dissemblables, le lien qui s'est créé est fait de ce qui les réunit : ils appartiennent à ce Tiers-Monde qui, spontanément, a foi dans ce qu'on appelle encore le génie de l'Occident.

Quand l'appareil d'Air India s'immobilise pour une escale technique sur l'aéroport de Rangoon, en Birmanie, Nehru et Nasser aperçoivent par le hublot un homme mince et souple, en tunique grise, qui s'avance vers eux sur la piste. Il sourit de ses yeux intenses.

C'est Chou en-Laï, Premier Ministre de Chine populaire. En route, lui aussi, pour Bandung, il s'est arrêté pour une visite en Birmanie. Là, il a appris le passage des deux autres dirigeants. Il a retardé son départ pour les rencontrer.

« Ai-je besoin de vous présenter l'un à l'autre ? » dit Nehru.

Il fait très chaud et ils sont restés debout pendant de longs instants, à boire du lait de coco frais tandis qu'on les aspergeait de shaïgan, l'eau parfumée des fêtes birmanes. Selon les rares témoins de cette scène, Chou en-Laï et Nasser se dévisagent avec intérêt.

Nehru demande à Nasser s'il souhaite un entretien immédiat avec le Premier Ministre chinois. Oui. L'entretien a lieu, là, dans le petit aéroport. Il sera long. Il portera loin.

Nasser est hanté par les « complots de l'Occident ». Il craint d'être attaqué. Il veut des armes pour se défendre. Paris les lui a refusées, Washington y a mis le préalable de l'adhésion à un pacte militaire. « Je ne sais pas, dit Nasser, si l'URSS serait disposée, elle, à nous vendre des armements ».

Chou en-Laï, qui vient de lui proposer d'acheter le

coton d'Egypte en échange de la reconnaissance du régime de Pékin — proposition que Nasser a poliment déclinée — ne s'est pas formalisé. Il offre de servir d'intermédiaire avec les Soviétiques : « Je pense qu'ils vous donneront une réponse positive. » Le Premier Ministre chinois rédige sur place un pré-rapport sur cette conversation. Il le fait parvenir à Mao Tsé-toung en suggérant de le communiquer à Moscou.

Trois points, dans ce texte écrit à chaud :

« Je pense que Nasser croit fermement à *la politique de non-alignement* en tant que stratégie à long terme... Si son désaccord avec l'Occident n'était que tactique, il n'aurait pas atteint le paroxysme actuel... Nasser m'a demandé si l'Union Soviétique et le camp socialiste pourraient lui fournir une aide qu'il ne peut plus obtenir des Etats-Unis et de l'Occident. Selon moi, il est impossible au camp socialiste de se borner au rôle de spectateur. »

Le lendemain, ils atterrissent enfin à Bandung. Les journalistes assiègent l'appareil. L'un d'eux interpelle Nehru :

« L'Occident a exploité vos peuples pendant des siècles et la réunion de Bandung le remplit de peur. Certains Occidentaux se demandent même s'il ne s'agit pas du début d'un mouvement de racisme inversé. Qu'en dites-vous ? » « Oui, répond Nehru, l'Occident pense ce que vous dites. Et il est possible que cette appréhension se réalise. Le sentiment racial existe dans nos peuples et si l'Occident continue à les opprimer, c'est alors qu'il créera en eux un racisme inextinguible. »

Le Premier Ministre indien semble décidé à en rester là et se fraie un chemin vers sa voiture officielle. Mais, se retournant, il lance sa conclusion au groupe de journalistes, d'une voix plus forte :

« Je suis de ceux qui voudraient éviter l'irréparable. Il faut comprendre que Bandung est le *dernier appel des pays pauvres à la conscience morale de l'Occident.* »

Lors de la séance d'ouverture, Soekarno, tenue blanche d'officier, calot de velours noir, prononce un discours de 90 minutes qui fascinera l'assistance.

« Nous sommes désormais les maîtres chez nous. Nous n'avons plus besoin d'aller sur un autre continent pour nous réunir. Des nations et des états se sont réveillés après un sommeil de plusieurs siècles. Nous ne sommes plus les instruments des autres ni les jouets de forces étrangères. Les peuples passifs ont disparu, la tranquillité apparente a cédé la place à la lutte et à une véritable volonté d'action. »

Soekarno se déchaîne, rythme du doigt sa phrase, frappe du poing sur le pupitre :

« Mais nous vivons encore dans un monde de crainte ! Crainte pour le futur, crainte pour les idéologies, crainte de la bombe à hydrogène, crainte de rester pauvres. Si des choses nous séparent artificiellement, manière de vivre, race, caractères nationaux, couleur de peau, que sont ces différences par rapport à notre aversion commune pour le racisme et à la haine du colonialisme ? »

De longs applaudissements ponctuent ces propos. Le calme revenu, le président de séance lit les télégrammes de salutations et de vœux reçus par la Conférence. Peu nombreux, ils proviennent des républiques musulmanes, de l'Union Soviétique, de la Corée du Nord, de la RDA. Aucun message de l'Occident.

Le secrétaire d'Etat américain, John Foster Dulles, a qualifié Bandung de « pseudo-conférence » et donné ordre qu'aucun observateur américain n'y assiste.

Même hostilité, en Grande-Bretagne, de la part du gouvernement d'Anthony Eden, qui a repris le pouvoir aux travaillistes. La France, à peine sortie de la guerre d'Indochine, s'est engouffrée dans la « pacification » de l'Algérie. En Allemagne, en Italie, indifférence totale.

Chou en-Laï, applaudissant « le courage de tous ceux qui refusent de se joindre aux blocs », nombreux à Bandung, va formuler une proposition. La politique mondiale des vingt prochaines années pouvait, à ce moment-là, en être transformée...

Il annonce : « Nous sommes prêts à négocier avec les Etats-Unis. » Il propose « une déclaration de paix en sept points, entérinant les principes de coexistence, d'égalité raciale et du droit des peuples à disposer d'eux-mêmes ».

Moins de deux heures après, le gouvernement américain fait connaître sa réponse. Il la fait afficher dans les couloirs de la Conférence : c'est non.

Le secrétaire d'Etat, Foster Dulles, qui a refusé d'aller à Genève, lors de la signature de l'armistice indochinois, pour ne pas avoir à serrer la main de Chou en-Laï, ne veut voir, dans toute proposition des « rouges chinois », qu'un « marché de dupes ».

L'Occident a manqué son rendez-vous avec le Tiers-Monde. Bandung fait bien les manchettes de la presse mondiale, mais une fois le premier sentiment d'inquiétude dissipé, les analystes se contentent de souligner l'insigne « faiblesse » des participants. Ces vingt-neuf états, qui ont la prétention de parler au nom des deux tiers de l'humanité, produisent à peine 8 % du revenu mondial.

Bandung est « un spectacle monté par les habitants de la zone de la faim pour cacher leur misère ». Bandung est oublié. Comme Dien Bien Phu.

De ce rendez-vous manqué vont sortir tant de tragédies que l'on ne saurait mesurer l'ampleur de cette défaite de l'intelligence occidentale.

Nasser fera la guerre. Il la perdra. Mais le pétrole, comme il l'a annoncé, prendra la relève.

Chou en-Laï fera la guerre à travers le Vietnam et la gagnera. D'abord contre la France, puis contre l'Amérique.

Nehru, fidèle à Gandhi, ne veut pas de sang, mais il léguera à la fille qu'il a éduquée pour le pouvoir un héritage de déceptions et de méfiance à l'égard de tout ce que peut secréter

« l'ordre économique occidental ». Riche d'intelligences, ouverte à la liberté, demain peut-être centre du monde avec plus d'un milliard d'habitants, l'Inde n'oubliera pas cette amertume.

3.
Le testament de Fanon

« Puisque vous voulez l'indépendance, prenez-la. Et crevez... » Lucide, Franz Fanon, le prophète de la décolonisation inspiré par le drame algérien, annonce ainsi, en 1960, la politique qui risque de suivre. Qui a suivi à l'égard du Tiers-Monde. Le titre de son réquisitoire : « Les damnés de la terre ».

« Le Tiers-Monde, trois quarts du monde », dit l'économiste et humaniste Maurice Guernier ; plus de 3 milliards d'êtres humains, dont un tiers, à l'heure actuelle, n'a pas de quoi se nourrir.

1979, décrétée année de l'enfance, a été l'année de l'enfant mort. *Douze millions* d'enfants de moins de cinq ans ont péri de faim. Ceux qui ont survécu sont, pour la plupart, irrémédiablement atteints de troubles de la vue et de la perception, d'altérations du système nerveux, par carence de protéines animales. Carence qui atteint 80 % des enfants dans le monde.

Cinq cents millions d'Asiatiques, 140 millions d'Africains, 90 millions de Latino-américains et d'habitants des Caraïbes ne disposent pas d'un accès à l'eau potable.

Les deux tiers de l'humanité sont exposés en permanence à toutes les maladies véhiculées par l'eau corrompue et les immondices. A elle seule, *la bilharziose, qui provoque la cécité, affecte 250 millions d'êtres humains.*

Le thé, la bonne tasse de thé de Ceylan que l'on prend si volontiers à 5 h, est faite avec du thé de Sri Lanka, ex-Ceylan, deuxième exportateur après l'Inde. Mais, à Sri Lanka, 30 % des malades hospitalisés et 40 % des cas soignés en consultations sont traités pour des maladies transmises par l'eau.

En Inde comme au Pérou, dans la plupart des villages, on boit de l'eau souillée, porteuse de virus d'autant plus actifs qu'ils s'attaquent à des organismes sous-alimentés, vulnérables.

On y boit aussi, il est vrai, du faux Coca-Cola. Il suffit d'avoir les moyens de l'acheter. Efficacité légendaire des services de distribution de la firme américaine : tous les villages étaient arrosés de Coca-Cola. Quand le gouvernement indien a nationalisé 60 % du capital des compagnies étrangères, et exigé que le secret de la formule du fameux breuvage soit livré, la firme américaine a refusé et s'est retirée. Depuis, une société indienne fabrique, distribue et vend le Campa-Cola, selon les mêmes méthodes éprouvées, du même goût que la boisson que la population avait pris l'habitude de consommer.

L'eau potable, c'est un luxe de pays riches.

Quatre cents millions d'êtres humains vivent dans des bidonvilles... Tous ces chiffres, quand il s'agit d'hommes, de femmes, d'enfants, font entrer déjà dans un système mystificateur. Dans ce vocabulaire où, de milliards, on passe aux « masses » sous-alimentées, aux « hordes grouillantes », aux « multitudes » qui déferlent...

Un homme, une femme, un enfant du Tiers-Monde — chacun est pourtant une personne.

R. Linhart, dans *Le Sucre et la faim*, interroge cet ouvrier agricole montant à 4 h du matin dans le camion bâché qui va l'emporter vers la plantation de canne à sucre où il travaille. Il part de la place principale de la petite ville de Princess Serrane, à l'est de Recife, au Brésil.

« — Quel est le salaire minimum ?

« — Personne ne le sait.

« — Quel travail parvenez-vous à faire chaque jour ?

« — Il est impossible de faire plus d'une *quadra*, 50 cruzeiros par jour (7 F).

« — Et quand la récolte de canne à sucre se termine, que faites-vous ?

« — On ne fait rien. Il n'y a rien... Pendant la saison du sucre (huit mois de septembre à mai), les camions viennent nous chercher, mais après, plus rien... Nous avons presque toujours faim.

« — Combien êtes-vous à partir chaque jour ?

« — Huit mille peut-être. »

A côté de lui, un enfant.

« — Quel âge a-t-il ?

« — Quinze ans. »

Il en paraît douze.

« — Depuis combien de temps travaille-t-il ?

« — Depuis trois ans. Il y a beaucoup de petits enfants qui ne peuvent pas soulever leur outil et que leur père oblige à travailler.

« — Que mangez-vous ?

« — De la farine.

« — De la viande ? »

Un long silence. Puis, plus bas :

« — Si on parle de viande, on va en prison. »

Les locaux du « Syndicat des travailleurs agricoles », décrits par Linhart, sont modestes. Plusieurs pièces presque nues en enfilade ; une grande salle de réunion au fond. Dans le couloir, un homme attend. Il porte le chapeau de paille des coupeurs de canne. Il a l'air doux, un sourire triste. Il explique sa présence. Hier, son fils, âgé de 1 mois et 6 jours, est mort. Il voudrait un cercueil. Il cotise au syndicat : le syndicat peut-il payer un cercueil pour le bébé ?

« — L'enfant était " doentinho ", un peu malade. Il avait la diarrhée. Samedi nous l'avons amené à l'hôpital ; ils l'ont gardé un jour et ils l'ont rendu... Hier, je suis parti travailler. A mon retour l'enfant était mort.

« — Combien avez-vous d'enfants ?

« — Six enfants vivants, six enfants morts. »

Les gens approuvent à voix basse :

« Oui, c'est ça, un enfant sur deux. »

La voix éraillée d'un vieux noir vient rompre le silence :

« Ici, le problème c'est la faim. Je dors souvent sans manger. Je gagne 52 cruzeiros par jour (7,50 F). Ma femme me demande sans cesse ce que je ferai pour donner à manger à nos huit enfants. Parfois nous n'avons qu'un petit poisson à leur donner à tous les huit. »

Il hoche la tête :

« J'ai faim comme la jument est en rut. Ici le peuple souffre trop. Comment peut-on vivre à dix avec 52 cruzeiros par jour ? »

Ce vieil homme noir décrit par Linhart est une personne. Il a un nom. Il est sûr d'avoir une âme.

Ce cadavre, recouvert d'une toile de jute, que quatre hommes portent sur leurs épaules dans les faubourgs de Patna, à 500 km de New Delhi, dans l'état du Bihar, avait un nom. C'était un adolescent. Sa tête brinqueballe au rythme des porteurs. Nul ne regarde.

De petites digues en terre séparent les champs nus, arides.

« Voyez ! »

Le paysan gratte la terre sur environ 5 à 6 cm. Même croûte sèche qu'à la surface. Soudain fébrile, il se met à creuser plus profond, descend jusqu'à 50 cm environ. La terre, touchée à mort, offre encore le même aspect de carapace durcie. Cet homme de quarante-cinq ans, buriné, est le chef du village. 40 familles. Sur la place centrale, plusieurs femmes entourent une jeune fille prostrée qui sanglote doucement.

« Son enfant est mort ce matin. Il avait un an. La faim.

— Combien d'enfants en moyenne ?

— Six, sept enfants. Mais si la sécheresse et la famine durent longtemps, on en perd trois, peut-être quatre. »

L'homme a évalué calmement.

« — Maintenant, dans chaque famille, on fait un choix. Comme il n'y a plus de nourriture, les parents décident de réserver le peu qu'il y a à manger à un ou deux de leurs enfants. Ceux qui ont une chance de survivre.

— Et les autres ?

— Ils cherchent dans les campagnes, creusent le sol pour y trouver quelques graines, des racines, ou ne mangent plus. La mort vient vite. »

Colin Clark, l'économiste australien, assurait qu'il suffisait « de cultiver les terres du Tiers-Monde selon les méthodes intensives de l'agriculture hollandaise pour faire disparaître le problème alimentaire ». Mais le Tiers-Monde, largement tropical ou paratropical, n'est pas la Hollande.

Transformée en champ d'expérimentations, la terre du Tiers Monde s'est vengée. Le pacte millénaire avec la nature a été rompu et cette rupture a entraîné dégradation de la fertilité des sols, déforestation, changements négatifs de climats.

Chaque fois qu'un sol est cultivé sous les tropiques, en dehors des quelque 5 % de terres irriguées, il perd une partie de sa mince fertilité, il se dégrade, lessivé par les pluies ou arraché par le ruissellement. Il est érodé.

Le déboisement de la savane et de la grande forêt était autrefois pratiqué au rythme lent des populations pour permettre les cultures.

Onze millions d'hectares sont maintenant détruits chaque année dans la grande forêt. Celle de Côte-d'Ivoire a été réduite de moitié en vingt ans.

En Asie, en Afrique, en Amérique latine, des déserts sont ainsi façonnés et des inondations provoquées lorsque les collines déboisées n'arrêtent plus le ruissellement des pluies.

Partout dans le Tiers-Monde, ravagées par l'eau ou non irriguées, des régions entières deviennent zones de mort, abandonnées par des paysans sans terre qui affluent, quotidiennement, aux portes des métropoles. Djakarta, Lagos, Calcutta, Le Caire, Mexico, Dacca — ces villes énormes, monstrueuses, se gonflent de tous les chômeurs des campagnes désertées.

De toutes les illusions et erreurs du « développe-ment », c'est la plus grave, la plus difficile à réparer.

« Si vous êtes un jour appelé à porter un diagnostic sur le degré de développement d'un pays non industrialisé, disait Josué de Castro qui venait de fonder, à Paris, le Centre international pour le développement, prenez donc la liberté d'interroger le régime alimentaire du Premier Ministre ou du chef d'Etat... Si les menus sont confectionnés sur le mode : caviar Malossol, toast Melba, velouté Victor Hugo, filet de bœuf Wellington, et si les plats du pays ne viennent que comme un divertissement, — alors tremblez. Vous pouvez craindre que le pays ne soit embarqué dans une voie de développement qui ne favorise ni les ressources locales, ni les besoins essentiels des populations ; car de la table du président à celle de ses domestiques, et de ceux-ci à leur famille et à leurs amis, l'orientation sera de rechercher un régime alimentaire « noble ». Chacun au marché voudra faire au moins de temps en temps comme le boy du président. Et c'est ainsi qu'un jour on se bousculera devant les boulangeries pour un peu de pain de froment...

« Si, par contre, à la table du président, même lorsqu'il reçoit des personnalités étrangères, on préfère l'igname à la pomme de terre, si l'on sait faire honneur au maïs, au mil, au manioc, au niébé, alors, oui, les ressources locales sont certainement valorisées et le paysan a quelque chance de participer à un développement qui le concerne vraiment ! »

Donner la priorité absolue à l'agriculture locale, au lieu de la brutaliser ou de la sacrifier aux produits d'exportation et de construire des gratte-ciel, c'est, on le sait aujourd'hui, la seule voie. Non seulement pour lutter contre le fléau de la faim, mais contre le fléau de la ville. De la ville géante, monstrueuse, engorgée, qui dévorera tout si les hommes ne parviennent pas à la dominer.

Les villes enflent de manière continue. Mexico : 9

1. Entretien avec Albert Tévoédjéré. Voir bibliographie.

millions d'habitants. Calcutta : 9 millions. Le Caire : 8,5 millions. Djakarta : 6 millions.

« Au lieu de construire à grands frais des logements et des autoroutes qui servent essentiellement les intérêts des catégories les plus favorisées, il faudrait formuler pour ces villes une politique d'investissement et de règlement propres à encourager le développement des catégories de transports, logements, réseaux d'assainissement et services divers qui répondent à faible coût aux besoins de la majorité des citadins, y compris des plus pauvres », écrit la Banque mondiale.

Certes. En attendant que ce beau programme se réalise, voilà une famille qui vit dans le plus grand bidonville d'Asie du Sud-Est : Tondo, le long de la baie de Manille, capitale des Philippines.

Famille privilégiée : lui a atteint le statut envié d'ouvrier qualifié. Elle est employée dans la même usine de pneumatiques. Ils gagnent ensemble 26 pesos par jour, soit 18 F. Et ils ont dix enfants. La pièce unique où ils sont entassés, ils la paient près de 4 pesos par jour. Plus 4 pesos par jour de transport. Restent 18 pesos.

Selon les estimations officielles, le coût journalier des produits de base nécessaires pour une famille de 6 personnes, dans l'agglomération de Manille, s'élève au minimum à 43 pesos.

Alors ? Cette famille ne se nourrit pas. Elle subsiste. Dès 6 h du matin, des queues se forment devant les porteurs qui acheminent à l'intérieur du camp la seule eau potable. Il faut l'acheter. 25 cents le bidon de 2 litres. Famille privilégiée : elle boit de l'eau potable.

Le Caire — « sol rouge de Libye, sol jaune d'Arabie, sol noir du Delta » — est en voie de clochardisation. Conçue pour 2 millions d'habitants, elle en abrite près de 9 aujourd'hui...

Du vieux Caire, conglomérat de taudis, d'églises et de tombeaux, à Héliopolis, quartier qui se veut résidentiel, la capitale égyptienne présente le visage d'un monde à la dérive.

Rues éventrées, trous béants de chantiers abandonnés, canalisations d'eau éclatées, car elles n'ont pas été changées depuis plus de soixante ans, usage du téléphone quasi impossible d'un quartier à l'autre, car les fils de nombreux circuits ont été rongés par les rats ; tout offre le spectacle d'une profonde dégradation.

La ville, en s'étendant telle une plaque de lèpre, a englouti les fellahs vivant à la périphérie, aujourd'hui privés de terre et travaillant pour des salaires de 3 F par jour dans le décor de soufre des fabriques d'Hélouan. Leurs enfants, dès l'âge de six ans, sont employés neuf heures par jour dans les briquetteries voisines.

Les membres d'une administration pléthorique et sous-payée se déversent dès une heure de l'après-midi dans les rues de la capitale égyptienne, s'accrochant en grappes aux wagons rouillés des lignes de banlieue, victimes de fréquentes collisions ou de déraillements qui n'occupent guère plus de trois lignes dans les journaux, quel que soit le nombre des victimes.

Dans les hôpitaux bondés, on jette les pansements souillés par les fenêtres et les brancardiers empilent les cadavres de malades dans des caves où l'air sec les momifie.

Des immeubles entiers, vétustes ou construits trop négligemment, s'effondrent dans un fracas épouvantable, tuant leurs occupants, obstruant les rues. Là encore, même placidité laconique à la publication des bilans. Comme si ce monde du Caire plein de chaleur humaine s'était depuis longtemps familiarisé avec la présence constante de la mort, au point d'avoir totalement investi un immense cimetière devenu bidonville, où les enfants jouent au milieu des tombes. Les familles sont installées dans les mausolées. Certains partent, le matin, sur des carrioles, enlever à domicile, moyennant deux ou trois piastres, les poubelles d'une capitale qui n'a pas de service de voierie.

Minuit sur Park Street, l'artère commerçante de Calcutta. Au milieu de la rue déserte, une soixantaine d'hommes silencieux tirent d'énormes poutrelles métalliques placées sur un affût et destinées à un chantier. Quatre contremaîtres les encadrent, hurlant leurs ordres : les corps décharnés se tendent, les visages se crispent dans l'effort. Espérance de vie : 30 ans.

Ils travaillent dans le noir. Depuis plusieurs jours, les centrales thermiques qui alimentent la ville sont en panne et le courant est rationné. Trois heures par jour.

Premier signe de la mousson, une pluie violente balaie le trottoir jonché de détritus où dorment, enroulés dans des couvertures, des milliers de sans-abri.

Certains vivent ainsi depuis des années. Mais la plupart sont des paysans ou des ouvriers agricoles chassés de la terre par la sécheresse. Alors, ils ont rejoint Calcutta, les *neuf millions d'habitants de Calcutta* — 30 000 au km², un charnier, un dépotoir humain, une ville à l'agonie — dans l'espoir d'y trouver du travail. Calcutta reste le plus grand centre industriel pour la transformation du jute et regroupe le tiers de l'ensemble de l'industrie mécanique indienne.

Devant la violence de l'averse, un jeune couple allongé au milieu du trottoir tente de s'abriter dans l'embrasure d'une porte. La jeune femme cherche à protéger son bébé. Elle espère encore qu'il survivra.

Quelques jours auparavant, vers 5 h du matin, une femme portant elle aussi un bébé s'est couchée sur les rails du tramway de Lower Circular Road. Pour en finir. La mère et l'enfant ont été décapités.

Un abri, à Calcutta, c'est un luxe. Pour payer sa place dans un slum, il faut travailler. Un slum est un ensemble de bustees. Un bustee est un groupe de huit à dix huttes construites en terre séchée, en bambou ou même en toile de jute. Plusieurs milliers de slums recouvrent la ville qui n'a aucun réseau d'égouts.

Dans les habitations des riches familles de Calcutta, l'eau qui coule au robinet — une demi-heure par jour — est distribuée après traitement. Mais la seule station d'épuration de la ville est vieille de plus d'un siècle.

Les slums de huttes en terre battue qui se sont formés sous le pont d'Howra — le seul reliant les deux rives de la ville, — baignent dans les excréments. D'autres sont installés près d'un réservoir d'eau fétide qui sert à tous les usages domestiques. Là vivent en majorité des journaliers employés dans les manufactures de jute pour 6 à 7 roupies par jour.

Comment payer le loyer ? Il y a l'usurier. Il prête au taux de 12 % par mois. Voici quelques mois, Mukarjee a emprunté, pour payer le pharmacien. Il est rongé par la tuberculose. Il n'a pas pu rembourser.

Il y a encore dix jours, Mukarjee, accroupi au bord du caniveau, y lavait les quelques grains de riz qui composent sa nourriture. Son organisme affaibli a cédé. Hémorragie. Ses camarades ont pu faire appeler une ambulance qui l'a conduit jusqu'à l'entrée d'un hôpital où on a refusé de l'admettre, comme tous ceux qui ne bénéficient ni d'un passe-droit, ni de relations.

Recueilli par l'organisation des sœurs de la Charité, l'ordre fondé il y a plus de quarante ans à Calcutta par sœur Teresa, la religieuse albanaise qui a reçu en 1979 le prix Nobel de la Paix, Mukarjee a été installé au « home for dying destitute ». Une vaste salle en plein cœur de Calcutta où l'on tente, selon mère Teresa, « d'apporter ultime affection et réconfort à ceux qui en furent toujours privés ». Entouré d'une soixantaine d'autres grabataires au corps également supplicié par la faim et les privations, Mukarjee a été placé sous perfusion. Chaque mouvement respiratoire lui arrache un gémissement. Pour la semaine d'existence qui lui reste à vivre.

Mukarjee était une personne. Il était sûr d'avoir une âme.

Améliorer la situation de Calcutta ? « Absolument inutile », répond le Premier Ministre de l'état du Bengale, Joysi Basu. Il complète :

« Si rien n'est fait dans les zones paysannes, les

paysans continueront de quitter leur village. La population de la ville continuera de gonfler. Le peu que l'on aura fait sera aussitôt annulé. »

Ne peut-on rien faire, rien ?

Beau, élégant, courtois, raffiné dans son costume de soie blanche, il esquisse une sorte de sourire :

« Nous disposons de moyens financiers très limités, et il faut donner priorité au développement rural. Le peu d'argent qui nous reste, nous l'employons à aider ceux des taudis. La plupart de nos électeurs y habitent. »

L'Etat du Bengale, dont la capitale régionale est Calcutta, est à direction communiste. Le parti a remporté 236 sièges sur 294 aux dernières élections. Quand le Premier Ministre Basu circule dans les bidonvilles, on le contemple avec respect. Il s'arrête face à un mur immense où un Lénine, drapé dans un drapeau rouge, peint dans le plus pur style réaliste-socialiste, s'adresse à une foule enthousiaste.

« Vous avez pu vous rendre compte, dit-il avec ironie, que nous continuons aussi d'entretenir le culte du camarade Staline, ce qui ne suscite aucune réprobation parmi nos militants. »

Nehru disait à Tito :

« Pour moi, la division essentielle dans le monde actuel n'est pas entre états communistes et anticommunistes ; elle est entre les nations dotées d'une économie industrielle hautement développée et les nations sous-développées qui se débattent pour survivre. »

Et Franz Fanon écrivait en 1960 :

« Nous devons dire et expliquer aux pays capitalistes que le problème fondamental de l'époque contemporaine n'est pas la guerre entre le régime socialiste et eux. Il faut mettre fin à cette « guerre froide » qui ne mène nulle part, arrêter la nucléarisation du monde, investir généreusement et aider techniquement les régions sous-développées. *Le sort du monde dépend de la réponse qui sera donnée à cette question-là.* »

Des esprits lucides ont donc vu, des voix fortes ont

donc prophétisé, très tôt, en quels termes se poserait le problème du siècle. Non pas dans la rivalité militaire Est-Ouest, qui n'a cessé d'obséder et de stériliser les forces créatrices de vie et de progrès, mais sur la frontière entre le Nord et le Sud. Ils n'ont pas été entendus.

Aveugle et sourd à ce qui se passe hors de son orbite, l'univers industriel est resté figé dans ce qui est une véritable guerre civile, celle qui ne cesse de se préparer entre l'Est ou l'Ouest.

Aujourd'hui où apparaît à l'horizon l'imprévisible alliance de l'Opep et du Tiers-Monde, c'est encore la même incrédulité qui l'accueille. On se rassure de sa propre peur par le mépris : « Ils » ne s'entendront pas... Les Arabes eux-mêmes sont-ils jamais restés longtemps unis ? Mais l'organisation s'est formée et tout a été changé.

On dit maintenant : le pétrole, c'est un cas spécial.

Spécial ? Avant le pétrole, il y eut, dans le monde industriel, une autre matière première, beaucoup plus précieuse encore. L'homme. Pour l'industrie : « main-d'œuvre ». Longtemps elle fut soumise, elle aussi, à « la loi du marché ». L'industrie avait besoin de main-d'œuvre, elle embauchait. A un salaire de subsistance. Le marché s'affaiblissait ou se retournait : elle débauchait.

Quand commença la lutte, longue et parfois sanglante, de ceux qui eurent l'idée de « cartelliser » la main-d'œuvre, on l'appela « syndicalisme ». Il prit de la force et les maîtres de l'économie, comme ceux qui l'enseignaient, annoncèrent alors la fin du monde. C'était en fait le début de son expansion.

La matière première humaine cessa d'être entièrement soumise à la loi du marché. Sa fluctuation, son prix, sa protection firent successivement l'objet de contrats, au fur et à mesure que l'industrie se développait. Aujourd'hui encore, les quelques démocraties industrielles qui ont respecté le contrat, qui n'ont pas cherché à profiter de « la crise » pour casser le syndicalisme, sont celles qui restent efficaces.

Le « cartel » de la main-d'œuvre humaine a donc été

le premier, né lui aussi de la révolte. Réputé lui aussi
« irréaliste ».

Soutenu par le cartel du pétrole, celui des matières
premières est donc devant nous.

A quel degré les « développés » en dépendront,
chacun peut en avoir conscience dans le plus quotidien, le plus
banal de la vie. Regardons.

4.

Un rapport secret à Bonn

On peut sans doute se passer de café.

Ce sont peut-être les substituts à base d'orge, d'avoine ou de cacahuètes, que les firmes alimentaires mettent au point, qui composeront demain notre petit déjeuner.

Ce petit déjeuner, accompagné, peut-être, de pain grillé sur le gril d'amiante — *importé* — le prenez-vous avant ou après votre toilette ? Une toilette que vous faites devant un miroir composé d'argent ou d'aluminium — *importés*. Avec un rasoir électrique aux piles de lithium — *importé* — muni d'un fil de cuivre — *importé* — ou avec un rasoir mécanique dont les lames sont faites d'un subtil alliage d'acier, de tungstène et de vanadium — *importés*. Ou en rectifiant votre brushing avec un séchoir à cheveux en acier — *importé*. Tout en écoutant les informations grâce à un transistor dont les piles sont en lithium — *importé*.

Vous sortez, vêtu de laine ou de coton — *importés* — après avoir baissé le chauffage, dont les tuyauteries en cuivre — *importé* — alimentent des radiateurs en nickel ou en chrome — *importés*.

Il pleut. La gouttière de zinc — *importé* — ruisselle. Métro ? Voiture ?

Voiture. Le démarrage est laborieux. Une histoire de

batterie, lithium, manganèse et plomb — *importés* — entourés de plaques d'antimoine — *importé*.

La voiture tousse et démarre. Grâce au catalyseur du pot d'échappement, qui est en platine — *importé* —, les gaz qu'elle produit sont devenus moins polluants. Mais deux conducteurs désinvoltes l'ont si bien coincée qu'il faut manœuvrer, en heurtant plusieurs fois les pare-chocs de chrome — *importé* — pour réussir à dégager le produit de 300 tonnes de minerai de fer brut — *importé* (soit le volume nécessaire pour les véhicules), tout en éraflant la peinture à base de plomb — *importé* — de l'aile droite.

Vous auriez mieux fait de prendre place dans un wagon de métro ou dans un autobus, l'un et l'autre en aluminium — *importé*.

Vous voici enfin dans l'ascenseur, ignifugé à l'antimoine — *importé* —, qui vous mène à l'étage où se trouve le bureau où vous travaillez.

Le téléphone (récepteur aux lames d'aluminium — *importé* — câbles de cuivre — *importé*) fonctionne, mais le ciel est bas, vous y voyez mal pour écrire. Vous allumez l'ampoule dont le filament est de tungstène — *importé* — ou bien des tubes au néon composés de tungstate de magnésium, de silicate de cadmium, de mercure de zinc — *importés*.

Les touches de la machine à écrire et sa boule de caractères sont d'acier — *importé*.

Les papiers sont prêts à être signés avec le stylo à plume d'or — *importé* — et à cartouche de caoutchouc — *importé*; si c'est plutôt un banal stylo à bille, elle est en tungstène ou en vanadium — *importés*...

Cette dent qui vous fait souffrir, il faut vous résigner à la faire soigner. Le dentiste vous fera un plombage à base d'or et de mercure — *importés*. Ce qu'on appelle un amalgame.

Parce que vous êtes un homme aimable, ou une femme pressée, vous vous arrêtez, en rentrant chez vous, devant une épicerie où vous achetez des sardines, du thon ou tout autre boîte de conserve faite de chrome et d'étain —

importés. Les deux tiers de ces importations, en Europe, passent dans la production de boîtes de conserve. Du jus de fruit ? Non, pas en boîte. Vous avez lu que ces boîtes plaquées de cadmium — *importé* — seraient cancérigènes. Dans un journal dont le papier est *importé.*

Pris dans des encombrements, vous pensez que vous devriez vous mettre à la bicyclette plutôt que de brûler de l'essence — on fait de si belles bicyclettes aujourd'hui avec du titane — *importé.*

Vous irez chercher des photos données à développer et vous achèterez des pellicules, à base d'argent — *importé.*

Pendant que le dîner se prépare dans une casserole d'aluminium — *importé* — on met un disque sur une chaîne Hi-Fi, dont la platine est en acier, bronze et aluminium — *importés* — et la pointe de lecture en saphir ou en diamant arrondi — *importés.*

A l'heure des informations, on regarde l'écran de télévision, fait de sulfure de zinc et de cadmium — *importés.*

On apprend qu'une plate-forme de forage en mer du Nord, faite de néobium — *importé* — s'est retournée, engloutissant plusieurs dizaines de techniciens.

Toutes ces matières premières sont présentes à chaque phase, en chaque objet de la vie quotidienne. Comment les citoyens des pays riches sauraient-ils ce que leurs gouvernants commencent à peine à découvrir : que leur emploi, leur niveau de vie, l'essentiel de leur industrie et jusqu'à leur sécurité, sont suspendus, au-delà même de l'évidence, obsédante, du pétrole, à ces matières premières ?

Un rapport sur les conséquences pour l'économie allemande de l'éventuelle pénurie de cinq matières premières a été commandé, il y a deux ans, par le chancelier Schmidt. Ses conclusions sont telles que le gouvernement en a interdit la publication.

Ce rapport chiffre à plusieurs *millions de postes de travail* la perte sèche d'emplois dans la sidérurgie, l'automobile, l'industrie aéronautique et navale si *cinq minerais,* cinq seulement, que l'Allemagne importe d'Afrique australe, lui faisaient brusquement défaut.

Il s'agit du *chrome,* irremplaçable dans la production des aciers spéciaux ; du *molybdène,* pour la fabrication des alliages réfractaires utilisés dans la construction des réacteurs d'avion ; du *vanadium,* essentiel pour le gainage des barres de combustibles nucléaires ; de l'*amiante,* matériau d'isolation pour les vaisseaux spatiaux mais aussi pour les sabots de freins, les housses de batterie, les canalisations de pétrole ; et du *manganèse* utilisé en métallurgie pour tous les alliages d'aluminium.

Le même rapport estime qu'une réduction de 30 % des importations de *chrome,* pendant une année, provoquerait, en paralysant les activités qui en consomment, une chute de 25 % du PNB.

A la suite de ce rapport, le gouvernement fédéral a décidé, en juin 1979, qu'il fallait porter à un an les stocks de fournitures des matières citées. Stocks constitués par le secteur privé, avec l'aide de fonds publics. La Bundesbank a accepté d'engager 1,5 milliard de dollars dans cette opération d'assurance-vie.

L'arrêt de fourniture de *manganèse* par un seul des cinq pays producteurs — le Gabon, l'Afrique du Sud, l'Australie, l'Inde, le Brésil — créerait « des troubles majeurs pour l'économie occidentale », indique un autre rapport commandé par le gouvernement britannique à la demande du ministre de l'Industrie.

L'univers industriel est en train de découvrir que sa survie dépend du Tiers-Monde autant que celle du Tiers-Monde dépend de lui. Ce Tiers-Monde qui lui a fourni les moyens matériels de l'expansion sans précédent qui fut la sienne dans le troisième quart du siècle, et dont il n'a pas su partager les fruits. Pendant que son niveau de vie doublait, que son revenu moyen par habitant augmentait de 100 %, celui du Tiers-Monde augmentait de 3 dollars par an et par habitant. Trois dollars, 12 francs par an.

5.
Clarté à Brioni

La décolonisation, la fin des empires n'ont pas appauvri l'Europe. Elles l'ont enrichie.

« Quand nous entendons un chef d'état européen déclarer la main sur le cœur qu'il lui faut venir en aide aux malheureux peuples sous-développés, nous ne tremblons pas de reconnaissance, écrivait Franz Fanon. Nous nous disons : c'est une juste réparation qui va nous être faite. »

Mais il n'y a pas eu réparation. Fanon ajoutait que si, « par inintelligence », les pays colonisateurs ne l'accomplissaient pas, « la dialectique implacable de leur propre système se chargerait de les asphyxier ». Nous y sommes.

Comment ne l'a-t-on pas compris avant ?

Maintenant, il le faut, sous peine d'être tout à fait inapte à saisir la chance, ultime cette fois, mais réelle, qui va se présenter de s'entendre avec « les autres ».

Il y a eu, à chaque époque, et il y a aujourd'hui d'authentiques leaders dans le Tiers-Monde. L'Occident n'a jamais su voir en eux des égaux, souvent des esprits supérieurs — à reconnaître. Mais encore et toujours d'arrogants « va-nu-pieds », à déloger.

Ainsi en sera-t-il encore un an après Bandung.

La transaction conclue par l'intermédiaire de Chou

en-Laï entre Nasser et les Soviétiques a abouti. Nasser recevra de Tchécoslovaquie les armes que l'Occident lui refuse.

Dès qu'il l'apprend, le secrétaire d'Etat Foster Dulles envoie son adjoint direct, Kermit Roosevelt, au Caire, chargé d'un message pour Nasser. Si l'Egypte maintient sa transaction, les Etats-Unis appliqueront les mesures de rétorsion suivantes : interruption de l'aide technique et économique, rupture des relations diplomatiques, interception éventuelle en haute mer des navires convoyant les armes.

Or, le grand projet de Nasser, son ambition dominante à l'époque, ce n'est pas la guerre, bien au contraire : mais la construction du plus grand ouvrage de développement économique du Moyen-Orient — le barrage d'Assouan. Il s'agit de détourner les eaux du Nil. Estimation : 500 millions de dollars.

Les Etats-Unis avaient annoncé qu'ils mettraient sans condition 54 millions de dollars à la disposition de l'Egypte pour engager la première tranche de travaux. Londres ajoutera 16 millions. Le président de la Banque mondiale propose de son côté un prêt de 200 millions de dollars à 3,5 %, remboursable en vingt ans.

Tito, Nehru et Nasser passent quelques jours ensemble, cet été-là, dans l'île de Brioni, résidence de Tito. C'est la première fois qu'ils sont réunis tous les trois. Le barrage d'Assouan est au centre de leurs discussions sur l'avenir et le développement.

Nehru arrive le dernier. Intrigué de voir à l'aéroport local de Pola un groupe de journalistes, il lance : « Ce n'est qu'une réunion d'amitié, pas une conférence. »

Tito éclate de rire : « Pourquoi essayez-vous de minimiser l'importance de notre réunion ? »

Mais Nehru n'est pas à l'aise. « Ils parlent de nous comme si nous voulions former un nouveau bloc alors que, justement, notre mission commune est d'être contre les blocs ! »

Nasser paraît inquiet au sujet du barrage d'Assouan. « Moi, dit Tito, j'ai sept problèmes à résoudre : j'ai un état qui utilise deux alphabets, le latin et le cyrillique; qui parle trois langues : le serbe, le croate et le slovéno-macédonien; qui pratique quatre religions : l'Islam, le christianisme orthodoxe, le catholicisme et le judaïsme; qui rassemble des gens appartenant à cinq nationalités : les Slovènes, les Croates, les Serbes, les Monténégrins et les Macédoniens, formant six républiques. Et nous avons sept voisins. »

La conversation, entre eux, se noue aisément : ils constatent que, venus de trois univers différents, ils voient le même horizon et rencontrent les mêmes difficultés sur le chemin de l'avenir.

Blocage Est-Ouest : il faut desserrer l'étau. Ne pas être embrigadé, ne pas être « aligné ». Ignorance et mépris du monde industrialisé envers les masses sous-développées : il faut abattre ce mur.

Ce que l'on découvrira en 80, sous le choc de la crise mondiale — et pas avant —, ils en sont déjà obsédés par l'effet de leur seule réflexion, vingt-cinq ans auparavant. Ce n'est pas la moindre leçon...

Tito lit à Nasser et à Nehru les messages de félicitations qu'il a reçus de tous les points du monde au sujet de leur rencontre. Il agite l'un d'eux :

« Celui-ci m'a été envoyé par un homme qui veut venir prendre part à notre discussion. Je ne vous dis pas son nom, je veux voir la réaction du président Nasser. »

Il lui tend la lettre; son signataire demande au maréchal Tito de servir de médiateur dans le conflit israélo-arabe. Il est prêt à venir en avion à Brioni et à se joindre au groupe des non-alignés. C'est le Premier Ministre d'Israël, David Ben Gourion.

Nasser : « Tiens, décidément, notre réunion n'est pas ordinaire... »

Ben Gourion et ses amis travaillistes israéliens alors au pouvoir le voulaient sincèrement, ardemment : ne pas être des pions dans la lutte Est-Ouest, développer leur pays au milieu des Arabes et avec eux. Nous verrons qui les a détournés de cette mission pour les entraîner dans la guerre.

A Brioni, comme partout, Tito vit dans le faste. Il aime emmener ses visiteurs à Vanga, petite île située juste derrière sa villa, qu'il a peuplée de mammifères, d'oiseaux et où il a remis en liberté les singes offerts par Nehru. Ses caves y sont également installées. Amateur de grands vins, il en offre volontiers tandis que se poursuivent les discussions autour de la table du cellier.

Tito est admirablement renseigné sur tout ce qui se passe dans le bloc soviétique. Nehru et Nasser apprécient la manière dont il rassemble et analyse les informations dont il prendra l'habitude de leur envoyer copie lorsqu'elles présentent pour eux de l'intérêt. Il écrivait en marge : « Lecture intéressante », et paraphait.

Tito entretiendra toujours un système d'information sur le Vatican, relais politique et diplomatique qu'il jugeait important pour obtenir des renseignements de première main sur l'Occident.

Au terme du séjour à Brioni, les trois dirigeants arrivent à une conclusion commune qu'ils co-signent : le concept ébauché à Bandung est affiné, ils parlent désormais de « neutralisme positif ». Telle est, et restera, leur politique. Elle signifie en fait : *développement d'abord.*

Il faut relire aujourd'hui ce qu'ils ont rédigé ensemble à Brioni :

« La coexistence pacifique a été élaborée afin de réglementer les relations entre les deux géants qui dépensent chacun des milliards afin de se doter de bombes, de fusées balistiques, de satellites. Ces nations sont des nations industrialisées, avancées. Le neutralisme positif, lui, va s'appliquer à la politique des pays prolétaires : le développement. »

On voit là un « grand dessein » prendre naissance. Il va être perverti par « les deux géants » enivrés de leur duel. En particulier Khrouchtchev et Dulles. Le mouvement né à Brioni leur paraît détestable, à l'un comme à l'autre. Ils vont s'affronter aussitôt autour de celui qui leur paraît le plus vulnérable, au point le plus sensible : Nasser, au cœur du Moyen-Orient.

Tandis que Nasser fait ses adieux à Tito, l'ambassadeur d'Egypte à Washington est convoqué par Foster Dulles.

« Monsieur l'ambassadeur, déclare le secrétaire d'Etat, nous ne vous aiderons pas en ce qui concerne le barrage, et nous allons publier une déclaration pour le faire savoir. »

Il lit au diplomate non prévenu, stupéfait, une déclaration qui a été remise à la presse : l'aide américaine ne sera pas accordée parce que « l'économie égyptienne n'est pas en état de supporter un tel projet ».

Et il conclut : « Nous croyons que quiconque construira ce barrage s'attirera la haine du peuple égyptien car ce fardeau sera écrasant pour lui... Surtout s'ajoutant à des achats d'armes ! »

Nasser est avec Nehru, dans l'avion égyptien qui le ramène de Brioni au Caire où le dernier compte rester quelques jours.

L'officier de liaison surgit du cockpit avec un message radio. C'est la déclaration de Foster Dulles. Nasser la lit. Puis, s'excusant auprès de Nehru, sans lui dire ce que contient le message, il se lève pour le montrer à Heikal qui l'accompagne : « Ceci n'est pas un simple retrait. C'est une attaque contre le régime. On exhorte le peuple d'Egypte à le renverser. »

Il s'assied à l'écart et reste silencieux un quart d'heure.

Puis il se lève et rejoint Nehru, pour l'informer. Nehru lit attentivement. « Ces gens, dit-il, comme ils sont arrogants » !

Ils n'ont pas d'autre discussion pour l'instant. Le premier coup qui vient frapper leur entreprise exige une réflexion attentive. Le sort de « tous les pays prolétaires » est en jeu.

Il est minuit environ lorsque l'avion se pose sur l'aéroport du Caire. L'ensemble du corps diplomatique, y compris l'ambassadeur des Etats-Unis, est venu accueillir le Raïs. Nasser salue, n'a rien à dire, et gagne son domicile au volant de sa voiture.

Le jour suivant, Nehru abrège sa visite et repart. Entre 10 et 11 h du matin, Nasser rédige sa réplique : il nationalisera le canal de Suez. Il ajoute qu'il emploiera les revenus du canal à la construction du barrage d'Assouan ; l'Egypte ne devra rien à personne.

Avant de rendre sa décision publique, il se renseigne : quel est l'état exact des forces britanniques à Chypre, à Malte, en Libye, à Athènes ? Si ces forces sont assez nombreuses et entraînées, les Britanniques vont tenter une intervention militaire immédiate, juge-t-il.

Le lendemain, il en sait assez pour être convaincu que les Anglais ne disposent pas de forces armées suffisantes, dans la zone, pour envahir l'Egypte, qu'il leur faudra deux mois pour les rassembler.

« Un mois, c'est tout ce qu'il me faut », conclut Nasser.

Ses collaborateurs s'inquiètent de l'éventualité d'une intervention militaire française. « Non, dit-il, ils ont assez à faire en Algérie. S'il faut deux mois aux Anglais, il en faudrait bien autant aux Français. »

Il avait prévu de prononcer le lendemain un discours à Alexandrie pour commémorer le départ d'Egypte du roi Farouk. Il maintient la cérémonie. Mais ce sera pour prononcer un tout autre discours.

Il charge un commando de se rendre à Ismaïlia et d'écouter son discours à la radio. Quand il prononcera le nom de « Ferdinand de Lesseps », bâtisseur français du canal, le commando saura qu'il doit passer à l'action.

Face à une foule énorme de 250 000 personnes massées sur la place de la Libération d'Alexandrie, Nasser prend la parole.

Pour la première fois, cet homme ombrageux et

timide trouve le ton. A travers sa colère, il a découvert comment parler à une foule.

Il la berce, la fait rire, en racontant ses démêlés avec les diplomates américains, avec « ce monsieur qui lui rappelle, dit-il, Ferdinand de Lesseps ». C'est le mot code. Il sait que l'action commence.

Il reprend : « A l'heure même où je vous parle, le journal officiel publie la loi nationalisant la Compagnie de Suez... » Et il lance : « C'est le canal qui paiera pour le barrage ! Aujourd'hui, au nom du peuple, je prends le canal ! Ce soir, ce soir même, notre canal sera égyptien, dirigé par des Egyptiens ! »

Un délire d'enthousiasme, d'acclamations, de joie, l'accueille. Pour Nasser, c'est le sacre. Le canal, aux yeux du peuple, est le plus haut symbole de la domination coloniale. Des milliers d'Egyptiens sont morts en le creusant. La Compagnie de Suez est restée, après l'indépendance, un état dans l'état, avec, même, son propre drapeau.

Le commando, déclenché au nom de Lesseps, s'est emparé des installations tandis que la police occupait, au Caire, les bureaux de la Compagnie de Suez.

6.
Complot à Paris

Ce qui commence alors, après la nationalisation du canal de Suez, c'est l'une des dernières expéditions militaires de l'Occident contre les peuples du Tiers-Monde pour tenter de se maintenir par la force. Elle se terminera par un fiasco.

La dernière sera celle des Etats-Unis au Vietnam, qui échouera à son tour, avec les mêmes conséquences. Ce sera alors la fin d'une longue époque de domination, d'ignorance et d'illusions.

Nasser avait le droit de considérer le fameux canal comme propriété égyptienne. Au demeurant, il dédommagera très convenablement la Compagnie du Canal qui, sur cette fortune, reconstruira un empire bancaire florissant. Quant au grand ouvrage de Lesseps, bloqué, il obligera à la construction de super-tankers de 300 000 et 500 000 tonnes, nécessaires pour véhiculer le pétrole à travers les océans. Quand le canal sera remis en état, il sera trop étroit pour ces bateaux géants.

Mais Nasser, dans l'immédiat, a mal évalué les risques militaires. Il a surtout mal apprécié la passion, la fureur qu'il a déchaînées — à Londres comme à Paris.

Deux hommes d'état, Churchill à Londres, Mendès France à Paris, ont été remplacés, à la tête de leur gouvernement, par des hommes de bonne volonté mais sans vision mondiale. Des politiciens nationalistes qui vivent timidement dans le sillage de leurs grands prédécesseurs. Leur amour-propre blessé va les conduire à commettre l'irréparable.

Anthony Eden considère qu'avec « le canal de Suez, c'est l'empire britannique » — c'est son drapeau, sa présence dans le monde, son avenir sur les mers, son prestige, qui sont en jeu. Il faut tout tenter pour le reprendre à « ce bandit de Nasser ».

Guy Mollet, Président du Conseil à Paris, chef du parti socialiste, est aux prises avec la rebellion du peuple algérien contre une colonisation française qui dure depuis plus d'un siècle. Personne dans la classe dirigeante n'a pris cette révolte au sérieux, à ses débuts, en novembre 1954.

De mois en mois, malgré l'envoi de troupes de plus en plus nombreuses, et finalement de toute la jeunesse sous les drapeaux pour « garder l'Algérie à la France », la rebellion s'est étendue. Dans la capitale même, Alger, les attentats se multiplient. Dans les deux autres villes principales, Oran à l'ouest, vers le Maroc, Constantine à l'est, vers la Tunisie et la Libye, la terreur commence aussi à régner. Dans les campagnes, les djebels, et vers le Sahara, les routes sont interdites à toute circulation dès le coucher du soleil.

Guy Mollet n'a aucune politique à proposer aux Algériens, mais refuse de « reconnaître » les leaders de la rebellion : « On ne parle pas avec des tueurs — l'Algérie c'est la France ». Craignant, parce qu'il est socialiste, de ne pas être considéré comme assez « patriote », il se prend pour un chef de guerre. On ne parle pas. On frappe.

Bientôt l'armée française en Algérie compte un million d'hommes. Mais plus elle est nombreuse, plus les rebelles voient la population algérienne les protéger, les encourager, les rejoindre.

Et plus elle est nombreuse, plus les guérilleros algériens, comme, plus tard, les Vietnamiens, s'arment directement en volant chaque fusil, chaque mitrailleuse, au corps expéditionnaire. Le gouvernement socialiste commence à s'affoler.

C'est dans ces conditions que le rapprochement se fait avec l'autre gouvernement humilié, celui de Londres, après la prise du canal de Suez.

Anthony Eden, conservateur, ne veut pas, lui non plus, être jugé moins soucieux que ses illustres prédécesseurs de la grandeur de l'Empire. Le canal est tout ce qu'il en reste.

Eden et Mollet se rencontrent en secret et décident d'entreprendre une action punitive contre Nasser.

Mollet juge que la « rebellion algérienne » s'effondrera si elle n'est plus soutenue de l'étranger, c'est-à-dire par l'Egypte. Il est satisfait de rencontrer la même détermination chez Eden. Reste à trouver les moyens d'une victoire sur le terrain. Car ils ne les ont pas. Les moyens militaires conjugués de l'Angleterre et de la France peuvent assurer les attaques aériennes et un blocus naval contre une défense égyptienne très inférieure. Mais quelles troupes au sol pourront envahir un pays aussi vaste et peuplé que l'Egypte ?

De cette lacune dans le dispositif européen contre la première puissance arabe de l'époque, va sortir l'idée la plus funeste, la plus irréfléchie, qui ne cessera plus d'avoir des conséquences en chaîne : envoyer à l'assaut l'armée d'Israël.

Il faut bien se rendre compte de ce que signifie cette décision, à l'époque où elle est évoquée, en 1956.

Jamais, depuis la création d'Israël en 1947 par l'immense majorité de l'ONU, jamais la petite mais moderne armée israélienne, bâtie méthodiquement par Ben Gourion et son premier adjoint, Shimon Peres, n'est sortie de ses frontières. C'est une armée purement défensive, flexible, motorisée pour protéger des frontières extrêmement vulnérables, mais dont Israël n'avait jamais envisagé qu'elle soit un instrument de conquête.

Les Israéliens sont entièrement occupés à faire, du désert qui leur a été alloué, un pays qui puisse les nourrir, puis à se moderniser pour produire. Toutes leurs forces y sont consacrées. Et ils y parviennent. En sécurité.

C'est alors que le chef du gouvernement, Ben Gourion, est convié, en grand secret, dans un hangar désaffecté près de Paris, par Guy Mollet et Anthony Eden.

Un marché lui est proposé : si l'armée d'Israël se joint à la coalition franco-britannique et fonce sur le canal de Suez, elle sera protégée par l'aviation des deux pays, appuyée par leurs parachutistes. Et Ben Gourion sera ainsi « débarrassé du seul leader politique arabe qui représente un danger pour Israël », dit Eden. Il pourra aussi étendre son territoire très largement sur la terre égyptienne, le désert du Sinaï, dont « les Egyptiens incapables n'ont jamais rien su faire », ajoute Guy Mollet.

Le leader israélien est à la fois stupéfait et embarrassé.

Il n'imaginait pas l'Europe dans un pareil état de panique et d'agressivité contre l'Egypte. Il croyait la page du « militarisme colonial » définitivement tournée par les capitales des deux anciens empires.

Enfin, il n'a pas l'occasion de réfléchir aux conséquences ultérieures, pour la paix d'Israël, d'un acte d'agression au sein d'une pareille coalition.

Il demande aussi à ses interlocuteurs quelle sera l'attitude de l'Amérique. Eden et Mollet lui garantissent que, depuis la rupture publique entre Dulles et Nasser, l'Amérique n'attend que la chute du leader arabe. Selon eux, il n'y a pas de doute : si l'opération est déclenchée, l'Amérique ne bougera pas. D'ailleurs, c'est une affaire de quelques jours au plus. L'Egypte s'effondrera.

L'accord se fait ainsi sur une série de malentendus et dans un climat passionnel. De retour à Tel-Aviv, Ben Gourion a du mal à expliquer à son gouvernement tout ce qu'il a entendu. Mais ce qu'il en conserve clairement à l'esprit, c'est la volonté de l'Occident de se débarrasser de Nasser à tout prix.

Pour Israël, n'est-ce pas l'occasion unique, et pour

ainsi dire obligatoire, de rendre service à ses protecteurs et alliés, et d'améliorer ainsi sa sécurité ?...

L'opération est déclenchée. L'aviation britannique bombarde, les parachutistes français sautent, les divisions israéliennes foncent vers le canal. Les défenses égyptiennes sont enfoncées. Mais si Nasser s'est trompé dans son évaluation du rapport des forces au sol, les leaders anglais et français se sont trompés plus gravement encore sur le rapport des forces dans le monde.

En moins de deux jours, et avant même que Moscou réagisse, Washington va tout arrêter.

Un ultimatum du président Eisenhower est transmis à Londres et à Paris par son chef d'état-major : les Français et les Anglais ont vingt-quatre heures pour déclarer un cessez-le-feu, puis commencer à se retirer d'Egypte.

Comme les heures passent, Eisenhower prend, cette fois, directement son téléphone pour s'adresser au Premier britannique : « Anthony, qu'est-ce qui vous prend ? Etes-vous fou ? Je veux que vous arrêtiez cette aventure absurde immédiatement. Sinon, c'est l'armée américaine qui ira au secours de Nasser. Veuillez transmettre à votre collègue à Paris. Nous le ferons savoir nous-mêmes au gouvernement israélien ».

Le lendemain, tout s'arrête. Nasser est sauvé par l'ordre américain.

Le monde entier contemple le spectacle de ces deux très vieilles et glorieuses puissances européennes, l'Angleterre et la France, saisies de fureur nationaliste, presque raciste, puis mises à genoux, en quelques heures, par leur protecteur américain. Terrible moment pour l'Europe.

Drame historique pour Israël, entraîné dans une aventure militaire qui transforme sa physionomie, sa situation, son avenir au sein de l'univers arabe.

Mollet et Eden viennent de porter à la petite et valeureuse nation hébraïque le coup le plus bas : ils forgent l'image d'une « base militaire avancée » de l'Occident impérial au cœur du Moyen-Orient.

L'Angleterre a perdu ses dernières positions dans l'univers arabe et dans l'empire du pétrole au profit de l'Amérique qui brille de tous les feux de l'intervention pacificatrice d'Eisenhower, comme d'un renouveau rooseveltien.

La France est sur la voie, lente mais inexorable, de la défaite dans toute l'Afrique du Nord. L'aventure militaire algérienne entraînera la chute de la république parlementaire, à Paris, sous la menace des généraux du corps expéditionnaire, et le retour du général de Gaulle, quittant son village de Colombey, où il vit depuis douze ans, silencieux et oublié, pour reprendre le pouvoir à la République agonisante.

Nasser, sauvé par l'aveuglement européen, joue alors son grand jeu : il se permet, tout en remerciant d'un côté Eisenhower, de se tourner vers l'URSS pour relancer avec elle le grand projet du barrage d'Assouan.

Khrouchtchev l'inaugurera huit ans plus tard. L'URSS a fourni les ingénieurs et l'argent. Que les leaders communistes égyptiens soient en prison ne la préoccupe pas outre mesure.

Enfin, de l'épreuve de Suez, Nasser est sorti avec une popularité immense dont l'écho retentit à travers tout le monde arabe. La plupart des leaders nationalistes égyptiens n'ont cru, selon leurs propres termes, « ni dans les Arabes, ni dans l'arabisme », et ont oscillé entre une politique d'Egypte égyptienne et une politique arabiste. Le coup de Suez a tout changé.

Suez a fait du « Raïs » égyptien le héraut des masses arabes qui ont en commun, par-delà la langue, « l'humiliation vécue des peuples colonisés, forgés dans un même creuset par les injustices ».

L'arabisme, s'emparant de lui autant qu'il s'en empare, va désormais fonder sa stratégie. Dynastique ou révolutionnaire, travaillé de rivalités et de turbulences, l'arabisme, jusque-là terrain de manœuvres des empires extérieurs, entre sur la scène mondiale. Il n'en sortira plus.

La lutte pour le pétrole est sur le point de commencer.

Le directeur du « Centre arabe d'études pétrolières », le Syrien Nicolas Sarkis, militant de l'arabisme, raconte en 1980 :

« Dans mon village natal, en Syrie, nous vivions à quelques mètres de l'oléoduc de l'Iraq Petroleum Company. Enfant, je voyais cette richesse jaillir de la terre pour se faufiler dans les pipelines vers les ports d'exportation, tandis qu'à la maison et à l'école, nous devions endurer le froid. Ce froid, je l'ai encore dans les veines.

« Ma mère se levait à l'aube pour gratter le gel accumulé pendant la nuit devant la porte et sur l'escalier, et pour essayer de chauffer un peu la maison avant notre réveil, avec du bois quand nous pouvions acheter du bois. Le pétrole n'était pas pour nous. »

Nicolas Sarkis a joué un rôle-clé dans les nationalisations opérées par l'Irak, l'Algérie, la Libye, au cours des années 70. Il est l'un de ces hommes marqués par la frustration et l'humiliation, qui ont surgi dans les pays arabes, plus durs et plus intransigeants que les dirigeants, lesquels les ont parfois écartés ou exilés, comme Tariki lui-même, le Saoudien qui fonda l'Opep avant d'être remplacé, sur ordre du roi Fayçal, par un stratège plus patient.

Sarkis, plongé dans ses souvenirs — fiasco européen à Suez et erreur bornée du président d'Esso dans la salle de son conseil, qui favorisèrent les conditions de l'avènement du pouvoir arabe et du pouvoir pétrolier au cœur du Tiers-Monde — poursuit :

« Les compagnies entretenaient une véritable terreur intellectuelle au sujet du pétrole. Aux cinq premiers congrès arabes du pétrole, réunis au Caire, à Beyrouth, et à Alexandrie entre 1959 et 1965, la quasi-totalité des communications étaient présentées par les compagnies concessionnaires et n'avaient d'autre objet que de démontrer que les Arabes auraient tout intérêt à ne pas se mêler de l'activité pétrolière. Les compagnies poussaient le zèle jusqu'à penser pour les Arabes : le Coran et l'Evangile étaient invoqués par les compagnies pour justifier ce qu'elles appelaient le « caractère sacré » des contrats de concession. L'Aramco avait même recours au service d'un juriste arabe pour démontrer que la modification de ces contrats serait contraire « à la parole donnée » selon l'Islam. Les rares délégués arabes qui osaient élever la voix pour protester et suggérer le développement du raffinage local ou la modification de la fiscalité étaient violemment pris à partie, humiliés et ridiculisés par les représentants des compagnies. »

Cette farce marquait le commencement de la fin.

7.

Punition de l'Inde

Humiliés : c'est le maître mot.

« Avec nos siècles de civilisation, avec ce que nous avons apporté à la race humaine, tout ce que nous avons obtenu de l'Occident, c'est qu'il nous humilie », dit Chou en-Laï à Nasser et à Nehru qu'il voit pour la dernière fois.

Chou en-Laï a passé l'après-midi au fabuleux musée du Caire et, le soir, grillant cigarette sur cigarette, sur la terrasse de la maison de Nasser, il devise, à l'hiver de 1961, avec ses deux amis, sur les civilisations asiatiques, leur avenir.

A l'amertume de son ton, rare chez cet homme qui se livre peu, répond en écho la voix lasse du leader indien :

« La première bombe nucléaire a explosé sur le sol asiatique. Le premier homme mort des suites d'une expérience de la bombe thermo-nucléaire à hydrogène était un Asiatique. Je me suis souvent demandé si on aurait osé utiliser ces méthodes contre des blancs. »

Nehru a encore trois années à vivre mais il est physiquement épuisé et ne cherche plus à le dissimuler. Il souffre avec son peuple, comme lui. La misère physique et la détresse morale ne font qu'un. Pour l'Inde, pour lui.

Le « non-alignement » l'a conduit à refuser de rallier

les alliances militaires. Il est suspect. Les pays occidentaux, membres du consortium d'aide à l'Inde, vont le « punir ».

Au printemps 62, leurs représentants réunis à Paris décident de réduire les sommes allouées au IIIe Plan de développement de l'Inde.

Le gouvernement américain, quant à lui, pose ses conditions : un rapprochement indo-pakistanais, seul moyen à ses yeux d'élaborer une organisation militaire de la péninsule.

Le Pakistan est alors ce pays né de l'éclatement de l'Inde lors de l'indépendance et étrangement composé de deux parties situées de part et d'autre de l'Inde, l'une à l'Ouest (l'actuel Pakistan), l'autre à l'Est (l'actuel Bengla Desh).

En même temps, l'idylle avec la Chine se brise sous la pression de l'URSS. Le non-alignement de l'Inde est soudain qualifié par Moscou d'inféodation à « l'impérialisme » et la Chine procède à une brève opération militaire sur la frontière, qui prend les Indiens par surprise.

Nehru sollicite l'aide des Etats-Unis. Aide refusée par le Département d'Etat pour le punir de ses velléités d'indépendance.

« Kennedy aurait peut-être changé de politique », dit Chester Bowles, ancien ambassadeur en Inde, « mais il a été enterré le jour même où devait avoir lieu un conseil sur ce sujet. Nous avions une chance de nous rapprocher de l'Inde ; nous l'avons laissé passer. Les Etats-Unis n'ont eu aucune politique envers le Tiers-Monde, notamment en Asie. Seulement une série de réactions à des crises. »

Une jeune femme vit ces heures d'angoisse et de déception aux côtés de Nehru : sa fille Indira. Elle ne les oubliera jamais.

La crise qui éclate en 1965, c'est la guerre indo-pakistanaise. Nehru a disparu, désabusé, brisé « comme s'il s'était rompu les os dans l'Himalaya ».

« Gandhi m'avait choisi pour faire entrer l'Inde dans le xxe siècle. J'ai échoué », dit-il avant de mourir.

Les Soviétiques offrent de jouer les bons offices entre Indiens et Pakistanais, qui se rencontrent à Tachkent et signent l'armistice. Quelques heures plus tard, le discret successeur de Nehru, Lal Bahadur Chastrin, meurt d'une crise cardiaque.

Les Américains ont choisi de punir l'Inde et de suspendre toute aide économique. Au milieu de la pire sécheresse du siècle.

C'est ainsi, au plus noir de l'histoire de son pays, qu'Indira Gandhi devient Premier Ministre et vit ce qu'elle appellera « le lâchage américain et le cynisme qui a présidé à une telle décision ». Si seulement c'était du cynisme... L'Amérique n'est pas cynique. Pas plus que ses alliés européens, elle ne parvient à comprendre que l'ennemi, dans le monde de la faim, ce n'est pas le communisme — c'est la faim.

Nulle part le crédit de l'Occident n'était plus grand qu'en Inde au début du règne de Nehru.

Comme tous les Indiens de haute caste, Indira Gandhi a reçu, elle aussi, une éducation européenne ; mais elle n'a ni pour l'Europe, ni pour l'Occident, cet attachement quasi-charnel qui fut celui de son père.

Les escarmouches frontalières se multiplient. Indira Ganchi entreprend une tournée des capitales occidentales : elle n'obtient même pas la promesse d'une aide purement humanitaire. Seulement une recommandation : trouver une solution pacifique « qui préserve le statu quo en Asie méridionale ».

Cette solution pacifique ne fait l'objet d'aucune initiative de la part des puissances occidentales : aucune aide économique n'est accordée à l'Inde.

Alors c'est par les armes, et singulièrement les armes fournies par Moscou, qu'Indira Gandhi va prendre le Bengale. Elle dépose ainsi le fardeau des réfugiés.

Pour tenter de faire pression sur l'Inde, les Etats-Unis envoient une partie de leur flotte, dont le porte-avion « Enterprise », dans la baie du Bengale. Quatorze jours plus tard, les troupes indiennes pénètrent à Dacca où l'armée pakistanaise capitule. Un pacte « d'amitié et d'assistance » est signé, pour vingt ans, entre l'Inde et l'URSS.

Que les Occidentaux se souviennent, avant de se dire et de proclamer que ces miséreux du Tiers-Monde sont bien irresponsables ; que, véritablement, il n'est pas raisonnable d'ajouter à leur misère les horreurs de la guerre, des coups d'Etat... Qu'ils se souviennent simplement de leur propre histoire, celle de chacun des pays d'Europe, et de leur histoire commune qui a fait de leur sol le plus sanglant du monde au mètre carré.

8.

Le cri de McNamara

C'est au journaliste américain Walter Lippman que Khrouchtchev exprime d'une simple formule ce qu'il pense des non-alignés : « Il n'y a pas de neutre, ça ne peut pas et ça ne doit pas exister. »

Dix ans plus tard, les « neutres » seront tout de même devenus quatre-vingts au troisième sommet des non-alignés réuni en 1970 à Lusaka, capitale de la Zambie. Mais ce ne sont plus les mêmes hommes qui vont tenir des propos d'une virulence jusque-là inouïe. Les leaders « charismatiques » s'appellent maintenant Boumedienne, Kadhafi, Fidel Castro.

A Belgrade, le jeune « lider maximo » de Cuba disait : « Le capitalisme peut faire mourir l'homme de faim mais le communisme peut aussi le tuer en supprimant la liberté. » Comment est-il devenu proconsul soviétique dans les Caraïbes ?

Un sénateur américain encore peu connu décrit en termes forts le processus : « Nous avons refusé d'aider Cuba à satisfaire son besoin désespéré de progrès économique ; nous avons employé l'influence de notre gouvernement à servir les intérêts et à augmenter les profits des sociétés américaines privées qui dominaient l'économie de l'île ; les porte-parole du gouvernement ont publiquement salué Batista comme un allié loyal et un bon ami, à un moment où Batista massacrait des milliers de gens, détruisait les derniers vestiges de la liberté et volait des centaines de millions de dollars au peuple cubain. C'est donc notre propre politique, non celle de Castro, qui a commencé, la première, à dresser notre ancien voisin contre nous. »

Ce sénateur s'appelait John Kennedy.

La deuxième « décennie du développement » s'achève : le Tiers-Monde représente toujours moins de 10 % de la production mondiale.

Entre 1960 et 1970, il y a eu cependant un nouveau rendez-vous entre l'Occident et le Tiers-Monde : la première conférence pour le Développement, réunie en 1964 par l'ONU. Là, du plus pauvre des pays africains aux pays semi-industrialisés d'Amérique latine, de la Haute-Volta au Mexique, les non-alignés ont fait front pour demander que les conditions du commerce international s'établissent sur une base plus équitable. C'est la première fois que se manifeste l'affrontement Nord-Sud. La première fois qu'est énoncée la revendication d'un « nouvel ordre du monde ». On ne cessera plus de l'entendre.

L'Occident y répond par une fin de non-recevoir. Et ses propres prix augmentent au rythme de son inflation ; mais jamais ceux de ses fournisseurs. Ainsi, en 1960, la Malaisie pouvait acheter une jeep avec quatre tonnes de caoutchouc ; il lui en faut dix en 1970.

En 1954, les pays producteurs de café devaient donner 14 sacs pour une jeep ; huit ans après, 32 sacs. Tel est, et pour longtemps encore, « l'ordre du monde »... Jusqu'à quand ? Les pays pauvres s'épuisent à fournir les matières brutes pour acheter *de plus en plus cher* les produits transformés, et jusqu'aux produits alimentaires de base dont la culture est remplacée chez eux par celle de produits exportables.

Dans certaines zones de Java, la population est virtuellement forcée de donner, au travail dans les plantations de thé ou de caoutchouc, priorité sur la satisfaction de ses propres besoins alimentaires.

Au Sénégal, les plantations d'arachides, consommées à l'étranger, ont été étendues. Du même coup, la production de légumes secs et de sorgho, consommés par les habitants, est tombée bien au-dessous des besoins du pays.

A la Jamaïque, en l'espace de douze ans, les superficies plantées en canne à sucre, bananes, citrons, le tout destiné à l'exportation, ont augmenté respectivement de 50, 30 et 100 %. Dans le même temps, la récolte de céréales tombait de 19 à 4 kg par habitant.

Lorsque Salvador Allende, élu à la tête du Chili, nationalise les compagnies nord-américaines de cuivre et décide de limiter leur indemnisation, il justifiera son attitude en arguant des bénéfices transférés par ces compagnies : ils atteignaient parfois 40 % du chiffre d'affaires.

Echec de la troisième session de l'ONU sur le développement, à Santiago du Chili en 1972. Alors va monter, de tous les continents, l'appel à la révolte contre l'impérialisme économique, lancé par des chefs d'Etat de toutes origines et opinions. Léopold Senghor, le poète qui préside au destin du Sénégal, s'écrie : « Nous ne dénoncerons jamais assez les conditions artificielles des prix mondiaux qui ne tiennent pas compte de la juste rémunération du producteur ! »

Un Occidental pousse un cri d'alarme. C'est Robert McNamara, devenu président de la Banque mondiale après avoir été le patron, au Pentagone, de la plus puissante machine de guerre du monde pendant huit ans.

La guerre du Vietnam l'a profondément marqué. Il s'est trompé et il le sait. Il n'est plus celui qui répondait à un Français venu le mettre en garde, dès le début de l'engagement américain, contre la répétition des erreurs commises par la France en Indochine : « Nous, nous avons des hélicoptères... »

Remarquable esprit, travailleur, méthodique, maître de lui, McNamara a su admirablement commander aux machines, aux ordinateurs, aux systèmes les plus modernes et les plus complexes. Absorbé par sa tâche, il a sans doute oublié qu'il existe des machines supérieures à toutes les autres : les hommes, grâce à leur cerveau, à leur courage.

La nature humaine s'est vengée. McNamara, chef de guerre malgré lui, a tout perdu. Il est devenu une sorte d'apôtre, car il sait d'où il revient.

McNamara lance un avertissement solennel, rédigé avec soin en 1972 et qui restera imprimé sur cette grande page d'histoire :

« Il y a un schisme économique Nord-Sud. Ce clivage constitue une faille sismique béante dans la croûte sociologique de la planète. Elle peut produire, elle va produire des grondements et des secousses terribles. Si les nations riches ne font pas davantage pour combler cette faille entre la trop prospère moitié Nord de la planète et l'hémisphère Sud affamé, personne ne sera finalement en sécurité, quelque importants que soient les stocks d'armement. »

Pressentant ce que la future révolution technologique allait, une dizaine d'années plus tard, apporter à la solution possible des problèmes, il déclare en même temps, à Copenhague : « Il n'existe aucun obstacle matériel à la solution rationnelle, mesurée et progressive des problèmes du développement. Les obstacles ne sont que dans l'esprit des hommes. »

Et Claude Julien, qui le cite dans un long article qu'il lui consacra dans « Le Monde » à l'automne 80, pose la question qui, à travers le destin de cet homme, s'adresse à l'Occident de ce siècle : « Dira-t-il un jour sur quoi ont buté tant d'intelligence et d'obstination ? »

Conférences sur conférences se succèdent sur le thème du « développement ». De plus en plus stériles, entre des hommes désabusés ou démissionnaires.

On voit les problèmes, ou on les entrevoit. Mais il n'y a aucun élan. Aucune volonté.

La puissance reste entre les mains des Occidentaux qui, obsédés par Moscou, jettent de temps à autre un regard distrait sur l'immense frontière Nord-Sud.

Le Tiers-Monde n'a plus d'illusions. Il sombre dans l'amertume.

La grande vision, intelligente, porteuse d'avenir du « non-alignement », celle des chefs historiques du Tiers-Monde, demeure juste et vraie. Mais elle n'a pas eu encore les moyens de « décoller ». Elle a usé les hommes.

Plus tard, de nouvelles puissances, avec des moyens nouveaux, ayant à leur tour subi et reconnu la stérilité de l'affrontement idéologique Est-Ouest, viendront prendre la relève des premiers visionnaires du Tiers-Monde. Pourront-elles, sauront-elles unir leurs forces hors de la mainmise des deux superpuissances ? A l'aube des années 80, un mouvement s'efforce d'allier les efforts de l'Europe, de l'Opep et du Japon, dans le « grand dessein » d'intégrer enfin le Tiers-Monde au cycle mondial. Nous allons voir dans quelles conditions.

Mais avant d'y venir, il faut encore évoquer un degré dans la descente, le mesurer. Il nous éclaire pour demain.

A Nairobi, au Kenya, cœur de l'Afrique, une chance se présentait encore, au milieu des années 70, à l'occasion de la conférence sur le commerce mondial.

Les Occidentaux vont-ils faire un geste, dire les mots qu'attendent les 120 délégués du Tiers-Monde venus une fois encore à ce rendez-vous avec les « riches » ?

Non.

Préoccupés par la conjoncture mondiale, la tension militaire, la dislocation économique qui leur interdisent, disent-ils, de prendre des engagements, ils se crispent.

L'importante délégation américaine, conduite par le ministre Eliot Richardson, accumule les refus sans discussion, même face aux revendications les plus secondaires.

Désabusé, le délégué d'un pays africain murmure : « Les Américains sont en train de substituer à une politique de la canonnière une diplomatie de la morgue. »

Il n'y a pas que les Américains. Mis sur la sellette, les Japonais manœuvrent avec prudence et se dégagent. Les Soviétiques, par leur habituel travail de couloir, parviennent à bloquer toute recommandation qui les aurait mis en accusation pour l'insuffisance notoire de leur effort financier en faveur des pays pauvres. Les représentants de l'Europe restent silencieux, effacés.

Tous les délégués observent avec des sentiments mitigés l'étonnant travail d'autodestruction auquel se livrent les Etats-Unis.

Car c'est bien le comble de l'ironie de voir la seule puissance occidentale à n'avoir jamais « colonisé » finir par concentrer sur elle toutes les rancœurs. Alors qu'elle fournit à elle seule 30 à 40 % des crédits accordés par la Banque mondiale.

Ferdinand Marcos, président des Philippines, l'un des plus sûrs alliés de Washington, conclut au terme de cette étape : « Eh bien, je crois que, désormais, le Tiers-Monde n'a plus le choix qu'entre la guerre ou la mort. »

Les témoins restent interloqués. Si, au moment de quitter le Kenya, Marcos rompt ainsi avec tout devoir de réserve, c'est qu'il est au comble de l'exaspération. « Le monde riche fait trop peu... et il est trop tard. »

Pour les leaders qui, comme lui, ont misé sur le réformisme éclairé de l'Occident industrialisé, la déception est maintenant complète. Il s'en est entretenu avec Jomo Kenyatta, dans la ferme où celui-ci aime à se retirer, face au paysage grandiose du mont Kenya. Le vieux chef lui a confié :

« Jusqu'ici, je considérais toute expérience africaine vers le socialisme comme une impasse. Je me demande de plus en plus si ce n'est pas nous, avec la voie que nous avons choisie, qui faisons fausse route. »

Non. Le pronostic de Franz Fanon s'est là encore vérifié :

« Certains pays sous-développés déploient dans la direction du socialisme un effort colossal. Hommes et femmes, jeunes et vieux, dans l'enthousiasme, s'engagent dans un véritable travail forcé et se proclament esclaves de la nation. Le don de soi, le mépris de toute préoccupation qui ne soit pas collective, font exister une morale nationale qui réconforte l'homme, lui redonne confiance dans le destin du monde. Nous croyons cependant qu'un tel effort ne pourra se poursuivre... Il faut autre chose que l'investissement humain. Il faut des capitaux, des techniciens, des ingénieurs, des mécaniciens, etc. L'effort colossal auquel sont conviés les peuples par leurs dirigeants ne donnera pas les résultats escomptés. »

Lors d'un passage clandestin au Caire, Che Guevara, à la veille de sa rupture avec Castro, confie à cette époque à Nasser :

« Je crois beaucoup à la transformation de la société, mais les gens « capables » que nous avons mis en place à Cuba ont vite oublié leur ferveur révolutionnaire dans les bras de ravissantes secrétaires, dans leur voiture, leurs privilèges et leur air conditionné. Ils se sont mis à fermer les portes de leurs bureaux pour y maintenir l'air frais au lieu de les ouvrir au peuple du travail. J'ai compris que nous favorisions l'opportunisme... »

Ses hôtes égyptiens, de vieux amis, veulent réconforter « le Che ». Mais celui-ci ajoute :

« Il y a dans le communisme un paradoxe. Lorsque je négocie avec l'Union Soviétique, je constate que les Russes veulent acheter nos matières premières aux prix fixés par l'impérialisme. Je ne peux pas admettre cela de la part d'un pays socialiste. J'en ai discuté avec eux et ils m'ont dit qu'ils étaient obligés de vendre à des prix compétitifs. Je leur ai alors demandé : quelle est la différence entre vous et les impérialistes ? Ils m'ont dit qu'ils comprenaient mon point de vue, mais ils répétaient : nous sommes obligés de vendre à des prix compétitifs.

« Alors, je leur ai posé des questions sur les articles finis qu'ils nous vendent. Je leur ai dit : « Vous avez l'automation, vous ne payez pas de hauts salaires, pourtant vous nous vendez vos produits plus cher encore que sur le marché. » Nous sommes écrasés. Il n'y a pas d'espoir pour nous dans cette voie. »

La voie de l'industrialisation accélérée a-t-elle été plus féconde ? L'exemple du Brésil, ce grand pays, au grand avenir toujours remis à plus tard, peut nous répondre.

9.
La comète brésilienne

Le Brésil était comme la plume que les économistes portaient à leur chapeau lorsqu'ils affirmaient qu'une industrialisation menée selon le modèle des pays développés permettrait aux pays pauvres d'atteindre, étape par étape, le même niveau de développement que les pays riches.

Le plus grand des pays tropicaux, qui occupe à lui seul la moitié du continent sud-américain, a rejoint en effet le groupe des seize pays dits « Nouveaux Pays Industrialisés », les NPI [1].

Quand on divise le produit national du Brésil par le nombre de ses habitants, on obtient, en effet, le chiffre, élevé pour le Tiers-Monde, de 1 140 dollars par tête et par an en 1976 (10 000 dollars en Suède — 100 à 130 dans les pays les plus pauvres du Tiers-Monde).

Mais il y a deux Brésil. Entre les deux, les inégalités, criantes, se sont aggravées et le développement a rendu plus insupportable encore le sort des plus misérables.

Dans le Nord-Est où vit le tiers de la population brésilienne, une famille dont tous les membres gagnaient

1. Pour mémoire : Espagne, Portugal, Grèce, Turquie, Yougoslavie, en Europe. Brésil, Argentine, Mexique, Venezuela, Chili, en Amérique latine. Corée du Sud, Taiwan, Hong Kong, Singapour, en Extrême-Orient.

ensemble, il y a quinze ans, 500 cruzeiros par semaine — environ 70 F — en gagne aujourd'hui au maximum 300.

Pour augmenter la superficie consacrée à la canne à sucre, qui commence à remplacer, une fois traitée, le pétrole dans les automobiles, le gouvernement a quasiment abandonné tous ses projets de culture alimentaire. Les grands propriétaires ont confisqué les champs des paysans qui tiraient, de petits lopins, leur subsistance.

Toute la nourriture est importée d'une autre partie du pays, Bahia notamment, et le prix du transport pèse évidemment sur celui des produits. Ainsi, pour cause d'industrialisation, le Brésil en est à importer pour plus d'un milliard de dollars de blé chaque année, nécessaire pour nourrir la population. Celle des villes.

Dans les campagnes, hommes, femmes, enfants, tenaillés par la faim, ne peuvent même plus se procurer les haricots qui constituaient leur aliment de base. La production en a baissé pour faire place à celle du soja — qu'il faut exporter dans les pays riches où il est l'aliment du bétail.

« Développés ? Qu'est-ce que ça veut dire développés ? » s'exclame Dom Helder Camara, minuscule et vigoureux évêque de Recife, sans cesse en mouvement, flottant dans sa soutane noire, l'œil pétillant, le geste vif.

« Notre seule chance est de ne pas imiter les modèles des pays dits développés. En arriver à constituer un petit groupe toujours plus riche alors que la grande majorité de l'humanité vit dans des conditions inhumaines ? Ce n'est pas une question de race ni de courage des travailleurs. Nous savons travailler, nous pouvons nous aussi employer notre intelligence... C'est ce qui compte. Mais qu'attend-on ? »

Le Brésil est « intelligent », en effet. Il sait travailler. Le matériel de guerre qu'il fabrique a maintenant fait son entrée sur le marché des armes. Et un produit de son industrie aéronautique, le Xingu, va bientôt remplacer, en France, les vieux DC 3 de l'armée qui servent à l'entraînement des pilotes de transport. En échange de ce bon procédé — encore que l'ampleur des marchés ne soit pas comparable — le Brésil achètera 30 Mirages F 1 à la France.

Jusqu'au milieu de l'année 80, le « décollage » de cette superstar des pays en voie de développement, sur lequel on a tant spéculé — et tant gagné —, décollage accompli au prix de l'infinie misère paysanne, de l'éradication sanglante des opposants, et de la baisse effective du niveau de vie de 70 millions de Brésiliens sur 130, lui a valu toutes les indulgences. Et tous les crédits.

Aujourd'hui, la situation du pays apparaît si compromise que le krach bancaire, redouté partout, c'est au Brésil qu'on l'attend avec le plus d'anxiété.

Les quatre plus grandes banques américaines ont prêté chacune au Brésil des fonds équivalant à la totalité de leur capital. D'autres banques étrangères, entraînées par ce beau dynamisme, se sont fortement engagées.

Or, le Brésil est maintenant endetté pour 57 milliards de dollars. Somme colossale qui l'oblige à servir à ses créanciers 13 milliards de dollars par an ! Ses nouvelles demandes d'emprunt irrecevables. Elles ne servent qu'à payer les intérêts des dettes précédemment contractées. Devenu soudain « malsain » pour les capitaux étrangers, le Brésil aux abois n'a plus qu'une arme : le chantage. Chantage à l'explosion qui ferait basculer le régime dans un « nationalisme populaire » dont les chefs seraient prêts à déclarer purement et simplement annulées les dettes du pays. Annulation qui, selon l'expression pudique du magazine anglais « The Economist », aurait « un effet pour le moins intéressant sur le système bancaire occidental ».

La dette globale du Tiers-Monde avait atteint, en 1980, la somme vertigineuse de 350 milliards de dollars. Jusqu'en 1974, les pays emprunteurs ont, à de très rares exceptions près, toujours servi régulièrement les intérêts de leurs dettes. Ce n'est plus le cas.

Outre le pétrole, l'augmentation du prix des produits importés, alimentaires ou manufacturés (40 % en dix ans), a eu raison de leur fragile équilibre, déjà tout relatif.

Le cas du Brésil, par l'ampleur de son endettement comme par le caractère frénétique de sa course à l'industrialisation coûteuse en pétrole, éclaire tout ce processus spéculatif.

Qu'ils entrent dans la catégorie des pays semi-industrialisés, à revenu intermédiaire ou à faible revenu, la situation de tous les débiteurs du Tiers-Monde justifie ce commentaire de la commission Brandt :

« Avec l'accroissement rapide des déficits commerciaux et la position déjà hautement vulnérable des banques, il faut prendre conscience du fait que le système bancaire international, qui a joué un rôle crucial en dirigeant les surplus de l'Opep vers les pays déficitaires, ne pourra plus, désormais, jouer ce rôle.

« La totalité de la structure internationale du crédit, du système bancaire mondial, est maintenant à la merci de la moindre rupture dans le flux des capitaux, rupture qui peut être provoquée par une demande plus forte de crédits dans le Nord, par un pays emprunteur jugé moins digne de crédit, par un accident... »

« Dans quel domaine l'Etat doit-il réduire ses dépenses ? » Interrogés par sondage par le magazine « Stern », 68 % des citoyens d'Allemagne fédérale ont répondu : « L'aide au développement du Tiers-Monde ».

« Devons-nous fournir au Tiers-Monde une aide exceptionnelle de 80 millions de dollars ? ». Consultés par référendum en juin 1979, 56 % des citoyens suisses ont répondu : « Non ».

Des réactions analogues sont enregistrées dans tous les pays développés.

Les populations occidentales ont le sentiment d'alimenter un puits sans fond, d'assister à un immense gâchis, d'entretenir la prévarication et la corruption de quelques chefs d'Etat plus ou moins sanguinaires dont les délires tiennent plus de place dans les médias que les réalisations partielles, les

résultats modestes, les progrès relatifs obtenus par des dirigeants moins bruyants. Parce que les pronostics de ceux,
économistes ou agronomes, qui croyaient, voici trente ans, voir
le Tiers-Monde sauter par-dessus les siècles, ne se sont pas
réalisés, ils ne conçoivent pas que sa situation pourrait être
encore pire.

Parce que l'aide se chiffre en milliards de dollars, ils
ne conçoivent pas qu'elle est non seulement insuffisante, mais
insignifiante en comparaison de la richesse occidentale et de son
ascension au cours des trente années d'expansion.

D'autres trouvent moralement intolérable que les
deux tiers de l'humanité souffrent de malnutrition, que des
millions d'enfants meurent chaque année de faim, que dans le
même temps des agriculteurs jettent sur les routes leurs surplus
invendus, que l'on se plaigne, en Europe, d'excédents de beurre
ou de lait. Et ils accusent leurs gouvernements respectifs
d'impuissance ou d'incohérence.

Quant à ceux, nombreux, qui souhaiteraient plus
froidement voir leur pays se détacher du Tiers-Monde comme
d'un vaisseau qui coule, et qui se disent parfois : « Après tout,
s'ils veulent mourir sur leur café, leur cacao, leurs bananes,
qu'ils les gardent. On peut s'en passer » — comment ceux-là
n'ignoreraient-ils pas ce que leurs gouvernants commencent à
peine à soupçonner : la dépendance absolue de l'univers
industriel à l'égard du Tiers-Monde ? La source de la plus
grande peur des dirigeants de l'Occident ne réside-t-elle pas
d'ailleurs là où se trouvent les principaux gisements ?

Si le Zaïre, « ventre mou » de l'Afrique, basculait,
après le Mozambique, l'Ethiopie et l'Angola, dans la zone
d'influence soviétique, le continent africain serait coupé en
deux. Or, le malheur veut que, vingt ans après avoir acquis son
indépendance, le Zaïre soit la caricature même de la tragédie
coloniale et de ses séquelles.

Le malheur ? Ou le résultat implacable de « la politique du cerveau vide » menée avec persévérance par la Belgique
dans son ancienne et fructueuse possession ?

10.
Le Zaïre à tout prix

Le jour où prend fin la colonisation de l'ex-Congo belge, le chef du Congo indépendant, Patrice Lumumba, s'écrie en riant : « Le Premier Ministre belge aura été mon nègre ! »

Il vient de lire à la tribune un discours qu'a écrit pour lui le Premier Ministre belge, Gaston Eyskens. Patrice Lumumba a accepté de le prononcer pour réparer l'affront qu'il a infligé le matin au roi Baudoin.

Celui-ci est venu assister aux fêtes de l'Indépendance. A peine son discours achevé, Lumumba a bondi à la tribune et crié :

« Nul Congolais digne de ce nom ne pourra oublier que c'est par la lutte que l'indépendance a été conquise ; une lutte de tous les jours, haletante et idéaliste, dans laquelle nous n'avons ménagé ni nos forces, ni nos privations, ni notre sang. »

Les Africains stupéfaits applaudissent frénétiquement. Le roi est très pâle, les Belges sont consternés. Patrice Lumumba poursuit, haussant sa voix frémissante :

« Nous avons connu le travail harassant exigé en échange de salaires qui ne nous permettaient pas de manger à notre faim, ni de nous vêtir, ni de nous loger décemment, ni d'élever nos enfants comme des êtres chers. Nous avons connus les ironies, les insultes, les coups que nous devions subir matin, midi et soir — parce que nous étions des nègres !

« Nous avons connu les souffrances atroces des relégués pour opinion ou croyance religieuse ; exilés dans leur propre patrie, leur sort était vraiment pire que la mort même. Il y avait dans les villes des maisons magnifiques pour les Blancs et des paillotes croulantes pour les Noirs. Un Noir n'était admis ni dans les cinémas ni dans les restaurants ni dans les magasins dits européens. Un Noir voyageait à même la coque des péniches, aux pieds du Blanc installé dans sa cabine de luxe. Qui oubliera les fusillades où périrent tant de nos frères et les cachots où furent jetés ceux qui ne voulaient pas se soumettre à un régime d'injustice, d'oppression et d'exploitation ? Qui oubliera jamais ? »...

Un silence, puis une ovation sans fin. « Cette minute de vérité, disent les Congolais, nous paie de quatre-vingt ans de domination ». Ils vivent un rêve extraordinaire. Pour se réveiller dans la tragédie.

Le lendemain, le général Janssens, commandant en chef de la force publique (maintenu par Lumumba à la tête de l'armée), réunit les cadres africains et, sur le tableau noir, écrit cette formule lapidaire : « Après l'indépendance = avant l'indépendance. »

Il ajoute, pour ceux qui ne l'auraient pas compris : « Le premier qui ne marchera pas droit aura de mes nouvelles. » C'est lui qui va en recevoir.

Quatre jours plus tard, les mutineries éclatent, l'armée marche sur la capitale, les militaires massacrent les Européens, assiègent les missions.

La province du Katanga fait alors sécession. Sécession proclamée par un commerçant local manipulé par les colons et dont on va entendre parler : Moïse Tschombé.

La principale ville du Katanga est située à deux mille kilomètres de la capitale, où se trouve Lumumba.

Jusqu'à la veille de l'indépendance, c'est là que se trouvait le vrai pouvoir financier du pays, l'Union minière du Haut Katanga, qui vient de se transformer en société de droit belge et de transférer son siège à Bruxelles.

L'Union minière produit alors 70 % du cuivre mondial, 60 % du cobalt, 16 % du germanium (indispensable aux transistors), de l'étain, du manganèse, du zinc, du cadmium. Les intérêts belges sont concentrés au Katanga. Et la Belgique soutient Moïse Tschombé, « Monsieur Tiroir-Caisse ». L'ordre règne au Katanga sous la protection des baïonnettes belges.

Les soldats wallons et flamands seront rapidement relayés par les premiers « gendarmes katangais », commandés par deux officiers français qui ont laissé quelques souvenirs en Algérie : les colonels Faulques et Trinquier.

Dans le reste du pays, l'anarchie règne. La violence embrase le Congo. Envoyé en médiation, l'Américain noir Ralph Bunche, secrétaire général adjoint des Nations Unies, rentre bouleversé et dit : « Mon Dieu, en voyant le Congo j'ai vu les crimes de l'impérialisme. »

L'autre province minière, le Kasaï, riche en diamants, fait à son tour sécession. Patrice Lumumba ne tient plus rien. Le Congo sombre dans le chaos.

Les Nations Unies, qui ont condamné l'intervention des troupes belges, envoient leurs « casques bleus » qui réussissent à ramener un peu d'ordre. L'armée congolaise retrouve un embryon de discipline sous les ordres d'un ancien sergent comptable, fils d'un cuisinier blanc : Joseph Désiré Mobutu.

Mobutu est un brillant élève des missionnaires qui lui ont enseigné le français et le football sans parvenir à le convaincre de devenir prêtre. Il a préféré être soldat.

Il choisit comme adjoint son ancien chef, un Belge, le colonel Marlière, qui restera pendant des années son principal conseiller avec le général marocain Kettani, ancien Saint-Cyrien.

Mobutu, avec l'armée, décide de « neutraliser » Lumumba et de « faire appel à des spécialistes étrangers pour sauver le pays du chaos. »

Lumumba, après une tentative d'évasion, est repris et incarcéré dans le bas Congo. Il est livré aux Katangais en guise de cadeau de réconciliation. A son arrivée à l'aéroport d'Elisabethville, il est assassiné par les hommes de Tschombé. Son corps ne sera jamais retrouvé.

Mobutu réorganise et devient, selon sa propre expression, « la belle-mère du gouvernement ». Rien ne se décide sans son accord. Homme fort du pays, il réussit à écarter ses rivaux et, à la suite d'un coup d'état organisé par la CIA, il accède au pouvoir.

Quelqu'un est en train de réorganiser, de son côté, les forces qui suivaient Lumumba. C'est Che Guevara.

Il passe quelques jours clandestinement au Congo. Puis arrive, toujours clandestinement, au Caire pour rencontrer une dernière fois Nasser. Ce soir-là, roulant des feuilles de tabac dont il faisait de longs cigares, Che Guevara lui raconte son voyage et sa vision :

« Pour travailler à la révolution mondiale, je crois qu'il faut agir d'abord en Afrique où la situation devient mûre. Le Congo est un point chaud et je crois que nous pouvons frapper les impérialistes au Katanga, au coeur même de leurs intérêts ».

Nasser a beaucoup d'affection pour Guevara. Mais il a aussi appris à moins rêver. Il ne cultive pas l'illusion lyrique qu'évoquait déjà André Malraux dans « l'Espoir », à propos de l'agonie des républicains.

Songeur, Nasser regarde son ami : « Vous m'étonnez. Que vous arrive-t-il donc à Cuba ? Vous seriez-vous querellé avec Castro ? Je ne voudrais pas m'en mêler, mais si vous voulez devenir un nouveau Tarzan, un Blanc venant parmi les Noirs pour les guider et les protéger... c'est impossible ! »

Guevara rit. Mais il apparaît à Nasser comme au comble de la détresse et de la désillusion. Le « Che » partit combattre aux côtés de la guerilla congolaise le jour même où Castro recevait sa lettre d'adieu, dans laquelle il renonçait à son grade de commandant et à tout ce qui le rattachait légalement au gouvernement cubain.

Il s'en fut seul, à bord d'un avion des lignes régulières, sous une fausse identité, les traits à peine changés par un discret maquillage, un attaché-case à la main, plein de livres et d'inhalateurs destinés à soigner un asthme tenace. Pendant les escales, il tua le temps en faisant d'interminables parties d'échecs en solitaire.

Trois mois plus tard, deux cents soldats cubains, venus de La Havane à bord d'un navire chargé d'armes, le rejoignaient au Congo. Le « Che » s'était donné pour mission de former des guerilleros contre les troupes de Moïse Tschombé.

Moïse Tschombé fut renversé par Mobutu et parvint à fuir. Il sera enlevé en plein ciel, son avion détourné vers Alger où il mourra dans les prisons de Boumedienne. Débarrassés de Tschombé, les Congolais demandèrent à Guevara de se retirer afin de faciliter l'armistice. Le « Che » repartit aussi discrètement qu'il était venu.

Devenu chef d'état, Mobutu procède à un simulacre de nationalisation. L'Union minière devient la GECAMINES, dont le capital appartient à 100 % à l'Etat qui en donne aussitôt la gérance, pour vingt-cinq ans, à la société belge dite Générale des minerais. Ainsi tout est bien en place.

Puis Mobutu lance « l'authenticité » : il africanise les noms européens. Le Congo devient le Zaïre ; le Katanga est baptisé Shabah, Léopoldville se transforme en Kinshasa, Elisabethville en Lumumbachi. Mobutu, lui, ne s'appelle plus Joseph Désiré, noms que lui ont donnés les missionnaires, mais Sese Seko N'Gbendu Wa Za Bangu, « l'intrépide guerrier, terreur des poules et autres femelles ».

Cette « authenticité » à usage intérieur sert de décor à la stratégie des puissances occidentales. En douze ans, le pays a reçu plus de 800 millions de dollars d'aide économique et militaire américaine, destinés à « affermir sa stabilité ».

Le responsable de l'Afrique au Département d'Etat à

Washington déclare au « New York Times » : « Les Etats-Unis considèrent la position du Zaïre en Afrique comme celle du Brésil en Amérique du Sud. Le courant en faveur du soutien au Zaïre permet d'espérer qu'il pourra étendre son hégémonie sur le continent. »

Quand l'endettement du Zaïre atteint 3 milliards de dollars, le Fonds Monétaire International consent de nouveaux crédits, en dépit d'un bilan accablant. Plus de 100 % d'inflation par an. Une partie de l'armée vit de pillages faute de toucher ses soldes. Et en juin 1977, l'invasion se produit.

Héritiers du « Che », deux mille hommes en provenance de l'Angola franchissent la frontière, pénètrent au Shabah/Katanga encadrés d'instructeurs cubains. Ils attaquent à 3 h du matin la ville minière de Kolweizi, puis tentent de neutraliser la capitale de l'Etat.

Cette région reculée, située à 1 800 km de la capitale, est le lieu rêvé pour une opération de déstabilisation. Traversé depuis toujours par des tendances sécessionnistes, méprisé du pouvoir central qui n'a jamais fait l'effort de construire un véritable réseau routier pour le désenclaver et le relier au reste du pays, le Shabah/Katanga, qualifié au siècle dernier de « scandale géologique », est, avec la Namibie, le plus riche territoire minier du monde.

L'uranium du Shabah contribue abondamment aux industries nucléaires européennes et américaines. Il a permis la fabrication de la bombe d'Hiroshima. Son cobalt est exporté à 47 % vers les Etats-Unis et est indispensable à la France.

Il faudra 48 h au régime du général Mobutu pour prendre connaissance de l'attaque et y répliquer. Trois jours seront nécessaires aux chancelleries pour l'annoncer à leurs gouvernements. Une semaine plus tard, on peut évaluer l'ampleur du désastre : mines saccagées, installations détruites, personnel d'encadrement rapatrié. L'extraction ne pourra reprendre avant plusieurs mois et le London Metal Exchange, où les cours du cuivre s'alanguissaient, répercute des hausses de tendance appréciable, tandis que le cobalt devient un produit quasiment introuvable dont le prix se voit multiplié par 8 sur le marché spot.

Les représentants officiels de la France, de la Belgique, des Etats-Unis, de la Grande-Bretagne et de l'Allemagne se retrouvent à Paris pour discuter du soutien militaire à apporter au Zaïre.

Puis une réunion a lieu à Bruxelles, en présence de Mobutu. En plus des pays représentés à la précédente rencontre de Paris, on trouve des émissaires des Pays-Bas, du Canada, du Japon, de l'Arabie Saoudite, ainsi que de la Commission Européenne et du FMI. Le Zaïre est « indispensable ».

Une troisième réunion a lieu dans l'appartement même de Mobutu, avenue Foch, à Paris. Les créanciers du Zaïre décident, avec lui, que la mise en tutelle complète du système financier zaïrois sera le prix à payer pour de nouvelles attributions d'aide. Un délégué du FMI prendra les fonctions de directeur principal de la Banque centrale du Zaïre.

Il n'y a guère d'exemple, depuis la fin des guerres coloniales, d'un état abandonnant ainsi jusqu'à l'apparence de souveraineté. Mais il n'a plus le choix.

Le pays est décomposé par la corruption et la contrebande. Le café sort en fraude par toutes les frontières. 60 % au moins de la production de diamant du Kasaï sont détournés. La monnaie est fixée au cours officiel de 43,5 F belges — mais s'achète à 10 F.

Mobutu constitue une garde prétorienne d'Européens et de Sud-Africains dont la solde est payée sur sa fortune personnelle. Cette opération, ultraconfidentielle, est coordonnée par le colonel Mike Hoare, ancien commandant du fameux sixième commando qui mit, avec la CIA, Mobutu au pouvoir. Des officiers français ont loué leurs services pour assurer la formation des mercenaires. Un grand nombre de Sud-Africains recrutés appartenaient à la colonne motorisée qui, en 1975, pénétra de près de 1 000 km en Angola pour freiner l'avance soviéto-cubaine. L'objectif de Mobutu est de faire de ces hommes le noyau d'une « force de frappe » chargée de maintenir l'ordre public et, surtout, de répliquer à tout nouveau « coup » déclenché à partir de l'Angola. Mobutu n'a pas le choix. Et l'Occident ne l'a plus, il doit s'accorder à Mobutu, comme Mobutu à lui.

Il faut ce qu'il faut. Puisque l'on n'a pas réussi à développer les pays du Tiers-Monde, on en revient à la vieille bonne recette : la force. Des armées, des mercenaires et des armes. Surtout des armes, encore des armes — qui vont maintenant constituer la plus commode, la plus profitable, bientôt l'unique « monnaie d'échange » avec le Tiers-Monde, contre ses matières premières.

La politique soviétique, dans cette région du monde, est prudente. L'URSS exploite les crises, les alimente et, partout où se produit un vide, l'occupe.

Cette politique s'ordonne selon deux axes :

— L'aide militaire à des états amis et aux mouvements de libération. Un milliard de dollars en 1976 et un milliard de dollars pour la seule Ethiopie en 1979. 75 % des ventes d'armes soviétiques se font dans le Tiers-Monde.

— La prise en main technique. L'URSS entretenait en 1979 12 000 coopérants militaires et 40 000 conseillers civils en Afrique. A quoi il faut ajouter les 9 000 conseillers militaires et les 17 000 conseillers civils entretenus par l'Allemagne de l'Est. D'autre part, l'URSS accueille et forme environ 20 000 étudiants et stagiaires, répartis entre l'université Lumumba de Moscou et l'institut Karl-Marx de Berlin-Est.

Là où il faut combattre physiquement, les Cubains — présents dans 28 pays selon Fidel Castro — apparaissent. C'est la dîme qu'ils versent à l'URSS.

Les conseillers de l'Est sont plus ou moins populaires, mais indispensables aux régimes en place dont ils assurent la pérennité. Et les Soviétiques, devenus les premiers pourvoyeurs d'armes du continent où 22 pays sont aujourd'hui leurs clients, n'en seront pas délogés comme ils le furent du Soudan.

C'est sous l'impulsion de Vladimir Solodnikov, l'actuel ambassadeur d'URSS en Zambie, que cette stratégie a été adoptée.

L'URSS ne soutient plus, comme dans les années 60, des régimes nationalistes à tendances progressistes, régimes qui se sont révélés capricieux, non fiables. Ils installent, partout où ils le peuvent, des régimes calqués sur le modèle des démocraties populaires. Ainsi ces pays deviennent-ils réellement de nouvelles étoiles dans la grande galaxie communiste. Il faut rappeler, à cet égard, les propos édifiants de Samora Machel, président du Mozambique, pays rural de 4 millions d'habitants : « Il n'y a pas de socialisme africain. Il n'existe qu'une seule réalité intangible appliquée au Mozambique comme dans les autres pays socialistes : l'observance stricte et intangible des principes du marxisme-léninisme, la glorification de la classe ouvrière et la dictature du prolétariat. »

11.
La gloire des armes

La boulimie des armes s'est emparée du Tiers-Monde.

L'immense machine dévoreuse est en marche. Rien ne lui résiste. Avec la croissance régulière du prix du pétrole qu'il faut payer en devises, devises que l'on doit gagner en exportant, vendre davantage, enlever des marchés, écouler des armes chères, toujours plus d'armes, devient une activité obsessionnelle — l'activité première.

90 % des ventes d'armes françaises et britanniques sont destinées au Tiers-Monde. En dix ans, la progression des ventes d'armes de la France a été deux fois plus rapide que celle de l'ensemble de ses autres exportations.

Les parts respectives du commerce international des armes étaient en 1978 :

	Milliards de dollars	Pourcentages
USA	12	48
URSS	7	26,9
France	3	11,2
Italie	1,2	3,9
Grande-Bretagne	1	3,7

On se dispute les clients, on se vole les contrats, on paye les intermédiaires, on entretient des réseaux d'agents de plus en plus nombreux et puissants à travers tous les pays.

Le comble de l'irrationnel semble évidemment atteint lorsque ces armes sont vendues par l'Occident aux pays pauvres, déjà sur-endettés, affamés, qui engouffrent dans ces achats leurs si faibles ressources.

Avec le prix d'un char (400 000 dollars), on peut édifier des silos modernes permettant de stocker 100 000 tonnes de riz et en sauver ainsi plus de 4 000 tonnes chaque année. Une livre de riz permet de nourrir une personne par jour.

Le prix d'un avion de combat est égal à celui de 40 000 pharmacies de village.

Mais si l'irrationnel est du côté des acheteurs, les bénéfices sont du côté des marchands.

Mitrailleuses, avions, chars, l'Occident fournit à la demande. Et fait ainsi payer son propre système militaire par les autres, car « non seulement les capacités globales de l'industrie d'armement en Europe dépassent largement le marché européen potentiel, mais même leur simple survie n'est plus assurée par ce marché européen, aux niveaux actuels des moyens budgétaires... L'Europe doit donc trouver des débouchés extérieurs pour ses capacités d'armement, c'est-à-dire exporter... », expliquait très franchement, au colloque de 1979 sur l'industrie européenne d'armement, l'ingénieur général Cauchie.

Outre les bénéfices directs, le coût des équipements de la nation exportatrice se trouve ainsi réduit par la fabrication de séries plus longues.

On estime que le prix de revient du char AM-X30 a pu ainsi baisser de 6 % sous l'effet d'une seule commande étrangère.

Sans les exportations, le budget militaire français, par exemple (82 milliards de francs en 1980), devrait être augmenté, estime-t-on, de près de 20 milliards de francs.

L'industrie d'armement allemande, plus modeste, emploie déjà 200 000 personnes. Ses exportations sont également modestes (2,4 milliards de F en 1978), car la loi lui interdit encore de vendre des armes hors des pays de l'Alliance atlantique.

Les clients potentiels de l'Allemagne fédérale ne manquent pas qui convoitent son matériel : le missile Roland, le fameux char Léopard, les canons, les obus, les radars, les véhicules blindés. Aussi, lors d'une session de travail réunissant le chancelier Schmidt et les officiers de l'état-major, la question a-t-elle été posée : « Les sévères limitations qui nous sont imposées ne pourraient-elles pas être desserrées, puisque l'Allemagne perd ainsi ses chances d'exporter sur des marchés que d'autres s'empressent d'envahir ? »

« La chose est concevable, répondit le chancelier. Cela s'est déjà produit. »

On fera effacer ce passage de l'enregistrement de la réunion. Pour le moment, les limitations imposées par la loi restent en vigueur. Mais Israël et l'Inde s'intéressent vivement aux sous-marins construits à Eimden et à Kiel ; l'Afrique du Sud, aux dragueurs de mine de la RFA.

Trente-deux pays du Tiers-Monde consacrent à leurs dépenses militaires plus de 3 % de leur PNB, plus que l'Europe. Il n'y en avait que treize en 1960.

C'est l'Egypte qui détient le record du fardeau militaire. En 1974 : 40 % de son PNB. Aujourd'hui encore, elle y engouffre quatre fois plus d'argent que dans toutes les autres formes d'investissement réunies.

Le programme d'armement égyptien, depuis le traité de camp David, est assuré par les Etats-Unis, grâce à quoi l'Egypte pourra s'équiper de 40 chasseurs F 16 et de 250 chars M 60. Une industrie locale doit être créée qui assurera le montage en chaîne de chasseurs bombardiers du type F 5 et d'hélicoptères Bell.

L'Argentine, l'Indonésie, le Pakistan, le Chili, les deux Corée, les Philippines, Taïwan, le Vietnam, la Colombie, la Thaïlande, l'Inde, le Brésil, produisent maintenant des avions de guerre.

Le Brésil a fait son entrée dans le club des marchands d'armes avec un char de 15 tonnes, le Cascavel, qui a déjà trouvé preneur en Libye, en Irak, au Qatar. Et la société brésilienne de construction aéronautique Neiva a livré six avions d'entraînement Universal au Chili.

L'avion de chasse supersonique indien, le Kiran, intéresse la Malaisie.

La plupart de ces pays ont conquis leur indépendance par les armes. La possession d'instruments de guerre reste comme le symbole d'une fierté neuve, d'une affirmation de soi face au monde. Il n'y a pas de jour où ne s'élève, en Occident, une voix pour associer « l'indépendance » du pays et sa « sécurité » à son stock d'armes. Au nom de quoi demanderait-on aux dirigeants du Tiers-Monde de renoncer, eux, eux les premiers, à s'armer ? Au contraire, on les encourage : c'est le commerce le plus profitable, il est illimité.

Mais le décalage entre le mode de militarisation du Tiers-Monde et son niveau de développement fait de cette militarisation un véritable instrument d'autodestruction. Car l'armée s'y organise autour de système d'armements complexes et sophistiqués tels que le char, le navire, l'avion de combat, perpétuellement modifiés, améliorés, raffinés, remplacés par de nouvelles générations.

Achetées à l'extérieur ou fabriquées sur place, ces armes, par le capital financier et humain qu'elles mobilisent, épuisent le pays en développement qui s'en pourvoit.

L'armement moderne opère une double ponction. Il draine tout à la fois les investissements et ce que le pays compte de techniciens de haut niveau et de main-d'œuvre qualifiée.

En Inde, par exemple, troisième puissance industrielle du Tiers-Monde, l'économie nationale civile est handicapée par des réseaux téléphoniques inexistants. L'industrie militaire dispose, elle, de systèmes privés de communications et de transports.

Evoquant la possibilité de procéder à une nouvelle explosion nucléaire si « l'intérêt national l'exige », Indira Gandhi déclarait en 1980 :

« Nous devons être capables de maîtriser les technologies les plus avancées. Notre pays ne doit pas être pris au dépourvu. »

Mais elle s'interrogeait aussitôt : « En entrant ainsi dans la course aux armements, l'Inde sauvegarde-t-elle ses intérêts ou les compromet-elle ? »

La réponse a été donnée, à elle et au monde, par l'événement le plus marquant de ces dernières années : l'auto-destruction de l'Iran impérial — qui restera exemplaire.

La progression du budget militaire sous le régime du Shah a été vertigineuse : 241 millions de dollars en 1964 ; 4 milliards en 1974 ; 10 milliards en 1977 !

Pour quoi faire ?

« J'espère, disait le Shah à Anthony Sampson, que nos amis d'Europe et d'Amérique comprendront qu'il n'y a pas de différence entre l'Iran et la France, la Grande-Bretagne ou l'Allemagne. Pourquoi trouvez-vous normal que la France dépense tant d'argent pour son armée et pas mon pays ? La force que nous avons aujourd'hui dans le golfe Persique est vingt fois supérieure à celle que les Anglais y ont jamais eue. »

L'armée iranienne est, en 1978, grande comme deux fois l'armée britannique. Elle est équipée de près de 3 000 tanks (la France en a 1 000). Sa marine dispose de la plus grande flotte d'overcrafts du monde. Quatre destroyers, commandés aux Etats-Unis, devaient être livrés en 1980/1981, destinés à être déployés dans l'océan Indien. Son aviation — la quatrième du monde — repose sur 14 000 hommes, 900 hélicoptères, et engloutit, à elle seule, la somme de 12 milliards de dollars à la fin 76.

Le délire du Shah porte plus particulièrement sur l'aviation. Il choisit lui-même les équipements, exige du matériel de plus en plus sophistiqué. A la fin de l'année 78 devaient lui être livrés 290 bombardiers Phantoms, 33 intercepteurs légers F 5, 80 supersoniques F 14, l'avion le plus cher du monde, et 160 F 16.

Quand les progrès techniques démodent le matériel parfois à peine acquis, l'Iran le revend au Pakistan pour le remplacer par plus moderne encore.

Le Shah a décidé qu'il arriverait, avec l'aide de ses « conseillers » et clients dans les industries américaines, à posséder le dernier cri de la production d'armement avant même que l'armée des Etats-Unis en soit équipée. Il y arrive.

Nixon et Kissinger avaient décidé qu'il fallait « accorder au Shah tout ce qu'il demanderait ». On a vu comment Kissinger conduisit cette politique lorsque l'appétit sans cesse croissant du Shah, « gendarme du Golfe », exigea toujours davantage de revenus pétroliers.

Mais qu'est-ce qu'une armée sans bases, sans infrastructures, sans spécialistes ? Le Shah a donc lancé des programmes d'infrastructures militaires gigantesques. Sept bases principales pour l'aviation. Six bases sur le Golfe pour la marine, une construction grandiose sur l'océan Indien.

L'Iran en est arrivé ainsi à consacrer à son armée, pendant le plan quinquennal 73-78, autant qu'à tout le développement économique du pays et deux fois plus qu'aux équipements sociaux. Une grande partie des sommes comptabilisées comme aides au développement des provinces frontalières, le Sud en particulier, sont en fait des dépenses militaires non affichées.

Les équipements ultraperfectionnés exigent un personnel très qualifié, d'un haut niveau de connaissances techniques. Un chasseur supersonique requiert deux ou trois pilotes par appareil et, au sol, une centaine d'hommes par appareil dont la moitié composée de techniciens très qualifiés. La formation d'un pilote prend encore deux à trois ans, après le brevet.

Une nation telle que l'Iran, dont la moitié des 35 millions d'habitants vivent dans des zones rurales d'une extrême pauvreté, ne peut improviser des bataillons de jeunes pilotes, de navigateurs, de techniciens.

Les instructeurs américains chargés de former les élèves de l'Ecole aérienne d'Ispahan durent protester contre les pressions exercées sur eux pour qu'ils décernent des brevets à des hommes dont la formation était insuffisante. L'aviation, pourtant particulièrement choyée, manquait déjà, à elle seule, de 7 000 techniciens qualifiés.

Problème crucial pour toute l'économie iranienne, y compris pour l'industrie pétrolière, encore plus dépourvue de cette main-d'œuvre de haut niveau que le prestige et les soldes de l'armée drainaient vers elle.

Formidable prélèvement financier et humain. Plus insoutenables encore dans un pays de misère, l'enrichissement des marchands, le luxe insolent de quelques-uns — 45 familles contrôlaient 85 % des grandes entreprises —, la corruption qui a gangrené tous les rouages de la société. Les contrats font tous l'objet de commissions prélevées par des fonctionnaires et des intermédiaires.

Alors que la militarisation du pays ne faisait que commencer, le sénateur Fulbright, retour d'Iran, déclarait en 1967 à Washington :

« Je suis allé en Iran, j'ai vu un pays désolé et pauvre. Les riches sont une poignée, mais la majorité peut faire la révolution. Je pense que nous leur rendons un très mauvais service en leur vendant ces armes. »

Le sénateur Kennedy, rentrant d'un voyage d'études au Moyen-Orient, écrit à son tour quelques années plus tard :

« Téhéran a entrepris de convertir son potentiel économique en puissance militaire, non seulement dans le Golfe mais au-delà... Les dirigeants de ce pays le considèrent comme partie intégrante du Golfe et de l'Asie occidentale avec des intérêts et des ambitions qui s'étendent jusque dans l'océan Indien. » Et il se déclare convaincu de la nécessité d'une révision complète de la politique américaine dans le Golfe, appuyée sur le sur-armement du Shah.

L'ambassadeur des Etats-Unis en Iran, Richard Helms, s'inquiète de la présence américaine croissante qu'entraînent les ventes d'armes sophistiquées. Non seulement celles-ci entraînent à leur tour, faute de personnel iranien, le séjour de spécialistes, de techniciens, d'instructeurs américains (1 500 en 1976), mais 3 000 représentants des fabricants d'armes et des sociétés de services stationnent en outre à Téhéran.

A elle seule, l'entreprise Grumman Aerospace Co, fabricant du F 14, le meilleur avion intercepteur du monde, entreprise que le Shah propose tout simplement de racheter lorsqu'elle connaît des difficultés financières, a envoyé en Iran 800 représentants et employés avec leur famille.

L'intéressant, si l'on peut dire, n'est pas l'explosion finale que l'on connaît. Ce n'est pas que le peuple iranien, exaspéré, outragé, bousculé, là où il y eut développement, par des méthodes qui ruinèrent l'agriculture locale traditionnelle dont vivaient les trois quarts de la population, rejeté vers les bidonvilles de Téhéran l'insolente, appelé à la rébellion contre l'Occident corrupteur par un vieil homme inflexible, brûlant de mysticisme et de volonté de vengeance, se soit à la fin révolté.

L'intéressant est que cette armée grandiose, véritable cancer qui a rongé les forces du pays, n'a jamais, jamais servi à rien. Ni pour le Shah, ni pour l'Amérique. Seulement à miner puis à détruire le régime du « maître » de l'Iran. Seulement à rendre finalement indésirable toute présence américaine dans les autres pays du golfe d'Arabie.

Démonstration dont il n'est pas évident qu'elle ait été comprise si l'on en juge par les carnets de commande des industries occidentales d'armement.

12.
Le discours du Nord

L'univers industrialisé a connu l'essentiel de son développement au cours des trente années écoulées dont nous venons de survoler l'histoire.

Il l'a fait en exploitant systématiquement les ressources du Tiers-Monde — le Sud — et en vendant ses produits sur ses propres marchés, les seuls en expansion, ceux du Nord.

Cette époque est arrivée à son terme. Elle l'atteint brutalement parce que ce terme n'a été ni prévu ni préparé. D'où les troubles, les drames et les crises.

Pour payer non seulement le pétrole, mais les matières premières indispensables à leurs industries, les pays développés doivent exporter toujours davantage. Mais exporter où, puisqu'ils sont tous saturés ?

Le Japon livre à l'Amérique et à l'Europe qui se livrent entre eux, et qui livrent au Japon une guerre économique féroce pour exporter les uns chez les autres.

Chaque fois que le mieux équipé, le plus habile, le plus ingénieux gagne un marché, c'est au détriment des exportations de l'autre. Donc en supprimant des emplois chez l'autre.

Les échanges entre pays industriels ne peuvent plus

soutenir leur propre expansion. Tous sont, ensemble, sur la voie de la régression économique.

Sommairement exposée, telle est la situation. Une impasse historique. Et maintenant ?

Régresser pourrait séduire. Ainsi certains rêvent-ils de sociétés bucoliques... Qu'un autre mode de vie s'impose à l'univers industriel ne fait plus de doute. Mais « régresser » signifie aussi supprimer des hôpitaux, des écoles, la protection sociale, les emplois les plus qualifiés et les plus rémunérés... Régresser, c'est en somme revenir à un état de sous-développés.

Sauf à choisir cette voie ou à s'y laisser glisser, il faut inventer un autre cycle de développement.

Ce développement passe par celui du Tiers-Monde et ne se fera qu'avec lui. Il n'y a pas d'autre « nouvelle frontière » au monde.

Les échecs successifs du dialogue Nord-Sud ont fait naître, de part et d'autre, des tentations suicidaires.

Au Nord, celle du protectionnisme.

Les pays du Sud envahissent, dit-on, les marchés avec leurs produits manufacturés réalisés à bas prix, celui de leur main d'œuvre, et mettent ainsi les industries occidentales en difficulté. C'est la guerre économique. Fermons les frontières.

Thèse que nourrissent l'extension et l'angoisse du chômage. Mais que démentent les chiffres.

Les importations en provenance du Tiers-Monde, qui se limitent en fait à quatorze produits, ont entraîné, en France, la disparition en six ans de moins de 25 000 emplois, essentiellement dans le textile et l'habillement. Durant la même période, les exportations vers le Tiers-Monde créèrent 100 000 emplois, notamment dans la construction mécanique, les secteurs électriques et électroniques.

Chaque fois qu'un pays du Sud se développe, devient créateur, produit, il achète davantage, *il crée plus d'emplois au Nord qu'il n'en supprime.* Il n'y a pas d'exception.

L'illusion, le danger d'un néo-protectionnisme sont dénoncés par tous les hommes compétents.

Roy Jenkins, ancien président de la Commission économique européenne à Bruxelles : « Le redressement de nos économies ne peut être dissocié du développement des pays les plus pauvres et de l'augmentation de la demande mondiale. »

Le Bureau international du travail à Genève : « Dans l'état d'alarme et de confusion qui existe actuellement dans le Nord, l'interdépendance entre le Nord et le Sud risque d'être négligée. Mais ce serait là notre perte. »

L'OCDE, en 1980 : « Rien de plus dangereux que d'oublier l'énorme marché potentiel, pour des produits industriels, que représentent les besoins mal satisfaits d'une énorme fraction de l'humanité. Pays développés et Tiers-Monde n'ont pas à se partager une demande globale donnée. Ils ont à construire une industrie à la nouvelle échelle de milliards d'hommes. »

Au Sud, la tentation de « rompre » est grande aussi.

Quand l'Occident parle d'interdépendance, on constate la façon dont il la pratique, les bases sur lesquelles il l'établit quand il reste maître du jeu. Nombre de représentants du Tiers-Monde ont ainsi perdu foi dans l'instauration d'un nouvel ordre économique et plaident pour une politique d'autonomie collective. C'est-à-dire pour la rupture des liens avec les pays du Nord dans le domaine des investissements directs, du commerce international et des matières premières.

Dans le discours du Nord, le Sud voit une volonté de diviser les pays sous-industrialisés... Un mouvement venant des profondeurs du Tiers-Monde pousse à un développement du dialogue Sud-Sud, s'inscrivant dans cette stratégie « d'autonomie collective » où domine l'idée de « compter sur ses propres forces », écrit Pierre Drouin au moment où s'ouvre la session des Nations Unies sur le développement, à l'été 80.

Abandonner l'illusion, pernicieuse, qu'on puisse plaquer sur le Tiers-Monde le modèle de développement qui fut celui de l'Occident au cours des deux derniers siècles, modèle que de nombreuses forces dans le Tiers-Monde rejettent, ce n'est pas abandonner le développement.

L'histoire des trente dernières années montre que d'autres voies doivent et peuvent être tracées, d'autres méthodes inventées, d'autres forces mises en œuvre.

Au moment même où une crise fondamentale fait trembler le monde, de nouveaux moyens, économiques et humains, surgissent pour un avenir commun.

TROISIÈME PARTIE

La ressource infinie

1.
L'envoyé de Doko à Paris

Ce juillet-là fut, à Paris, le plus froid depuis près d'un demi-siècle. Et puis, dans la douceur retrouvée de la lumière d'août, la capitale alanguie baigne dans ce qu'on appelle encore, en France, « les grandes vacances » : berges de la Seine rendues aux promeneurs, enfilade des places dégagées de l'Etoile au Carrousel, dans toute leur harmonieuse perspective, temps comme arrêté sur la ville. Tandis que s'accumulent dans le monde les menaces...

Ce n'est pas l'angoisse d'août 14, ni celle d'août 39 qui est là suspendue, mais la conscience d'un grand bouleversement, d'une autre nature, qui est déjà engagé. La « rentrée 80 » sera la plus préoccupante de l'après-guerre.

Peu d'hommes responsables ont l'esprit « en vacances », et moins que tout autre le maître de la puissance économique japonaise, le patron du « Keidanren »[1], M. Toshiwo Doko, quatre-vingt-quatre ans.

Son envoyé spécial arrive à Paris, porteur d'un « mémoire » de 280 pages intitulé « La Révolution scientifique et la société d'information ». Réalisé sous l'autorité et la conduite de Doko, rédigé en cinq semaines par six équipes

---

1. Keidanren : Fédération nationale des industries japonaises. M. Doko en est maintenant le Président d'honneur, aux côtés de son successeur, M. Yoshiro Inayama.

parallèles, ce document est livré au petit « groupe de Paris »
réunissant des hommes qui cherchent méthodiquement, ensemble, la voie d'un nouvel élan indispensable à ce monde paralysé
par la peur.

Celui qui l'apporte est l'un des proches lieutenants du
patriarche Doko. Il s'agit du président de l'Institut de Recherche Mitsubishi, M. Masaki Nakajima.

Le « mémoire Mitsubishi » doit contribuer à l'action
engagée pour prendre de vitesse la désagrégation des enchaîne-
ments économiques qui répandent l'impuissance et le défaitisme. Il intègre les toutes dernières données technologiques
nécessaires au travail de proposition du groupe.

C'est au lendemain de la réunion de Taïf que sa mise
en œuvre s'est décidée, à la suite d'un échange simple et franc.

Le rapport de stratégie à long terme des dirigeants de
l'Opep, ce « Manifeste de Taïf », pose des questions fondamentales, énumère des exigences. Il ne prétend pas offrir les
réponses. Va-t-on les attendre, encore une fois, des projets de
conférences, des négociations entre délégations, des réunions de
commissions : tout ce qui n'a abouti, nous l'avons vu d'étape en
étape, qu'à des échecs et à des crises ? Cette fois non.

Cette volonté pressante et déterminée d'agir avant
qu'il ne soit trop tard a provoqué aussitôt, en juin, un échange
approfondi, un dimanche entier, entre Cheik Ali, du Koweit, et
le seul homme politique occidental qui ait suivi, à Taïf, la
discussion finale sur la question du Tiers-Monde.

Le cœur du rapport de Taïf, c'est ce que le comité
Yamani a appelé les « transferts de technologie » vers tous les
pays non développés, dont ceux de l'Opep, en échange de
l'approvisionnement en pétrole, — en vue, si possible et
surtout, d'une orientation efficace des investissements.

C'est la franchise du leader koweitien qui a déclenché
la réaction en chaîne qui a suivi et qui se poursuit désormais à
Paris. Comme son interlocuteur français lui demandait :
« Savez-vous exactement quelles technologies le rapport veut
transférer, avec quelles priorités, par quels moyens ? », le jeune

ministre, docteur en mathématiques, répondit avec simplicité :
« Non. »

Alors le travail en commun a commencé. Il s'est
poursuivi sans désemparer. Les réunions se sont succédé,
à Paris d'abord, puis à Zurich, à Hambourg, à Tokyo,
Riyad, Koweit [1]. Sous la pression des événements, les principaux animateurs de ce Groupe de Paris ont suivi l'exemple de
Doko : pas de vacances. Le va-et-vient n'a plus cessé pour
qu'avant l'automne, la question cruciale, celle de la dissémination du savoir créateur, du fameux « transfert de technologie »,
ressource ultime, soit éclaircie, et les voies de sa réalisation
tracées.

Si le fondateur et numéro un du Mitsubishi Research,
M. Nakajima, arrive à Paris à l'heure dite, son travail fait, c'est
que, pas un instant depuis ce jour de juin, Doko n'a relâché la
pression. Ses messages, ses appels téléphoniques, ses télex se
sont multipliés de semaine en semaine à travers les continents.
Pendant les six jours que Nakajima va passer à Paris, puis dans
le golfe d'Arabie, selon la succession prévue des séances de
travail, il téléphonera régulièrement à Tokyo pour obtenir
l'accord de Doko à chaque étape de la discussion.

Le 11 août, à son retour, puis de nouveau le 10 septembre, Doko l'entendra en compagnie de ceux qui participent
à toutes les grandes décisions économiques du Japon, lesquelles
ne sont prises qu'une fois ce « consensus » obtenu. Seront
réunis les membres du Keidanren, qui regroupe tous les grands
chefs d'entreprises industrielles et bancaires et dont Doko est
l'âme ; ceux du MITI (ministère du Commerce international et
de l'Industrie), dont le puissant appareil bureaucratique organise, depuis trente ans, la planification « à la japonaise » ; et les
principaux économistes internationaux qui sont, à Tokyo, les
conseillers officiels du gouvernement : MM. Okita et Ushiba.

Il ne s'agit de rien de moins que d'élaborer un plan

---

1. Voir annexe en fin de volume sur les activités du « groupe de Paris » en
1979 et 1980.

global pour répondre, avec l'Opep, et dans un effort convergent, à l'interpellation du Tiers-Monde qui, en chavirant, entraînerait dans le désastre une planète affolée.

Ce qui fonde l'autorité unique de Toshiwo Doko, c'est qu'il a, du monde, une conception d'ensemble qu'il traduit dans les faits. La puissance créatrice de ce personnage, de nouveau à l'œuvre pour infléchir la courbe du destin, est impressionnante.

S'il est écouté avec autant d'attention, c'est que depuis trente-cinq ans, il a gagné chacune des batailles qu'il a livrées et que « son » Japon en affiche aujourd'hui le bilan reconnu : celui de la première puissance technologique mondiale.

Doko sait que les armes nécessaires existent pour accepter, sans hésitation, le défi immense, pressant, presque sauvage, que l'ambition de l'Opep lance au monde industriel : développer l'univers, ou périr tous ensemble.

Trapu, large, la tête carrée, les gestes lents, le regard toujours fixement posé, Doko ressemble à un judoka. A la veille de l'été, alors que l'ensemble des responsables du MITI sont en train d'établir leur document final intitulé « Quelle politique industrielle pour les années 1980 ? », il leur a déclaré :

« Après dix ans de crise pétrolière, tout me semble clair sur la marche à suivre : il s'agit d'être les pionniers d'une promotion technologique qui doit s'étendre au monde entier. Non seulement avec la force scientifique du Japon, celle de nos trois cent mille chercheurs, qui exige de nouveaux champs d'action; *mais en symbiose organique avec les autres nations avancées, sans exception.*

« Il faut équiper les capacités du monde, par-dessus toutes les frontières. Les moyens sont là. Il s'agit de les mettre en œuvre. L'objectif, pour nous tous, est simple : créer, diffuser, organiser la puissance technologique capable de soulever le monde. »

Les hommes auxquels Doko tient ce discours ont

déjà, en moins de vingt ans, conquis la première place, par l'application méthodique des découvertes scientifiques et des innovations, dans la construction navale, les caméras, les motos, l'acier, la pétrochimie, les montres, la télévision, les magnétoscopes, l'automobile, l'électronique ; et ils s'attaquent maintenant, parallèlement, aux applications industrielles de l'ingénierie génétique et au dernier domaine réservé des Etats-Unis : l'aéronautique.

Nikon, Cannon, Honda, Seiko, Mitsubishi, Sony, Toyota, Hitachi, Matsushita, Toshiba, Fujitsu sont devenus, les uns après les autres, les premiers dans leurs domaines respectifs.

Mais Doko, stratège de leurs victoires, l'a senti : ils doivent changer d'orientation. Les géants industriels japonais ne peuvent plus se concentrer aveuglément sur la poursuite de leur expansion et la conquête de marchés. Ils doivent « s'intégrer au monde ». Le moment en est venu. La révolution scientifique en offre l'occasion et l'exige.

Il sait, ils savent que l'énergie de base, le pétrole, ayant cessé d'être bon marché et durable, tout ce qu'ils ont construit *doit être reconstruit* à partir d'une autre matière première : l'information, la communication, la pensée. Ils savent aussi qu'il faut, cette fois, sous peine de drames et d'échecs, partager avec les autres, avec *tous les autres.*

Doko y est prêt. Le Japon le pressent. L'Europe et l'Amérique tremblent un peu. Mais il n'y a plus le choix. A la mise en demeure de l'Opep — personne n'oublie plus que ses membres détiennent pour plusieurs années, les années cruciales, la clé de l'énergie et celle de l'investissement, — peut faire écho une réponse technologique mondialisée. De la crise il faut faire naître la chance.

2.

Cap sur l'emploi

A aucun moment la montée méthodique de la puissance japonaise n'a eu de secret pour Doko.

Ingénieur formé à l'Institut de Technologie de Tokyo, puis entraîné en Suisse sur les chantiers de turbines de la Brown-Boveri, il prend, en 1950, la responsabilité du secteur naval de l'une des sociétés renaissantes du Japon à peine sorti de la défaite : celle de Ishikawajima-Harima.

Le Brésil, cherchant à devenir puissance exportatrice, décide de se doter d'une flotte marchande moderne. Doko obtient le contrat de construction de deux grands vaisseaux rapides. Ils seront livrés quatre ans après.

Intervient alors un incident que n'avait pas prévu l'ingénieur et qui va décider de sa carrière. Les pilotes brésiliens de l'un des deux navires géants livrés par Ishikawajima commettent une erreur de navigation à la sortie du port et vont écraser leur vaisseau contre le quai. Mais c'est le quai qui s'effondre. Le cargo japonais n'a que des égratignures. Dès le lendemain il peut reprendre la mer.

Commence l'ascension de la construction navale japonaise. Les commandes affluent. En dix ans, la pénétration du Japon dans ce domaine, Ishikawajima en tête, sera telle que huit navires sur dix, dans le monde, sortiront alors des chantiers japonais.

Quant au Brésil, il va droit au but : il demande à Doko et à son entreprise de créer une industrie navale au Brésil.

Ainsi est né « Ishikawajima do Brasil », associant capitaux et ingénieurs brésiliens et japonais, réunissant dès 1958 trois mille cinq cents stagiaires brésiliens autour des meilleurs techniciens venus de Yokohama pour les former. C'est aujourd'hui la première société de construction navale de l'Amérique du Sud.

Le gouvernement de Singapour, ayant remarqué l'aventure brésilienne et la rapidité de sa réussite, souhaite passer le même contrat. Doko décide : « J'en prends la responsabilité. » En 1963, le « Jurang Shipyard » devient le chantier le plus moderne de l'Asie du Sud-Est, battant en productivité et en coût les chantiers japonais eux-mêmes à qui il arrache bientôt des commandes.

Déjà Doko est ailleurs : il bâtit en Amazonie une usine d'aluminium qui devient la première rivale des géants d'Amérique du Nord. L'ascension continue. Et Doko commence à incarner l'aventure japonaise elle-même.

Interviewé par la presse au cours d'un passage à New York, il déclare à la fin des années 1960 :

« Nous n'avons aucune ressource naturelle, aucune puissance militaire. Nous n'avons qu'une seule ressource : la capacité d'invention de nos cerveaux. Elle est sans limites. Il faut la déployer. Il faut éduquer, entraîner, équiper. Cette puissance cérébrale, par la force des choses, deviendra dans un avenir proche le bien commun le plus précieux, le plus créateur de l'humanité entière. »

Doko a déjà pressenti que la mondialisation s'imposerait. Il a exactement vingt ans d'avance.

Logique avec sa vision de l'avenir, avec cette foi dans l'invention scientifique, Doko quitte Ishikawajima et ce secteur devenu banalisé pour l'une des industries neuves qui vont hisser le Japon à son zénith : l'électronique.

Il est engagé par le conseil d'administration de la Société Toshiba (qui rivalise avec Hitachi, Matsushita et Sony) et en devient le président. Il va faire de Toshiba, avec ses calculatrices, ses transistors, ses circuits intégrés, ses systèmes de communication, une entreprise mondiale.

Après quoi, le poste suprême lui est tout naturellement offert : le commandement du Keidanren, de la machine économique japonaise elle-même et de sa stratégie.

A la tête de l'armée industrielle et scientifique du Japon, Doko demeure, pour le public, un homme discret, presque secret. On connaît son nom et ses succès. On ne sait presque rien de sa vie privée. Jusqu'à ce jour de 1976 où la police fait une descente à son domicile.

Sur ordre du gouvernement, une enquête est activement menée, depuis une semaine déjà, pour rechercher ceux qui, dans l'administration ou dans les affaires, ont pu tremper dans l'un de ces scandales financiers qui, à intervalles réguliers, éclatent à la faveur de l'extrême imbrication des sociétés multinationales, des régimes fiscaux internationalisés, des réseaux marchands des grandes industries d'armement, etc.

Au cours de l'enquête sur ce scandale, quelqu'un a suggéré que Doko pourrait y être mêlé. La police de Tokyo envoie donc ses inspecteurs dans la banlieue de la capitale où réside le président du Keidanren.

A l'adresse indiquée, le chef de l'équipe policière ne trouve qu'un petit pavillon dont la porte de bois donne sur la rue. Il cherche en vain l'accès de la résidence de la famille Doko qu'il croit deviner, protégée par un rideau d'arbres. Il sonne à la porte du pavillon. Une femme âgée en sort, en tenue d'intérieur. Il est 7 h du matin.

L'inspecteur lui demande de bien vouloir lui indiquer le chemin qui conduit à « la villa du président Doko ».

« Il n'y a pas de villa Doko, répond la femme. Je suis Mme Doko. C'est ici que nous habitons. »

Mme Doko peut-elle prier son mari de venir se présenter ?

« Oh, répond-elle, il est parti depuis longtemps ! Il prend le train de 6 h 1/2 le matin pour se rendre à son bureau. Peut-être pouvez-vous revenir demain ? Avant 6 h, vous êtes sûr de le trouver. »

Doko avait déjà quatre-vingts ans et présidait le Keidanren depuis deux ans. Le rapport de l'équipe de police mit un terme à « l'enquête sur Doko » qui avait frôlé le ridicule. Et fit bientôt le tour de Tokyo. Repris par la presse, il diffusa la formidable image de cet homme silencieux, modeste et austère, au faîte de sa puissance. Le Japon le prit pour modèle, l'adopta. Doko devenait une légende, un symbole : une sorte de nouvel empereur à l'ère des ordinateurs... et des économies d'énergie.

La rapidité de déploiement, la qualité technologique de la force industrielle japonaise, qui impressionnaient déjà avant 1970, se sont multipliées sous l'impact de chacun des « chocs pétroliers » : ceux de 1970, de 1973, de 1979. Chaque Japonais les connaît. On les appelle les *shokus,* et leurs dates sont imprimées dans la mémoire de la nation.

Chaque *shoku* a marqué un coup d'arrêt immédiat de la croissance de la consommation et de celle du pouvoir d'achat, d'autant plus brutal que le gouvernement, le MITI et le Keidanren, qui travaillent en symbiose, le voulaient efficace et bref. Et chacun a provoqué une nouvelle accélération de la rationalisation, de l'innovation, de la productivité, de la compétitivité, avec les mutations humaines et sociales qu'elles supposent. Ainsi, de chaque *shoku* le Japon est sorti, du moins jusqu'à présent, plus performant, plus conquérant. Les niveaux de vie et de consommation ont été souvent durement sacrifiés à l'investissement ; les conséquences sociales sous-estimées ; mais l'effort était vital et rien ne devait l'entraver.

En 1980, il faut faire le point. C'est le travail que les responsables du MITI et du Keidanren ont confié au « groupe des soixante » qu'ils ont créé sous le nom de « groupe d'étude du développement technologique ». Celui-ci a remis son rapport au printemps. Ses conclusions sont révolutionnaires :

1. Entre 1960 et 1980, le Japon est arrivé à prendre la tête dans la plupart des secteurs « traditionnels » (construction navale, photo, moto, acier, télévision, appareillage électrique, électronique de grande consommation, automobile). Tout cela doit être préservé et maîtrisé, mais ne suffira plus à assurer le rythme d'expansion qu'impose la crise énergétique, ni à compenser les transferts mondiaux d'activités qu'elle annonce.

2. La majeure partie des succès japonais, sinon tous, ont été obtenus par l'application intensive de « technologies importées », essentiellement des Etats-Unis, et aussi d'Europe. Ce réservoir s'est épuisé au fur et à mesure que le Japon prenait la tête dans les domaines cités. L'avenir ne peut être assuré que sur la base de nouvelles technologies dans des secteurs où l'innovation pourra rapidement multiplier les applications industrielles — et *les nouveaux emplois.*

3. Tout va reposer ainsi, pour les années 1980, sur l'exploitation systématique, généralisée, d'une nouvelle source d'énergie qui va transformer toutes les industries actuelles et fonder les industries de l'avenir : l'informatique ou, plus simplement, *l'information et son traitement.*

C'est-à-dire l'ordinateur, les semi-conducteurs, les microprocesseurs, les robots industriels, la transmission par fibres optiques, la bio-industrie et ses applications (chimie, agriculture, énergie), les nouvelles technologies appliquées à des programmes accélérés dans deux domaines fondamentaux, *ceux de l'éducation et de la médecine ;* enfin le branchement du microprocesseur sur les réseaux modernes de télécommunication pour l'automatisation du travail à distance. (Le microprocesseur est un ordinateur complet, programmable, gravé sur un « chip », jeton d'un millimètre carré de silicium. Cet élément est le plus répandu dans la nature : allié à l'oxygène, il constitue le simple sable des plages, des déserts, des fonds des océans, de la croûte terrestre.)

4. Tout pays industriel développé ne survivra au

bouleversement mondial qu'en créant, à partir de cette révolution, *les emplois de l'avenir.* La rééducation à effectuer consiste à sortir du domaine, maintenant dépassé, de la compétition purement commerciale, visant la conquête des marchés, qui dure depuis trente ans et qui est arrivée à son terme, pour entrer dans une autre compétition reposant sur *la formation des hommes,* l'entraînement des cerveaux, la capacité créatrice, enfin l'intégration de ce domaine neuf à l'ensemble du champ mondial.

5. Cette nouvelle étape du développement constitue un « saut qualitatif » par rapport à tout ce qui l'a précédé : automatisation, grâce au microprocesseur, de toutes les tâches qui ne dépendent pas du fonctionnement actif ou affectif d'un cerveau humain ; et mise en œuvre de ces capacités — si largement sous-exploitées dans les pays industriels, et complètement en friche dans le Tiers-Monde.

Saut qualitatif pour répondre aux besoins de l'informatique (à l'usine, au bureau, au foyer) qui va progressivement tout remplacer, mais dont le développement va exiger, lui, *des millions et des millions d'êtres humains.* Ainsi, ce système irriguera toute la société, donnant aux hommes des tâches qui, de la plus simple à la plus scientifique, ne font appel qu'aux facultés mentales avec une tendance croissante à l'individualisation, travail décentralisé qui retrouvera les formes de l'artisanat.

Saut qualitatif, enfin, par la logique économique de l'informatisation, vers la *nécessaire intégration mondiale ;* et par conséquent la généralisation, la « globalisation » des systèmes de formation et d'éducation, en vue d'une répartition égalitaire des tâches.

Ce dernier point, le plus neuf, est aussi le moins discutable. Le Japon a déjà été conduit à la mise en place d'instituts de formation pour ses voisins du Sud-Est asiatique : Singapour, Hong Kong, Corée, Formose en premier lieu. Puis l'Indonésie, les Philippines, et enfin, à l'initiative de Doko et Inayama, la Chine. Il entraîne, en corollaire, des promotions entières de techniciens et d'ingénieurs japonais à prévoir, à préparer leurs carrières sur les autres continents.

Annonce d'un plan général de « redéploiement » des hommes qui est appelé à se substituer à ce qu'on nommait, au début de cette révolution industrielle, dans les années 70, la « délocalisation » des industries. Nouvelle aventure humaine, sans frontières.

Ces rapports constituent désormais, ensemble, la charte du Japon mondialisé, dont chaque industrie est remise en chantier pour être entièrement reconstruite sur les *microprocesseurs,* cellules nerveuses de toute industrie d'avenir, et sur le système logiciel, fait de matière grise, dont l'appétit « d'instructions » programmées, d'aptitudes humaines, est insatiable.

Il n'y a pas là, à proprement parler, de « défi japonais ». Il y a eu, dans les années 60 et 70, un « défi américain ». C'était celui de l'intelligence du « management », de la meilleure organisation possible des équipes pour l'innovation. Plusieurs pays d'Europe, et le Japon, ont retenu l'enseignement américain, partiellement ou complètement, et sont parvenus à un même niveau d'efficacité, tandis que l'Amérique elle-même, pour d'autres raisons liées à ses politiques militaire et monétaire, voyait se tarir sa vitalité. Ainsi n'y a-t-il plus de « défi américain » en 1980[1]. S'il n'y a pas de défi qu'on puisse appeler japonais, c'est qu'il s'agit d'une autre époque, d'un autre univers. La révolution technologique engagée, la société informatisée qu'elle engendre, ne peuvent être l'apanage d'aucun pays. Leur espace vital est celui du monde.

Le Japon, en tant que nation, peut susciter admiration ou critique, il constitue une entité culturelle particulière ; il ne veut ni ne saurait constituer un modèle. Ce qui est en question surgit des côtes du Japon et des rivages du golfe d'Arabie, mais les déborde : c'est un défi humain étendu à toute la planète. La réponse à ce défi d'une infinie diversité, comme les cultures et,

1. Voir *infra,* chapitre 12 et 19.

finalement, comme la personnalité de chaque être — c'est sa nature même.

La formule du docteur Uenohara, directeur des recherches de la Société Nippon Electric, la première du Japon en télécommunications et télématique, rapportée dans la conclusion du « mémoire Mitsubishi », décrit peut-être le mieux l'avenir :

« Dans le domaine considérable de toutes les activités industrielles qui vont être sans exception toutes informatisées, dans ce domaine du « logiciel » qui devra nourrir les microprocesseurs et les robots, si nous embauchions les cinq milliards d'habitants de la planète, il y aurait encore manque de personnel ». Nous verrons pourquoi et comment son propos est fondé.

Les scientifiques, les industriels, les universitaires qui ont assimilé ce que représente la révolution des microprocesseurs, confirment cette prophétie, qu'ils soient américains, français, allemands ou suédois. C'est la réalité de demain, l'univers dans lequel nous pénétrons, le plus souvent hélas sans le savoir ou, ce qui est plus grave, avec angoisse. Ceux qui savent n'ont pas eu le souci d'expliquer.

Cet avenir, la crise profonde de 1980 le voile de ses sombres nuages. Mais il dépend de nous de le forger au cours des prochaines années. La preuve d'ailleurs en est là : il a déjà pris forme. Et d'abord dans l'industrie japonaise, *qui se transforme sans créer de chômage. Règle absolue, règle pour tous.*

Si ce phénomène radicalement nouveau s'est produit d'abord au Japon, c'est que, sous la poussée brutale des « chocs » pétroliers successifs, ce pays est allé le plus vite et le plus loin dans la nouvelle « société d'information » qui deviendra, sauf catastrophe, celle du monde entier.

Comment, pourquoi les événements ont-ils précipité le Japon, le premier, vers ce lieu de rendez-vous universel ? Cela mérite d'être évoqué et compris, avant d'examiner ce qu'est précisément cette révolution des activités humaines vers une société du plein-emploi, le vrai, celui des facultés de chacun, à partir du microprocesseur et de l'informatisation.

3.
Le Code pourpre

Par une série assez extraordinaire d'accidents historiques, le Japon de 1980, superpuissance technologique, arrivé le premier sur la nouvelle frontière de l'intelligence, cette île compacte, isolée, sans ressources, au bout de l'Orient, à la lisière de l'immense stérilité soviétique, à 12 000 km de l'Europe, à 9 000 km de l'Amérique, ce mystérieux Japon moderne se trouve être paradoxalement le plus pur produit du « génie de l'Occident ». Il a un père. Ce père est Américain. Il s'appelle Franklin Roosevelt. L'histoire de cet enfantement mérite de s'inscrire dans la légende des siècles.

Un jour d'été au sud de Terre-Neuve, dans l'un des endroits les plus somptueux et les plus déserts du monde, la baie de Placentia, deux hommes se dirigent l'un vers l'autre, à bord de leur navire respectif : Winston Churchill et Franklin Roosevelt.

Nous sommes le 9 août 1941. Churchill, naviguant sur le cuirassé « Prince of Wales », est le chef de la Grande-Bretagne en guerre, seule, contre l'Empire hitlérien au faîte de ses conquêtes et de sa puissance. Harry Hopkins, ami intime et seul vrai confident du Président des Etats-Unis, lui a rendu visite plusieurs fois à Londres, au 10 Downing Street, pour aménager les rapports délicats, mais vitaux, entre l'Angleterre héroïque et démunie, et l'Amérique neutre, lointaine, dont le chef veut à tout prix aider les Iles britanniques à survivre et, avec elles, un monde non totalitaire.

Au cours de sa dernière visite, Hopkins a transmis à Churchill un message de Roosevelt indiquant « qu'il serait heureux de le rencontrer quelque part, en tête à tête, si possible dans une baie tranquille. »

Voici donc Roosevelt, à bord du croiseur « Augusta », qui vogue à la rencontre du « Prince of Wales ».

Le Président américain, cloué sur sa chaise roulante, les jambes paralysées depuis vingt ans, et pour toujours, par la poliomyélite, admire la personnalité et le tempérament de Churchill, même si plusieurs vues politiques, en particulier sur les possessions et colonies impériales, les séparent. Il est impatient de cette rencontre.

Le Premier Ministre, par courtoisie envers le Président infirme, décide que, matin et soir, pendant les trois jours que vont durer ces entretiens, ce sera lui qui se rendra à bord du croiseur américain. Le dernier jour seulement, Roosevelt fera le chemin inverse et, par un système de chaînes et de poulies qui l'accompagnent toujours dans ses déplacements en mer, il sera hissé à bord du « Prince of Wales » pour dire adieu à Churchill.

Ils ne savent pas s'ils se reverront ni quand. Mais l'un et l'autre ont une foi instinctive dans l'avenir. Et, pour bien le montrer, à la demande de Roosevelt, ils ont rédigé ensemble ce qu'ils baptisent « Charte de l'Atlantique ». Chacun en a gardé un brouillon manuscrit dont ils se serviront dans leurs déclarations respectives à leur retour, à Londres et à Washington, mais le texte officiel n'en a finalement jamais existé.

Dans cette déclaration, Roosevelt, bien que n'étant pas belligérant et ne sachant pas du tout comment il pourra le devenir, a fait accepter à Churchill le principe de l'émancipation des peuples du monde, colonisés ou exploités, tout comme Lincoln l'avait fait, au siècle précédent, contre les vestiges, en Amérique, de la domination anglaise : « Chaque peuple aura le droit de choisir librement son propre gouvernement et d'obtenir l'indépendance de son territoire ; *chacun aura aussi droit à l'accès, sur un pied d'égalité, aux sources de matières premières et devra participer, dans un effort collectif, à l'aide aux pays encore sous-développés.* »

Roosevelt mettait ainsi fin, dans une baie lointaine de l'Atlantique Nord, à des siècles d'impérialisme et de colonialisme. Il faudra encore bien du temps et des péripéties pour y parvenir. Mais l'histoire en était tracée.

Roosevelt est heureux que le nom le plus célèbre du monde en ce temps-là, celui de Winston Churchill, soit accolé au sien, pour soutenir cette grande idée, cette croisade, son combat de toujours. Mais un drame l'obsède. L'Amérique lui a fait jurer qu'il ne l'engagerait pas dans la guerre, et l'Amérique ne songe pas à le délivrer de ce serment. S'il essayait, il ne serait pas suivi. D'ailleurs, aux termes de la constitution des Etats-Unis, il ne le pourrait pas. Il faudrait un vote des deux chambres du Congrès — qu'il n'obtiendrait pas.

Ce serment de « neutralité », il a été contraint et forcé de le prononcer au cœur de sa récente et troisième campagne pour la présidence, à la fin de 1940. Là est son drame, et celui du monde.

Elu pour la première fois en 1932 pour arracher son pays aux faillites et au chômage de la grande Dépression, les mêmes qui ont semé le désespoir puis le fascisme sur l'Europe (et qui ont été bien près d'en faire autant aux Etats-Unis), Roosevelt, avec l'audace du New Deal, a redistribué le travail et les revenus, pour ce qu'il en restait, à toutes les couches de la population et ranimé ainsi l'Amérique agonisante. D'où sa réélection triomphale en 1936 pour un second mandat.

Quand approche la fin de ce second mandat, nul vraiment ne s'attend, ce serait sans précédent, à ce que Roosevelt tente une sorte de « coup d'état » : en solliciter un troisième. Mais aucune règle constitutionnelle ne l'interdit à l'époque. Malgré son infirmité, il n'hésite pas à rompre avec la tradition et à se porter candidat. Il redoute le pire de la guerre qui a commencé en Europe et qui, au moment de la campagne présidentielle américaine, a déjà vu la victoire totale des armées hitlériennes sur le continent. Quand Paris est tombé, Roosevelt le confiera à ses intimes, il a pris la décision, en conscience et en secret, de se représenter.

A voir l'état de l'opinion américaine, il est convaincu que, s'il n'agit pas ainsi, *un président isolationniste* sera élu et que l'Amérique assistera, lointaine et protégée, au triomphe des dictatures sur les autres continents. Cette faillite historique dont la perspective le fait frémir, il est prêt à tout, il va le montrer, pour l'empêcher.

Mais tout indique que s'il laisse percer, durant la campagne, sa vraie conviction sur la portée de la guerre européenne, il sera écrasé lors du scrutin. Il n'en dira rien. Cela ne suffit pas encore. Face au candidat républicain qui affirme dans chaque discours qu'il maintiendra l'Amérique à l'écart de tout conflit extérieur, on réclame de Roosevelt qu'il se prononce clairement.

Il ne le fait qu'au dernier moment, mais il le fait. En sachant qu'il ment, et en espérant bien d'ailleurs que les événements lui fourniront l'occasion et les moyens de faire le contraire.

Dans l'un des derniers discours de la campagne, à Boston, il lit ce paragraphe qu'il a rédigé : « Puisque j'ai, pères et mères d'Amérique, l'occasion de m'adresser encore une fois à vous, je dois vous donner une assurance. *Je la répèterai encore et encore : nous n'enverrons jamais vos garçons se battre dans aucune guerre étrangère.* »

Il est élu, mais c'est la plus difficile de ses élections. Car, malgré l'engagement public et la parole donnée, on le soupçonne d'arrière-pensées « interventionnistes ».

L'isolationnisme régnait alors sur le peuple américain. Tous les grands noms de l'époque rivalisaient en déclarations catégoriques contre la moindre velléité d'aller se mêler des affaires d'Europe : Charles Lindbergh, le héros de la première traversée aérienne de l'Atlantique ; Joseph Kennedy, le père des quatre fils qui deviendront célèbres, ambassadeur à Londres ;

John Foster Dulles, le futur secrétaire d'Etat lui-même ; Henry Ford, le plus illustre industriel du pays, qui a tenu à refuser publiquement le moindre contrat avec le ministère de la Défense, etc.

Roosevelt, élu dans l'équivoque, se renfermera dans un secret isolement qui transforme sa psychologie et sa conduite. Il a triomphé en politique par sa franchise à l'égard du peuple américain. Il lui a toujours fait confiance. Voici que, devant l'ampleur du drame mondial, la frayeur qu'inspire la puissance des régimes fascistes, le peuple américain n'est plus, pour Roosevelt, ce compagnon à qui l'on pouvait, à qui l'on devait tout dire. Pour entrer dans cette guerre que seule l'Amérique peut gagner, il va falloir ruser.

Il le fait. Avec une telle audace, une si ferme résolution qu'aujourd'hui encore, quarante ans plus tard, un mystère recouvre une partie de l'enchaînement des décisions que prit Roosevelt, et lui seul, pour entraîner l'Amérique.

Ici intervient pour la première fois le soleil levant du Japon. Il ne sortira plus de notre histoire.

Clairvoyant, Hitler redoute l'Amérique, contrairement à ce qu'il déclare en public. Les archives du Reich nous ont amplement informés : Hitler avait pris la décision catégorique de tout faire pour éviter d'attirer l'Amérique dans la guerre.

Il savait comment il attaquerait la Russie de Staline, après en avoir décapité l'état-major par la ruse et grâce à la méfiance pathologique du chef soviétique ; il était confiant dans l'efficacité et le nombre sans cesse croissant de ses sous-marins, les fameux U-Boots, pour finir d'asphyxier les Iles britaniques. Tout cela était jouable et gagnable. A une condition : la neutralité de l'Amérique.

Hitler ne s'y trompait pas. Roosevelt non plus.

Le Président américain essaie tous les moyens. Il décide d'abord de livrer des navires, puis des avions de combat à l'Angleterre. Il est suivi de justesse par le Congrès. Il décide bientôt que la totalité de la production américaine d'avions de chasse P 40 sera livrée à l'Angleterre, et lui fait ouvrir des crédits pour que ce contrat ait les formes d'une opération d'exportation industrielle, non d'un acte de belligérance. Il obtient que le Congrès ne mette pas son veto en expliquant publiquement que « plus on aide l'Angleterre à résister, moins on risque de voir l'Amérique être entraînée à la secourir directement. »

Les meutes de sous-marins nazis font de terribles ravages.

Roosevelt, un jour, confie à Hopkins et au général Marshall : « Mon Dieu, l'Atlantique est en train de devenir un océan allemand ! ». Mais que faire ?

Le premier sondage de l'institut Gallup porte sur ce point, auquel l'opinion américaine est attentive : « Accorder ou non l'escorte de navires américains aux convois qui ravitaillent l'Angleterre ? ». La réponse révèle une hostilité massive.

Roosevelt, quelques mois plus tard, devant l'accumulation des pertes dans l'Atlantique, passe outre. Il donne l'ordre à la marine américaine d'escorter les convois jusqu'au large des côtes anglaises, mais avec interdiction de tirer les premiers. Hitler répond en donnant instruction à ses sous-mariniers de ne tirer que s'ils sont attaqués et d'éviter les navires américains.

Deux accidents se produisent. Le 17 octobre 1941, un convoi britannique est attaqué par un groupe de sous-marins hitlériens. Un escorteur américain, le destroyer « Kearney », reçoit deux torpilles. Onze hommes sont portés disparus. Leurs noms sont publiés dans la presse américaine.

Roosevelt étudie les réactions de l'opinion. L'hostilité à la guerre ne fléchit pas. Au contraire.

Trois semaines plus tard, au large de l'Islande, un autre destroyer américain, le « Reuben James », accompagnant un convoi marchand, est coulé par les sous-marins. Il sombre corps et biens, avec cent hommes d'équipage, tous disparus.

L'émotion en Amérique est considérable. Mais elle est trouble et ambiguë. Une partie de l'opinion s'en prend avec passion aux nazis. La majorité en fait grief au Président des Etats-Unis.

Roosevelt demande au Congrès d'autoriser l'armement des vaisseaux marchands américains pour leur permettre, s'ils sont attaqués, de se défendre eux-mêmes en haute mer. Le débat à la Chambre et au Sénat est âpre. Et si le Président obtient « que les Américains aient le droit de riposte », c'est d'extrême justesse : par dix-huit voix seulement de majorité à la Chambre... et treize au Sénat.

Roosevelt en tire la conclusion. Il confie à Hopkins : « Il est clair pour moi que *jamais*, sauf événement tragique, nous n'obtiendrons l'accord du Congrès et du pays pour entrer en guerre contre l'Allemagne »

Evénement tragique ? Seule une faute d'Adolf Hitler pourrait le provoquer.

Par trois fois, en tête à tête avec le Führer, le chef de la marine de guerre allemande, le grand amiral Roeder, supplie, menaçant même de remettre sa démission, qu'on accorde le droit à ses sous-marins de tirer sur les navires américains qui sont impunément en train de gagner la bataille du ravitaillement de l'Angleterre et d'annuler les effets du blocus. Hitler ne cède pas : c'est non.

Un peu plus tard encore, Roeder dresse un constat solennel : « Vingt actes de guerre commis sur l'Atlantique par les vaisseaux américains à l'égard de l'Allemagne. » Mettant le Führer en garde contre l'ampleur des approvisionnements qui parviennent à l'Angleterre, il réclame en conclusion le droit d'attaquer. Hitler maintient son refus. Il sait où est son adversaire : à la Maison Blanche. Il ne lui fera pas ce cadeau. Roosevelt est prisonnier.

Mais, entre temps, les services secrets américains, à la fin de l'été 1941, ont commencé à décrypter le « Code pourpre » qui sert aux transmissions entre Tokyo et les bases japonaises, aériennes et navales, dans le Pacifique. Roosevelt voit poindre une lueur. Il ne la quitte plus des yeux. Là est la chance historique.

4.
Duel sur le Pacifique

L'opinion américaine, qui se refuse à aventurer ses fils en Europe, ne songe même pas au Pacifique et à l'Extrême-Orient. Impressionnée par la puissance allemande, elle ignore ce lointain Japon et considère d'ailleurs d'un œil méprisant ce que la presse présente comme « ces petits hommes jaunes, malingres, grégaires et sans esprit d'initiative ».

Mais le Japon, lui, est à bout de nerfs. Roosevelt, sans qu'on y ait prêté attention, a multiplié les actes d'hostilité. Il a gelé les avoirs japonais aux Etats-Unis lorsque les troupes japonaises ont occupé sans combat l'Indochine. Il obtient du gouverneur des Iles néerlandaises (l'Indonésie) de suspendre tout envoi de pétrole vers Yokohama et Nagasaki. Le Premier Ministre japonais, le prince Konoye, a déclaré à la Diète que cette situation devenait intolérable car l'armée et la marine du pays risquaient d'être bientôt paralysées. Roosevelt est encouragé.

L'ambassadeur des Etats-Unis, M. Grew, n'étonne pas le Président en lui câblant que le rationnement de l'essence est maintenant en vigueur dans tout le pays et « qu'on ne trouve plus un seul taxi dans toute la ville de Tokyo ».

L'ambassadeur met bientôt en garde le Président contre le risque d'une crise gouvernementale à Tokyo « qui aboutirait au remplacememt du Premier Ministre Konoye, relativement modéré et hostile à une guerre, par un homme beaucoup plus dur, dont l'Amérique pourrait attendre le pire ».

Le pire ? C'est bien la moindre des choses... Tous les sondages indiquent que si les Japonais décidaient d'attaquer l'Indonésie ou les Philippines, ou tout autre territoire de l'Asie et du Pacifique — sauf un —, l'opinion américaine resterait indifférente et n'accepterait toujours pas une entrée en guerre. Alors ?

La crise gouvernementale, prévue par l'ambassadeur, survient. Le gouvernement Konoye, devant la montée des difficultés économiques, est remplacé par un « gouvernement de faucons », selon l'expression de Grew dans son câble, et dirigé, au poste de Premier Ministre, par « le plus farouche faucon de tout l'Orient, le général Tojo ». Celui qui veut la guerre.

Les services américains décryptent depuis l'été. En novembre, ils enregistrent les préparatifs de guerre. Mais avec quel objectif ? C'est la question. Elle ne sera pas négligée...

Deux émissaires diplomatiques japonais, MM. Nomura et Kurusu, sont à Washington pour négocier la levée de l'embargo et des gels bancaires. A partir de ce moment-là, tous les câbles entre Tokyo et les deux diplomates en mission à Washington sont transmis personnellement à Roosevelt. Il n'en discutera avec personne. Il n'existe pas trace d'un entretien avec quiconque sur la question d'Extrême-Orient.

Son secrétaire d'Etat, Cordell Hull, poursuit la négociation avec les deux émissaires japonais sans instruction du Président. L'éventualité d'une réaction militaire des Japonais dans le Pacifique se précise. Mais où ?

Un seul objectif, dans l'immense océan, est territoire américain : Hawaï et sa base de Pearl Harbour, quartier général de la flotte du Pacifique. Un seul objectif, s'il était visé par les Japonais, pourrait déclencher la guerre : Pearl Harbour.

Le chef des bureaux de renseignements de la marine des Etats-Unis dans le Pacifique, Richmond Turner, indique à la Maison Blanche « qu'il faudrait considérer Hawaï et Pearl

Harbour comme des *cibles possibles* de la première offensive japonaise ». Possible n'est pas suffisant.

L'ambassadeur Grew câble, « à l'attention personnelle du président, que des rumeurs circulent à Tokyo, dans les cercles militaires, selon lesquelles, en cas de rupture avec les Américains, dans la négociation qui se déroule à Washington, les Japonais pourraient fomenter une offensive contre Pearl Harbour ».

Novembre : l'amiral Kimmel, qui commande l'escadre américaine basée à Pearl Harbour, envoie un message spécial à Washington : « Avant même qu'intervienne une déclaration de guerre officielle, les Japonais pourraient bien procéder à une attaque surprise contre Pearl Harbour. » Les services de renseignements de la Maison Blanche en savent davantage.

Le 29 novembre, l'impasse des négociations à Washington et le durcissement de la position américaine conduisent le secrétariat de la mission diplomatique japonaise à câbler à Tokyo sous couvert du Code pourpre : « Dites-nous quand vous comptez programmer l'heure H afin que nous sachions comment mener la conclusion de nos pourparlers. » Silence.

Hésitation, semble-t-il, à Tokyo, sur la sécurité du code ou sur la nécessité de répondre. Le service de décryptage à Washington doit attendre un bon moment, qui paraît interminable. Puis la réponse arrive, mot codé après mot codé, de Tokyo : « Nous pouvons vous le dire. L'heure H est fixée au dimanche 7 décembre, à l'aube... Ce sera à Pearl Harbour. »

La réponse s'inscrit maintenant en clair sur les bandes d'enregistrement du service américain : « Attaque de Pearl Harbour prévue à l'aube du 7 décembre. » Nous sommes le 29 novembre.

Washington se borne à écouter. A Pearl Harbour, on ne saura rien.

L'amiral Kimmel a rassemblé dans la rade toute sa flotte pour de prochaines manœuvres. Sont ainsi rangés, côte à côte, les huit cuirassés et les neuf croiseurs, avec leurs navires d'escorte. Toute la flotte du Pacifique.

Le vendredi 5 décembre, Mme Roosevelt, l'épouse du président, téléphone à l'un des journalistes les plus connus des Etats-Unis, Edward Murrow, pour le convier « à un dîner informel et amical avec le Président, le dimanche 7 au soir, à la Maison Blanche ».

Le week-end commence tranquillement. Le samedi 6 décembre, le général Eisenhower a été autorisé à partir se reposer dans le Texas, au fort Sam Houston. Le ministre de l'Intérieur, Harold Ickes, reçoit des amis dans sa ferme du Maryland. Dean Acheson va avec sa famille s'incliner devant la dépouille mortelle du juge Brandeis, puis part se reposer et méditer en forêt.

Le Président, le samedi soir puis le dimanche matin, se trouve par exception dans son bureau au premier étage de la Maison Blanche.

Sur les deux aéroports militaires de Pearl Harbour, les avions de combat ont été rangés, aile contre aile, au centre des terrains, pour un week-end de repos ; les pilotes sont en permission.

A 10 h 20 (heure de Washington), le dimanche 7 décembre, les deux diplomates japonais téléphonent au Département d'Etat pour demander à être reçus à 13 h par le ministre, sur instruction de Tokyo. Le ministre est absent, mais on va chercher à le joindre et on leur donnera réponse.

Franklin Roosevelt, seul, contemple le soleil d'hiver sur les pelouses de la Maison Blanche. Il est mis au courant de la demande d'audience formulée par les Japonais ; 13 h à Washington, c'est 8 h du matin à Pearl Harbour. Cordell Hull l'appelle pour lui demander ses instructions au sujet de la demande d'audience : « Rien de particulier ».

A 13 h 20 à Washington (8 h 20 à Hawaï), toutes les escadrilles japonaises, ayant décollé des porte-avions arrivés à la suite d'un large mouvement tournant par le nord-est de l'île, foncent en piqué sur la flotte à l'ancrage, et sur l'aviation au sol des forces américaines du Pacifique. Tout est détruit ou brûlé en trois vagues, avant qu'aucune riposte ait pu être déclenchée.

Le plus grand désastre militaire de l'histoire des Etats-Unis a pris une demi-heure.

Une dépêche militaire sous les yeux, Franklin Roosevelt, pour la première fois de la matinée, appelle sa secrétaire et dicte un message officiel à transmettre aux agences.

« En provenance de la Maison Blanche : attaque aérienne japonaise contre l'ensemble des installations américaines à Pearl Harbour. Le Président fera une déclaration en fin d'après-midi. »

L'amiral Nimitz, le général Eisenhower, le général MacArthur, tous les chefs militaires américains apprendront la nouvelle par la radio dans le courant de l'après-midi. Ils rejoignent leur poste les uns après les autres. Mais les avions japonais sont repartis depuis longtemps. Les navires aussi. D'ailleurs il ne reste plus rien pour aller à leur poursuite.

Franklin Roosevelt appelle Londres pour parler personnellement à Churchill et lui annoncer lui-même la nouvelle. « Ils nous ont attaqués à Pearl Harbour... Désormais, nous sommes ensemble sur le même bateau ! »

Le Président des Etats-Unis se met au travail et donne ses ordres : la guerre a officiellement commencé.

Roosevelt sait que ce sera long et dur. Mais il ne doute pas du résultat. L'épisode qui vient de se dérouler a été décisif.

Roosevelt a joué de toutes les ressources et audaces de son art politique et de son intelligence du monde. A partir du moment où le Japon provoquait la guerre, celle-ci devenait mondiale et, du coup, elle était gagnée.

Deux autres esprits d'exception, en Occident, avaient, comme Roosevelt, compris l'inflexible simplicité de cette équation : enclencher la guerre mondiale, la guerre totale, c'était la gagner. Autrement, elle était perdue.

Churchill l'avait dit dès l'été 40 : « Nous nous battrons sur nos plages, nous nous battrons dans nos rues, nous nous battrons sur les mers, nous nous battrons jusqu'à l'extrémité de l'océan : *jusqu'au jour où le nouveau monde, avec toute sa puissance, viendra nous rejoindre* dans ce combat pour sauver la vieille Europe qui lui a donné naissance. » Depuis le début, il était clair pour lui que la victoire serait acquise du jour où l'Amérique entrerait en guerre. Mais quand et comment ?

De Gaulle, chef de la « France libre », l'avait dit, lui aussi, dans son fameux « Appel du 18 juin » :

« Cette guerre n'est pas limitée au territoire malheureux de notre pays. Cette guerre sera une guerre mondiale... La France pourra, comme l'Angleterre, *utiliser sans limite l'immense industrie des Etats-Unis...* Foudroyés aujourd'hui par la force mécanique, nous pourrons *vaincre dans l'avenir par une force mécanique supérieure.* »

Ce dimanche où les pilotes japonais fondent comme la foudre sur Pearl Harbour, le général De Gaulle vient de faire une longue promenade en forêt dans la banlieue de Londres, à côté de la petite maison qu'il a louée pour les week-ends, en compagnie de l'un de ses adjoints de la première heure, le chef de ses services de renseignements, le colonel Passy. Après deux heures de marche, ils rentrent. Passy, dans ses mémoires, raconte :

« Nous rentrâmes de notre longue promenade et chacun alla s'asseoir dans un fauteuil du salon. De Gaulle tourna le bouton de la radio. Quelques minutes plus tard, nous apprenions que les Japonais venaient d'attaquer la flotte américaine à Pearl Harbour. De Gaulle coupa le contact. Il se plongea dans une méditation profonde que je me gardai d'interrompre. Un temps qui me parut interminable s'écoula ; puis le général se mit à parler : « Maintenant la guerre est définitivement gagnée ! » »

Oui, Roosevelt a gagné.

Les Japonais, qui n'ont jamais connu si grande allégresse, viennent de perdre. Ils pouvaient attaquer n'importe où — sauf à Pearl Harbour. Ils pouvaient prendre d'assaut l'Indonésie et son pétrole, les Philippines, Singapour, le Sud-Est asiatique. Ils pouvaient étendre immensément leur puissance, conquérir des sources de matières premières, devenir inexpugnables. L'Amérique n'aurait pas bougé. Roosevelt le savait. Eux ne le savaient pas.

Ils étaient mal renseignés et ils avaient mal réfléchi, eux qui allaient fonder plus tard, à l'autopsie de la catastrophe, leur rôle dominant dans l'univers industriel sur l'exercice de l'intelligence et le traitement de l'information.

Mais quand on dit « les Japonais » en parlant de ce peuple en 1941, on pèche par généralisation. En vérité, face aux ruses de Roosevelt, ce qui a conduit les Japonais à viser la seule cible de tout le Pacifique qui leur sera fatale, c'est le défaut d'ouverture d'esprit, non du peuple japonais, qui n'avait pas un mot à dire, mais de ses dirigeants, et en particulier de ses chefs militaires. La preuve la plus éclatante, riche d'enseignement pour l'avenir, en est la lutte au sein du pouvoir qui s'est livrée pendant tous les mois qui ont précédé Pearl Harbour entre le Premier Ministre, le général d'infanterie Tojo, et le plus célèbre marin japonais, l'amiral Yamamoto.

Tojo, qui n'est jamais sorti du Japon, veut la guerre et il veut la guerre contre l'Amérique. L'Amérique seule lui paraît à la hauteur de la puissance et de la gloire de son pays. Semaine après semaine, Yamamoto dénonce « cette pernicieuse illusion ». Il explique comment, depuis quinze ans, comme marin, puis comme officier de marine, puis comme amiral, il a fait plusieurs fois le tour du monde, qu'il connaît l'Amérique de la côte Ouest, sur le Pacifique, à la côte Est sur l'Atlantique. Il affirme que l'étendue, la richesse, la capacité des Etats-Unis sont pour lui si évidentes, qu'une fois mobilisés — à Dieu ne plaise — dans un effort de guerre, ils seraient irrésistibles. Et qu'en contraignant les Etats-Unis à la guerre, le Japon courrait à sa perte.

Le duel entre Yamamoto et Tojo restera un moment historique de la grande aventure japonaise. Deux esprits de valeur, deux tempéraments intrépides. Mais l'un a intégré à sa réflexion la connaissance du monde extérieur, l'autre est immergé dans la seule réalité japonaise. Yamamoto n'est pas plus « intelligent » : il est beaucoup plus « informé ».

Le secret du Japon d'après-guerre, la clé de ce qui deviendra sa réussite, c'est qu'après la défaite apparaîtra dans tout son éclat la supériorité « informatique » de Yamamoto. Tojo est enterré avec le passé. Au contraire, dans les innombrables articles et ouvrages qui lui sont consacrés, Yamamoto, à qui hommage est rendu, partage, avec Roosevelt et son proconsul MacArthur, la paternité du nouveau Japon.

Avec Pearl Harbour s'amorce déjà le choc prodigieux qui, sortant le Japon de son étrangeté au monde, va déterminer son destin. Puis entraîner celui de l'univers.

5.

Les caprices du destin

Le Japon de toujours, stoïque et clos, vient d'engager son duel à mort avec l'Occident. Tel est le premier acte. Personne ne peut alors imaginer ce que sera le dénouement, l'acte foudroyant qui vitrifiera le passé nippon et embrasera son avenir.

D'abord une longue nuit. Les combats sur mer, dans le ciel et sur chaque parcelle de terrain, dans chaque archipel, chaque île du Pacifique, vont être atroces, acharnés, sanglants. La bataille du Pacifique sera la plus dure de toutes. Les Japonais y mettent une capacité de sacrifice, une indifférence à la mort qui en font les plus redoutables combattants. Les Américains, que la propagande hitlérienne décrivait si complaisamment comme « repus, matérialistes, décadents », relèvent le défi et, sous le commandement du général MacArthur, s'élèvent, semaine après semaine, jusqu'au pur héroïsme. Quatre longues années vont s'écouler. Et rien encore ne sera joué.

Les Japonais ne cèdent pas un îlot de cet immense océan sans se battre jusqu'au dernier : il n'y a pas de prisonnier. Ils en font serment : jamais aucun d'eux, vivant, ne laissera les Américains poser le pied sur le sol de leur patrie, si par malheur ils finissaient par en arriver là. Mais Franklin Roosevelt peut imaginer une autre issue que le massacre d'un million d'Américains pour prendre d'assaut les îles lointaines de l'archipel nippon.

Des équipes de physiciens nucléaires sont au travail. Un seul problème : le temps. A quel moment parviendront-elles au but fixé ?

Quand on songe au nombre de personnes de nationalités différentes qui participaient à la réalisation complexe du « projet Manhattan », décidé par Roosevelt dans le secret absolu, il est assez extraordinaire qu'à aucun moment, ni les nazis, ni les Japonais n'en aient rien su. Seul Staline, parce qu'il a ses agents partout, aura des informations à son sujet. Mais il les déchiffrera mal et ne saisira pas le dessein final.

Si l'aboutissement du « projet Manhattan » doit changer les données universelles, il va avant tout transfigurer, sublimer, faire naître le Japon au monde et à la religion de la science — comme dans un spasme.

Adolf Hitler, par un miracle dû pour l'essentiel à sa religion raciste, n'eut sur ce point aucune intuition. Pourtant il avait le premier organisé une équipe de recherche sur « les applications possibles de la physique nucléaire », qu'il avait installée à Berlin dans une section du ministère de la Science, au 69 Unter den Linden, près de la chancellerie du Reich. Il se faisait tenir au courant.

Il se trouve que le plus brillant cerveau de l'équipe nucléaire du « numéro 69 » était celui d'une physicienne autrichienne, Lise Meitner. C'est elle qui, assistée de deux grands physiciens qui la reconnaissaient comme leur maître, Otto Hahn et Fritz Strassman, obtint dès 1938 les premiers résultats probants « en bombardant de l'uranium avec des neutrons ». Elle était donc loin en avant sur la voie de la fameuse découverte.

Arrive l'Anschluss, l'occupation, en une journée, de l'Autriche par les divisions nazies. Lise Meitner, comme tous ses concitoyens, devient automatiquement de nationalité allemande — et non plus autrichienne. Juive, elle tombe sous le coup des « lois raciales » du troisième Reich. Et est exclue de son laboratoire.

Ses collègues sont consternés. Les principaux savants allemands du « numéro 69 » demandent une entrevue collective avec Hitler : il faut à tout prix conserver Lise Meitner. Le Führer entre dans l'une de ses colères qui l'aveuglent, occultent son intelligence ; il va jusqu'à traiter les deux physiciens allemands qui sont devant lui, suppliants, de « sales juifs blancs », et les congédie. Un mandat d'arrêt est lancé contre Lise Meitner. Ses collègues organisent sa fuite. Elle quitte l'Allemagne pour toujours. Désormais, comme tous les grands scientifiques juifs d'Allemagne, comme Einstein, Lise Meitner est apatride.

Se fiant à sa foi fanatique, Hitler a joué contre l'intelligence. Comme le général Tojo, c'est là qu'il a perdu.

Ainsi, dès 1939, deux ans et demi avant Pearl Harbour, a pu commencer en silence un effort athlétique, permanent, des physiciens nucléaires pour qu'à aucun prix la course à la bombe ne soit gagnée par le Reich national-socialiste. L'Italien Enrico Fermi, le Français Joliot-Curie, le Danois Niels Bohr, les Hongrois Léo Szilard et Edouard Teller (naturalisés américains), arrivent à la même conclusion : il faut alerter Roosevelt. Lui seul peut, s'il comprend l'enjeu, mobiliser en temps utile les moyens considérables qui seront nécessaires pour avoir une chance d'aboutir à temps.

Mais comment joindre Roosevelt ?

Aucun ne le connaît, et aucun n'aurait à ses yeux la « représentativité » suffisante pour faire passer un si étrange message, pour faire pénétrer une nouveauté scientifique aussi complexe dans un cerveau politique absorbé par les tâches quotidiennes du pouvoir — et la prochaine échéance électorale.

Un acte héroïque se produit. Au cœur de Berlin, dans le saint des saints du « numéro 69 », le physicien allemand Flügge, profondément anti-nazi, décide de publier dans une revue scientifique spécialisée ce qu'il sait déjà sur « les capacités et les possibilités de la réaction-en-chaîne que l'on peut déclencher avec de l'uranium ». La revue s'appelle « Naturwissenschaften ». Elle est assez confidentielle, réservée aux spécialistes. Mais le texte de Flügge est complet et explicite.

Et Flügge ne s'arrête pas là. Il fait parvenir des exemplaires de la revue à Zurich où la presse locale en reprend les extraits essentiels. Tout est alors déclenché. Plus rien ne peut dissuader Fermi, Szilard, Teller : ils savent maintenant où en sont leurs rivaux à Berlin. L'issue de la guerre en Europe, et sans doute bien davantage, est maintenant en jeu.

Après réflexion et conciliabules avec leurs collègues américains, ils concluent qu'un seul homme a la notoriété et l'autorité suffisantes pour être entendu par le Président des Etats-Unis : Albert Einstein. Ils décident d'aller le voir. Einstein est en vacances dans un petit village de Long Island, Peconic, hameau perdu où personne ne peut leur indiquer la maison où habite un certain « Monsieur Einstein ». Finalement, ils le trouvent en promenade. Avec son énorme chevelure toujours ébouriffée, sa pipe, son pantalon tirebouchonnant, son air éternellement songeur, avec aussi son extrême gentillesse et son très mauvais anglais, le grand homme les conduit chez lui. Il met ses chaussons et les écoute.

Au grand étonnement de Szilard, qui le notera dans son carnet le soir même de cette entrevue capitale, le génie scientifique du siècle, dont l'équation fondamentale a donné, trente ans auparavant, la définition et la mesure de l'énergie nucléaire, leur avoue qu'il n'a pas songé un instant à la possibilité d'une réaction d'explosions.

Szilard écrit exactement ceci : « Il nous est apparu, dès le début de cet entretien qui heureusement se prolongera, que la possibilité de déclencher une réaction en chaîne dans l'uranium n'était jamais venue à l'esprit d'Einstein. »

Szilard complète ainsi son extraordinaire compte rendu :

« Lorsque je commençai à lui exposer l'ensemble de nos informations sur ce qui se passait à Berlin, il comprit ce que risquaient d'être les conséquences et il me signifia qu'il était disposé à nous aider s'il le fallait, ou, comme on dit, à " se mouiller ". »

Les trois hommes cherchèrent alors ensemble la voie à suivre. L'un d'eux suggéra qu'Einstein, qui n'avait jamais rencontré Roosevelt, écrive à la reine de Belgique, qu'il se trouvait connaître. L'idée ne parut pas la meilleure. On en resta là.

Deux semaines plus tard, sur la liste restreinte des familiers de Roosevelt, Szilard retint le nom du banquier Alexander Sachs. Celui-ci, approché, accepta de transmettre une lettre d'Einstein si celui-ci voulait bien écrire directement au Président.

Szilard retourne au petit village de Long Island, accompagné de Teller. Einstein accepte. Il se met à dicter, en allemand pour être plus sûr de chacun de ses termes, sa lettre à Franklin Roosevelt, datée.du 2 août 1939. Sa conclusion : « La réaction nucléaire en chaîne, dont je viens de décrire succinctement le déroulement, rendrait possible, si elle se produisait, la fabrication d'un nouveau type de bombe extrêmement puissant. Une seule bombe de cette nature, transportée par exemple dans un port par bateau, suffirait à anéantir le port tout entier, ainsi qu'une grande partie du territoire avoisinant. »

Traduite en anglais par Sachs, la lettre est alors lue par celui-ci à Roosevelt, dans son bureau... le 11 octobre suivant ! Roosevelt la trouve longue et peu compréhensible. Sachs est pris de vertige. Il supplie Roosevelt de lui accorder un nouvel entretien pour le lendemain matin au petit déjeuner : il lui expliquera plus longuement et plus tranquillement le contenu de cette lettre et sa portée. Roosevelt, d'instinct, accepte.

Le lendemain, Roosevelt est plus attentif. Puis, sans commentaire, il convoque son attaché militaire personnel, le général Watson, et lui dit : « Ceci va exiger des mesures. » Il lui tend la traduction de la lettre d'Einstein, dont il garde l'original. L'opération secrète baptisée « S-1 » va commencer. Elle ne s'arrêtera plus. La suite est connue.

L'équipe formée autour de Robert Oppenheimer, « le

projet Manhattan », installé à Los Alamos dans un vieux ranch désaffecté, la lente progression des savants vers la « réaction en chaîne » qui conduira à l'explosion théorique, puis réalisée ; les mesures de sécurité draconiennes, les problèmes de conscience qui assaillent les scientifiques les uns après les autres, les dépêches d'Allen Dulles, chef des services secrets américains en Europe, installé en Suisse, la bataille pour mettre la main sur l'eau lourde (nécessaire à la réaction nucléaire) que les savants français ont fait sortir clandestinement, etc.

Roosevelt, même lorsque, la guerre engagée, il devra dicter quotidiennement ses instructions au général Eisenhower sur le front d'Europe, et au général MacArthur sur celui du Pacifique, se fera tenir au courant régulièrement de chaque étape de l'opération.

Si Churchill et De Gaulle ont eu la certitude de la victoire finale dès le jour de Pearl Harbour, c'est qu'ils étaient l'un et l'autre bien naturellement obsédés par Hitler, pour eux le seul et immense danger. Et la puissance de l'Amérique assurait à leurs yeux, selon un processus prévisible, la supériorité des forces alliées.

Roosevelt partageait cette analyse sur la victoire en Europe, mais il avait, lui, une autre obsession : le Japon.

Là, il était seul. Seul à avoir conscience, en marin qu'il avait été, de l'immensité de l'océan Pacifique. Redoutable Pacifique.

Seul aussi, par l'incontestable prescience du monde qui avait effacé de son esprit toute idée d'une « supériorité » quelconque de la race blanche, à ne sous-estimer en rien l'ingéniosité, le courage, les capacités infinies dont seraient capables les Japonais.

D'où le soin attentif avec lequel il suit les travaux de l'équipe de physiciens nucléaires de Los Alamos.

Les hasards et les caprices du destin vont maintenant tout embrouiller jusqu'à l'acte final dont personne ne saura plus, lorsqu'il interviendra, qui l'aura décidé.

Voici qu'avant même la moindre expérience susceptible d'indiquer quand la « bombe atomique », comme on
commence à la nommer, sera capable d'exploser, et après deux
ans de travail, deux des hommes qui ont provoqué la décision
historique de Roosevelt sont pris de remords et veulent les faire
partager au Président.

D'abord le savant Niels Bohr. Dès qu'il apprit, par les
services spéciaux dépêchés en Allemagne envahie, que le Reich
hitlérien n'avait pas le moindre explosif « atomique » dans son
arsenal, Niels Bohr, stupéfait et soulagé, demande maintenant à
Roosevelt d'abandonner : il ne faut pas poursuivre la réalisation
de la bombe. Elle n'est plus nécessaire à la victoire et c'est
prendre le risque, dit-il, « d'une course ultérieure aux armements nucléaires, qui préparerait à coup sûr une prochaine
guerre atroce qui pourrait être la fin du monde ». L'ordre des
priorités est à ses yeux inversé : il faut arrêter l'expérience
diabolique et livrer au monde entier toutes les données scientifiques ; en interdisant, une fois pour toutes, la fabrication
d'armes atomiques.

Bohr est reçu par Roosevelt à la Maison-Blanche,
pendant trente minutes. Il est tellement ému, et du coup
tellement confus, qu'il n'arrive pas à expliquer son point de
vue. Pour ce qu'il en comprend, Roosevelt n'est pas d'accord. Il
n'en dit rien et met un terme à l'entretien.

Ensuite c'est l'intervention, plus réfléchie et préparée,
d'Alexander Sachs, qui partage l'obsession de Niels Bohr sur les
risques du déclenchement d'une « course aux armements
nucléaires ». Reçu par le Président en décembre 1944, il s'y
prend tout autrement. Après une longue conversation, où les
deux hommes se comprennent, sur les concepts d'après-guerre,
comme sur la question très particulière du Japon, il rédige un
mémorandum où il consigne les conclusions auxquelles Roosevelt, dit-il, est parvenu avec lui :

« En cas de succès, qui n'est pas encore intervenu à
Los Alamos, d'une explosion atomique expérimentale secrète,

on en organisera une seconde, destinée à se produire publiquement, *quelque part dans le Pacifique.* Y seront convoqués des savants alliés et neutres, et, s'il le faut, des émissaires de l'ennemi. Un rapport détaillé sur les capacités et les conséquences de cette arme extraordinaire sera alors rédigé en commun, transmis aux autorités japonaises et, démonstration faite de la puissance de l'arme, on demandera à l'ennemi sa reddition — une fois qu'il aura eu la preuve concrète que l'autre option, c'est l'anéantissement. »

Effectivement, Roosevelt n'a pas décidé de lancer la bombe ; il la veut pour forcer la capitulation, mais, si possible, en se bornant à faire la démonstration de la menace. Il en décidera le jour venu. Le ministre de la Guerre, Stimson, écrit après un entretien avec lui qui confirme le compte rendu de Sachs :

« J'ai examiné avec lui les deux écoles de pensée en ce qui concerne l'autorité qui sera chargée de ce projet : essayer de le garder dans le cercle clos et secret de ceux qui le gèrent actuellement, ou le remettre à l'autorité de la communauté internationale au nom de la liberté scientifique. Je lui ai dit qu'il fallait régler ce problème, et qu'il fallait qu'il tienne prêt un communiqué à publier le jour venu. Il a été d'accord. » On est en mars 45.

Début avril, l'expérience n'a pas encore eu lieu à Los Alamos. Roosevelt n'a encore pris aucune décision. La communauté des physiciens nucléaires est en pleine ébullition, chacun cherche à connaître l'arrière-pensée du Président. Roosevelt, lui, est obsédé par ses réflexions « sur le Pacifique, sur le Japon, sur le nucléaire, sur l'immense chantier en ruines qui sera à reconstruire », ainsi que le consigne l'un de ses rares interlocuteurs. C'est aussi un homme épuisé.

Le 12 avril à 6 h du matin, venu se reposer dans son endroit préféré, à Warm-Springs en Géorgie, il ne peut plus dormir. Son puissant esprit, indifférent encore à l'affaiblissement de tout l'organisme, est hanté par le terrible Japon et par l'incertitude sur l'échéance nucléaire. Il se lève, réclame les journaux et le courrier...

Les journaux n'apportent que de bonnes nouvelles : les armées alliées ne rencontrent plus aucune résistance en Europe. Le courrier est assez volumineux. Roosevelt le regarde brièvement. Il met de côté sur son bureau deux documents qu'il devra étudier : une lettre personnelle d'Einstein (la deuxième) accompagnée d'un mémorandum de Léo Szilard. Les deux hommes, tout à fait hostiles désormais à une explosion atomique qui ferait prendre trop de risques à l'humanité entière, supplient Roosevelt de tout suspendre et de diffuser mondialement les informations scientifiques. Pour eux, il ne doit pas y avoir de bombe, il ne faut plus qu'il y ait de bombe.

Roosevelt compte lire ces deux documents dans l'après-midi. Il lui faut d'abord se détendre un peu et il demande qu'on prépare pour le déjeuner un « barbecue » dans le jardin avec son proche entourage. A midi trente, dans l'attente du déjeuner, il accepte de continuer à poser pour le portrait commandé par une amie qui est là, en face de lui, et il rêve pendant la pose, allumant cigarette sur cigarette. A 13 h, il dit : « Encore un quart d'heure ; ce sera tout. »

A 13 h 15, il porte la main gauche à son front, comme sous l'effet d'une soudaine migraine. Quelques minutes après, il s'affaisse. Hémorragie cérébrale. Le 12 avril 1945.

6.
L'explosion créatrice

Tokyo est en liesse. Roosevelt est mort. L'Amérique est décapitée. Personne ne viendra à bout du Japon. L'homme diabolique, l'homme détesté, l'homme machiavélique qui, comme par magnétisme, a entraîné la puissance japonaise au seul endroit qu'elle devait éviter pour conquérir sans difficulté tout le Pacifique, le démon a disparu.

Le Japon sent son avenir dégagé. L'Amérique va de nouveau se relâcher. La tempête du Pacifique va retomber. L'empereur Hiro-Hito remercie le ciel. Le Japon, qui sait désormais qu'il ne peut gagner la guerre, prépare « le retour à la normale » par une paix négociée — d'égal à égal, dans l'honneur.

Dans tout le Japon, il n'y a qu'un seul physicien nucléaire, le professeur Yshio Nishina, connaissant les calculs théoriques qui pourraient conduire à une « réaction en chaîne ». Il n'a jamais entendu parler de préparatifs. Personne ne l'a convoqué; et il n'est pas homme à réclamer : c'est le premier pacifiste du futur Japon.

Le 24 avril, dans le bureau présidentiel, Harry Truman, assis dans le fauteuil qui a remplacé la chaise roulante du grand invalide, écoute le premier exposé du ministre

Stimson et du général Groves sur un projet dont personne ne lui a jamais dit mot : le plan Manhattan.

Les deux hommes en expliquent du mieux qu'ils peuvent l'enjeu au nouveau président des Etats-Unis. Ils indiquent que la première bombe expérimentale, prévue pour exploser dans le désert qui entoure Los Alamos, devrait être prête dans le courant du mois de juillet, soit dans un peu plus de deux mois.

Truman, se rappelant ses souvenirs d'artilleur, pose des questions sur la puissance de l'explosif. Stimson répond : « En principe, le premier engin devra déployer l'équivalent de *500 tonnes* d'explosif conventionnel TNT. Ensuite, le deuxième engin, qui devrait être la bombe à lancer, pourrait avoir une capacité de *1 000 tonnes* de TNT [1]. »

Truman est vivement frappé par les chiffres qu'il vient d'entendre. Il décide de prendre le temps de la réflexion.

Pour le moment, il choisit de créer un « comité consultatif » formé de trois savants nucléaires et de trois membres du gouvernement, pour étudier toutes les options qui lui seront présentées. En feront partie, du côté du gouvernement : le général Marshall, les ministres Stimson et Byrnes ; du côté des savants : Vannevar Bush, James Conant, Karl Compton.

La première conclusion transmise à Truman est d'une grande portée : « On ne saurait considérer l'énergie atomique uniquement sous l'angle militaire ; il faut y voir également l'instauration d'une nouvelle relation avec l'univers. »

De nombreux rapports, de multiples réunions suivent tout au long du printemps et au début de l'été. Truman ne veut rien précipiter. Il fait parvenir au gouvernement japonais une note demandant avec courtoisie mais fermeté la fin des hostilités et la capitulation, laissant planer « une menace redoutable » dont il ne précise pas davantage la nature.

1. On mesure ici pour la première fois la marge de l'incertitude nucléaire : la bombe dégagera sur le port d'Hiroshima une puissance explosive de 18 000 tonnes de TNT.

Le Premier Ministre du Japon est maintenant l'amiral Suzuki, moins fermé que Tojo mais très confiant dans l'incapacité des Américains à pouvoir lancer avant de longues années un assaut militaire direct contre la grande île.

Le 28 juillet, l'amiral Suzuki laisse tomber quelques confidences devant les journalistes, sur « cette sorte d'ultimatum des Américains qui n'est qu'une rengaine à traiter avec un certain mépris ».

Les paroles du chef du gouvernement de Tokyo sont rapportées à Washington au secrétaire d'Etat Byrnes, qui les commente devant le Président Truman et les déclare « décourageantes ». Il faut agir. Truman demande que l'on retarde encore un peu la décision. Il la prendra le 2 août.

Dans la nuit du 6 août, à 1 h 45, puis à 2 h 45, deux escadres de trois bombardiers B 29 décollent, l'une après l'autre, de leurs bases respectives à l'ouest de l'île de Guam, pour se rejoindre, quinze minutes plus tard, à la verticale d'Iwo Jima, à une heure des côtes japonaises, inviolées depuis sept siècles.

Parmi les six B 29 se trouve, identique aux autres, celui qui est baptisé « Enola Gay ». Il contient dans sa soute l'engin baptisé « Thin man ». La première bombe atomique.

A 8 h 15, à la verticale de la zone industrielle du grand port d'Hiroshima, la manette est actionnée, le missile quitte la soute. A 8 h 16, le premier choc de l'histoire, entre la terre des hommes et leur plus hallucinante invention, se produit.

Le phénomène indescriptible a été souvent raconté depuis ; il continue de passer l'imagination. Et ce n'est déjà plus le supplice des hommes et des femmes d'Hiroshima qui, dès cet instant-là, compte seul — le choc frappe, avec une brutalité qui dépasse toute capacité humaine d'appréhension, les esprits des dirigeants japonais. Ils sont mentalement « atomisés ».

Pour leur faire prendre conscience de ce qui s'est passé, la Maison Blanche diffuse immédiatement une communiqué : « Un avion américain a largué, ce matin, une bombe, une seule, sur la ville d'Hiroshima... Nous avons maîtrisé une force élémentaire de l'univers physique, celle d'où le soleil tire sa propre puissance. Cette puissance a été déchaînée contre ceux qui ont mis l'Extrême-Orient à feu et à sang. »

A Tokyo, sur le bureau du général Kawabe, chef de l'Etat-Major de l'armée, le message, télégraphié par les services de renseignements, tient en une ligne : « La ville d'Hiroshima vient d'être détruite d'un seul coup par une seule bombe. »

Kawabe ne peut y croire.

Il fait demander, en retour, où en est la puissante « deuxième armée » japonaise, dont le quartier général, précisément, est à Hiroshima. On lui apprend qu'à 8 h 15 ce jour-là, le gros des troupes était rassemblé sur l'immense place d'armes de la ville pour l'heure de culture physique ; et que, trois minutes après, il n'en restait plus rien.

Maintenant, le fait est admis. Le physicien Nishina est convoqué pour la première fois devant l'Etat-Major au complet, au ministère de la Guerre. Il confirme : voici, effectivement, ce que peut être une bombe atomique.

Le choc s'imprime dans chaque cerveau. Aucune conversation, aucune discussion. Un événement en quelque sorte inhumain, qui tient de la magie noire, est arrivé. Il n'est pas possible qu'il se reproduise. La routine gouvernementale et militaire reprend.

Mais ces hommes ne sont plus les mêmes qu'en apparence. Chacun, parmi les principaux acteurs survivants, le confirmera : la réflexion, la simple capacité de mettre une idée devant l'autre, a disparu, comme volatilisée. Il ne reste plus que l'automatisme des gestes à accomplir.

Les heures, les jours passent. Le grand empire nippon est comme vitrifié. Sa capacité cérébrale a explosé avec Hiroshima. Ce Japon silencieux est en train de sombrer dans le délire de la folie. Le vent brûlant d'Hiroshima souffle dans chaque bureau de Tokyo.

Le jeudi 9 août, le conseil suprême de la Guerre, organisme qui réunit une fois par semaine le gouvernement et les chefs militaires, tient sa séance habituelle, de manière habituelle. Au cours de la discussion, dont personne ensuite ne se rappellera même le sujet, un message est apporté : « Un second engin, pareil à celui qui a détruit Hiroshima, vient d'exploser à 11 h 01 sur le port de Nagasaki. » Le port légendaire et quasi sacré, porte séculaire du Japon sur le monde, face à l'Occident, de l'autre côté de Shangaï...

Le conseil décide de se rendre en corps constitué au palais impérial pour s'entretenir avec l'âme même du Japon, aujourd'hui et depuis toujours : l'Empereur.

Celui-ci ne sort guère du palais. Il ne prend jamais la parole en public. Il ne se mêle pas aux réunions du gouvernement. Il incarne le Japon tout entier. Mais s'il lui arrive de parler, s'il donne un ordre, il n'est pas d'exemple qu'il ne soit obéi sur-le-champ.

L'Empereur a parlé. Plus exactement, il a dicté, seul dans son cabinet, à son secrétaire, un message au Premier Ministre Suzuki, lui donnant instruction d'accepter immédiatement l'ultimatum américain — et d'arrêter la guerre.

Le Premier Ministre en prend connaissance et réunit le Cabinet. La décision : obéir à l'Empereur. Le gouvernement, et lui seul, prendra la responsabilité de la demande de reddition, afin que l'Empereur se tienne à l'écart, dans le silence de son palais, et conserve ainsi une chance sérieuse de sauver l'avenir.

Alors éclate, au plus profond des esprits, « l'effet en retour » de l'explosion nucléaire. Dans la grande salle de conférence de l'Etat-Major impérial, un à un, le général Anami, ministre de la Guerre, le général Umezu, chef d'Etat-Major, et l'amiral Toyoda, chef de la Marine, se lèvent. Un à un, ils déclarent qu'ils refusent la capitulation — donc d'obéir à l'ordre de l'Empereur.

C'est la rébellion. Evénement inouï que personne au Japon n'aurait jamais imaginé ! Un univers séculaire a été anéanti par deux déflagrations. Un autre monde est né avec le nucléaire. Il n'y a plus de repère. Il n'y a plus de divinité. Tout a sauté.

Hiro-Hito l'apprend. Fait sans précédent, il demande au Premier Ministre de convoquer pour le soir même 9 août, dans l'abri souterrain du palais impérial qui lui est réservé, tout le gouvernement et tout l'Etat-Major.

La séance s'ouvre à 23 h 30. Les généraux font bloc : c'est non. Leur porte-parole, le général Anami, déclare face à l'Empereur : « L'heure de gloire vient de sonner pour le Japon. Il faut laisser les Américains venir jusqu'à l'assaut de l'Empire lui-même, sur les trois îles de notre archipel. Et la puissance japonaise les anéantira comme le vent divin de Kamikaze, en 1281, a arrêté les forces de Kublaï Khan, le seul qui ait jamais tenté cet impossible assaut. »

Le Premier Ministre Suzuki se tourne vers l'Empereur, lui demande de prendre la parole et d'exprimer personnellement, pour la première fois, sa décision. L'Empereur, stupéfait à son tour par ce qu'il vient d'entendre, devenu soudain un homme parmi d'autres, n'hésite pas et, sans aucune formule protocolaire, répète sèchement son ordre : cesser les hostilités. La séance est levée.

L'Empereur a compris que rien n'est réglé. Seul maintenant avec Suzuki, il décide d'accomplir un acte aux conséquences irréversibles : pour la première fois dans l'histoire de la dynastie, il va se faire entendre par le peuple.

Il fait venir une machine enregistreuse, comme il n'en a d'ailleurs jamais vue, lourde et peu maniable, et il prononce un court message destiné à être diffusé une heure après par toutes les radios du Japon. Il demande à la nation d'accepter la décision du destin et de cesser une lutte armée désormais sans aucun sens. Il conclut : « Nous vous chargeons, vous, nos loyaux sujets, d'exécuter loyalement notre volonté. »

Avant que la voix, jamais entendue, ne parvienne au peuple, c'est l'insurrection. Deux généraux, accompagnés de leurs gardes, pénètrent dans le palais impérial et donnent l'ordre au chef de la garde personnelle de l'Empereur de leur livrer l'enregistrement et de se rendre. Comme il refuse, il est massacré de deux coups d'épée. Un autre général de la garde privée fait irruption dans la salle : il est tué à son tour.

L'amiral Takijishi, ancien et très proche collaborateur de Yamamoto à la tête de la Marine, apprenant la folie qui, maintenant, s'est emparée de tout le commandement militaire jusqu'au sein du palais impérial, intervient pour protéger l'Empereur, fait arrêter les factieux et diffuser l'enregistrement décisif, entendu alors par tout le pays.

Le général Anami décide de se faire hara-kiri. Les quatre autres chefs de l'armée suivent son exemple dans l'heure. Tout est fini, tout est réglé.

Alors, l'amiral Takijishi se fait hara-kiri à son tour. L'univers qui va naître n'est pas, non plus, le sien.

Le silence et la nuit règnent sur le Japon. Aucun peuple au monde n'a connu pareille fin, anéantissement aussi total. Si le Japon doit renaître un jour de ce tas de cendres, tout ce qu'il reste de lui en ce 14 août 1945, ce sera un autre Japon. Mais quand ? Dans un siècle ? Une génération ?...

Le lendemain 15 août, les membres du conseil d'administration de Nippon Kogaku se retrouvent à Tokyo autour d'une table.

Leur société a armé d'appareils optiques à longue portée les croiseurs de la marine impériale. Les hommes et les appareils ont sombré. La technique est vivante. Les dirigeants de Nippon Kogaku décident de la consacrer à des activités civiles. Et de se concentrer, pour commencer, sur la fabrication de caméras. Ce seront les « Nikon ».

Le premier acte de renaissance du Japon, le premier pas sur le chemin de la conquête technologique, est accompli.

7.
Du zéro à l'infini

A la une des grands quotidiens de toutes langues se trouve, au matin du 7 août 1980, un titre, souvent accompagné d'une photo, relatif à la célébration solennelle du trente-cinquième anniversaire de l'explosion nucléaire d'Hiroshima. Les nouvelles qui l'entourent en prennent un relief particulier.

L'illustre industrie horlogère de Suisse est obligée pour la première fois, comme Chrysler et Ford en Amérique, de demander, à Berne, une subvention. Elle ne trouve plus, même chez ses plus traditionnels alliés bancaires, les quinze millions de francs suisses nécessaires au programme, d'autant plus onéreux qu'il est tardif, de rattrapage des montres électroniques japonaises. La Suisse, maîtresse incontestée du marché depuis si longtemps, n'a pas cru à la poursuite durable de la percée japonaise lorsque celle-ci s'est produite autour de l'année 1975. En 1980, l'ensemble du premier semestre écoulé indique, cette fois de manière indiscutable, que sur le marché mondial le nombre des montres (tout électronique) fabriquées au Japon a dépassé le nombre des montres classiques produites par la Suisse. Il faut donc un « plan de secours » et ne plus hésiter devant l'assaut donné aux beaux boîtiers par les micro-circuits comme ceux de Séiko.

Les dirigeants des trois principaux producteurs d'automobiles d'Allemagne annoncent ensemble un « plan de cinq ans » d'investissements d'un montant sans précédent, « pour rattraper la technologie des voitures japonaises, devenue la première au monde ». Ainsi Volkswagen et Mercedes, qui tenaient la tête en Europe, rendent public le chiffre de 10 milliards de deutschmarks que compte consacrer chacune des deux marques, d'ici 1984, à la transformation électronique de ses usines. Et BMW : 5 milliards.

La Chambre syndicale d'Allemagne fédérale confirme plusieurs mois après celle des Etats-Unis : « Malheureusement, il ne s'agit pas tant d'accroître la capacité de notre industrie en volume de production, ni en emplois, que de la rationaliser grâce à l'électronique moderne pour la rendre, d'ici 1985, compétitive avec les Japonais, devenus les maîtres. » On précise à Francfort que les importations de voitures japonaises en Allemagne fédérale *ont doublé* par rapport à l'année précédente.

Toujours d'Allemagne, une information plus générale et préoccupante est confirmée officiellement par M. Gruenewald, porte-parole de la Chancellerie à Bonn : la production industrielle allemande, dans son ensemble, en baisse régulière depuis le mois d'avril, a encore reculé de près de 1 % pour le seul mois de juin. L'Allemagne suit maintenant, avec quelques mois de retard, le fléchissement américain. Et, pour la première fois depuis la guerre mondiale, on envisage d'atteindre, peut-être avant la fin de l'année, le million de chômeurs. Il y en a déjà huit cent cinquante mille recensés à la fin juillet.

Cette annonce alarme vivement les responsables de toute la Communauté européenne dont la forte turbine allemande est devenue, année après année, le moteur essentiel. D'autant que l'on ne peut plus compter sur le marché américain, déjà déprimé, et où le peu de place disponible aux importations est devenu chasse gardée japonaise.

L'Angleterre, au creux de sa courbe d'activité d'après-guerre, et l'Italie, font appel à la participation directe des Japonais dans leurs principales industries, après avoir renoncé à lutter seuls — en tout cas pas contre les Japonais. Mais cette orientation, qui s'accentue, déchaîne les passions à Bruxelles où les hauts fonctionnaires de la Communauté sont chargés par leur gouvernement respectif de « trouver des moyens urgents de freiner la pénétration japonaise dans la Communauté ».

A Londres, un nouvel accord est conclu entre la General-Electric britannique et le groupe japonais Hitachi, pour la fabrication de postes de télévision et de toute la gamme de chaînes Hi-Fi. Un porte-parole de Hitachi, en commentant la nouvelle association qui suit de quelques mois l'irruption de Honda dans l'automobile anglaise, déclare à la presse : « Pourquoi iriez-vous gaspiller votre argent à vouloir fabriquer des produits proprement anglais en matière de téléviseurs, de radios, de magnétoscopes, de calculatrices, d'ordinateurs, etc ? Avec les dernières performances des microprocesseurs, l'industrie japonaise, qui ne demande d'ailleurs qu'à s'associer, a vocation à produire *pour le monde entier.* »

Les pays du Golfe, avec l'Arabie comme chef de file, ont signé avec une équipe japonaise, qui travaille sur place depuis un an, le contrat de construction de l'usine pétrochimique la plus puissante du monde. Elle sera terminée en trois ans et elle entraînera, par son impact, la fermeture, pour le seul Japon, de deux usines pétrochimiques du groupe Mitsubishi. Clause acceptée ! Aussitôt les pays du Golfe, impressionnés comme le Brésil il y a vingt ans envoient une mission à Tokyo pour discuter au cœur de l'été, avec un groupe de banques japonaises, la création, l'organisation et l'encadrement d'une chaîne de *banques d'investissements* appelées à gérer des capitaux de l'Opep.

Les Japonais publient le moins possible et restent discrets sur tout ce qui les concerne. Mais la première revue économique d'Asie, imprimée à Hong-Kong, la « Far Eastern Economic Review », publie un tableau qui, dans sa sobriété, résume l'épopée japonaise dans sa dimension et ses perspectives.

En dix chiffres, le tableau traduit l'évolution du

« revenu par habitant » au Japon depuis le « point zéro » de l'été 45 jusqu'à l'été 80.

Revenu par habitant en 1945 : 20 dollars par tête...

Dix ans plus tard, en 1956 : 300 dollars. Encore un niveau du Tiers-Monde. Pour la dernière fois.

Dix ans plus tard, en 1967 : 1 000 dollars. C'est le seuil jugé aujourd'hui significatif du « point de décollage » d'un pays vers le développement et c'est, par exemple, le chiffre qu'avait atteint, avant la crise pétrolière, le Brésil.

Au moment du premier choc pétrolier, celui de 1970 : 1 800 dollars. On voit l'accélération, le doublement ou presque, qui s'effectue maintenant en trois ans.

Après le deuxième choc pétrolier, celui d'octobre 1973, et les mois du redressement : 3 600 dollars.

Après le troisième choc pétrolier et le nouveau redressement, fin 1979 : 10 000 dollars. Pour la première fois, égalité avec l'Amérique.

Enfin, en 1980 : 12 000 dollars. Il n'y a plus guère, loin devant, que la Suisse... et le Koweit.

Avec les dernières décisions du MITI et du Keidan-ren, mettant en œuvre l'utilisation systématique de ce qu'on appelle les « ordinateurs sur une puce » (computers-on-a-chip), les fameux microprocesseurs, inexistants il y a encore six ans, désormais cellules essentielles de toute l'informatique et dont le prix n'atteint pas celui d'une boîte de fer blanc, la courbe de croissance de la force japonaise monte plus vite encore. Et surtout, là est la clé : *sans chômeurs.*

Relisons la sobre description de l'état du Japon au moment, si récent en somme, où les deux éclairs successifs d'Hiroshima et de Nagasaki achevaient de l'anéantir. On la trouve sous la plume de l'ambassadeur des Etats-Unis à Tokyo, après que les relations diplomatiques furent reprises entre les deux pays. Edwin Reishauer, qui est l'auteur du classique « Histoire d'une Nation », écrit :

« A la fin août 1945, le Japon est complètement en ruines. Deux millions de morts, 40 % de toute la surface urbanisée anéantie, la moitié de la population des villes disparue, une industrie rasée, une agriculture stérilisée par le manque prolongé d'engrais et d'équipements. Un peuple épuisé qui a versé ses forces et son énergie jusqu'à la dernière goutte dans l'effort de guerre, convaincu jusqu'au bout que ses chefs triompheraient et que le « Vent Divin » sauverait, comme depuis toujours, le Japon. Maintenant, un peuple vidé de toutes substances, matérielle et spirituelle — un peuple affamé, stupéfait, perdu. »

Août 45-août 80, du « point zéro » aux rivages de l'exponentiel, de l'infini...

Mais ces chiffres, ces mesures, ces performances — quelle en est la signification ? Quel en est le mystère ? Telle est la question qui nous intéresse.

Car la performance du Japon, aussi athlétique, brillante, unique même, qu'elle puisse être, n'a pas grand intérêt en soi — sauf si l'on est japonais. Elle ne mérite l'attention des autres peuples du monde, au moment où tous affrontent, l'ère des épreuves, que si elle recèle une part universelle. Que si elle renferme et peut livrer un secret qui dépasse le Japon. En somme, l'aventure japonaise moderne a-t-elle un fondement proprement *humain,* une recette qui vaille ailleurs, si elle est comprise, si on veut bien la saisir ?

L'observation, l'étude, la fréquentation des Japonais à l'œuvre, chez eux, parmi eux, permet d'avancer cette idée centrale : ce n'est pas *malgré* l'holocauste nucléaire, l'anéantissement mental sous le choc de la bombe, que les Japonais ont parcouru ensuite la voie qui les a conduits à la tête du développement entre tous les peuples. C'est *par* la métamorphose intellectuelle suscitée par l'événement que l'esprit japonais, contraint à la re-création, s'est trouvé à son tour à l'origine d'une réaction en chaîne de cette matière inépuisable : *l'intelligence humaine.*

A la racine de chacune des performances japonaises, dans chacun des secteurs où ils ont gagné, on trouve, encore et toujours, le même matériau, le même « explosif » : l'intelligence.

Pour masquer l'angoisse qui gagne l'Occident, on s'est accroché à l'image, diffusée à satiété, des Japonais « alcooliques du travail, vivant dans des clapiers à lapins » (citation d'un rapport de la mission de la Communauté européenne envoyée au Japon en 1979 pour examiner les raisons de la pénétration des produits japonais en Europe.) Ou bien encore on explique leurs succès par la faiblesse des salaires, l'absence de sécurité sociale, la rigueur des mesures contre l'absentéisme ouvrier, l'inexistence des vacances, l'obéissance mécanique à des gestes conditionnés, l'habitude de « copier » aveuglément ce que les autres ont inventé, etc. Clichés d'un autre âge que l'esprit occidental n'a cessé de cultiver pour se rassurer sur sa supériorité. Et que les Japonais n'ont rien fait pour dissiper, se contentant de continuer, en silence, à piocher toujours plus profond dans le gisement unique et inépuisable qu'ils ont découvert par la force des choses et qui s'avère, d'année en année, plus fécond, plus riche, plus précieux : celui de l'intelligence.

Or, cette ressource-là, il est clair que les Japonais n'en ont ni le monopole, ni la propriété particulière. Si tel est le secret, alors il nous appartient aussi. Nous — je veux dire nous Européens, nous Indiens, nous Africains, nous Arabes, nous Américains ou Chinois, nous Blancs, Noirs, Jaunes, du Nord et du Sud — nous tous, quatre milliards et demi d'humains.

Il n'y a pas d'intelligence japonaise. Seulement une intelligence humaine, la seule spécifité des Japonais étant qu'ils ont pris le parti, les premiers, de l'exploiter à fond.

Leur grande île, d'abord, ne renferme *aucune* autre ressource naturelle : ni pétrole, ni charbon, ni fer, ni uranium, ni bauxite, ni terres agricoles — vraiment rien.

Après Hiroshima et Nagasaki, ils étaient en outre réduits à l'état de pauvreté, de nudité absolues, détruits dans leur appareil de production mais aussi dans leurs structures mentales, sociales.

Les exigences élémentaires de la survie les ont obligés à tout inventer à partir de rien, et ils se sont mis à travailler non pas « comme des brutes », mais en réfléchissant sans cesse, tous préjugés abolis eux aussi, sur les moyens de la résurrection, sur ce qu'ils pouvaient produire, améliorer, échanger, apprendre, inventer — plus efficacement et moins cher.

Serait-ce qu'il faudrait en passer par le martyre d'Hiroshima pour libérer en chacun, comme l'énergie nucléaire elle-même, une force, cette force créatrice de l'esprit ?

Poser la question ainsi, c'est la caricaturer.

Pour saisir — oublions le Japon — ce qu'une intelligence humaine peut réaliser sous la contrainte de la nécessité lorsque la volonté l'accompagne, il suffit de se souvenir du récit de l'Américain Samuel Pisar, le plus jeune survivant de l'enfer d'Auschwitz, où il entra à douze ans, toute famille et identité anéanties, et dont il sortit à seize. Par dix fois il arriva jusqu'à l'antichambre de la chambre à gaz, et par dix fois cet adolescent trouva l'idée qui le sauva. Emergeant de l'univers de l'horreur et de la cruauté absolues, il devint une bête sauvage, au milieu des cendres de l'Europe, refusant toutes les règles de la civilisation dont il venait de connaître l'abominable faillite. Puis il décida peu à peu sa propre reconquête pour maîtriser son destin. Dans le « Sang de l'Espoir », écrit récemment pour dire l'espérance à un monde qui en paraît si dépourvu, il a eu le courage d'aller jusqu'au bout de sa vérité.

Né en Pologne, devenu écolier soviétique sous l'occupation stalinienne, puis esclave allemand, sujet britannique, étudiant australien, enfin citoyen américain, Pisar est tout sauf Japonais. Mais cette vérité qu'il exprime, ce message d'espoir est de *même nature* que l'aventure nippone.

Entre un homme né en Europe centrale et un homme né à Tokyo, à Calcutta, à Paris, à Lagos ou à Jérusalem, il n'y a aucune différence qui vaille. Chacun possède en lui la même force dont peuvent jaillir, le jour où il est « le dos au mur », des facultés d'invention illimitées.

Le dos au mur, nous y sommes. Notre monde de 1980 est au bord de la désagrégation. Nul ne sait plus quel geste accomplir pour lui faire retrouver l'élan vital qui semble l'avoir déserté. Le passé ne nous livre plus de quoi féconder l'avenir. En prendre conscience, c'est créer, du même coup, nos chances de renaissance.

C'est une question de regard. Si l'œil reste tourné vers le passé pour tenter en vain de le prolonger, nous sommes condamnés. Si le regard se tourne vers un horizon nouveau à atteindre, alors la force, la créativité, la puissance de l'intelligence feront le reste. Le parcours commencera.

Puisque nous savons *ce qu'il faut faire* — commencer par changer de regard —, au nom de quoi, de quel dogme, de quelle idéologie, de quelle tradition, de quelle tentation d'abandon et de faiblesse accepterions-nous la fatalité ? Ecoutons la leçon, et voyons comme elle est simple, d'un Américain qui sait observer et qui est allé découvrir...

8.
Harvard veut comprendre

Un professeur de la faculté de Harvard, voyant son pays glisser, après tant d'exploits, dans le confort fatal du sentiment de supériorité, redoutant pour l'Amérique la décadence et le matérialisme qui paralyse les forces de l'esprit, a eu l'intention et la modestie d'aller vivre au Japon. Suffisamment longtemps, comme il le faut, et avec un œil volontairement neuf. Il a rapporté à ses concitoyens le fruit de sa mission. Il s'agit du professeur Ezra Vogel. En quelque sorte, un « Lawrence d'Arabie » de l'Extrême Orient, dont il faut espérer qu'il mettra moins de temps que son illustre prédécesseur à être écouté et entendu.

On peut l'espérer, car l'étude de Vogel, qu'il a eu l'audace salutaire d'intituler « Le Japon, champion du monde », ce qui n'a fait plaisir à personne, a déjà suscité d'autres volontaires de l'avenir pour se plonger dans l'univers japonais et en cerner la vérité profonde, c'est-à-dire universelle. Le passage-clé de son étude est celui qu'il intitule : « A la poursuite générale de la connaissance. » Le voici :

*
* *

Si un facteur explique le succès japonais, c'est la recherche permanente et collective de la connaissance. Quand

Daniel Bell, Peter Drucker et quelques autres annonçaient l'avènement de la société post-industrielle dans laquelle le savoir remplacerait comme ressource essentielle le capital, ils n'imaginaient pas à quel point ce *nouveau* concept ferait son chemin, à une vitesse fulgurante, dans tous les cercles dirigeants du Japon et bientôt dans toutes les couches de la population. Le consensus du pays s'est fait autour de l'importance suprême accordée à la poursuite permanente, tout au long de la vie, de l'apprentissage et de la connaissance.

Même lorsque ce que l'on cherche n'est pas encore bien précisé, les groupes humains qui se forment partout accumulent des connaissances avec la conviction absolue qu'un jour elles serviront. La collecte d'informations sous toutes les formes, du général au particulier, du court terme au long terme, du formel à l'informel, irrigue toute la société japonaise : dans les classes des écoles, sur les terrains de golf, lors des conférences et des réunions, dans les instituts de recherche comme dans les débats télévisés, etc. On apprend de tout le monde : des professionnels, des amateurs, des amis comme des ennemis, de tout ce qui s'exprime. On se fait des relations nouvelles lorsqu'apparaît l'idée qu'on en tirera des connaissances neuves et qu'un processus mutuel d'informations s'établira. Le processus d'ailleurs n'est jamais considéré avec intérêt s'il n'est pas total, sans réserve.

L'étude et la connaissance sont des activités qui s'étendent d'un bout à l'autre de la vie. Lorsque les jeunes Japonais ont terminé leurs études, ce n'est pas essentiellement un ensemble de connaissances qu'ils ont acquises : ils ont appris à apprendre. Et même lorsqu'ils lisent seuls chez eux, c'est ensuite pour en discuter avec les autres.

Un employé, un salarié est encouragé, chacun séparément, à réclamer, en dehors du travail, des cours de formation complémentaire. Et lorsqu'il n'y a pas de groupe constitué, on en fait autant pour les femmes qui restent à la maison, jeunes ou moins jeunes. On motive les familles et les amis pour entourer et entretenir ceux qui restent chez eux et qui pourraient être coupés de cette circulation permanente de communications et d'informations. Des cours de formation pour adultes sont partout organisés : par les villes et les municipalités, par les sociétés industrielles et commerciales, par les associations locales et régionales, par les journaux et par les commerçants aussi bien que par les universités. Et partout ils sont encore insuffisants face à la demande.

Un salarié, lorsqu'il quitte son travail, est d'abord à la recherche d'occasions qu'il peut trouver d'apprendre quelque chose qui va enrichir ses connaissances et améliorer son efficacité. Mais il apprend aussi, sans faire de distinction, tout ce qui peut l'intéresser hors de toute relation directe avec sa profession. Il pense qu'il y trouvera un avantage à terme. Et quand un visiteur étranger vient séjourner au Japon, chaque Japonais qu'il rencontre pense instinctivement : qu'est-ce qu'il peut m'apprendre ? Sans compter les millions de Japonais qui, maintenant, chaque année, sortent de leur pays pour aller regarder partout dans le monde ce qu'ils ne connaissent pas et qui pourrait bien leur apporter une idée à appliquer chez eux.

Les magazines sportifs, les bandes dessinées, les hebdomadaires illustrés, les programmes de télévision, sont naturellement conçus pour distraire, mais aucun d'entre eux ne pourrait se permettre de ne pas apporter une part substantielle d'informations à côté de la distraction.

Non seulement les Japonais passent infiniment plus de temps que les Américains à lire, mais la proportion d'informations dans ce qu'ils lisent est beaucoup plus grande : tout y est fait pour enseigner.

Chacun des deux principaux quotidiens japonais a un tirage de plus de sept millions d'exemplaires — quatre fois plus, chacun, que les plus puissants quotidiens américains.

Herbert Passin, président du département de sociologie à l'université de Columbia, a déclaré récemment que lorsqu'il souhaite voir des idées nouvelles être débattues au Japon, lui et ses collègues universitaires japonais trouvent à leur disposition un très grand nombre de publications prêtes à les publier immédiatement ; tandis qu'en Amérique, il leur faut souvent plusieurs mois avant de trouver un véhicule pour leurs idées. Près de 30 000 livres nouveaux sont publiés chaque année au Japon. Depuis la guerre, c'est environ 150 000 livres qui ont été traduits pour être diffusés au Japon. La somme d'informations qui, chaque année, est traduite en langue anglaise est minuscule comparée au volume de ce qui se traduit en japonais.

Bien que l'habitude d'apprendre se perpétue à tout âge, il arrive à intervalles réguliers que l'on aille plus loin et qu'un groupe décide, à l'occasion d'événements ou pour un besoin reconnu, de concentrer ses efforts sur une question particulière.

Un tel processus se met en marche bien avant que la nature exacte de ce qui est recherché ait été complètement définie. On part d'une intuition. A ce stade, on consulte tous ceux, à tous les niveaux, qui peuvent apporter un point de vue ou une compétence, de quelqu'ordre qu'elle soit, ayant un lien avec l'objet de la recherche. Après une certaine période, longue et méthodique, de consultations de cette nature, on précise alors un peu mieux la tâche de chacun et l'on répartit la recherche d'informations et les études. On se met à rassembler et à traduire articles, enquêtes et livres. Les groupes se divisent et se subdivisent pour préciser davantage les réponses à trouver à la somme des questions posées, autour de l'objet central de recherche, et ils ne cessent de se multiplier.

Ensuite les réunions se renouvellent pour un travail d'appréciation de ce qui a été accumulé, et de définition de ce qu'il reste encore à chercher. Les membres des groupes et sous-groupes sont de nouveau envoyés enquêter sur des points précis pour compléter toute l'information manquante. D'une manière générale, cette formule est employée, avec toutes les variantes qui dépendent des initiatives particulières, pour faire le tour d'un problème et y trouver des réponses, tant au niveau des administrations gouvernementales, des sociétés industrielles, des associations locales, que des groupes privés.

Les fonctionnaires des administrations centrales et régionales considèrent qu'il est de *leur première responsabilité* de rester à tout instant aussi bien avertis que possible des informations les plus récentes dans les domaines de leurs compétences. Ils n'hésitent jamais à mobiliser les institutions privées pour les aider à compléter leurs efforts.

Dans les décennies qui ont suivi la guerre, les membres du MITI considéraient que la priorité devait être accordée à la constitution par le Japon d'industries de base comme *l'acier et l'électricité.* Ils concentrèrent tous leurs efforts d'information, grâce aux renseignements qu'ils pouvaient collecter à travers le monde, sur ces secteurs. C'est au milieu des années 50 qu'ils ont amorcé un processus de même nature pour les autres industries, et, vers la fin des années 60 seulement, pour ce qui concernait *les ordinateurs.* Après les chocs pétroliers du début des années 70, tout ce qui avait trait *à l'énergie* a pris la priorité ; et toutes les industries ont été mobilisées pour trouver, pour le Japon, les moyens d'échange nécessaires à un approvisionnement régulier en pétrole. On a ainsi inventé des projets technologiques nouveaux, adaptés au Moyen-Orient, qui ont rendu progressivement les pays du Golfe de plus en plus liés à la technologie japonaise. Pour y parvenir encore mieux, un nombre rapidement croissant d'étudiants ont été lancés dans l'étude de la langue arabe et de la *culture islamique,* avec vocation d'établir des liens durables au Moyen-Orient...

Enfin, tout ce qui est reconnu à l'étranger comme autorités, dans quelque domaine que ce soit, est invité par les autorités gouvernementales ou par d'innombrables groupes privés à écrire ou à parler au Japon. Les personnalités étrangères qui viennent ici au Japon sont reçues avec une générosité et un intérêt tout à fait frappants. Dans l'ensemble, les Japonais préfèrent ne pas gaspiller trop de temps, dans le programme de leurs invités, en discussions et controverses ; ils préfèrent écouter attentivement, en prenant assidûment des notes, pour accroître la somme de leurs connaissances. Ils en discuteront plus tard...

***

9.
Le courage d'un Viking

L'un des journaux auxquels se réfère le professeur
Vogel est le « Asahi Shimbun », qui détient le record du
monde, avec huit millions d'exemplaires imprimés chaque jour,
une foule d'articles sur tous les sujets dont aucun — ceci est à
remarquer — ne dépasse quatre feuillets dactylographiés (à peu
près deux pages du présent ouvrage), car le principe est simple
et général : l'effort ne doit jamais être demandé au lecteur, mais
au journaliste qui doit apprendre à condenser, à clarifier, à
simplifier son exposé pour tout incorporer dans ce cadre
ramassé qui permet au lecteur d'être attiré, puis de se souvenir
avec assez de précision de ce qu'il aura lu et appris ; enfin, de
disposer d'assez de temps pour réfléchir à ce qu'il vient
d'apprendre, s'en imprégner, en faire sa réflexion personnelle,
l'échanger avec ses voisins, ses collègues, ses enfants, et
labourer ainsi, jour après jour, son propre sillon dans le champ
de la connaissance.

« Asahi Shimbun » a fêté en 1979 sa fondation et ses
succès. Fêter n'est pas le mot exact. Il n'y a eu ni buffet, ni
folklore, ni discours satisfaits, ni illuminations. Les dirigeants
d' « Asahi » ont préféré inviter à Tokyo cinq personnalités
étrangères, économistes ou responsables politiques, venus
d'Europe, d'Amérique et d'Asie, pour débattre entre eux, en

public, de cinq thèmes majeurs concernant les problèmes des années 80, présentés par cinq professeurs de l'université de Tokyo.

Le public, dans la grande salle où se tenait ce « symposium », n'était pas composé d'invités illustres ni même sélectionnés. L'annonce en avait été faite dans le journal et tous les lecteurs intéressés pouvaient à tout instant entrer dans la salle pour assister à tel ou tel moment du débat.

Ensuite, chaque matin et chaque soir, les exposés du jour étaient communiqués à l'ensemble du public japonais, d'abord par une chaîne de radio qui leur consacrait une émission au milieu de la journée et une autre le soir, puis par les éditions quotidiennes du journal lui-même, dans un supplément intérieur bi-quotidien, assorti d'un résumé en première page. Le Japon tout entier écoutait ainsi les cinq « étrangers » venus parler avec lui, et le Japon tout entier en discutait, dans chaque ville, dans chaque foyer, à un moment de la soirée ou dans le train.

Parmi tous les enseignements qu'ils ont pu en tirer, les Japonais en ont retenu au moins un qui a encouragé, à tous les échelons de la haute administration et parmi les responsables de l'industrie, une réflexion fondamentale sur la vocation internationale du Japon.

Au moment même où se déroulait, fin 1979, ce séminaire organisé par « Asahi », le Japon était, de manière plus sévère que jamais, la cible de toutes les attaques et de toutes les critiques, principalement aux Etats-Unis et en Europe, en raison de l'indécence avec laquelle il affichait de mois en mois de nouveaux records de production et d'exportation.

De toute part on préconisait, en vérité on exigeait des autorités japonaises qu'elles prennent des mesures pour « freiner ce grave déséquilibre » qui altérait la capacité des autres pays industrialisés à trouver des débouchés.

Publiquement du moins, on n'entendait aucune voix discordante dans ce concert de lamentations et de menaces contre l'ennemi public numéro un — avec l'Opep — de l'équilibre économique mondial : le Japon.

C'est alors qu'intervient, à la tribune de Tokyo, un homme invité parmi les leaders politiques comme le meilleur expert économique. Un homme qui vient de loin. D'un port froid de la mer du Nord, Kiel, à l'extrême pointe de l'Allemagne : c'est le professeur Herbert Giersch, président de l'Institut Economique mondial.

Le professeur Giersch est une autorité incontestée. Ceux qui travaillent avec lui à Kiel ont acquis, sous sa conduite, le respect général, bien au-delà de l'Allemagne, pour l'indépendance rigoureuse de leurs analyses, de leurs diagnostics et de leurs prévisions.

Pour être assuré de n'avoir à subir aucune influence, la règle de Giersch consiste à refuser toute clientèle privée. Aucun industriel allemand ni étranger, aucune société privée ou publique ne peut le financer ni passer contrat avec son Institut. Il ne travaille que pour le public. Comme un médecin, il ausculte jour après jour l'ensemble des indicateurs économiques mondiaux avec ses spécialistes et ses ordinateurs, et il publie régulièrement le résultat de ses observations, accompagné des commentaires qui lui paraissent nécessaires « à l'information du public et à l'orientation des gouvernants ».

Pour alimenter le budget mensuel nécessaire au fonctionnement de cette puissante machine, il a négocié avec le gouvernement fédéral de Bonn une subvention annuelle automatique pour la moitié de ses frais ; l'autre moitié est assurée de la même manière par le gouvernement régional de Hambourg. Par accord formel, ni l'un ni l'autre n'ont le droit d'intervenir ni dans les travaux, ni dans les publications de l'Institut de Kiel.

Un jour, au début de 1979, le professeur Giersch, en désaccord avec les analyses exposées à la tribune du Bundestag par le gouvernement allemand, en plein choc pétrolier, publia avec l'équipe de Kiel un texte concluant de manière assez différente — texte qu'il envoya, comme à son habitude, aux différents ministères, ainsi qu'à tous les journaux et administrations.

Il reçut bientôt un message de Bonn indiquant que l'attitude de l'Institut de Kiel était gênante pour la politique du gouvernement, et suggérant que, s'il continuait dans cette voie « peu responsable » il risquait de voir diminuer sa subvention. Giersch fit répondre aussitôt que cette menace n'était pas acceptable, qu'il convenait naturellement de la retirer, que sinon, il la rendrait publique lui-même, à la première occasion, à la télévision. La menace fut annulée avec des excuses très élaborées. Giersch n'en a pas reçu d'autre depuis lors.

C'est donc cet homme qui a été invité aux débats de Tokyo et qui, très attendu, prend la parole au moment où la discussion avec les Japonais porte sur la croissance constante de leurs exportations.

A la surprise des participants, et d'abord des Japonais eux-mêmes, le président de l'Institut de Kiel déclare :

« Contrairement à toutes les sornettes que l'on répand sur les prétendues mesures indispensables que vous devriez prendre, vous, au Japon, pour réduire vos exportations, afin de soulager vos partenaires et rivaux du monde industriel et aider à un rééquilibrage mondial, je dois dire franchement que je suis d'un tout autre avis.

« Ces mesures de freinage seraient contraires à toute saine logique économique et elles ne pourraient entraîner que des effets pernicieux.

« D'abord à l'intérieur du Japon, en poussant artificiellement la consommation intérieure et en déclenchant des risques inflationnistes qui ont jusqu'à présent été remarquablement maîtrisés.

« Ensuite à l'extérieur, d'une manière plus évidente encore, en permettant aux concurrents industriels du Japon de relâcher leurs efforts de rationalisation, de modernisation, de compétitivité, par la facilité qui leur serait ainsi donnée — sous forme, en quelque sorte, d'une subvention à titre gracieux et par conséquent très inflationniste — pour leurs exportations à des prix qui doivent au contraire subir toute la pression possible pour être réduits (donc : la pression japonaise) et à des qualités que l'on ne doit en aucun cas cesser de développer par l'approfondissement technologique (donc : la concurrence japonaise).

« C'est une proposition décadente que de suggérer qu'une meilleure santé de l'économie mondiale puisse être suscitée par un pareil artifice. Plus les Japonais exportent, grâce à une supériorité technologique à laquelle ils travaillent sans relâche, à qualité croissante et à prix décroissants, plus les autres agents économiques mondiaux sont incités à un effort semblable. Là est le progrès, là est l'avenir.

« Je conclurai par conséquent en faisant une proposition différente.

« Je suis un partisan convaincu du bénéfice croissant que les Japonais retirent de leur force industrielle modernisée sous l'effet du progrès technologique. Mais comme il faut évidemment intégrer ce déséquilibre dans une situation mondiale qui est loin d'être stabilisée et qui exige des effets correctifs, je suggère que les Japonais *investissent* une grande part des moyens monétaires qu'ils accumulent ainsi dans un très vaste programme de projets nouveaux à l'extérieur, dans ceux des pays où l'investissement, précisément, faiblit. Je suggère une dissémination mondiale des bénéfices japonais, sous forme de nouvelles créations. Et si l'on me dit, ce qui est vrai, que cette formule va encore accentuer, l'année prochaine, et plus encore l'année suivante, les bénéfices retirés par les producteurs japonais ainsi mondialisés, je répondrai que c'est exactement ce que je souhaite — à la seule condition, qui s'impose d'elle-même, que les Japonais continuent de réinvestir toujours davantage.

« Voilà. Je sais que je ne vais sans doute faire aucun plaisir à nos collègues européens et américains, mais ce n'est pas mon propos, ni mon rôle. Je cherche toutes les mesures qui peuvent contribuer à une relance globale par la création d'activités économiques nouvelles qui viennent remplacer celles qui doivent disparaître. Voilà un exemple de ce que l'on peut faire pour y parvenir. »

La presse japonaise réserva naturellement à l'exposé, aussi simple que courageux, du professeur Giersh, la place qu'on imagine. Et le texte intégral de son intervention fut aussitôt traduit en japonais puis photocopié dans la nuit par l'équipe de techniciens qu' « Asahi » avait mis à la disposition du séminaire, pour répondre à la demande immédiate du MITI et du Keidanren. Le mois suivant, ceux-ci, lors des sessions de leurs états-majors, débattirent de cette communication, de ses avantages et de ses inconvénients, et l'intégrèrent à leurs « recommandations au gouvernement » pour sa politique industrielle et de commerce extérieur de l'année suivante.

Ainsi l' « Asahi » n'avait pas perdu son temps. La contribution exceptionnelle de Giersch a marqué une date dans les milieux économiques japonais — et dans quelques autres.

La politique monétaire du gouvernement de Tokyo refléta cet état d'esprit : le yen, qui n'avait cessé de s'apprécier, vit sa valeur retomber de 30 %, permettant de conquérir plus vite encore de nouveaux marchés, sans faux scrupules.

Cette évolution se manifesta également dans la programmation de l'investissement japonais à l'étranger. C'est dans les mois qui suivirent que Sony et Honda, en particulier, annoncèrent de nouvelles décisions d'implantations d'usines aux Etats-Unis mêmes. Ce qui fut salué unanimement comme « gestes de bonne volonté » et de soutien à l'économie américaine, réduisant les importations et les sorties de dollars, et créant des emplois face à la vague de chômage.

Jusqu'au jour où la multiplication et le déploiement des investissements japonais provoqueront à leur tour une levée de boucliers comme le fit l'invasion des produits nippons — si l'Amérique, entre autres, ne se redresse pas par un effort comparable...

Nous n'en sommes pas là, pas encore. Et si ce jour devait venir, si, ayant multiplié les barrières à la pénétration de produits, supérieurs et moins chers, on commençait à en élever contre les investissements eux-mêmes, bien qu'ils soient créateurs d'emplois et freineurs d'inflation, on serait alors à la veille d'une dislocation irréversible de la mécanique indispensable d'interpénétration et de solidarité mondiale des économies.

Dure contrainte, mais qui doit être respectée pour éviter le chaos social dans les pays dits « développés », qui le sont d'ailleurs de moins en moins, faute d'innovation et de créativité scientifique. Pour éviter aussi que ne s'étende plus encore la misère des pays du Tiers-Monde, que l'arrêt de la progression des économies avancées risque de priver rapidement des transferts de capitaux et de technologie si nécessaires.

Mais Giersch a tellement raison, à contre-courant — et les Japonais ont si bien montré en l'écoutant qu'ils comprenaient que leur propre intérêt était maintenant de répondre aux besoins mondiaux du développement, et non plus seulement aux performances de l'Ile —, que la clairvoyance et la volonté de quelques-uns, s'ils parviennent à faire converger leurs efforts, peuvent redresser le cours des choses. Ce dont il s'agit.

10.
Le rire de Honda

Sony, Honda... Derrière chacune de ces marques désormais célèbres, il y a généralement un homme. Et ce n'est pas en achetant la « Honda » dernier modèle, si aérodynamique, confortable et puissante soit-elle ; ce n'est pas en jouissant de la nouvelle chaîne « Sony » individuelle à écouteurs, avec sonorité stéréo, qui permet d'écouter Mozart comme si l'on était au festival de Salzbourg, que l'on peut comprendre le succès mondial de ces deux constructeurs parmi d'autres.

Chacun sait que les plus fameux fabricants de motos, qui étaient allemands, anglais, américains (BMW, Harley Davidson, Triumph, BSA, etc.) ont été, en moins de deux décennies, entièrement dominés par Honda qui a conquis tous les marchés, et sur toute la gamme, depuis les mobylettes pour adolescents jusqu'aux grosses cylindrées de police et de championnats. Mais on ne sait pas pourquoi.

On sait qu'aujourd'hui, à New York comme à Rome ou à Paris, on ne peut guère acheter un magnétoscope qui ne soit fabriqué par Sony, on sait aussi que tout le marché des postes de télévision couleur dans le pays de la télévision par excellence, l'Amérique, a été conquis par les fabricants japonais. Mais pourquoi ?

Masaru Ibuka, ingénieur, devenu président-fondateur

de Sony, et Soichiro Honda, le « titi » de la banlieue de Tokyo devenu empereur mondial de la moto, qui s'attaque maintenant aux voitures électroniques, sont deux amis de la même génération. Chacun parle du « génie » de l'autre avec intuition et finessse, avec franchise aussi, et évite ainsi, dans la conversation, de parler de soi.

Le professeur Ibuka est un délicieux professeur Nimbus. Ceux qui le connaissent depuis un certain temps et qui l'ont rencontré, reçu, revu, s'aperçoivent avec étonnement, quand ils y pensent, que c'est toujours lui qui s'est dérangé pour venir les voir. On ne va pas à son bureau. D'ailleurs, comme Honda, il n'y va pas non plus.

Il vient, il passe, il s'arrête, il rend visite, il accompagne ses amis quand ils vont faire des achats dans les magasins de jouets électroniques pour enfants et n'hésite jamais, le cas échéant, à recommander un appareil Hitachi ou Toshiba plutôt que Sony, s'il lui paraît mieux adapté. Il entraîne ses visiteurs dans l'une des innombrables salles d'étude ou d'expérimentation qu'il a créées, ou qu'il connaît, pour le perfectionnement des fonctions intellectuelles des tout-petits jusqu'aux adultes. Il est toujours disponible, gentil, prévenant. Bref, c'est un homme chaleureux, parfois presque enfantin à soixante-treize ans, dans sa passion ou son plaisir.

Cet industriel fameux, qui n'a jamais cessé d'inventer ses machines et de les perfectionner à des prix défiant toujours les concurrents, pour être abordables aux enfants, a cessé de s'intéresser maintenant aux objets... Il a fondé une « Association pour le développement cérébral ». Et toutes ses capacités sont maintenant consacrées aux êtres humains, à leur intelligence, à l'éclosion et au perfectionnement de la puissance cérébrale de chacun.

Pour lui, qui a fait le tour de toutes choses, qui a vécu, depuis le « point zéro » de 1945, comme Doko, le décollage puis la percée fulgurante du Japon, dont il est l'un des artisans, le seul objectif, désormais, est la diffusion mondiale du seul secret du Japon qu'il veuille voir introduire au plus vite au cœur de tous les peuples : la formation, le perfectionnement des facultés mentales.

Ibuka, dont les usines Sony, après avoir couvert le Japon, ont essaimé dans le monde entier, n'avait jamais eu le temps d'écrire. Mais, sur son sujet préféré, qui est à la racine de tous les autres, il a tenu à rédiger un livre à soixante et onze ans.

Quand il est soumis aux questions sur la dernière percée de Sony en France ou au Brésil, il n'écoute que poliment. Il est ailleurs... Mais chaque fois que le débat porte sur le développement du cerveau des jeunes — ou d'ailleurs des vieux — il s'éveille, se lève, marche, il concentre son esprit pour choisir les mots qui traduiront plus exactement sa pensée, il déclare à chaque instant qu'il ne parle pas assez bien, qu'il rédigera une note, il oublie l'heure, il n'arrête plus.

Il est difficile d'imaginer, impossible de décrire la simplicité de l'ouvrage d'Ibuka, si surprenant lorsqu'on le lit pour la première fois. C'est en le relisant que l'on découvre la profondeur de l'idée derrière la virginité de l'expression. C'est l'essence même de ce nouveau Japon, si étranger aux sophistications d'autrefois.

En lisant Ibuka, on comprend un peu mieux. Il vaut la peine d'en citer quelques passages.

— *Sur lui-même :* « Le lecteur peut s'étonner que moi, ingénieur de formation, maintenant président d'une société industrielle, je m'aventure dans le champ de la recherche sur le cerveau. Mes raisons sont partiellement publiques : je suis profondément concerné par l'état d'esprit des jeunes et par les questions que pose à nous tous notre système d'éducation. Et elles sont partiellement privées : *j'ai un enfant qui est handicapé mental.* Alors que mon enfant était dans ses toutes jeunes années, j'étais tout à fait ignorant de la manière dont se forme et se développe le cerveau. Celui qui m'a ouvert les yeux, plus tard, c'est le docteur Shinichi Suzuki qui a démontré que *tout enfant peut réussir, à condition d'être entraîné.* Lorsque j'ai pu observer personnellement les résultats remarquables de la méthode d'entraînement du docteur Suzuki, à partir de l'apprentissage du violon, j'ai tellement regretté de ne pas l'avoir compris plus tôt, comme père, que je me suis juré de me consacrer, dès que je le pourrais, à la diffusion de toutes les méthodes concernant la formation de l'esprit. »

— *Sur le cerveau :* « Le cerveau humain réunit dix milliards de cellules différentes. Chez un nouveau-né, elles ne sont pas encore en fonctionnement. Elles vont l'être peu à peu, puis de plus en plus rapidement, vers l'âge de trois ans.

« Au début, les cellules sont séparées et elles ne peuvent pas fonctionner dans cet état de séparation. Peu à peu, elles vont se mettre en communication, avec des canaux qui se forment entre elles. Comme si ces cellules se tendaient la main les unes aux autres pour pouvoir se transmettre des informations, à partir des sens extérieurs. *Ce processus est exactement celui que nous faisons vivre maintenant dans les transistors et les ordinateurs électroniques.* Aucun transistor ou circuit intégré, isolé, ne peut fonctionner, mais lorsqu'ils sont mis en communication, alors ils deviennent une machine calculatrice, un ordinateur. *Pour le cerveau, c'est la même chose.* Six mois après la naissance, sa capacité cérébrale, par mise en communication des cellules, a atteint environ 50 % de la capacité qu'il aura comme adulte. A l'âge de trois ans, il en est déjà à 80 %. C'est pendant cette période que se forme ce que l'on pourrait appeler « l'équipement » : sa future machine cérébrale. Tout ce qui viendra ensuite sera *le logiciel,* qui nourrit et permet à cet appareillage de fonctionner. C'est *à partir de cette analogie* que nous avons pu créer et faire progresser rapidement la qualité des calculateurs, qui sont devenus des ordinateurs et maintenant *des microprocesseurs.* Et c'est à partir de notre travail sur cette technologie que nous avons peu à peu découvert la manière *de développer le cerveau.* »

— *En observant ses petits enfants :* « Je me rappelle avoir conduit l'un de mes petits-fils, qui a deux ans, jusqu'à la fenêtre de mon appartement. Il a tendu sa petite main vers des enseignes au néon dans la rue et il m'a dit fièrement : *Voilà Hitachi ! Et là-bas c'est Toshiba !* J'étais fier que mon petit-fils, à l'âge de deux ans, puisse déjà lire des mots comme Hitachi et Toshiba dans leurs caractères japonais. Je me suis dit : « Mais quand donc a-t-il appris à lire de cette manière ? ».

« En me renseignant auprès de sa mère, j'ai compris que l'enfant n'avait pas du tout appris à lire, mais qu'il reconnaissait les enseignes au néon et pouvait les désigner par leur nom. Cette expérience m'a enseigné comment l'on pouvait, bien avant d'apprendre l'alphabet, commencer à faire entrer *dans l'ordinateur du cerveau* toute une série de *signes de reconnaissance* qui éveillent et entraînent l'intelligence en dehors des circuits traditionnels. »

— *Sur la supériorité raciale ou nationale :* « Le professeur Bloom, de l'université de Chicago, mesura un jour les QI de deux enfants, l'un amené d'un kibboutz d'Israël et l'autre d'un pays d'Afrique centrale. Le résultat montra que l'enfant israélien avait un QI de 115, contre 85 pour le petit Africain, marquant ainsi une différence très nette entre eux. Le professeur Bloom en conclut qu'il y avait une différence due à leur origine ; que l'un était de qualité supérieure et l'autre de qualité inférieure... Mais, plus tard, un autre professeur nommé Ford demanda à un couple d'immigrants venus d'Afrique de placer leur petit enfant dans une école maternelle en même temps qu'un autre enfant du même âge venu lui aussi d'Israël. *Après une année commune en maternelle, la mesure des QI des deux était identique :* 115... L'expérience de Ford était évidemment la bonne. Elle réfutait toute théorie d'infériorité ou de supériorité liées à l'origine et démontrait que le cerveau est formé *uniquement et exclusivement* par l'environnement et par l'entraînement. »

— *Sur le rôle des vieux :* « Lorsque les jeunes couples s'établissent, ils préfèrent en général le faire à l'écart de leurs parents. Ainsi les personnes âgées sont exclues du cycle d'éducation des tout jeunes. Cela devient la règle générale dans les pays industrialisés. Et *c'est une grande mutilation pour la jeunesse...* Toutes les enquêtes que j'ai faites permettent de conclure que lorsque les diverses générations vivent ensemble et que les grands-parents fréquentent régulièrement les petits, on en tire d'immenses avantages de culture, d'intelligence et de sagesse. La tendance que peuvent avoir les grands-parents à « gâter » leurs petits-enfants, tendance fréquente et bien naturelle, tendance fâcheuse d'ailleurs, est largement compensée par le goût qu'ils ont tous *de leur raconter des histoires*, ce qui est une source irremplaçable de stimulation de l'imagination et de créativité des jeunes... Le grand savant japonais, le professeur Seiji Kaya, m'a confié que l'influence la plus nette qu'il ait ressentie sur sa formation a été celle de ses grands-parents. En particulier de sa grand-mère, qu'il observait chaque soir en train de tailler les bosquets dans son jardin *et qui n'était jamais satisfaite avant d'avoir terminé sa tâche*. Il attribue à cette observation régulière, fréquente chez le jeune enfant, de l'assiduité de sa grand-mère, la puissance de concentration qu'il s'est ensuite découverte pour ses études scientifiques. Cette conclusion est confirmée par l'étude particulière que le psychologue Akira Tago a consacrée *au docteur Kaya et à son exceptionnelle capacité de concentration* qui en ont fait le savant de réputation mondiale qu'il est aujourd'hui. »

— *Sur le violon et le leadership :* « Il est maintenant devenu évident que l'éducation musicale, en particulier par le violon, non seulement développe l'ensemble des qualités cérébrales, mais suscite les qualités mêmes du leadership, de l'ascendant sur les autres, de la capacité à organiser et à commander... Cette capacité à conduire les équipes d'hommes se manifeste très tôt. D'après le grand spécialiste qu'est le docteur Yamashita, l'enfant *peut devenir un leader potentiel s'il n'est jamais distrait dans sa pensée* et s'il arrive peu à peu à la concentrer en dépit des bruits ou des jeux qui se produisent autour de lui. C'est exactement ce qui se passe lorsque l'enfant *apprend à écouter le violon* puis à en jouer. »

— *Sur le génie :* « Un exemple intéressant est celui du philosophe français Blaise Pascal. Il fut éduqué d'une manière très rigoureuse par son père qui, ayant senti les virtualités de son fils, prit sa retraite de fonctionnaire afin de pouvoir se consacrer à l'éducation et à l'entraînement du petit Blaise, qu'il adorait. C'est ainsi qu'il lui apprit la géographie, l'histoire, la philosophie, les langues et les mathématiques. Il sut très bien ne pas encombrer le cerveau de son fils avec toute une série de données brutes, sans signification importante ; il s'appliqua *à lui apprendre essentiellement la capacité à penser par lui-même* plutôt qu'à faire fonctionner inutilement sa mémoire. Plus tard, Pascal se distingua brillamment à la fois comme mathématicien, comme physicien et comme philosophe. Peu d'hommes de ma génération qui n'aient lu et relu les *Pensées* de Pascal avec admiration. Il nous a livré en particulier une définition de l'homme qui est à la base de notre conception d'aujourd'hui : « L'homme n'est qu'un roseau, le plus faible de la nature, mais il est un roseau pensant. » La pensée est bien l'opposé de la faiblesse. Mais ce que l'univers sait moins sur ce grand homme et qui est contenu dans ses confessions, c'est qu'il n'a jamais connu, à partir de l'âge de dix-huit ans, un seul jour de tranquillité d'esprit dans sa courte vie qui se termina à trente-neuf ans. Il confie que malgré l'admiration et la reconnaissance qu'il avait pour son père, celui-ci l'avait mis à l'écart des autres enfants et l'avait enfermé en quelque sorte dans un genre de prison mentale qu'était l'entraînement intensif auquel il était soumis. Ce qui, à la fois, déclencha sans aucun doute le génie très particulier de Pascal, mais en même temps altéra la constitution de son organisme et ne lui permit pas d'atteindre au plein épanouissement de sa vie. »

— *Sur l'avenir et la paix :* « Alors que nous prétendons avoir atteint un degré remarquable de civilisation et avoir maîtrisé la croissance de l'économie, nous sommes au contraire les témoins sur cette terre de conflits permanents, de préjugés raciaux, d'hostilité entre les peuples, de guerres, de haines qui empêchent toute organisation raisonnable du développement humain, lequel ne peut être conçu qu'à l'échelle de l'ensemble du monde... Les générations qui ont été nourries de pareils préjugés et qui ont grandi dans un pareil environnement seront dans l'ensemble tout à fait incapables de promouvoir les conditions d'avènement d'un monde ouvert à tous, qui leur permette de vivre en paix et de développer leurs facultés et leurs satisfactions. Il faut que nous soyons tout à fait convaincus d'une vérité essentielle : ce monde réunifié, seul objectif valable que nous puissions fixer à nos efforts et à nos vies, seuls nos enfants seront en mesure de le concevoir et de l'instaurer... En dernière analyse, c'est parce que j'en suis absolument convaincu que j'ai voulu écrire ce livre pour permettre à tous les parents, fût-ce de manière modeste et partielle, *de prendre soin de ces jeunes cerveaux qui vont être responsables du monde.* »

Ibuka, enfin, parle de son ami Honda en s'interrogeant sur l'origine de son génie. Il le connaît depuis si longtemps...

— *Honda par Sony* : « Lorsque j'ai demandé à Soichiro Honda de me dire ce qui, d'après le souvenir qu'il en garde, avait commencé à l'attirer vers les motocyclettes, il a réfléchi un bon moment puis m'a raconté ceci : « Dans le vieux temps, il n'y avait pas de moteur électrique. Les gens utilisaient des moteurs à pétrole pour nettoyer le riz qu'ils allaient manger. Moi, j'étais petit et il y avait un moulin à nettoyer le riz à côté de ma maison. J'entendais le bruit régulier de ce moteur : pom-pom, pom-pom, pom-pom... Je m'y suis peu à peu habitué et je voulais même souvent aller plus près du moulin pour mieux entendre le « pom-pom ». Lorsque mon grand-père refusait de m'y amener, je pleurais très fort. Je pleurais si fort que l'on m'entendait tout alentour; il y avait toujours quelqu'un qui venait me chercher et qui acceptait de me conduire vers le bruit. Peu à peu, je me suis mis à vivre avec le « pom-pom », qui devint mon environnement familier, ainsi d'ailleurs que l'odeur que dégageait la combustion du moteur. C'est ainsi que je me suis mis à aimer vraiment et le bruit et l'odeur, et que j'ai un jour décidé que je me mettrais à fabriquer des motos dès que je serais en mesure d'apprendre à le faire. »

A soixante-quatorze ans, Soichiro Honda ressemble encore trait pour trait à ce petit garçon. Les étrangers qui le rencontrent brièvement disent qu'il est naturellement une sorte de génie, mais « qu'il est aussi un peu fou, la preuve en étant sa manie, une sorte de tic étrange, d'éclater de rire tout le temps ».

C'est vrai qu'il rit très souvent. Même lorsqu'on a appris à mieux le connaître, à l'écouter longuement, lorsqu'on visite ses usines, qu'on le rencontre dans sa famille, on constate qu'il rit à tout propos. Parce que tout l'amuse. La vie lui paraît un enchantement. Et il s'arrange pour qu'il continue d'en être ainsi.

Un dîner chez Honda est un moment délicieux. Il n'y a jamais plus de cinq ou six personnes autour de la table, dans sa petite maison, semblable à une maison de poupée, de la banlieue verte de Tokyo. Ensuite, il compose lui-même le menu. Et il l'écrit, quand il reçoit un ami qui ne lit pas le japonais, avec l'explication de chaque plat rédigée en anglais ; il le commente lui-même tout au long du service, en même temps que se poursuit la conversation. Il parle de plusieurs choses à la fois sans perdre le fil d'aucune. Il est rivé à l'idée ou aux idées qui sont débattues. Et la conversation avec Honda peut devenir fulgurante.

Lui parle-t-on de la fameuse méthode appliquée dans ses usines où chaque ouvrier est personnellement responsable de la qualité de ce qu'il produit, de chaque pièce, chacun disposant d'un bouton blanc qui peut, d'une simple pression, arrêter toute l'usine, si l'ouvrier pense qu'une pièce n'est pas parfaite ?

Honda explique que non seulement ce n'est pas un frein à la production, mais, bien au contraire, le système même qui lui a permis de triompher en assurant cette qualité « sans faille » de ses machines, qui a fait leur réputation. Les « quality-control circles » qui complètent la technologie, sont une des clés de la productivité japonaise. Cent mille cercles fonctionnent ainsi au Japon, unissant ouvriers et managers pour définir ensemble les solutions aux problèmes de la production et de son amélioration constante.

Pour Honda, cette découverte est devenue sa philosophie. Il doit sa carrière a la confiance ainsi faite à chacun de ses ouvriers. C'est grâce à eux que ses engins sont désormais les meilleurs du monde. C'est donc à eux qu'il doit tout. Poussant jusqu'au bout sa logique humaine, industrielle et philosophique, il a déshérité sa propre famille.

Il le dit très simplement, à table, devant sa femme et son fils de trente-deux ans, qui est venu dîner avec ses parents. Ce fils bien-aimé a dû fonder sa propre entreprise : Honda a refusé de le prendre chez lui et ne l'a même pas aidé à rassembler un capital pour créer son affaire. Il éclate maintenant d'un grand rire :

« Voyez, ils n'auront rien. Rien. Tout cela ne m'appartient pas. Donc à eux non plus. Cela appartient à ceux qui ont fabriqué la qualité de Honda. Qu'est-ce que ma femme a à faire là-dedans ? Et mon fils, je lui ai donné le plus beau cadeau que je pouvais lui donner : je l'ai obligé à faire sa vie lui-même, sans qu'il me doive rien. Imaginez ce qu'il serait devenu si je l'avais gâté... »

Honda dispose d'un bureau dans chacune de ses usines ; mais il ne s'en sert jamais. Quand il va, au Japon ou ailleurs, dans une entrepise « Honda », il reste dans un atelier et c'est là que viennent lui parler tel et tel de ses directeurs avec qui il doit prendre des décisions, au milieu d'ouvriers qui viennent écouter quand ils le veulent, et souvent donner leur avis. Ou bien il va seul visiter une usine et s'entretenir avec tel ou tel employé, chef d'équipe ou ouvrier, en posant des questions qui ont l'air toutes simples mais qui lui permettent de mieux comprendre où l'on en est et de concevoir des perfectionnements.

Tel est Honda. Et si quelqu'un lui demande, vers la fin d'un dîner : « Qu'est-ce qu'il arrivera à votre avis aux sociétés industrielles qui n'adopteront pas la même méthode que vous et qui resteront dans le système capitaliste actuel ? », Honda n'hésite pas un instant. Il répond, sans rire cette fois, avec brutalité : « Elles sont toutes appelées à périr. »

La « naïveté », au sens le plus originel, d'hommes comme Ibuka ou Honda, de leurs expressions, de leurs manières, de leurs idées et de leurs méthodes, peut laisser étonné ou incrédule. On le serait à coup sûr si l'on n'avait devant les yeux, où que l'on aille de par le monde, la présence obsédante des œuvres qu'ils ont créées et qui se sont partout imposées. Alors on ne sourit plus. On cherche le lien entre la simplicité intellectuelle des personnages et leur réussite. Il doit y avoir là le signe même de l'intelligence créatrice.

Pour conclure, et pour être tout à fait assuré que ni Honda, ni Ibuka, ni tant d'autres qui leur ressemblent, ne sont l'exception mais la règle, il suffit de considérer un instant le passage assez insolite placé en exergue du « mémoire Mitsubishi », élaboré sous l'autorité du Keidanren à l'attention des leaders de l'Europe et de l'Opep au cœur de l'été 80, pour contribuer à la recherche d'une solution aux problèmes si complexes que pose notre changement d'univers.

Ce document n'est évidemment pas destiné à faire perdre du temps aux responsables à qui il s'adresse, mais à être, selon son intitulé (« La Révolution technologique et la société d'information »), un instrument de travail ouvrant la voie à la création des millions d'emplois qui doivent remplacer ceux qui, de semaine en semaine, disparaissent. Voici comment l'introduisent ses auteurs japonais :

« *Chacun gagne en perdant un Ryo — vieille leçon orientale.*

« Un jour, un commerçant marche le long d'une route dans la grande île et il trouve, égaré par terre, un petit paquet. Il le ramasse et l'ouvre. Avec surprise, il y découvre trois pièces d'or valant chacune *un Ryo*. Ravi, il s'apprête à rentrer chez lui avec son nouveau trésor. Arrive alors vers lui un promeneur qui lui dit que ce paquet lui appartient, qu'il l'a perdu ici. Il demande naturellement qu'on lui rende les trois pièces.

« Le commerçant qui les a trouvées ne l'entend pas de cette oreille. Il déclare : « Ceux qui trouvent, gardent ».

« Arguments contre arguments, leur dispute devient interminable. Et ils en deviennent l'un et l'autre si absorbés, incapables d'en sortir, qu'ils ne peuvent se souvenir du moment où la discussion s'est comme d'elle-même inversée.

« L'ancien propriétaire se met à déclarer soudain : « Au fond, puisque je les ai perdues, je les ai perdues ». Et l'autre de répondre : « Après tout, je les ai trouvées par hasard, elles ne m'appartiennent pas ». »

« Ils continuent ainsi à être en complet désaccord. L'un veut absolument les rendre, et l'autre n'en veut plus. Ils se disputent de nouveau. « Mais reprenez-les donc...

— Surtout pas, elles sont maintenant à vous. » Et l'interminable discussion reprend comme devant, mais en sens inverse.

« N'arrivant pas à en sortir, ils décident sagement de s'en remettre à la décision d'un tiers. Décision qu'ils ne discutreront plus.

« C'est ainsi qu'ils s'en vont rendre visite au plus fameux juge de l'époque : O'Oka Echizen-no-kami Tadasuke.

« Celui-ci les écoute attentivement tous deux et rend son jugement : « Ces trois Ryos que chacun d'entre vous veut donner à l'autre sont saisis par l'autorité publique. Puisque vous en avez chacun abandonné la propriété, vous n'y verrez pas d'objection. » Le grand magistrat prend les trois pièces d'or et s'éclipse dans son bureau de travail.

« Les deux hommes restent l'un et l'autre interloqués, songeurs, et comme noyés dans quelque regret... A ce moment-là, le magistrat revient, tenant dans ses mains deux petits paquets. Il s'adresse de nouveaux à eux :

« Vous vous êtes tellement entêtés, chacun voulant absolument avoir raison, que vous en êtes arrivé l'un et l'autre à tout perdre. Vous avez ainsi appris une grande leçon : ce que l'on perd lorsqu'on s'obstine dans une idée fixe au lieu d'essayer de comprendre l'autre. Mais moi aussi, j'ai appris une leçon de valeur : celle que vous m'avez enseignée par votre modestie et votre générosité. Alors je vais vous faire un cadeau.

« Il tend à chacun l'un des deux petits paquets. Chaque paquet contient *deux Ryos*.

« Le grand juge Echizen-no-kami tire à présent la conclusion de l'histoire : « Les quatre Ryos que vous possédez maintenant à vous deux se composent des trois Ryos que vous m'avez apportés et d'un autre Ryo que j'ai pris dans ma poche, en remerciement de ce que vous m'avez appris. Auparavant, chacun d'entre vous croyait avoir trois Ryos. Puis les a perdus. Désormais, vous avez et vous pouvez garder chacun deux Ryos. Vous avez chacun perdu un Ryo. Moi qui en ai rajouté un, je peux dire aussi que j'en ai perdu un. Ce qui fait que nous avons chacun perdu la même chose : un Ryo. C'est le prix, le même pour nous trois, dont nous payons l'enseignement que nous venons de recevoir. »

Et le « mémoire Mitsubishi » ajoute ce commentaire :

« Que pouvons-nous tirer aujourd'hui de cette petite histoire de l'antiquité orientale ? L'obstination égoïste de chacun des univers qui composent notre planète commune, ne peut mener qu'à des solutions de brutalité et de déséquilibre qui provoqueront des déchirements irréversibles. Le moment est venu de commencer à nous rendre compte que nous ne pouvons rien gagner *les uns contre les autres,* ni les uns aux dépens des autres. Nous devons tous payer le prix de nos efforts avant de recevoir, tous ensemble, un bénéfice commun[1] »

Ceux à qui le président Nakajima, de l'Institut Mitsubishi, a soumis son rapport au cours des discussions de l'été et de l'automne 1980, n'ont pas pris cette historiette pour l'élément essentiel du rapport sur « la Révolution scientifique ». Mais lui-même a engagé le débat en demandant à chacun des participants d'expliquer quelle leçon il tirait de la petite fable des samouraïs, par rapport aux problèmes dont il allait être question : l'univers développé face à l'Opep et au Tiers-Monde. Il convenait, dit-il, de se prononcer sur ce point pour savoir en quelle direction continuerait l'exploration des solutions.

---

1. Nous verrons, convergence étonnante, comment Jean Monnet, le « père de l'Europe », a tiré des nombreuses expériences de sa vie politique, une leçon identique.

On aimerait poser la question aux dirigeants d'une
entreprise aussi souveraine en son domaine, aussi incontestée et
inégalable que la société électronique IBM, qui n'a jamais eu à
tenir compte des autres. Jusqu'au jour où...

11.

Ces 47 000 robots

De toutes les usines du monde, la plus visitée se trouve au Japon dans la région d'Aïchi, au centre de l'archipel. C'est celle de Toyota. Elle est reliée par une double autoroute au port de Nagoya, sur le Pacifique, où arrivent les pièces détachées et d'où partent les voitures achevées, vingt-quatre heures sur vingt-quatre, en direction de tous les continents. Toyota-ville est devenue, en 1979, la première exportatrice mondiale d'automobiles.

Les visiteurs qui pénètrent au cœur du complexe Toyota ne sont pas déçus. Dès leur entrée dans l'une des huit usines groupées en forme de trèfle, ils découvrent ce qu'ils sont venus chercher et dont ils avaient déjà eu un aperçu d'après les fameuses photos dont les dirigeants de Toyota n'entravent plus la diffusion : l'usine sans ouvriers.

De chaque côté du hangar et tout au long des deux chaînes de montage parallèles, les robots sont à l'ouvrage. Ils examinent les châssis, les pièces extérieures et intérieures, une à une, les assemblent, les montent, les branchent, les soudent, les peignent, puis les vérifient et à l'autre extrémité de la chaîne sortent les véhicules prêts à être embarqués.

Ces robots sont les derniers-nés des machines « pensantes » dues à l'introduction et à la multiplication des « microprocesseurs », qui sont apparus en chaque instrument et à chaque phase de la production industrielle où, désormais, selon la programmation qu'on leur a fixée, ils commandent les tâches les plus délicates et les plus complexes à une vitesse et pour un coût sans commune mesure avec le rendement des équipes les plus spécialisées ou les mieux expérimentées — auxquelles ils se substituent.

Si, dans un monde en crise, notamment en crise énergétique, l'industrie automobile est l'une de celles qui partout souffre le plus, elle est au Japon en plein essor — grâce aux robots. Autrement dit grâce à l'utilisation totale de l'électronique miniaturisée.

Après quelques années de crise pétrolière, l'industrie automobile japonaise avait déjà battu tous les records d'exportation, en particulier ceux des Etats-Unis. Mais elle n'était pas encore, toutes productions confondues, la première mondiale, titre que nulle n'avait jamais ravi à l'Amérique. En 1980, c'est fait : avec plus de dix millions de véhicules produits (Toyota, Nissan, Honda, Mazda), l'industrie japonaise a pris la tête. Et elle exporte *la moitié* de sa production — record absolu.

Les plus puissantes entreprises américaines et euro-péennes en sont toutes venues à emprunter massivement aux banques, puis à l'Etat, pour lancer des programmes de moder-nisation fondés sur la micro-électronique, et destinés à rempla-cer dans quelques années leurs équipements périmés. Elles doivent ainsi s'endetter pour longtemps. Aussi est-il frappant de voir que Toyota, par-delà ses performances de production, est conduite au même moment à créer une nouvelle division dans ses activités : la banque.

Ayant accompli à temps son informatisation, accumu-lant les bénéfices dus à son avance, libre de tout engagement bancaire, constatant que ses prévisions d'autofinancement pour les prochaines années, même en croissance maxima, resteraient très inférieures à ses bénéfices, Toyota, à côté de la construction automobile, joue le rôle d'une banque de prêts et d'investisse-ments qui trie les meilleurs clients, repère les placements les plus rentables, afin d'accroître les résultats financiers globaux de la société et de constituer ainsi une « force de frappe » capable de déployer, sans délai, toute nouvelle technologie des années 80 — dont les Japonais ont décidé de faire « la décennie de l'innovation ».

Usine sans ouvriers ne signifie pas sans hommes. Cependant que les robots viennent accomplir à leur place toutes les tâches de main-d'œuvre, les employés de Toyota, ainsi libérés par dizaines de milliers, s'inscrivent non pas au chômage, mais dans l'une des école d'apprentissage ou l'un des instituts de formation, d'éducation, de re-spécialisation qui forment l'ensemble du « système interne d'enseignement » que Toyota a développé.

Ainsi, après un enseignement adapté, lui même accéléré par l'aide informatique, s'ouvre à tous les salariés une autre carrière. Ces stages leur permettent de reprendre un travail à rémunération supérieure, *en amont* des ordinateurs et des robots : dans l'immense fabrique de « logiciel », cette nourriture des nouvelles machines qui ne peut être produite, elle, que par des cerveaux humains. Génératrice d'emplois, par définition.

A une heure de route de Nagoya, on atteint ainsi la frontière d'un nouvel univers.

Le bénéfice n'est plus un problème : il y en a trop, et l'usine productrice fait en outre fonction de banque d'investissements extérieurs.

L'emploi n'est plus un problème : le complexe éducatif interne de formation exige, pour répondre aux besoins humains du système informatique, fondement nouveau de la production, davantage de travailleurs que les chaînes de montage n'en débauchent.

Quelques chiffres suffisent à éclairer ce qui ne peut manquer d'apparaître comme une sorte de mystère.

L'informatisation et ses systèmes, dans les usines Toyota, permettent un rendement de 65 voitures par an et par poste de travail, contre dix ou onze pour les constructeurs automobiles américains et européens. La productivité de Toyota est ainsi sans comparaison avec celle de tous les constructeurs d'Europe ou d'Amérique[1].

Deux cents robots électroniques à l'œuvre, ce n'est que le début du programme au terme duquel Toyota aura installé (et il faut construire trois nouvelles usines pour les accueillir) 720 robots, en trois ans.

Ce développement se nourrit lui-même : plus on met de robots au travail, plus le rendement s'élève, plus le perfectionnement de la voiture s'accroît et plus son prix baisse, plus les ventes extérieures et les bénéfices financiers augmentent, plus il y a d'employés libérés pour aller s'initier aux diverses phases, des plus simples aux plus complexes, du « logiciel », contribuer à en produire, et plus on améliore ainsi de nouveaux robots.

Voilà qui éclaire la déclaration que nous avons entendue à Londres, à propos d'un autre domaine industriel, mais pour des raisons identiques : « Un tel processus, quelle que soit la nature des produits qu'il fabrique, a bien évidemment *vocation à fournir l'ensemble du marché mondial.* »

Mondial, au sens exact, ce qui exige le développement de tout le Tiers-Monde, qui n'a pas atteint le stade du « marché », qui n'a pas encore les capacités de produire et de créer, donc pas les moyens d'acheter.

Le robot, qui lui-même a vocation à s'installer partout, réclame un espace solvable aux dimensions de la planète ; sinon il étouffe. Nous verrons quelles peuvent être, à partir de là, les voies du développement mondial. Car cette gigantesque transformation ne se déroulera pas, on le comprend, à partir de la seule base de l'archipel nippon. Elle prendra appui, nécessairement, sur l'univers industrialisé et bientôt, parallèlement, sur les pays du Tiers-Monde.

---

1. Le rapport du « Mitsubishi Research Institute » précise (chap. I, pages 7 et 8) sur Toyota : « Toyota utilise 250 sous-traitants. Dans l'ensemble de ses usines, 45 000 techniciens surveillent la production informatisée. Dans une seule usine, la neuvième, en construction à Tahara, il y aura 200 robots au travail ».

Ce développement doit être plus rapide qu'on ne l'imaginait. La révolution technologique exige de sauter par-dessus les stades de l'industrialisation classique, ceux d'avant le microprocesseur, puisque les deux matières premières essentielles en sont : *le silicium du sable* (pour fabriquer les supports des micro-ordinateurs) et *la matière grise* des hommes pour concevoir et réaliser leur programmation.

Le Japon a ouvert, pour tous, la voie de cette mutation, et l'illustre par son avance. On en prend la mesure en examinant la répartition, en 1980, des robots au travail.

On compte aujourd'hui environ 60 000 robots au total, *dans le monde,* installés en usine, comme ceux que nous avons vus chez Toyota. Leur localisation est la suivante : 6 000 robots en Allemagne fédérale, 3 200 aux Etats-Unis, 600 en Suède, 300 en France, 180 en Grande-Bretagne, une centaine, ou moins, dans une demi-douzaine d'autres pays, *et 47 000 au Japon.*

Ces chiffres autorisent à requérir l'attention du lecteur, à quelque continent qu'il appartienne, pour qu'il la concentre sur l'examen du nouveau « tissu » japonais et voie ainsi comment cè tissu est appelé à devenir universel. Elément de pointe, éclaireur sur la route, le Japon a pris la relève aux postes d'avant-garde : ce n'est plus guère contestable. Mais il ne saurait rester seul sur cette nouvelle planète ; c'est aussi évident.

C'est d'un Japonais que nous vient un rappel salutaire à la modestie, illustration du principe général de faillibilité qui, comme le génie, n'a pas de patrie : M. Naoto Ichimanda, l'un des économistes les plus respectés du Japon d'après-guerre, à l'époque gouverneur de la Banque du Japon.

Interrogé en avril 1950 par les responsables du MITI et du Keidanren sur l'édification d'industries susceptibles de réussir à partir des resssources du Japon — c'est-à-dire essentiellement sa population —, il donne son avis sur la série de choix proposés. L'automobile est alors évoquée. Lui, d'ordinaire prudent et nuancé par nature et par formation, devient tout à fait catégorique :

« Cela n'aurait aucune chance, ni aucun sens. Nous

nous orientons vers une époque de division internationale du travail. Les Américains fabriquent, avec une avance considérable, les automobiles les meilleures et les moins chères. Pour le Japon, en ce domaine, il n'y a qu'une voie raisonnable : s'en remettre à l'industrie américaine pour nous approvisionner dans nos besoins à venir en automobiles. »

Le gouverneur jouit d'une grande autorité. Il possède, de surcroît, à la tête de la Banque centrale, de puissants moyens pour se faire entendre, et il émet un jugement raisonnable. Comment se fait-il qu'il n'ait pas été suivi ? Là est le point vraiment instructif de l'histoire.

Il y avait quelque part un problème qui n'était pas réglé. Un problème d'hommes. Le traité de paix signé avec l'Amérique interdisait au Japon toute fabrication de nature militaire, et la liste des productions interdites comprenait, pour plus de sûreté, l'industrie aéronautique. On comptait ainsi des centaines d'ingénieurs, spécialisés dans les moteurs et les cellules, qui formaient une masse qualifiée et sans débouchés. Cette situation fut mal ressentie et apparut vraiment comme un gâchis.

Pour les employer, M. Kiichiro Toyota, fils de l'inventeur des machines à tisser, destina une petite unité de construction de moteurs à ces ingénieurs de l'aéronautique laissés inactifs. Cette petite fabrique, « Toyota Motors », est devenue... ce que nous venons d'évoquer.

Ce sont ses successeurs à la tête de l'entreprise qui auront vu le jour du triomphe, de la percée mondiale, lorsque les robots de Toyota auront fait naître ces deux sous-produits inattendus et prometteurs de l'automobile : une fonction bancaire d'investissement, une fonction universitaire d'informatique. Mais c'est l'homme des débuts, Kiichiro Toyota, qui est vénéré parce que, pour lui, tout s'est construit à partir d'un principe simple et qui a fait sa fortune : *on ne laisse pas des hommes inemployés.*

Principe fondamental qui demeure intact au cœur des

projets des années 1980, et qui rejoint, comme l'a décrit le professeur Vogel de Harvard, les saines obsessions de tous les responsables, ainsi que les incessantes recherches d'Ibuka, de Honda et de quelques autres.

12.
David et Goliath

Cette étincelle embrase l'imagination créatrice des responsables et ingénieurs de « Fujitsu », première société japonaise d'électronique pour la fabrication d'ordinateurs : ils visent aujourd'hui l'impossible.

Fujitsu a décidé que les conditions étaient réunies pour s'attaquer au géant des géants : au seul monopole authentique, implanté dans plus de cent pays (dont naturellement le Japon), innovant sans cesse dans ses laboratoires, mobilisant l'élite des chercheurs sur chaque continent, ayant gagné les paris industriels les plus audacieux avec des mises financières qu'aucune autre société n'aurait pu songer à risquer — enfin, au tableau mondial des performances, la première entreprise industrielle depuis que la crise énergétique a fait fléchir ses derniers concurrents : l'illustre IBM.

Il n'y a pas d'exemple, dans l'histoire industrielle, d'une suprématie comparable à celle d'IBM. Puissance absolue qui, depuis trente ans, n'a même jamais connu dans son domaine de rivale.

C'est à la face de ce Goliath (dont les activités hors des Etats-Unis ont dépassé depuis plusieurs années le chiffre d'affaires en Amérique) que Fujitsu lance, aujourd'hui, son impensable défi. Quelle est la fronde de ce David ?

Fujitsu n'est encore, comparé à IBM, qu'un bien modeste constructeur de matériel électronique. Cette société japonaise n'a, au premier semestre 80, exporté que cinq cents ordinateurs.

Ce n'est donc pas du côté de la fabrication des machines, de la domination des marchés pour le « matériel », que Fujitsu a orienté ses ressources et ses priorités. *C'est sur celui des hommes et, d'emblée, des hommes du Tiers-Monde asiatique.*

Ainsi Fujitsu, depuis sept ans déjà, a créé deux instituts de formation et d'entraînement des hommes non spécialisés à l'informatique.

L'un au Japon, la « Fujitsu computer school », réservée aux candidats venant des pays du Pacifique. Là, cinq informaticiens japonais de premier ordre sont affectés à chaque groupe de vingt-cinq élèves, en stage pour six mois — durée suffisante pour l'apprentissage de base permettant de participer à la « programmation », l'adaptation locale à telle ou telle fonction requise des ordinateurs.

L'autre institut est déjà implanté hors du Japon : l' « Asian information processing center » fonctionne depuis Singapour pour l'ensemble des pays voisins du Sud-Est asiatique. Il y forme, de la même manière, et dans leurs langues, les futurs programmeurs dont la vocation est, de retour chez eux, de familiariser d'autres candidats à l'univers informatique, qui ne cesse de réclamer des hommes et encore des hommes.

Tel est le calcul réfléchi de Fujitsu : *les hommes d'abord.* La programmation, le logiciel, l'apprentissage de la technologie nouvelle, le milieu humain des machines et leur langage, le « transfert de technologie » au niveau des cerveaux eux-mêmes, à destination des peuples qui n'appartiennent pas encore à cet univers et qu'il faut, par les méthodes les plus efficaces, y conduire sans autre retard, dans le respect de leur culture.

On voit s'esquisser ici un court-circuit capital : éviter le coûteux, le rude, le long processus qu'a dû suivre l'Occident

— pour chercher à atteindre *directement* le niveau de la société de demain, celle qu'édifient les technologies de l'information sur des cerveaux entraînés.

C'est le parti qu'a pris Fujitsu : tout miser sur les hommes et leur rôle primordial dans le développement technologique. La compagnie japonaise simplifie par ailleurs sa tâche, du côté des « matériels », en les fabriquant sans scrupules selon la formule qu'on appelle en informatique « IBM compatible », intégrant exactement les mêmes « fréquences », pour que tout utilisateur d'IBM puisse remplacer à l'identique, sans adaptation ni transformation, l'appareil auquel il est habitué (50 % du parc mondial est encore contrôlé par IBM), par un appareil Fujitsu, du jour au lendemain, à la demande des programmeurs locaux...

Dans le mémoire Mitsubishi, posé et prudent, conformément aux instructions de Doko qui a demandé, dès le début de ce travail, « qu'on ne provoque pas de réactions de crainte en exagérant les capacités japonaises ou en se livrant à des extrapolations », c'est l'un des rares chapitres où l'équipe d'experts s'engage. « Notre conclusion, à l'examen des moyens et de la stratégie de Fujitsu, est que cette société pourrait rivaliser avec IBM plus tôt qu'on ne l'imagine. En voici les raisons :

« 1 — Les « transferts de technologie » visant directement les hommes que Fujitsu forme dans ses instituts, au Japon et à l'extérieur, représentent un facteur nouveau qui est appelé au développement essentiel. L'expérience acquise par Fujitsu dans ce domaine si particulier pourrait devenir un avantage déterminant face à IBM.

« 2 — Cette même stratégie, axée sur la dimension humaine de la progression de l'informatique, a apporté à Fujitsu un autre atout. Les technologies de Fujitsu ne sont pas ressenties comme des « corps étrangers » dans les milieux non japonais où elles commencent à s'implanter. Elles y sont en quelque sorte intégrées par avance du fait que leur enracinement humain les y a précédées.

« 3 — La stratégie d'IBM, sur ce point, ne semble pas encore s'être subordonnée aux nouveaux impératifs de la compétition en informatique, qui l'apparentent davantage à une « progression de guérillas mobiles » qu'à une confrontation de puissance entre grosses machines dont les progrès des télécommunications rendent déjà de moins en moins nécessaire la présence physique.

« Nous en voyons un premier signe dans le fait que depuis l'année dernière, en 1979, la part du marché des ordinateurs IBM installés au Japon est tombée, pour la première fois, en dessous de la part prise à lui seul par un constructeur local, Fujitsu.

« 4 — Cette tendance est appelée à se renforcer, car IBM maintient encore le principe du « contrôle à cent pour cent » de ses filiales à l'étranger. Cette politique a déjà suscité un certain nombre de difficultés et de frictions dans plusieurs des pays industrialisés. Elle en provoquera de plus considérables lors de l'extension de l'informatisation au Tiers-Monde. D'autant que Fujitsu, prêt à entrer en concurrence, se présentera avec la stratégie inverse : contrôle local et participation japonaise minoritaire.

« Le dernier facteur est le « milieu » scientifique et technique dans lequel, pour l'essentiel de ses décisions stratégiques et de la mise en œuvre de ses innovations, fonctionne la cellule mère de l'empire IBM — le milieu américain.

« C'est lui, sans aucun doute, qui a si longtemps donné à IBM une grande part de sa vigueur et de sa créativité. Avec l'affaissement progressif de la productivité et de la force d'innovation du tissu économique américain dans les années 70, il s'est appauvri.

« En conclusion : les conditions nous paraissent réunies pour que la mondialisation de l'informatique confirme la valeur des choix opérés par Fujitsu. La disproportion actuelle des forces, favorable encore et de manière écrasante à IBM, en chiffres et en matériels, s'inverserait alors au fur et à mesure de la prédominance croissante du logiciel, fondé uniquement sur les facteurs humains. »

Ce que le rapport gardait sous silence, c'est qu'au moment où ce pronostic était rédigé, les signes de fléchissement de la puissance d'IBM avaient commencé d'apparaître.

L'été précédent, et pour la première fois, le géant s'était trouvé dans l'obligation d'emprunter une première tranche de 1,5 milliard de dollars, et d'émettre en complément, par l'intermédiaire d'un consortium bancaire, un emprunt obligataire d'un milliard de dollars. S'agissant d'IBM, l'opération n'eût pas dû présenter la moindre difficulté. Mais, au vu des analyses établies sur le marché informatique prévisible des années 80 (celles que recouvrait l'emprunt), elle n'apparaissait plus, semble-t-il, comme tout à fait « sans risque ». IBM a enfin sollicité un engagement particulier, pour trois cents millions de dollars, de l'Arabie Saoudite...

On mesurera la portée de ces indices en se référant aux deux ouvrages qui, au début des années 70, traitèrent du « cas IBM » en décrivant les atouts de sa remarquable aventure.

L'un est de l'Américain William Rodgers qui écrivait, dans « A biography of IBM » : « Dans toute l'histoire, jamais une autre entreprise n'engagea de tels investissements sur des innovations technologiques. Pareille politique n'a pu aboutir que grâce aux énormes réserves financières de cette société *et à son crédit quasi-illimité.* »

L'autre est du Français Robert Lattès qui, dans « Mille milliards de dollars », expliquant pourquoi, selon lui, les concurrents d'IBM n'avaient, il n'y a pas si longtemps, aucune chance réelle de récupérer sur le géant une part notable du marché, écrivait : « Si l'un des constructeurs concurrents tente seulement de grignoter à IBM 1 % de son marché, cela signifie pour lui une croissance colossale, supérieure à 35 % par an. Si une telle croissance est imaginable pour une courte période, il est impossible de la tenir sur la distance. Elle soulève des problèmes insolubles. A l'inverse, une augmentation pour

IBM de 1 % de sa part du marché ne représente qu'un effort très marginal. »

C'était hier. Dans l'univers *d'avant* les microprocesseurs, ces petites machines de sable, dévoreuses de matière grise, qui ont redonné la suprématie aux hommes.

Comme l'indique le rapport Mitsubishi : « Si Fujitsu peut prétendre à l'ambition, d'une audace qui, récemment encore, n'était guère imaginable, d'égaler IBM, c'est que Fujitsu a entrepris sa conquête sous une forme entièrement nouvelle, celle de la formation et de l'entraînement préalables des hommes et des équipes, pour la programmation des futures machines, en vue d'un réseau informatique mondial et unifié. »

IBM règne encore. Mais le simple fait que les projets de Fujitsu soient considérés, dans les milieux avertis de l'électronique et de la banque, comme « raisonnables », éclaire l'ampleur de la révolution technologique qui se produit au Japon.

Avec l'introduction massive, par dizaines de millions par an, de ces « guérilleros » que sont les microprocesseurs[1], cette révolution ne cesse de s'étendre et ne connaîtra plus de frontière.

Mais si Fujitsu peut ainsi défier IBM, c'est que parallèlement, la société japonaise dans son ensemble, délibérément, se prépare à sauter du passé dans l'avenir ouvert par la percée technologique de ces microprocesseurs.

Le savant anglais Christopher Evans, qui a écrit, avant de mourir en 1979, la meilleure étude sur les conséquences de la révolution technologique intitulée, précisément en hommage aux microprocesseurs, « Les Géants minuscules » — formulait ainsi son pronostic sur le Japon des années 80 :

« Au cours d'une conférence qui se tenait à Londres à la fin de l'année 77, je fus invité par le président de l'une des sociétés d'ordinateurs japonaises. Il m'expliqua point par point

1. Les fabricants de microprocesseurs ont vendu dans le monde : 2 millions et demi de cellules en 1976 ; 27 millions en 1978 ; 57 millions en 1979 ; et 100 millions pour 1980 (prévisions).

ce qu'allait être la stratégie industrielle de son pays pour les années 80. Le Japon a réussi à devenir la puissance économique la plus active et la plus productrice de l'après-guerre avec des usines neuves et sans héritage industriel contraignant, avec une estimation très fine de ce que seraient les marchés mondiaux dans les années 50 et 60. Le Japon se prépare maintenant à affronter la phase suivante...

« La crise du pétrole et les bouleversements survenus dans l'équilibre économique mondial, montraient que le Japon serait incapable de maintenir son niveau de vie s'il continuait à s'appuyer exclusivement sur des méthodes d'enrichissement aussi classiques que l'exportation d'appareils photo, de magnétoscopes, de motos, de voitures... Aussi la solution ne prêtait-elle plus à aucune équivoque : le Japon devait devenir la première puissance informatique des années 80.

« Pour atteindre ce but, l'industrie japonaise se prépare à injecter 70 milliards de dollars dans l'informatique de 1975 à 1985. Fin 1979, 30 milliards auront déjà été investis et l'effort japonais en sera plus qu'à mi-parcours. La moitié de ce fabuleux budget sera consacrée à l'initiation des hommes, soit près de *3 milliards de dollars par an...* Ces précisions levaient mes derniers doutes sur l'accession à court terme du Japon à la première place en informatique. »

Dans le même temps, scientifiques et économistes cherchaient évidemment à comprendre, à s'expliquer ce qui était arrivé si récemment, si brutalement à l'industrie américaine dans son ensemble.

L'équipe dirigeante de la première revue économique des USA, « Business Week », a publié, au printemps 80, un dossier intitulé « Le Déclin américain » dans lequel elle a rassemblé un vaste ensemble de données sur ce phénomène inattendu et qui continue de s'accentuer.

« Le phénomène d'obsolescence de l'ensemble du parc industriel américain a des effets dévastateurs. La crois-

sance économique, qui n'avait jamais baissé au-dessous de 4 %
par an durant deux décennies, s'est mise à tomber à moins de
3 % au début des années 70. Le niveau de vie américain, qui fut
toujours le premier jusqu'en 72, n'était plus, en 1979, que le
cinquième. Et le taux d'inflation était, pour la première fois de
l'histoire américaine, supérieur à la moyenne de ceux de tous les
autres pays industriels.

« Ces indicateurs macro-économiques ne rendent pas
compte d'un phénomène plus profond. A la racine de ce déclin,
on peut observer un parallèle très frappant entre la « fatigue »
du tissu économique du pays et celle qu'on vit apparaître à la fin
du XIXᵉ siècle en Grande-Bretagne, et à laquelle on n'a jamais
remédié... La question de savoir si l'Amérique saura se « ré-
industrialiser » à partir des technologies nouvelles, après avoir
pris un tel retard, dépend pour beaucoup de la capacité ou de
l'incapacité des responsables et des scientifiques à susciter un
mouvement de renaissance. Il convient donc de savoir quel est
l'état d'esprit de l'opinion publique. »

M. Daniel Yankelovich, président de l'institut Skelly
and White, déclare : « L'état d'esprit de l'opinion traduit en
profondeur un sentiment de crainte et même d'angoisse. Les
gens ressentent que leur inquiétude individuelle est justifiée par
l'état dans lequel se trouve l'ensemble du pays. »

Un autre responsable, consulté par l'équipe de « Business Week », le chef des services scientifiques de la fameuse
Xerox Corporation, précise : « On a du mal à trouver, aujour-
d'hui, quoi que ce soit qui ressemble au degré d'innovation des
années 50 et 60 aux Etats-Unis. Les forces technologiques
essentielles qui forgent le nouveau monde industriel, en restent,
pour ce qui nous concerne, aux découvertes faites avant 1970.
C'est maintenant en d'autres pays qu'elles intègrent dans le
tissu industriel des innovations beaucoup plus récentes. »

Le directeur financier de la National Semiconductor
Corporation, sachant de quoi il parle, puisqu'il travaille dans
l'une de ces industries de pointe qui souffrent d'un environnement gagné par la stérilité, déclare : « Ce que je trouve le plus

grave, c'est de constater combien l'argent public, versé par les contribuables, est régulièrement engouffré dans *le sauvetage d'ensembles industriels condamnés* au lieu d'être destiné aux nouveaux secteurs de croissance. »

Enfin, lors d'un séminaire organisé par la Rand Corporation, le professeur Keith Pavitt, de l'université du Sussex, diagnostique :

« Les Etats-Unis présentent *les premiers symptômes du mal anglais :* faiblesse de productivité, recul sur les marchés mondiaux, baisse des compétences professionnelles, diminution des budgets de recherche. Comme la Grande-Bretagne, l'Amérique a progressivement concentré son effort de recherche *sur les secteurs liés à la Défense nationale :* aérospatiale, fusées, turbines, etc. Or les programmes de défense, en matière de recherche et en matière de production, créent des habitudes et des attitudes nuisibles lorsqu'il s'agit d'entrer en véritable concurrence sur les marchés mondiaux d'équipements civils. »

Ces mêmes années ont été celles durant lesquelles le Japon a repéré les signes annonciateurs de la révolution à venir. Ce sont celles aussi où il subit les « chocs pétroliers » successifs. Il y était, et il reste le plus vulnérable. Mais il s'en est servi pour accélérer sa transformation dans la voie de la « société informatique », où *l'information* va être appelée, nous allons le voir, à tenir la place de ce qu'était *l'énergie* classique dans la société d'hier.

Le Japon a ainsi été poussé vers l'avenir, une fois de plus, par la contrainte extérieure. Mais il n'était pas seul, cette fois, dans cette situation. Comment s'expliquer, en Amérique même et en Europe, un si long aveuglement, une acceptation aussi passive de la poursuite des modes de production d'autrefois ?

Dans son étude sur cette maladie des années 70, Milton Wessel écrit dans « Freedom's edge » :

« Les effets sociaux de l'informatique n'ont presque jamais fait l'objet d'un véritable débat public. C'est que les non-informaticiens répugnent à laisser paraître leur ignorance en la matière. Cette attitude explique que les principaux économistes évitent d'aborder le sujet de l'industrie informatique malgré ses caractéristiques tout à fait nouvelles. Elle explique aussi pourquoi sociologues et philosophes, dont les réflexions et écrits auraient dû depuis bien longtemps porter sur l'informatique, évitent ce sujet et perpétuent de ce fait leur propre ignorance autant que celle du public. Elle explique enfin pourquoi nos universités, qui devraient être les centres de l'activité intellectuelle sur cette nouvelle technologie, ménagent si peu de place à l'étude, pourtant fondamentale, des effets sociaux de l'informatique. »

Mais toute polémique est désormais close et serait stérile. La pression irrésistible de l'énergie chère, l'appel de l'Opep, et celui, parallèle, du Tiers-Monde en développement, ne laissent plus place à l'hésitation. On sait maintenant qu'une voie existe.

La baisse très rapide du prix des micro-ordinateurs, leur volume de plus en plus réduit, leur utilisation de plus en plus aisée par l'homme non spécialisé, doivent provoquer une expansion générale. D'importants marchés vont maintenant pouvoir s'ouvrir dans le Tiers-Monde. L'importance de ces nouveaux marchés assurera, partout, une nouvelle croissance... L'industrie informatique suivra le chemin qui fut autrefois celui de l'automobile, laquelle démontra sa capacité à engendrer toute une série d'industries connexes. L'électronique le fera avec une vigueur accrue en favorisant une croissance toujours plus diversifiée.

Encore faut-il mettre un terme à tous les louvoiements, comprendre les réticences et faire enfin l'effort nécessaire. Celui-ci ne sera rendu possible qu'à partir d'une information largement répandue, simple et explicite, sur ces nouvelles technologies dont les mécanismes pourtant si proches de l'homme, si aisément familiers même à des enfants, restent obscurs, sinon menaçants, aux yeux du plus grand nombre.

« Trop compliqué », disent les « experts ». Comprendre d'où vient le microprocesseur et les perspectives qu'il ouvre est pourtant, au contraire, à la portée de chacun.

L'incompréhensible, c'est le refus d'éclairer ces vérités neuves qui montrent les clés de notre avenir.

13.
Le calcul domestiqué

La période que nous vivons voit converger l'aboutissement d'une série d'intuitions géniales — dont certaines très anciennes, longtemps restées inachevées — et de découvertes fondamentales dans les domaines des mathématiques, de la logique, de la physique, de la technique, qui, cessant de s'ignorer, se conjuguent. Le champ du possible alors s'élargit.

Tout est parti du calcul, et tout y reviendra. C'est la maîtrise progressive, difficile, de la puissance enfermée depuis des millénaires *dans les nombres,* qui a finalement abouti à forger nos armes.

Ces nombres peuvent tout dire, tout traduire, tout exprimer, tout transmettre, tout restituer, tout diffuser — à l'exception des sentiments — si on en trouve la clé d'utilisation.

Beaucoup d'hommes se sont succédés dans cette longue conquête. Mais la communauté scientifique est unanime à distinguer parmi eux quelques noms qui ont marqué les étapes décisives — des bouliers de l'Antiquité jusqu'à la micro-électronique d'aujourd'hui.

Depuis les civilisations les plus anciennes, l'homme a été en proie, selon l'expression de Pythagore, à la « hantise du calcul » — le traitement des nombres.

C'est à Pythagore qu'on attribue vers le sixième siècle

avant Jésus-Christ, l'invention du premier *instrument* de ce traitement : la table de multiplication.

Les choses en restèrent là très longtemps. La naissance, bien plus tard, de la série d'intuitions qui ont conduit à l'informatique, est d'abord due au cerveau de Pascal.

Nous avons vu, en lisant l'hommage que lui a rendu l'inventeur japonais Masuru Ibuka, comment la puissance de l'esprit de Pascal avait été aiguisée par la volonté paternelle. A l'âge de onze ans, en 1634, Blaise Pascal avait déjà composé un « traité des sons », sous la conduite stimulante de son père qui exerçait, lui, la profession de collecteur d'impôts dans l'Administration française.

Le jeune garçon, qui ne cesse d'apprendre et d'observer le travail fastidieux auquel son père est astreint, cherche un moyen de l'aider.

C'est alors qu'il trace les plans, à dix-neuf ans, d'une « additionneuse mécanique » dotée d'engrenages et de roues montées sur axes. Son progrès décisif consiste à opérer pour la première fois des « retenues » dans les calculs. C'est ainsi la première « machine à calculer » du monde.

Elle fut baptisée « pascaline », construite en plusieurs exemplaires, appelée aussitôt à un très rapide développement — qui fut interrompu. D'abord par l'hostilité farouche de tous les employés aux comptes qui y virent une menace pour leur emploi ; puis par la mort précoce de Pascal, dont la fécondité intellectuelle s'employa d'ailleurs bien davantage au service de sa passion philosophique et religieuse qu'à la lutte pour imposer sa machine à calculer.

Quand Pascal mourut, son enseignement et ses pensées brillaient d'un grand éclat ; mais tout le monde avait oublié sa machine.

Tout le monde sauf un autre enfant prodige, de vingt-cinq ans plus jeune que Pascal, né à Leipzig en 1646, qui avait entendu parler de l'invention et qui en saisit l'essentiel : la *complexité croissante* des progrès de la société, qui se manifestent dans toute l'Europe au XVIIe siècle, *l'accumulation des connais-*

sances, qui deviennent envahissantes, ne seront maîtrisées, utilisables, mises au service de l'homme que si l'on parvient à mécaniser, à automatiser « le traitement des nombres ».

Leibniz élargit avec intrépidité le champ et la perspective : il y introduit les données astronomiques et les fonctions trigonométriques. Il y mêle bientôt une autre intuition féconde, ce qu'il appelle dès ce moment-là « le système nouveau de la nature et de la communication ». Il est porté par un optimisme fondamental sur l'homme et sa destinée, le dynamisme de sa nature, sa capacité cérébrale et le lien essentiel qui le rattache à l'univers environnant. « Il n'y a rien de l'intelligence qui ne vienne des sens, si ce n'est l'intelligence elle-même », écrit-il dans une formule célèbre.

Pour « enregistrer » le monde extérieur, permettre à l'intelligence d'en emmagasiner les données, les accumuler, les conserver, les transmettre, il invente une « roue multiplicatrice », dotée de neuf dents de longueurs inégales dont on peut voir, trois siècles plus tard, à quel point elle est la matrice même des premières calculatrices électroniques à naître dans les années 60.

C'est lui encore qui, le premier, procède à la simplification radicale de l'arithmétique qui va devenir le sang et la vie de notre électronique et de nos télécommunications : *le calcul binaire,* qui remplace toute *l'écriture des nombres* par deux signes en tout et pour tout : 0 et 1. Zéro et Un... La grande aventure commence.

On sait que le principe fondamental de fonctionnement de tous les ordinateurs modernes repose sur ce 0 et sur ce 1. Ils ne connaissent ni ne connaîtront aucun autre signe. Mais ils peuvent écrire ainsi tous les nombres, jusqu'à l'infini. Telle est l'arithmétique binaire, d'une simplicité si nouvelle qu'elle va enfanter l'une après l'autre, du fait même qu'elle est la plus simple, toutes les capacités de la technologie informatique.

Avec l'écriture binaire, on part de 0, qui s'écrit 0. On continue avec le 1, qui s'écrit 1. On arrive à 2. Accepter d'ajouter le 2 en troisième signe, serait s'écarter de la simplicité essentielle du calcul binaire, et se perdre. Donc, on refuse le 2. Il s'écrira : 10. On arrive au 3 : il s'écrit 11. Le 4 s'écrit 100 (toujours deux signes seulement). Le 5 s'écrit (les choses deviennent automatiques) : 101. Le 6 : 110. Le 7 : 111. Le 8 : 1 000. Le 9, sous la contrainte inflexible du binaire : 1 001. Ainsi de suite pour 10, 11, 12, 13, 14, 15 (1 010, 1 011, 1 100, 1 101, 1 110 et 1 111). Toujours deux signes seulement.

En arrivant au 16, on a épuisé les combinaisons, sur une longueur de quatre, des deux signes 0 et 1. Il faut donc allonger. 16 s'écrit donc : 10 000. 17 devient : 10 001. Et ainsi de suite.

Leibniz prouve que seule cette manière de compter, n'utilisant que deux signes, permettra à des machines d'enregistrer, de retenir, de combiner, de faire fonctionner une masse illimitée de signaux de communication de toute nature, de toutes les sciences, de toutes les langues, à la seule condition, simple, qu'on les traduise d'abord en chiffres qui sont ensuite codifiables, eux sans limite, par les deux signes 0 et 1, et eux seuls. Tout était décrit, défini. Restait à le réaliser.

Autrement dit : à brancher cette simplification aux applications infinies sur des machines capables de l'exploiter. Car il n'est pas question que le cerveau humain se mette à additionner, multiplier, combiner des masses aussi volumineuses de 0 et de 1. Si le 17 se traduit déjà par 10 001, on imagine ce que représente l'écriture, en langage binaire, de 177 ou de 1 017. C'est donc un langage aux propriétés infinies, puisqu'il n'aura jamais besoin que de deux signes *pour tout exprimer,* mais qui ne sera utilisable que par des machines faites pour lui, c'est-à-dire de plus en plus *rapides* pour être capables de faire défiler à toute vitesse des brochettes arithmétiques d'une pareille longueur.

La vitesse de calcul va devenir la clé de la puissance, de l'utilité de toute machine. Comme la guerre, dont Napoléon disait qu'elle est « un art simple et tout d'exécution », il ne reste plus là qu'un problème d'application.

Après le Français Pascal, après l'Allemand Leibniz,

c'est l'Anglais Babbage, à la fin du XVIIIe siècle et au début du XIXe, qui construit la première machine adaptée à l'enregistrement et à la combinaison de la nouvelle écriture mathématique binaire. Il la présente en 1822 devant la Société royale en l'accompagnant d'une communication : « Observations sur l'application des machines au calcul des mathématiques. »

Rapidement amélioré, son instrument devient la « machine analytique » qui comporte déjà les éléments essentiels de ce que sera l'ordinateur programmable : *l'équipement d'entrée,* qui enregistre les signes binaires ; *l'unité de calcul,* qui est le processeur ; *l'unité de contrôle,* qui assure que la machine effectue bien la tâche qu'on lui a fixée ; *l'unité de mémoire,* où tous les chiffres peuvent à volonté rester et attendre le moment où ils auront à intervenir ; enfin, *le mécanisme de sortie* qui fournit le résultat des opérations programmées au départ. Ce sont bien les cinq équipements-clés, sous leur forme définitive.

Reste une difficulté : le volume de la machine de Babbage. Toute une série d'autres inventeurs vont s'appliquer non pas à traduire les informations, communications, problèmes en une autre codification que le binaire, qui est là pour toujours ; non pas à modifier les cinq fonctions de base de la machine de Babbage, établie selon une logique qui ne variera plus ; mais aux deux progrès essentiels qui restent à accomplir : le rapetissement de l'objet (on dira plus tard : la miniaturisation) et la vitesse interne de calcul de la machine, condition et définition de sa puissance de travail.

Trois noms sont encore à citer et ce sera tout, sur la voie royale de cette aventure de l'esprit à laquelle nous devons aujourd'hui les moyens de notre avenir.

Le Français Jacquard, inventeur du contrôle automatique des métiers à tisser par les « cartes perforées » (on connaît les batailles légendaires qu'elles lui valurent avec les tisseurs), fait appliquer à la machine de Babbage cette même méthode des cartes, grâce à l'intervention d'une jeune Anglaise passionnée de mathématiques, la comtesse Ada de Lovelace, fille de Byron, qui publie deux essais : « Observations sur la machine de

M. Babbage », puis « Analogie entre le tissage, par M. Jacquard, de feuilles et de fleurs, et le tissage, par M. Babbage, de
motifs algébriques ».

     C'est de là que sortit le premier ordinateur, encore
appelé « machine analytique » et dont Ada de Lovelace sait
donner la définition finale. Comme on lui demandait : « *Peut-on
considérer que la machine est créatrice ou non ?* », elle répondit :
« *La machine n'a aucune prétention à créer. Elle peut faire tout ce
qu'on saura lui demander. Elle n'aura jamais le pouvoir d'anticiper
une relation. Son unique compétence est de nous aider à trouver.* »

     Ada de Lovelace mourut, jeune elle aussi, à trente-six
ans. En signe de reconnaissance pour le pas décisif qu'elle avait
fait franchir, le ministère américain de la Défense, le Pentagone, lorsqu'il décida, en 1979, d'unifier le nombre excessif de
langages informatiques utilisés dans les gros ordinateurs dont
dépendent ses systèmes de missiles, baptisa ce langage unique :
« Ada ».

     Enfin, dernier à intervenir pour en arriver à l'ordina-
teur *électronique* lui-même : le Hongrois von Neumann, natura-
lisé américain. Travaillant après la dernière guerre sur le
programme nucléaire, il appliqua son esprit aux machines à
calculer et apporta les deux dernières inventions décisives aux
ordinateurs naissants.

     D'abord l'utilisation, pour la signalisation binaire, de
l'élément le plus petit, le plus léger et le plus rapide qui puisse
être : le minuscule « électron » qui, à l'intérieur de l'atome,
gravite autour du noyau. Deux mille fois plus petit que l'atome
lui-même, il peut, sous l'impulsion d'un faible courant, circuler
très vite dans les circuits des calculateurs, en un mouvement de
va-et-vient : 0 et 1. Naissance de « l'électronique ».

     Von Neumann intègre ensuite dans « l'ordinateur
électronique » la capacité de mémoire interne au sein même du
calculateur, de telle sorte que les programmes ou instructions
qu'on lui donne puissent s'y inscrire, s'y combiner, agir les uns
sur les autres, s'y modifier — bref traiter, de toutes les

manières, l'information fournie. Début de la société « informatique » dans laquelle nous entrons.

L'information dont il s'agit pour la machine à calculer, puis les ordinateurs, puis les microprocesseurs, et, pour nous, dans l'aventure de la « révolution technologique » conduisant à la « société informatique », n'est pas ce qu'on appelle ainsi dans le langage courant. Ce ne sont pas « les nouvelles » de la presse, de la radio, de la télévision. C'est, dans sa vraie définition et sa substance, *l'un des trois principaux constituants de la Nature.*

Ces trois constituants fondamentaux, qui fournissent les matériaux nécessaires aux activités et aux créations de l'homme à partir de la nature, sont : *la matière, l'énergie, l'information.*

Il faut donc, pour saisir ici, l'essence et le rôle de l'information, faire un premier effort d'oubli de sa signification banalisée et limitée. Tout ce qui constitue un *message* est une information. Un voyant rouge qui s'allume, le cri ou l'odeur d'un animal, le scintillement d'une étoile, une étincelle électrique — constituent, chaque fois, une molécule d'information, un élément informatique.

Le virus minuscule de la nature, visible seulement au microscope électronique, contient dans sa *mémoire génétique* [1] une somme considérable d'informations : l'équivalent de plusieurs pages d'écriture dactylographiées. Premier état de « mémoire » d'un mini-ordinateur. Les inventions les plus fécondes des dernières années, au-delà même de l'électronique, et déjà aux frontières de l'application à des domaines nouveaux et considérables, seront dues en *biologie* à la découverte des liens entre les propriétés des êtres vivants, jusqu'aux plus petits (microbes, virus), et l'information elle-même, matière première de nos puissants instruments, en liaison permanente avec l'énergie.

Dans chaque échange d'information il y a en effet de l'énergie consommée ou libérée. Quand on inscrit un élément

---

1. Nous le verrons dans la quatrième partie, chapitre 4.

d'information sur une mémoire (élément essentiel de la puissance des ordinateurs), il y a de l'énergie fixée. Chaque fois qu'une mémoire, sous l'impulsion des calculateurs, restitue de l'information et nous la livre, il y a énergie libérée. Au total, les calculateurs électroniques, devenus les ordinateurs, de plus en plus petits et de plus en plus puissants, sont précisément la *synthèse domestiquée* de la capacité de la Nature, jusqu'ici hasardeuse et désordonnée, à fixer et à échanger de l'information.

Ainsi cernée et saisie, *l'information* est vitale, comme *l'énergie* dont elle est la sœur interchangeable. Et l'on a pu résumer l'ensemble de l'évolution des espèces vivantes en remarquant que, dans son progrès incessant, depuis le fond des âges, tout s'est passé comme si le gagnant, dans les luttes de sélection, était *toujours* l'espèce la plus riche en *information*. Ce que le savant français Jacques Ruffié a traduit par cette formule : « L'évolution coïncide avec la poussée de la complexité et du psychisme. »

Richesse, puissance, information signifient, en fin de compte, au dernier stade, le nôtre : mémoires complexes et capacités de communication. D'où, sur la base de la maîtrise du calcul, l'explosion informatique et ses conséquences en chaîne.

14.
Passage au microprocesseur

La *puissance* des ordinateurs, maîtres et exploitants de la première des matières premières — l'Information — ne cessera plus de croître avec la vitesse du calcul. Leur taille va diminuer ainsi que leur coût. On passe de l'ordinateur initial, qui avait la dimension d'une grande pièce, aux transistors, aux circuits intégrés, aux « chips » de silicium, du nouveau et tout-puissant microprocesseur.

Le microprocesseur, cellule de base du nouvel univers l'informatique qui prend la relève, dans l'évolution, de l'univers industriel, est le plus récent aboutissement de la maîtrise du calcul par la machine dont l'étape décisive date de l'apparition du *transistor,* inventé par le mathématicien William Schockley de la société américaine Bell en 1947.

Ce transistor est un petit morceau de matière dite « semi-conductrice », car ses *impuretés* repérées donnent précisément aux électrons la faculté de bouger, ou non, sous l'impulsion d'une énergie infime. On voit la convergence, la combinaison, qui est la source même de création nouvelle, à partir du système domestiqué qui relie maintenant la *matière* (impuretés des semi-conducteurs), *l'information* (réduite à la simplicité universelle du langage binaire), et *l'énergie* (qui, comme par ailleurs dans le cas de l'atome, a pour support l'électron).

L'invention du transistor, circuit où se conjuguent la matière, l'énergie et l'information, est le point de départ de tout ce qui suit dans la chaîne des ordinateurs. Plus l'ordinateur pourra intégrer de circuits, plus grandes seront sa capacité et sa puissance.

Bientôt on compte ces circuits intégrés dans l'ordinateur par milliers, puis par millions, puis par milliards. Le cerveau humain qui sert en permanence de modèles aux chercheurs a une capacité de circuits d'enregistrement de *125 millions de milliards.*

Il a fallu, naturellement, des efforts considérables et relativement longs pour parvenir à maîtriser complètement le volume et le coût de machines qui puissent intégrer un nombre de transistors aussi fabuleux : c'était la condition même de la révolution informatique. De 1947 à 1959, les savants, essentiellement américains, en particulier ceux de Texas Instruments et de Fairchild, sont parvenus à combiner sur une seule pastille plusieurs transistors : ce sont alors les *circuits-intégrés* qui tiennent au creux de la main et vont permettre de réduire rapidement le volume des ordinateurs. A partir du moment où l'on a mis, au début des années 60, mille transistors sur la pastille d'un circuit intégré, on est parvenu à ce qui s'appellera « la seconde génération » des ordinateurs. Mais il faut continuer.

Car nous ne sommes encore là qu'au stade d'une *aide*, remarquable certes, mais non révolutionnaire, au travail et à la décision des hommes. Ce n'est pas encore la mutation décisive.

On passe alors, selon une voie qui sera encore relativement longue en recherche, mais qui ne présente plus de mystère, à la « troisième génération » : celle qui permet d'inscrire dix mille transistors sur une pastille, sur un circuit intégré. On en est alors au *micro-ordinateur,* et aux calculateurs de poche. La révolution s'ébauche à la fin des années 60. Elle est naissante, elle n'est pas encore accomplie. Ces ordinateurs, petits et puissants, de la troisième génération, transforment déjà la capacité de toutes les machines industrielles, de même qu'ils multiplient les moyens de calcul et d'innovation du cerveau humain. Ils sont très vite diffusés et utilisés. Nous restons encore, cependant, dans l'économie industrielle.

Arrive la « quatrième génération ». Celle de la « Very Large Scale Integration » (VLSI), l'intégration à très grande puissance d'échelle, qui est capable d'imprimer dans la petite pastille de silicium, qui s'y prête admirablement, *cent mille transistors*. Sur moins d'un millimètre carré. Ce n'est pas, loin de là, la fin du parcours. Déjà, dans la « Silicon Valley » en Californie, et dans les laboratoires japonais, en particulier de la « Nippon Electric », on approche de la « cinquième génération » qui mettra sur un « chip » plus d'un million de transistors... Mais laissons cette nouvelle performance dans les laboratoires ; elle ne nous concerne pas encore, bien qu'elle soit très proche de sa réalisation, pour deux raisons :

— Les « computers-on-a-chip » (ordinateurs sur une puce) de la quatrième génération sont ceux de la révolution informatique que nous vivons, qui est maintenant sur la voie de la conquête exponentielle de tous les domaines de production, d'activités et, simultanément, d'aide multipliée, domestiquée, aux facultés humaines.

— L'autre raison, pour concentrer notre réflexion sur ce stade du progrès, c'est que la percée fulgurante des inventions dans le domaine des « matériels » informatiques, jusqu'aux microprocesseurs, ne représente plus que la partie la plus simple, la mieux maîtrisée, la moins coûteuse dans la conquête de ce nouvel univers qu'est la société informatisée. L'autre a pris un grand retard : c'est la partie « immatérielle », celle qui ne peut plus être faite que de matière grise — domaine du logiciel, domaine des hommes, dont l'approfondissement et l'étendue commandent l'efficacité des ordinateurs et des robots.

Les microprocesseurs actuels, sans attendre leurs successeurs de la cinquième génération, fondent déjà la société informatisée. Sous la conduite irremplaçable de la pensée humaine qui peut, seule, nourrir le domaine du logiciel et, au-delà, tout l'environnement, le tissu social nouveau sans lequel les machines, aussi puissantes qu'elles soient, verraient le déploiement de leurs capacités bien vite bridé et limité.

Ainsi le microprocesseur est, très simplement, une microplaquette de sable compact sur laquelle est imprimée toute la chaîne de travail d'un ordinateur : l'unité de calcul, la mémoire de données, la fonction de programmes, l'unité de sortie.

Naturellement, le microprocesseur est *programmable* à volonté pour telle ou telle fonction, tel ou tel travail qu'on veut lui faire accomplir. Commander un appareil électroménager (cuisine, électricité, nettoyage, déclenchement et arrêt à des moments prévus à l'avance, radio, télévision, magnétoscope, téléphone, enregistreur, etc.); régler l'injection d'un moteur automobile en la modulant à chaque instant; déclencher et contrôler des processus industriels, etc. Ce sont ainsi, sur une pastille dont la taille minuscule ne doit pas leurrer, de puissantes machines : des systèmes complets de micro-ordina-teurs. D'où leurs conséquences révolutionnaires.

Nous n'avons pas fini de brancher sur ces systèmes les usines sans ouvriers, les domiciles où les travaux seront automatisés, les bureaux où les fonctions simples doivent être programmées pour laisser toute la place à la pensée créatrice, allégée progressivement des tâches où elle n'est pas indispensable.

Les robots, ici encore, il faut changer de regard pour ne pas s'y tromper, loin de réduire le besoin en hommes, *multiplient* le nombre d'hommes dont on a besoin. Et chaque homme, nous avons même dit chaque enfant, peut en quelques mois être suffisamment informé, entraîné, pour participer utilement à son niveau, qui ne cessera de progresser, à la « nourriture humaine » de l'univers des circuits informatisés.

Systèmes informatisés qui vont à la fois être capables de remplir, à l'échelle de la planète, toutes les tâches non-

humaines et qui vont permettre, en vérité exiger, l'accomplissement créatif de ce qui est et sera toujours propre à l'homme. Et
à lui seul.

Pour avoir une idée de la force et de la rapidité avec
laquelle ces progrès en puissance et en miniaturisation, parallèles et complémentaires, se produisent, et par conséquent de la
vitesse de développement de la société informatisée qui en
dépend, Christopher Evans propose cette illustration :

« Le premier gros ordinateur, dans les années 50,
reçut le nom de « cerveau électronique ». Ici le mot cerveau est,
comme on sait, un peu abusivement employé. Mais gardons-le
par commodité. Le cerveau de l'homme est composé de
minuscules unités binaires appelées *neurones*. Leur nombre,
dans un cerveau humain, atteint dix milliards. Regardons ce
que serait un ordinateur de la première génération, des
années 50, qu'on voudrait assez puissant pour avoir le même
nombre d'unités fonctionnelles que notre cerveau.

« Voici le résultat : avec la technologie à valve des
années 50, un ordinateur ayant une puissance fonctionnelle
analogue à celle du cerveau (sans en avoir bien sûr la capacité
créatrice qui reste une fonction humaine), serait un appareil
grand comme *toute la ville de Paris*. Et qui devrait utiliser, pour
fonctionner, toute l'énergie du réseau du métro.

« Avec les transistors des années 60, le cerveau
ordinateur, toujours doté du même nombre de cellules et de la
même puissance, prend la taille de *l'Opéra de Paris*. Et
fonctionne avec un générateur de dix kilowatts.

« Avec le circuit intégré des années 70, le même
cerveau ordinateur n'a plus, si l'on peut dire, que la taille d'un
autobus. Il peut être branché sur le réseau électrique ordinaire.

« Vers le milieu des années 70, sa taille devient celle
d'un *téléviseur*.

« En 1978, elle n'est plus que celle d'une simple
machine à écrire. Et l'on peut déjà indiquer qu'avec le micro-

processeur sa taille sera, à partir de 1980, inférieure à celle du *cerveau humain* lui-même... »

En même temps que la miniaturisation qui va faire de l'ordinateur « l'un des objets technologiques les moins chers du monde », on assiste au développement foudroyant de la vitesse, c'est-à-dire de la puissance de calcul et de traitement des données. On en est arrivé, dans les années 70, au millionième de seconde pour chaque opération. On en est maintenant au *milliardième de seconde.*

La dernière expérience, réalisée dans l'un des laboratoires d'IBM, sur le passage des électrons (qui indiquent, à chaque mouvement, le 0 et le 1 de tout le langage informatique), a permis d'accéder à la vitesse ultime : celle de la lumière. Soit 300 000 km à la seconde.

Mesurons un instant le progrès que cela représente.

Pour aller de la Terre à la Lune (350 000 km) *un avion à réaction,* à la vitesse de 900 km / h, mettrait dix-huit jours. Un *missile intercontinental,* à la vitesse de 10 000 km / h, mettrait 35 h. La *lumière,* à sa vitesse, qui est celle de l'électron dans le nouvel alliage qu'on lui offre, met une seconde.

La course à l'extrême petitesse des ordinateurs a suivi un progrès parallèle à celui de sa vitesse intérieure de travail. Aujourd'hui, le transistor de base, cellule du « chip », sur quoi repose le microprocesseur, mesure 3 microns. L'épaisseur d'un cheveu humain est de 100 microns. Le transistor, vaisseau sanguin du microprocesseur, est ainsi trente fois plus fin qu'un cheveu. Ce qui permet au microprocesseur d'un millimètre carré (substitué à l'immense armoire de l'ordinateur d'il y a moins de vingt ans) d'être, bien que minuscule, et à peine plus cher que le sable dont il est fait, d'une puissance considérable.

Il va pouvoir *transformer* en travail, en énergie, en calcul, toutes les instructions qui lui seront données — la programmation.

Grâce à cette puissance, et à sa multiplication par le

nombre de microprocesseurs qu'on peut brancher les uns sur les autres, les robots, et tous les cerveaux artificiels dont on aura besoin pour remplir les fonctions assumées jusqu'à présent par la main-d'œuvre, vont être doués d'une prodigieuse capacité. Nous entrons dans l'ère de ce qu'on appelle *la croissance exponentielle* de la puissance des ordinateurs. Nous quittons la « croissance linéaire » qui en freinait encore la percée dans tous les domaines.

C'est là une dernière notion mathématique à comprendre pour bien appréhender l'ensemble des caractéristiques de la « révolution technologique » appelée à transformer l'industrie, puis l'économie, puis la société : la *croissance exponentielle*.

Nous allons emprunter à Evans une excellente illustration de ce que signifie, pour une technologie — et notamment pour nos microprocesseurs qui annoncent la relève de la main-d'œuvre —, cette croissance exponentielle :

★ ★
★

Dans la croissance linéaire, l'augmentation demeure constante et l'avenir peut par conséquent être facilement prédit.

Dans la croissance exponentielle, l'augmentation se fait de façon ininterrompue. L'exemple le plus simple en est celui de l'exponentielle 2, plus connue sous le nom d'effet de doublement. En mathématiques : la « puissance 2 ».

Prenons une feuille de papier d'épaisseur moyenne et plions-la cinquante fois sur elle-même. Oublions un instant la difficulté physique d'une telle opération. Quelle sera l'épaisseur du papier une fois l'opération achevée ? Souvenons-nous bien que nous allons doubler cinquante fois l'épaisseur obtenue après chaque pliure. Sans doute vaudrait-il mieux alors parler ici de *hauteur* et s'attendre à quelque chose d'assez spectaculaire.

La plupart des gens qui ne connaissent pas la réponse à ce genre de problème répondent en suggérant une épaisseur de quelques centimètres. D'autres se rendent compte qu'une idée nouvelle entre en ligne de compte et proposent quelques mètres. Certains, encore plus hardis, avancent la hauteur de la colonne de la Bastille ou de la tour Eiffel. Il est exceptionnel que quelqu'un réponde : le mont Everest, persuadé d'avoir ainsi atteint les limites de l'imaginable.

Bien peu nombreux sont ceux qui savent, ou admettent, que cet extraordinaire bloc de papier se sera élevé au-dessus de l'Everest, de l'atmosphère, de la Lune, de l'orbite de la planète Mars... pour atteindre la ceinture des Astéroïdes !

Les hommes n'ont pas encore assimilé ce concept ni cette expérience. Au cours du bref laps de temps que représente notre vie, nous ne rencontrons normalement que le changement linéaire et, bien que l'univers soit riche en exemples de changements exponentiels, ils nous apparaissent si accablants et si démesurés, lorsque nous en percevons la réalité, que nous nous sentons alors complètement dépassés.

La plupart des explosions, de la grenade à la bombe H, reposent sur une fonction exponentielle dont l'exposant est très peu élevé.

Notre incapacité à faire face à des problèmes tels que la réduction des ressources alimentaires, la pollution atmosphérique et — cas le plus généralement cité — l'augmentation de la population, révèle seulement notre faiblesse à concevoir et appliquer pareille notion.

Ce problème est important car *la technologie de l'ordinateur est en train d'entrer dans une ère de croissance exponentielle et les changements d'ordre économique et social qui y sont liés interviendront dans son sillage à ce rythme.*

Alvin Toffler, dans « Le Choc du futur », publié en 1970, nous avertissait que le monde commençait d'entrer dans une ère de changements susceptibles de pousser les institutions en place dans leurs derniers retranchements et de faire éclater les notions psychologiques les mieux établies.

On reprocha au « Choc du futur » de verser dans le sensationnalisme, mais lorsqu'on le relit dix ans plus tard, on constate que Toffler sous-estimait la vitesse à laquelle les choses allaient changer.

Son livre révèle une vive conscience de l'imminence du progrès technologique. Mais il ne contient pas la moindre référence à l'extraordinaire facteur de changement qu'est le microprocesseur. Pour l'excellente raison que celui-ci n'existait pas encore... On ne peut trouver meilleure preuve de la rapidité avec laquelle les choses évoluent.

***

15.
Sans lire, ni écrire

On a maintenant pris une mesure suffisante de la capacité de travail pratiquement illimitée que les microprocesseurs viennent et viendront mettre à la disposition des hommes. Ils font et feront sans cesse davantage *tout* ce qu'on leur demandera. Là réside ce très grand changement qu'on appelle « révolution technologique ».

Lorsqu'on introduit les microprocesseurs dans un appareillage industriel — quelle que soit l'industrie —, tout ce qui existait auparavant, machines et postes de travail, cesse bientôt d'avoir la moindre utilité. L'ordinateur, le robot peut tout faire, plus vite, mieux et moins cher.

L'usine Toyota nous en a donné une illustration parmi d'autres. Elle est, avec ses robots formés de microprocesseurs programmés, plusieurs fois plus productrice, plus rentable que les usines automobiles d'Europe et d'Amérique. Elle est imbattable — sauf par d'autres robots et d'autres microprocesseurs.

Ce sera vrai *dans tous les secteurs industriels*.

Puis ce sera vrai, parallèlement, *des appareils ménagers* qui remplissent les fonctions de travail nécessaires à l'intérieur d'une maison.

Puis, vrai également de tout le travail de bureau avec

ses divers instruments : fac-similé automatisé, machine à écrire auto-correctrice et sans clavier, machine à photocopier programmable qui élaborera elle-même les textes selon les instructions données, documentation informatisée sans aucun matériel de classement sur une mémoire d'ordinateur, petite et illimitée, suppression de tous les documents physiques, en papier, et des manipulations téléphoniques, remplacés ensemble par un seul appareil intégré avec quelques touches pour envoyer les messages, et un écran pour les recevoir, de n'importe quel endroit.

L'ensemble des fonctions qui s'accomplissent chaque jour dans un bureau pourra être dès lors organisé et programmé — selon les instructions données — par un micro-ordinateur, avec une mémoire enregistreuse déjà capable de contenir beaucoup plus d'informations et de documentation qu'il n'est nécessaire.

Un exemple de la rapidité d'intervention des micro-processeurs dans le fonctionnement de notre travail habituel est celui de ce centre d'information et de décision qu'est la Maison-Blanche. L'année dernière, en 1979, on comptait 54 terminaux d'ordinateurs à la Maison-Blanche. On en installe 1 000 pour 1985. La Présidence sera alors entièrement informatisée, en communication permanente, dans les deux sens, avec tous les services qui dépendent de ses instructions ou qui doivent l'informer.

Il en sera de même, toutes proportions gardées, pour tout bureau dans tout domaine de production et de création. On imagine combien les applications de cette innovation sont innombrables.

Déjà, dans chaque foyer, le « home computer » (*ordinateur chez soi*) est appelé à remplir de multiples fonctions. Considéré au début comme un jeu, on découvre son caractère irremplaçable grâce à ses applications à tous les domaines du quotidien.

Les deux domaines où, à commencer par le Japon, la micro-électronique est actuellement mobilisée pour accélérer l'accomplissement de toutes les tâches sont les deux domaines vitaux : *l'éducation* et *la médecine.*

Notons d'abord que le développement de l'autre pilier de l'univers post-industriel, celui des *télécommunications,* a maintenant permis de multiplier les applications de l'électronique et de concevoir sa prochaine étape, *l'intégration mondiale,* à partir du moment où la communication à distance, sous ses formes connues, a pu adopter le même « code » que l'électronique : le code binaire (0, 1). C'est ce qu'on appelle la « digitalisation » des communications.

Les réseaux de communication forment dès lors un seul univers avec celui des ordinateurs et des robots. Ils permettent d'accomplir toute une série d'autres tâches où la *distance* est abolie. Les satellites offrent désormais le moyen le plus rapide, le plus simple et le moins cher pour communiquer et travailler de n'importe quel endroit de la planète à un autre. Ils ont achevé de compléter et d'unifier le système.

Toute une série de conséquences en sont déjà tirées. L'union des microprocesseurs et des télécommunications multiplie, autant que nous le voulons, les capacités d'un médecin et de son hôpital à examiner, diagnostiquer, soigner à distance. Dans la plupart des cas, en outre, elle permet de déléguer les instructions données à partir du diagnostic à un ordinateur spécialisé dont le programme aura été pré-enregistré.

Le médecin lui-même n'intervient plus que dans les cas exceptionnels. On assiste à la multiplication de sa capacité. Nous verrons comment cette capacité accrue engendre à son tour le besoin d'un nombre *croissant* de médecins, de spécialistes et d'experts médicaux. Et qu'en cela même réside le changement de société.

De même pour l'entraînement éducatif, pré-scolaire pour les tout-petits, scolaire, ou post-scolaire pour la formation des adultes à tous les stades. La méthode classique qui reposait — qui repose encore — sur la salle d'enseignement et sur la présence physique du professeur, est appelée, comme dans l'usine et comme pour le médecin, à laisser la place, en règle générale, à l'enseignement programmé, contrôlé et raffiné par un système entièrement informatisé, capable d'être de plus en plus individualisé.

De même, l'énergie dépensée en transport de personnes et, dans nombre de cas, de biens, est-elle appelée à être la première remplacée par la *transmission d'informations* par l'électronique et les télécommunications.

Aujourd'hui, il arrive bien souvent, à Tokyo, qu'on ne se réunisse plus dans une même pièce pour une conférence. On provoque une conférence informatisée, par exemple dans l'une des salles équipées de l'hôtel Impérial qui donne sur le beau parc central de la ville, en réunissant dans cette pièce l'image et la voix des participants, où qu'ils se trouvent physiquement.

On ne prévoit plus la construction de grandes usines où les travailleurs seront réunis physiquement, par milliers, venant et repartant matin et soir pour effectuer un travail groupé. On organise le fonctionnement de petites équipes travaillant près de leur lieu d'habitation, branchées sur les ordinateurs et sur les robots qui obéissent, eux, à l'intérieur de l'usine, aux tâches pour lesquelles ils sont programmés.

Ainsi, en se fondant uniquement sur ce qui est *déjà entré en application* dans la vie industrielle, urbaine, sociale, dans le travail de bureau ou les transports, le « mémoire Mitsubishi », qui entre dans le détail de chacun de ces domaines d'application et annonce la vitesse croissante de leur développement, peut conclure :

« Parmi toutes les inventions de l'humanité depuis l'origine, le microprocesseur est devenu unique. Il est appelé à intervenir dans tous les domaines de la vie, sans exception. Pour multiplier nos capacités, faciliter ou supprimer les tâches, remplacer l'effort physique, accroître les possibilités et les domaines de l'effort mental, faire de chaque être humain un

créateur dont toute idée pourra être appliquée, réalisée, décom-
posée, recomposée, transmise, échangée. »

Et il ajoute :

« Il ne s'agit plus maintenant de savoir où sont les
limites des capacités de la société informatisée pour produire et
pour créer selon les instructions et les programmes que lui
fourniront les hommes. Il n'y a, physiquement, plus de limite.
La capacité à fabriquer les instructions et les programmes, ce
qui est et restera le domaine de l'homme lui-même, a pris un
très grand retard sur la capacité physique du système informatique à lui obéir et à travailler. Le problème qui est devant nous
est celui du nombre des hommes disponibles pour faire
fonctionner le système — nombre qu'il faudra sans cesse
multiplier. »

On touche là à l'essentiel. Au bout de cette longue
progression des inventions humaines, depuis les « machines à
compter » de Pascal et de Leibniz jusqu'aux cents millions de
microprocesseurs produits dans la seule année 1980, dont
chacun a une capacité de calcul égale à un milliard de fois celle
des machines des génies précurseurs ; au bout des explications
et illustrations, qu'on pourrait allonger indéfiniment, de ce
qu'est la « mise au travail » de ces engins capables de remplacer
toute forme de travail humain — sauf la pensée — à l'usine, au
bureau, à la maison ; capables aussi de substituer le transfert
d'informations à la dépense d'énergie ; de faire très exactement
de l'information le sang nourricier des activités et productions
de la société *à la place* que tenait et tient encore l'énergie dans la
société industrielle dont nous vivons les dernières années ; au
moment de ce triomphe de la création humaine sur la matière
physique — que devient l'homme, quels sont son travail, son
rôle, sa place, sa fonction ?

C'est bien la seule question qui demeure, mais c'est
aussi la seule qui compte. Car, en faisant un peu de science-
fiction, contrairement à tout ce qui précède, qui ne fait que

décrire la réalité existante, on pourrait déduire de « l'exponentiel » que le triomphe va logiquement aboutir au néant. Les robots produiront, les robots travailleront, les robots émettront, recevront, transmettront, la multiplication et le raffinement de leurs fonctions ne cesseront plus de se développer. Et la place de l'homme dans tout ce processus informatisé de production, dans tout ce réseau d'échanges automatisés, ne pourra tendre que vers zéro. Tout pourra se faire sans lui. Il deviendra inutile. Et comme, pour vivre, il a besoin de consommer, il deviendra nuisible. Le robot annulera l'homme, le tuera.

Dans la logique de la société informatisée, ce scénario, pour un observateur superficiel des phénomènes qui ont commencé à se dérouler et qui sont appelés à tout transformer dans les années 80, ne semble pas absurde. Pourtant il l'est.

Il est *l'inverse même* de la réalité que nous allons vivre et qui s'inscrit déjà dans les faits. Plus il y aura de microprocesseurs et de télécommunications, plus il y aura besoin *d'un immense apport humain*. Aucune cellule, la moindre, aucun noyau, dans tout ce système appelé à s'étendre à la planète, ne peut continuer d'exister, moins encore de fonctionner, sans l'apport croissant d'un nombre — dont on ne peut fixer la limite — d'êtres humains.

Derrière chaque fonction informatisée il faut — et il faudra sans cesse plus encore — dix, cent, mille cerveaux composant, formulant, imaginant, dessinant, se répartissant les tâches de l'environnement « programmatique », qui ne pourra lui-même prendre racine que dans un corps social de plus en plus développé, cérébral, créatif. ».

Ce nouveau « continent d'emplois intelligents » et de tâches non mécaniques, où des centaines de millions d'hommes seront nécessaires, nous en préciserons les contours dans le prochain chapitre.

Auparavant, posons encore deux points de repère qui nous permettent déjà d'annoncer, dans nos conclusions, la nature du projet mondial capable de répondre à Taïf.

Ce n'est plus de transfert, d'aide, de rééquilibrage,

dont nous aurons à parler entre l'univers industrialisé et le Tiers-Monde, entre la partie aujourd'hui encore riche de la planète et sa partie misérable. Car les microprocesseurs au travail réclameront un apport humain si différent, comparé à ce que nous avons connu jusqu'à présent, que tous les êtres humains, qu'ils soient originaires du Nord ou du Sud, seront progressivement appelés à *des tâches de même nature,* pour lesquelles ils seront entraînés et équipés de *la même manière.*

Choisissons ces deux points non pas au hasard, mais parce qu'ils se rapportent à deux des plus graves problèmes du Tiers-Monde : la surpopulation et l'analphabétisme.

La surpopulation n'est pas le fait de l'incohérence, mais, pour l'essentiel, le produit d'un fatalisme ressenti par les familles des continents les plus démunis. Il leur faut avoir beaucoup d'enfants pour que quelques-uns survivent, puissent travailler de leurs bras et de leurs mains, et contribuer à nourrir le foyer. Cette « richesse » familiale est une catastrophe sociale.

Ce phénomène est étroitement lié à l'utilité, à la valeur, fût-elle faible, du travail physique, de la fonction de « main-d'œuvre ».

Au fur et à mesure que cette fonction disparaîtra, que l'effort physique de l'homme aura de moins en moins de rôle dans les cycles de production, les naissances seront moins nombreuses, car les enfants n'auront plus cette valeur physique d'échange au nom de laquelle on les multiplie.

L'analphabétisme signifie : ne savoir ni lire ni écrire. Et que peut-on faire comme travail s'apparentant directement ou indirectement au « logiciel » d'aujourd'hui et de demain lorsqu'on ne sait ni transmettre, ni recevoir, faute de savoir écrire et lire ?

Les programmeurs de plusieurs sociétés électroniques de pointe (Matsushita, Nippon Electric, Texas Instrument, et Graig en particulier) sont actuellement au travail, depuis deux ans, sur ce seul problème, et l'ont pratiquement réglé, résolu :

le *remplacement* du clavier — pour donner des instructions à l'ordinateur (savoir écrire) — et de l'écran — pour recevoir les messages qui y inscrivent le produit du travail informatique (savoir lire) — par *la voix humaine* et *la voix synthétique,* dans les deux sens.

« Le moment arrive, indique le « mémoire », où nous n'aurons qu'à parler aux ordinateurs pour qu'ils enregistrent nos instructions, nos messages, ou l'expression de nos pensées, et où ils auront appris, par l'intermédiaire de la « voix synthétique », à nous transmettre leur réponse, une fois leur travail accompli. Les échanges dans les deux sens se feront, et bien plus rapidement, par la parole. »

Il ne saurait être question de décréter que la lecture et l'écriture cesseront d'être enseignées. Mais seulement de constater qu'un être humain, capable seulement de parler et d'entendre, pourra *communiquer* avec un micro-ordinateur, et par conséquent participer à l'activité générale par le seul recours à la pensée dont il a en lui le potentiel comme chaque être humain.

Ainsi l'abîme qui sépare encore les populations des continents industrialisés des populations illettrées est appelé à perdre son caractère d'obstacle infranchissable au développement du Tiers-Monde. Sur la nouvelle frontière de l'univers informatisé, l'acquisition de connaissances concrètes et l'activité professionnelle cesseront de transiter par la lecture et l'écriture, quand bien même celles-ci demeureront les véhicules de l'abstraction.

On peut dès lors concevoir ce qui paraissait depuis toujours inaccessible : un monde où les niveaux de vie deviendraient progressivement comparables.

16.
La révolution sociale

Elaboré et progressivement mis en œuvre au long des années 70, devenu la règle d'or pour la décennie qui commence, l'impératif japonais a un nom : la *dé-industrialisation.*

On retrouve ce mot, ce concept, au fil des rapports publics et privés des grands groupes industriels et des syndicats sur les « plans de développement » de la décennie 80. La cause est entendue. Depuis des années déjà, elle ne soulève plus ni objection ni réticence. La « révolution technologique » a été comprise : *pour les hommes,* l'accumulation industrielle traditionnelle ne serait plus un progrès mais une régression, un gaspillage de leur emploi et de l'investissement. Il faut *informatiser :* pour la production, pour l'emploi.

C'est des hommes d'abord qu'il s'agit. Plus précisément : *de leur plein emploi.* Non seulement de leur plein emploi en nombre (que chacun ait un travail), mais du plein emploi de toutes les facultés de chacun. Or ce double plein emploi ne sera pas réalisé par le modèle industriel qui réduit systématiquement les effectifs et qui n'utilise que le travail *physique* de la « main d'œuvre » humaine.

La courbe des emplois industriels n'a cessé de ralentir puis de baisser. Désormais elle s'infléchit plus rapidement encore. Il le faut. C'est sans réticence qu'il faut se tourner vers la société informatisée.

Le document de travail que les agents de la volonté collective japonaise — gouvernement, Keidanren, syndicats — ont adopté ensemble, est clair :

« La nécessité s'impose de passer de la société industrielle, qui correspondait aux anciens modes de développement, à la société informatisée dans tout l'appareil de production des biens matériels. *Et d'organiser, parallèlement, le développement de l'emploi des facultés humaines.* A la fois pour accroître la qualité du travail des machines par leur programmation, et pour répondre sans retard aux nombreux et nouveaux besoins sociaux qui naissent au fur et à mesure que progresse la société informatisée. *Nous manquons et nous manquerons d'hommes.* Plus nous en détachons de la masse des travailleurs industriels, mieux nous serons en mesure de répondre aux besoins en facultés humaines de la société nouvelle, et à l'efficacité croissante des nouvelles machines. »

Ce qui est exprimé aussitôt après va plus loin encore :

« Le besoin urgent de passer de la phase industrielle à la phase informatique est valable partout, désormais, *quel que soit le niveau* d'industrialisation, de développement, de richesse de telle société, telle population, telle nation. Le passage de l'ancien mode de développement et de production au nouveau *est valable partout et en même temps.* »

C'est évidemment là que le choc intellectuel est le plus troublant. De grands débats publics seront indispensables pour comprendre, admettre, approfondir ces notions. Les responsables japonais qui ont mis ces directives par écrit, et qui les appliquent, l'ont bien senti. Aux phénomènes d'appréhension, d'angoisse, de rejet, qui ne peuvent manquer de se multiplier, ils ont aussi donné un nom, car c'est un problème en soi qu'il faudra bien traiter : le *computer-shock.* Le choc informatique.

Ils le redoutent. Ils s'y sont préparés. Et c'est en silence qu'ils ont entamé et conduit l'entrée de toute leur société dans cette voie nouvelle, bien au-delà de leurs actuels succès industriels et commerciaux qui ont capté toute l'attention.

C'est peut être à cause de cette réserve que, jusqu'à présent, l'ignorance à l'égard de la « révolution technologique », en marche depuis plusieurs années, a occulté les perspectives, et par conséquent les choix, de l'immense majorité des autres sociétés industrielles — et des pays du Tiers-Monde.

Peut-être reprochera-t-on un jour aux Japonais de s'être montrés discrets, au lieu d'éclairer et de répandre les connaissances nécessaires sur la nature et les ressorts de la métamorphose de leur société.

Mais une erreur d'interprétation doit être écartée qui ne conduirait qu'à de nouveaux malentendus et à de nouveaux retards. Cette erreur consisterait à imaginer que les responsables du système économique et scientifique japonais ont choisi cette attitude pour des motifs malthusiens.

Ils ont au contraire très tôt redouté qu'au rythme de l'informatisation de leur société et des progrès de leurs performances, leurs productions n'envahissent les marchés extérieurs, même dans les pays les plus développés d'Amérique et d'Europe, et qu'ils se heurtent ainsi à des réactions d'hostilité accrues par l'incompréhension du phénomène. C'est ce qui s'est produit.

Ils ont également craint de se trouver devant une insuffisance de débouchés, en raison du manque d'équipement et du faible développement des seuls peuples assez nombreux pour absorber et accompagner le rythme de croissance nécessaire des nouvelles productions : les trois milliards d'hommes du Tiers-Monde.

Aussi, dès le début de leur « décollage » informatique, ont-ils nourri une obsession : que leur avance n'en vienne à les isoler et à freiner, voire à interrompre leur élan.

C'est en découvrant que les autres ne « suivaient pas » que leurs représentants ont été amenés à participer si activement, si fréquemment, aux réunions de travail du « groupe de Paris ». L'ensemble de ce chapitre en porte témoignage.

Pour reprendre la forte formule de celui que nous avons appelé leur père fondateur, Franklin Roosevelt, les Japonais d'aujourd'hui « n'ont peur que de la peur ». Celle qu'ils inspirent.

Ils ne redoutent pas que les autres fassent comme eux, accélèrent leur passage à ce nouvel univers dans lequel toutes les nations, inévitablement, devront s'engager. Ils veulent presser le mouvement d'ensemble. Le domaine d'action, le déploiement de la « société d'information », ne peut être que mondial.

Ayant maîtrisé les nouvelles technologies, analysé leur nature et leurs résultats, ils savent que si la dé-industrialisation ne se généralise pas au profit de l'informatisation, on risque de tels déséquilibres, déchirures, drames sociaux, que la tempête n'épargnera personne. Le Japon n'est plus une île que dans les atlas.

La coopération japonaise à notre travail a été motivée de surcroît par une question cruciale qu'il convient d'examiner de plus près. Celle de l'emploi.

L'informatisation de l'industrie, puis des services, et progressivement de l'ensemble de la société, a fait la preuve, malgré les craintes qu'elle permettait et suscitait *la création d'emplois nouveaux* en nombre bien plus grand qu'elle n'en supprimait.

Le groupe spécial de soixante experts, constitué en 1979 par le MITI, baptisé « 60-men Committee », a été chargé de faire en détail le bilan des progrès accomplis et des perspectives pour les années 80. Dans son rapport qui est une autocritique serrée, sur laquelle il faudra revenir, la question du chômage est traitée en quelques lignes que voici :

« L'usage généralisé des microprocesseurs n'affecte aucunement la situation de l'emploi de manière négative, en diminuant le nombre des postes de travail. Au contraire, on voit les besoins nouveaux et les offres de travail croître de plus en plus rapidement, grâce au facteur multiplicateur des microprocesseurs. C'est donc un manque sérieux d'hommes disponibles qui pose problème. »

Personne, en Amérique, en Europe, moins encore dans le Tiers-Monde, ne peut être acquis d'avance à ce qui peut apparaître ici comme une sorte de credo. Quand on voit, dans chaque pays, s'accroître de mois en mois le nombre d'hommes et de femmes rejetés, ou laissés à l'écart par la société industrielle, on est au contraire enclin à en accuser d'abord les robots et tout ce qui leur ressemble.

Aussi les principaux pionniers de la société informatisée qui, hors du Japon, l'ont étudiée et s'en sont fait les promoteurs, se sont-ils attelés à analyser soigneusement comment cette société nouvelle serait ou non plus apte à donner à chaque être humain un travail et même une activité de valeur.

L'un des plus connus est un français, ingénieur de l'école Polytechnique, ancien dirigeant de la première société électronique, Thomson, puis directeur de l'Institut de recherche d'informatique, proche du château de Versailles, et qui a été choisi par ses collègues européens pour présider, depuis 1976, le comité européen de Recherche et de Développement : M. André Danzin.

André Danzin voit dans la « société d'information » la chance, pour une Europe qui risque la décadence, *d'une véritable Renaissance.* Et c'est le titre qu'il n'a pas hésité à donner à son étude, très officiellement publiée.

Renaissance pour l'Europe, parce que tel est le domaine de la responsabilité propre de Danzin ; mais aussi, il tient à le dire d'emblée, pour tout groupe de pays qui aura la clairvoyance de s'engager dans cette voie au lieu de chercher, d'expédient en expédient, à maintenir les anciennes structures, les anciens modes de production et de consommation, les anciennes machines et les anciens emplois — sans espoir d'ailleurs d'y parvenir sous le poids écrasant des déficits,

publics et privés, qu'un tel contresens accumule inexorable-
ment.

Il y a d'abord le potentiel neuf des industries électroniques et informatiques elles-mêmes qui vont former, tout le
monde en convient maintenant, « le premier secteur de croissance ». Il écrit :

« De l'ensemble des efforts, des recherches et des
inventions dont les racines remontent, comme on l'a vu,
souvent aux siècles passés, émergent pour nous aujourd'hui des
solutions nouvelles, extraordinairement économiques et fiables.
Ainsi naît toute une gamme d'industries nouvelles dont l'évoca-
tion n'aurait même pas été concevable pour nos parents. Le
vocabulaire lui-même n'existait pas. A part le téléphone, il y a
moins de cinquante ans, aucun des produits d'aujourd'hui
n'était concevable. Et si des esprits aussi préoccupés d'imaginer
l'avenir que Jules Verne où HG Wells ont pu rêver le sous-
marin, l'avion, ou même la conquête de la lune, rien dans leurs
écrits n'annonçait la télévision ou les ordinateurs. Il y a bien,
pour notre humanité, en regardant loin dans son passé, une
sorte de surprise extraordinaire, une véritable mutation... Une
grande industrie, très diversifiée, est née avec l'électronique et
l'informatique, pour faire face à toute une série de productions.
Son développement a été plus rapide que tout autre au cours des
vingt dernières années. Et la crise du pétrole, qui a entraîné tant
de ralentissements, n'a pas arrêté la croissance de ses activités.
Au contraire, la pénurie en hommes continue, en son sein, à se
manifester. Mais, chose extraordinaire, ces créations d'emplois,
dans l'électronique et l'informatique, ne constituent pas le
phénomène le plus important, et de loin, au regard des
conséquences sur le travail.

« Car les technologies de l'informatique sont de
puissants facteurs de transformation des sociétés humaines. Et
leurs effets sur *la création d'emplois dans les autres activités sont
encore bien plus importants que les effets directs sur le travail dans
leur propre domaine.*

« Ces techniques sont en effet des outils au service des

activités et des concepts d'une nouvelle société qui a besoin, qui aura besoin plus encore demain, d'un nombre croissant d'hommes au travail.

« Elles valent moins en elles-mêmes que par leur puissance de transformation : sur *l'agriculture,* qu'elles entraînent vers une exploitation rationnelle ; sur *l'industrie,* dont elles accroissent considérablement les capacités ; sur *les services,* dont elles accélèrent le développement et la prolifération.

« Jamais peut-être un tel levain n'aura été mis dans la pâte économique et sociale pour la transformer, et pour orienter l'homme vers de nouvelles fonctions et de nouvelles destinées. »

Situant dans sa vraie perspective historique ce bouleversement entraîné par l'informatisation, André Danzin écrit :

« Jusqu'au siècle dernier, la civilisation est essentiellement rurale. L'agriculture retient la part la plus importante de la main-d'œuvre active. Puis vient l'industrie. Son développement s'opère d'abord sans modifier sensiblement le travail agricole. Mais bientôt s'installe une concurrence qui oblige les agriculteurs à se mécaniser pour accroître largement leur productivité par homme employé. Les pays développés s'urbanisent. La proportion des hommes dans l'industrie augmente fortement par rapport à toutes les autres formes d'activités. La complexité de la société industrielle s'amplifie rapidement. Elle impose la création de services de toute nature (administratifs, commerciaux, financiers, techniques). Elle fait naître ainsi des spécialistes nouveaux, dans une série de domaines très variés.

« Apparaît alors, depuis une vingtaine d'années, à la suite des progrès, qui n'étaient pas imaginables, de l'électronique et de l'informatique, une véritable « mutation » dans la nature des emplois... On voit, au cours de la dernière décennie 1970-1980, la masse d'hommes actifs employés dans les activités de l'information dépasser celle, cumulée, des emplois de natures exclusivement agricole, industrielle ou de services.

« Il est donc légitime de dire que la force des choses, si elle n'est pas brisée par une crise profonde, nous entraîne vers une économie dans laquelle *la part principale de l'activité et des*

emplois sera liée à l'information... Cette observation est fondamen-
tale. Car saisir, traiter, diffuser l'information consomme peu
d'énergie et de matières premières, *mais demande des hommes*
nombreux, disponibles et formés. »

Et dans son étude sur cette « Renaissance », André
Danzin cite une foule de domaines où les emplois ne vont plus
cesser de se multiplier.

Ce que Danzin, et ceux qui travaillent avec lui,
décrivent là et tentent de nous communiquer, c'est une notion
capitale oubliée : *celle de révolution sociale, qui suit les grandes*
mutations techniques. L'informatisation de la société provoquera
inévitablement *une explosion de nouveaux besoins* d'échanges, de
communications, de connaissances, qui ouvrent d'autres carrières et suscitent d'autres vocations.

Sortant ainsi du domaine des industries liées à l'informatique elle-même, on aboutit à une société qui en est issue
mais qui la dépasse, qui se déploie à partir d'elle, qui s'en sert
comme d'instrument pour ouvrir à l'activité des hommes de
larges horizons. Comme le fit le passage de l'agriculture à
l'industrie. Mais cette fois davantage, car si l'industrialisation a
accéléré les progrès sous forme « linéaire », le développement
de l'informatisation et de ses effets est, quant à lui, exponentiel.

17.
Comme le courant, comme l'air

L'expérience des sept à huit dernières années montre que la résistance à la nécessaire transformation est beaucoup moins fréquente et beaucoup moins forte parmi les ouvriers ou les employés que chez les cadres et les dirigeants.

Ce n'est pas la masse de la population qui repousse l'informatisation, c'est son encadrement social. Le milieu ouvrier, s'il est assuré de retrouver un emploi, et un emploi meilleur, ne se cramponne pas à des tâches pénibles et mal rémunérées. Mais les dirigeants de la société industrielle — en dehors du domaine des industries informatiques, qui reste malgré lui comme cloisonné et extérieur, différent — refusent d'y laisser pénétrer le ferment de la nouvelle révolution, refusent même de l'analyser.

Deux témoignages viennent illustrer et confirmer cette observation : A Goeteborg, en Suède ; à Chicago, aux Etats-Unis — voici le problème tel qu'il est vécu.

A Goeteborg, la première marque suédoise d'automobiles, Volvo, a achevé d'informatiser sa plus récente usine qui est ainsi devenue, en 1979, la première d'Europe en densité de robots au travail sur les chaînes. La moins éloignée du modernisme de Toyota.

Parallèlement continue de fonctionner, à l'autre bout de la Suède, à 250 km au sud de Goeteborg, l'usine qui était le joyau de l'empire Volvo au début des années 70 : celle de Kalmar.

C'est à Kalmar que Volvo, avec l'encouragement et l'appui du gouvernement socialiste suédois, avait construit et organisé sa plus grande usine en la fondant sur des conceptions sociales très avancées. Les dirigeants avaient supprimé le « travail à la chaîne », le long des fameuses lignes de fabrication et d'assemblage, pour le remplacer par des « groupes autonomes » de travailleurs exécutant leur tâche selon des programmes et des cadences dont ils prenaient eux-mêmes, avec leur contremaîtres et ingénieurs, la responsabilité. Ce fut en 1974, il n'y a pas si longtemps, une percée audacieuse et intelligente, saluée comme une étape décisive vers l'humanisation, et aussi vers l'efficacité supérieure de la société industrielle.

L'usine de Kalmar continue d'ailleurs de fonctionner sur ce modèle initial. Elle était appelée — si le succès confirmait le pari ainsi fait dans l'esprit qui avait engendré le miracle suédois des années 50 et 60 — à entraîner la transformation, sur ce même modèle, des autres usines et chaînes de montage de l'ensemble Volvo.

C'était hier. Aujourd'hui, le modèle qui devait annoncer le futur vient de contribuer de manière décisive à condamner le passé industriel.

Bien que tous les syndicats de travailleurs — ouvriers, employés et cadres — aient contribué avec élan à la mise en place de « l'expérience pilote de Kalmar », et se soient dépensés pour son succès, les résultats n'ont pas suivi.

Le rendement du travail effectué à Kalmar — plus responsable, plus humain, mieux adapté — fut d'abord assez sensiblement meilleur par rapport aux autres usines du groupe. Puis, d'année en année, l'écart n'a cessé de se réduire.

L'absentéisme ouvrier, à Kalmar, est devenu aussi

élevé et aussi nuisible à la survie même de Volvo (dont les résultats ont fléchis) que dans les autres centres de production. Il a atteint, en moyenne régulière, le *quart* de l'effectif ouvrier, faisant baisser la courbe de productivité, et par conséquent de compétitivité, de l'industrie automobile suédoise à un niveau alarmant.

Plus grave encore : les jeunes qui non seulement saisissent comme leurs aînés toutes les occasions, fournies par un code de protection sociale très avancé, de fuir le travail à l'usine, sont désormais de plus en plus nombreux à le refuser purement et simplement.

Le directeur du personnel du complexe de Kalmar, optimiste et fier lors du lancement de l'usine, déclare aujourd'hui : « Les nouvelles générations répugnent visiblement au travail en usine. Et soyons francs : on ne peut pas le leur reprocher. »

Avec une certaine dose de philosophie due à son expérience quotidienne au contact des ouvriers, il ajoute : « En vérité, ce qu'il me faut pour obtenir une présence régulière et un rendement satisfaisant, c'est un ouvrier d'environ trente-cinq ans, pas moins, qui a plusieurs enfants à nourrir et à éduquer, et qui habite de surcroît assez près de l'usine pour s'y rendre à vélo. Si on m'en fournit suffisamment de ce type, alors je peux fonctionner. Si vous en connaissez, envoyez-les moi... »

Le témoignage et le jugement du responsable de la « main d'œuvre » à Kalmar sont confirmés par l'expérience, plus complète et concluante, que les dirigeants de Volvo ont enregistrée dans leur dernier effort pour transformer la condition ouvrière. En 1979, ils ont offert 7 000 places dans leurs écoles de formation en proposant, à la sortie des stages, des emplois qualifiés dans les usines de la société. Malgré le chômage, en particulier celui des jeunes dont le taux est, comme partout, le plus élevé, ils n'ont pas même pu attirer la moitié du contingent nécessaire. A travers toute la Suède, ils n'ont réussi à embaucher que 3 000 candidats.

« L'année dernière, dit le responsable des services

commerciaux de Volvo, nous avons dû refuser une part substantielle des commandes pour nos voitures en raison du manque de main-d'œuvre. Nous ne pouvons plus fournir. »

C'était donc bien la fin. La voyant venir, les dirigeants de Volvo, après un long voyage d'étude au Japon, il y a quatre ans, se sont mis à organiser le programme d'informatisation de leurs usines, pour le jour où ce programme pourrait être appliqué.

Ce moment étant venu, ils ont commencé par la plus grande usine du groupe, celle de Goeteborg. Tous leurs investissements y ont été consacrés.

Chacune des usines informatisées, celle de Goeteborg et celles qui ont suivi, multiplie son rendement par quatre. Ainsi la compétitivité de Volvo devient-elle moins vulnérable. Il était temps. Les syndicats ouvriers, qui siègent d'ailleurs au conseil d'administration et participent aux décisions, ont encouragé cette mutation.

L'un de leurs dirigeants à l'usine de Torslada, où les plus récents robots géants sont venus prendre en charge le travail, le confirme sans ambages : « Nos conseils d'ouvriers, dit M. Joseph Kapronczay, ont accepté l'arrivée des robots parce que personne ne veut plus continuer, sans autre perspective, le travail en usine. Nous savons que si nous ne passons pas à l'informatisation de Volvo, nous ne pourrons pas tenir longtemps face à la concurrence japonaise, et qu'alors tous les emplois seront menacés. Enfin, dans les négociations avec la direction, nous avons obtenu que l'informatisation de Volvo se fasse au fur et à mesure que de nouveaux emplois hors de l'usine seront offerts aux ouvriers qui quittent la chaîne, sans exception. » Ce qui a été fait.

Tous les ouvriers qui travaillent sur la chaîne Volvo ont pu être formés à d'autres tâches, tâches auxquelles s'appliquent d'autres facultés humaines que l'aptitude au travail physique, dérisoire par rapport aux capacités des machines.

Le Plan japonais, qui est mis en application point par

point, éclaire en ces termes la nature de la transformation qui s'accomplit ainsi :

« La structure industrielle doit changer à la vitesse la plus grande possible, abandonnant aux machines nouvelles les industries traditionnelles, à commencer par toute la gamme des industries lourdes et des industries chimiques, pour permettre de former des hommes à leurs nouvelles tâches, à des activités qui requièrent leurs facultés mentales. Pour répondre aux immenses besoins, si largement déficitaires, de tout ce qui contribue à nourrir le « logiciel » en amont des microprocesseurs, mais aussi, et de plus en plus, à tous les besoins sociaux nouveaux que multiplie la société informatisée : en communication, en éducation, en organisation, en formation et en soins, en création de relations sociales neuves *qui permettront la désurbanisation, parallèle à la dé-industrialisation.* Et nous n'en percevons encore que les premières étapes. »

En contrepoint de l'exemple suédois de Volvo, une visite dans l'une des grandes banques de Chicago, aux Etats-Unis, montre où se trouvent les freins à l'informatisation. C'est l'organe même de la classe dirigeante américaine, le très influent « Wall Street Journal » qui en a publié un compte rendu — et à la Une, pour lui donner la plus grande audience possible. Le voici :

Alexandre Pollock a pu jeter un coup d'œil sur l'avenir. Et il n'en veut pas.

Une rapide vision de ce qui allait advenir lui a été offerte par ceux qui sont en train d'automatiser l'ensemble de la société où il travaille : l'Illinois National Bank, à Chicago. M. Pollock en est vice-président.

Assis à son bureau, il peut pousser des boutons sur le simple clavier d'un terminal d'ordinateur ; apparaissent alors des compte-rendus ou des notes sur l'écran de télévision placé le long d'un de ses murs.

Il peut répondre par ses propres notes, sans rien écrire

ni dicter, en instruisant l'ordinateur. Elles iront aussitôt apparaître sur les écrans de ses collègues ou de ses subordonnés, en Amérique ou dans les filiales étrangères de la banque, ou bien encore elles seront mises en mémoire et apparaîtront au moment où leurs destinataires, s'ils sont absents, reviendront à leur propre bureau.

En appuyant sur d'autres boutons, il peut visionner immédiatement n'importe quelle information actualisée sur les résultats de la banque, de son service, de son travail.

M. Pollock peut faire tout cela et bien davantage. *Mais il ne le fait pas.* Il déteste ce changement.

Il explique : « La plupart des managers, comme moi, sont faits pour parler, pour dicter, pour communiquer avec d'autres êtres humains, subordonnés ou supérieurs. Nous ne sommes pas faits pour introduire des idées dans une machine ! »

La résistance catégorique de M. Pollock illustre celle que l'on rencontre à peu près partout lorsque les responsables sont contraints, par l'informatique, à des changements d'habitudes, à des ajustements psychologiques que leur impose soudain un monde sans papier.

Ils se voient soudain contraints d'admettre autour d'eux, à côté d'eux, en eux, en somme, des machines infaillibles qui leur rappelle à quel moment leurs rapports doivent être transmis, quand ils doivent en recevoir, etc. Et la pression psychologique ne se relâche pas puisque le bureau informatisé se transporte à la main, sous forme d'un terminal d'ordinateur, dans une petite valise qu'ils doivent en principe ne pas quitter.

Ces résistances indiquent que la transformation pourrait être très coûteuse, non seulement financièrement, mais plus encore humainement. *Car rien ne l'a préparée.*

M. Louis Mertes, autre vice-président de cette banque, le constate : « Ce que nous faisons, c'est demander un changement rapide et complet à des gens qui, depuis des années et des années, n'ont jamais eu à modifier leurs habitudes de travail. »

Malgré cela, nul ne conteste, du moins en théorie, que

l'informatisation soit inévitable, irréversible et souhaitable. Qu'elle constitue la seule manière pour une société, une usine ou une banque, de survivre en fonctionnant au rythme du progrès : *d'avoir le temps d'inventer.*

Les spécialistes considèrent qu'il est vital, au sens propre du terme, que les dirigeants d'entreprises acceptent cette transformation. Ils imputent au retard pris à l'accomplir la chute si grave de la productivité américaine. Et ils considèrent que tout retard supplémentaire constituerait un risque énorme. Un grand débat s'est enfin ouvert.

Le président de la firme spécialisée Booz, Allen and Hamilton, consultée par un grand nombre d'entreprises sur l'efficacité de leur gestion, précise : « Nos études concluent que la grande majorité des managers gaspillent au moins 30 % de leur temps à des tâches improductives et devenues inutiles, comme la recherche d'informations, l'organisation de leur calendrier, des communications répétitives ou aléatoires pour des échanges sans efficacité, etc., toutes choses qui peuvent être entièrement prise en compte par l'informatisation — au lieu d'apprendre et d'enseigner, ce qui est leur vrai rôle. »

Des experts pensent qu'il leur suffira de dessiner des machines mieux adaptées à l'utilisation que les managers devront en faire. Mais, en fait, *les ajustements humains* que réclame cette mutation vont bien au-delà des craintes ou des angoisses, qu'on pourrait penser superficielles, de M. Pollock et de tant d'autres. Le directeur des systèmes modernes de la CBS, M. Joseph Ramellini, devenu lui-même un grand expert en automation, approche davantage de la vérité : « Lorsqu'ils refusent de s'en servir, ce n'est pas par peur de l'instrument, c'est par peur d'eux-mêmes. Ils se demandent s'ils vont être *à leur place* dans cette nouvelle forme de travail. Ils se demandent, en fait, de quoi ils vont avoir l'air, ce que va devenir leur autorité. »

Le « manager » des services publics de la banque Continental Illinois, interrogé, s'exprime ainsi à ce propos : « La possibilité donnée à tout le monde d'avoir tout son bureau à portée de la main, avec l'ordinateur portatif, est un vrai rêve pour les intoxiqués du travail. Et c'est un vrai cauchemar pour ceux qui ne le sont pas. Nos employés, à tous les niveaux, pensent qu'il est déjà bien rude d'avoir un patron qui travaille dix heures par jour. Ils s'aperçoivent maintenant qu'il peut arriver que celui-ci se réveille à 3 ou 4 h du matin et commence à transmettre des notes qui s'inscriront sur leurs écrans, à une cadence infernale, dès qu'il arriveront au bureau. Lorsqu'ils ne sont pas, sur instructions supérieures, tenus d'emporter leur ordinateur à la maison pour rester informés... »

M. John Connell, directeur du « Bureau de recherches technologiques » de Passadena, en Californie, fait part de son expérience : « Parmi ses premiers résultats, l'informatisation conduit très vite à réduire le nombre de réunions et le temps à y consacrer. Mais beaucoup de ceux qui sont concernés nous répondent : « Moi, ce que j'aime, ce sont les réunions. Pourquoi est-ce que je devrais faire les choses d'une autre manière sous prétexte que la machine m'indique que c'est plus efficace ou plus rentable... Après tout, les rencontres informelles, sans objectif immédiat, pourraient bien être aussi importantes que des réunions de travail proprement dites. » Il n'y a plus personne pour leur répondre. Ni pour les écouter. Alors, c'est non.

La conclusion nous est fournie par M. Vincent Giuliano, de la firme spécialisée Arthur D. Little : « La nouvelle technologie, en vérité, est neutre. Elle est faite pour libérer les gens de toutes les tâches qui les accablent et dont ils peuvent être dégagés. Mais nous devons reconnaître que si les hommes n'y ont pas été préparés, si la technologie est par conséquent mal utilisée, les conséquences peuvent devenir graves, voire pathologiques. Il ne faut pas le reprocher aux hommes qui résistent et qui se révoltent. Les dirigeants d'entreprises et les constructeurs de machines ont pris comme principe que les gens devraient s'adapter au système. Il fallait évidemment faire l'inverse : concevoir un système qui soit adapté aux gens. »

Il faut reconnaître, une fois, à l'honneur de l'Amérique, qu'aucun réquisitoire ne pourrait être plus sévère que celui-ci dressé par le quotidien des dirigeants contre l'ensemble des milieux dirigeants eux-mêmes : ceux qui, au plus haut niveau de la responsabilité politique et économique, publique et privée, auraient dû, depuis longtemps, commencer par comprendre, puis maîtriser intellectuellement la nécessité, les conséquences prévisibles, les perspectives de l'indispensable mutation de la société industrielle en société informatisée ; puis prendre le temps et les moyens nécessaires pour expliquer, provoquer les questions, y répondre, chercher avec leurs interlocuteurs les meilleures voies d'adaptation, aider toute la population au travail, de l'entrepreneur au plus humble exécutant, à faire sienne l'informatisation au lieu de la redouter. C'est cela que le Japon a réussi.

Pour découvrir les conséquences de l'informatisation d'une société, ces dirigeants n'ont nul besoin de longuement enquêter, de percer des secrets.

En une seule journée, et dans un seul numéro de l'édition anglaise du quotidien économique japonais « Nihon Kezaï », qui parvient à ses destinataires, où que ce soit dans le monde, en deux jours, on apprenait au cœur de l'été 80 :

— que la société Toyota, devant la croissance de la demande pour ses productions automobiles, a décidé d'accroître de 20 %, avant la fin de l'été, ses budgets d'investissement en usines informatisées pour *l'année en cours.* Ce qui porte ces investissements à un niveau supérieur *de moitié* à ceux de l'année 79.

— que la société de matériel électrique Nippon Denso Corporation a fait mieux encore en accroisant, toujours pour l'année en cours, ses investissements de 28 %; soit *une augmentation de 70 %* sur l'année précédente.

— que les quatre principaux producteurs japonais d'électronique (Hitachi, Toshiba, Fujitsu, Nippon Electric) ont décidé, et viennent de confirmer, leur implantation simultanée d'unités de production en Europe.

— que l'institut d'Economie nationale de Tokyo, publiant le résultat de ses études prévisionnelles pour les cinq prochaines années, annonce une croissance moyenne pour le Japon de 5,5 % par an. Au moment même où la croissance zéro étreint l'Europe pour une période indéfinie ; et où la « croissance négative » éreinte l'économie américaine. L'institut ajoute, ce qui laisse rêveur, que « cette prévision est faite sur la base d'un prix du pétrole considéré comme devant doubler, jusqu'à 60 dollars le baril, d'ici 1985 ». Il conclut que ce taux de croissance retrouvé permettra aux industries japonaises, parallèlement à l'exportation de leurs produits, d'intensifier leurs exportations de capitaux pour les investir dans les seuls pays appelés à ouvrir des marchés en développement rapide — ceux du Tiers-Monde.

— On apprend enfin, avec un certain doigté dans la formulation, que l'organisation, bien connue au Japon, de « l'Union nationale des scientifiques et des ingénieurs », s'est entendue avec l' « Association japonaise du management » et avec le « Centre national de productivité », à l'initiative du principal responsable des systèmes de contrôle de la société « Matsushita Communication », pour lancer ensemble un groupe d'action, auquel ils convient d'autres, du Japon et d'ailleurs, à se joindre, et qu'ils intitulent : *Organisation pour la stimulation des Etats-Unis,* destiné à mettre en œuvre, selon leurs déclarations, tous les moyens utiles au redressement de la productivité américaine et à l'information du public américain sur les innovations technologiques — sous peine de voir la baisse de vitalité américaine provoquer des troubles graves dans l'ensemble du marché mondial...

Tels sont, parmi d'autres, quelques-uns des indices révélateurs — pour qui veut bien considérer ces performances *non du Japon, mais comme celles de la société informatisée.*

C'est ce qu'il faut savoir, d'abord, puis ne pas se lasser d'expliquer, de communiquer, de creuser pour que les meilleures conditions possibles d'entrée dans la société informatisée soient trouvées et définies en commun. Et non imposées.

Il faut montrer que l'informatisation est à la société industrielle exténuée ce que celle-ci fut à la société agricole : une transformation fondamentale, non seulement dans les modes de production et de consommation, mais dans les modes de vie, l'organisation du tissu social, les besoins : certains disparaîtront tandis que d'autres naîtront que nous pouvons à peine concevoir, dont on peut seulement savoir et assurer qu'ils naîtront comme sont nés de la société industrielle ceux qu'un homme du XIXᵉ siècle n'aurait pu imaginer.

Les drames actuels, les difficultés immenses de la transition tiennent bien naturellement, comme à chaque étape majeure de l'évolution des sociétés, à la rigidité des structures mentales. Et, par conséquent, à l'absence presque complète de diffusion des vérités élémentaires sur l'informatisation de la société — au-delà du cercle étroit des experts avertis — à *toute l'opinion* qui est si directement et si gravement concernée.

De nouveaux retards dans l'information multiplient les retards dans le progrès. Ainsi s'accumulent les crises et les menaces.

Mais la vérité est irrésistible et salutaire. C'est au début qu'elle a le plus grand mal à pénétrer. Une fois les premiers barrages franchis, les premières preuves données sur place, les progrès démontrés aux yeux de tous, le changement ne devrait plus, ensuite, cesser de s'accomplir, ses bénéfices humains d'être reconnus puis bientôt réclamés.

L'informatique, dans les toutes prochaines années, va se répandre plus rapidement encore que ne le fit, au début de l'industrialisation, *l'électricité*. Elle le fera encore plus naturellement et essaimera dans l'activité créatrice comme dans la vie quotidienne et les loisirs.

Les micro-ordinateurs, puissants, souples et bon marché, adaptés au langage, adaptables à toutes les fonctions, vont devenir pour l'homme aussi indispensables, aussi omniprésents, aussi intimes que *l'air même* que nous respirons et dans lequel nous vivons.

Ainsi, l'informatisation déploiera les facultés de chaque individu dans toutes leurs manifestations naturelles. Elle deviendra la normale, la forme de vie habituelle, la conduite commune. *Telle est la nature même de la société informatisée : elle repose sur « le plein emploi des facultés de chacun » selon ses aptitudes propres.* Plus elle tendra vers l'*individualité* et plus elle accélérera le processus de création nouvelle qui, à son tour, réclamera une densité plus grande de facultés humaines mises en œuvre. L'informatisation est exponentielle.

La vertu particulière de l'informatisation, c'est bien de permettre *le déploiement des facultés personnelles :* plus elle favorisera l'individualisation de la formation, de l'acquisition de connaissances, de l'action, plus s'accélèrera le processus qui fournira en contrepartie la meilleure utilisation des aptitudes de chacun.

18.

Des ordinateurs et des hommes

Nous avons déjà évoqué les domaines considérés comme prioritaires pour satisfaire aux deux besoins humains les plus élémentaires, les plus nécessaires, dont le perfectionnement possible est également le moins limité : la santé, l'éducation. Conservons ces exemples. Ils sont les plus essentiels et les plus universels, avec l'alimentation.

On pourrait croire — en vérité on croit et même on affiche — que l'informatisation de la santé ou de l'éducation est appelée à réduire drastiquement les besoins en médecins et en professeurs.

A quoi assistons-nous en Europe et en Amérique ? *A l'organisation de cette réduction.* Il n'est pas envisagé, *il est décidé* qu'au long des années 80, le nombre de diplômés en médecine et d'enseignants devra être régulièrement réduit, car on en aura de moins en moins besoin.

Signalons seulement, et nous allons y revenir *l'indifférence extraordinaire à l'égard du Tiers-Monde* que traduit ce malthusianisme absurde, dans ces domaines qui le concernent par excellence, et bornons-nous à dénoncer le *contresens* général qu'il exprime.

Le plan d'informatisation générale du système d'éducation au Japon indique, en corollaire au programme informatique, que le « saut qualitatif » va impliquer la multiplication des tâches et des postes d'enseignement, car les changements essentiels que l'informatisation va précisément permettre d'accomplir, sont :

1. Le passage de l'éducation collective à l'éducation individualisée. De la classe traditionnelle au mini-ordinateur et au regroupement autour de lui, souple et adaptable, selon des « flux d'intérêt » que des enseignants formés à cette fonction seront amenés à guider et à conseiller.

2. La transformation de l'éducation passive (enregistreuse de connaissances) à l'éducation active (échanges et stimulation); avec le nombre, qu'on ne peut encore chiffrer, d'enseignants spécialisés qui auront appris à accompagner cet « activisme » et à l'épanouir.

3. La substitution, au bloc compact des « années scolaires » actuelles, d'une répartition souple et indéfinie, tout au long de la vie, du temps consacré à l'accumulation des connaissances, au développement des facultés et des capacités. Là encore, des enseignants spécialisés seront nécessaires pour éclairer, d'étape en étape, le choix des nouvelles options en fonction des progrès accomplis dans la précédente et des souhaits individuels.

4. Le remplacement des examens et des concours, situés dans nos systèmes classiques à des moments fixés à l'avance, par une évaluation permanente, individualisée, non plus des résultats acquis mais des « capacités nouvelles » qu'il convient de cultiver pour accomplir de nouveaux progrès dans tel domaine de l'esprit ou dans telle tâche de création.

Pour permettre à chacune de ces nouvelles voies de l'éducation informatisée de s'ouvrir, de fournir ainsi toutes les occasions d'entraîner, d'exercer, d'utiliser la « créativité individuelle », on n'imagine pas encore par quel chiffre il va falloir multiplier le nombre d'enseignants, d'assistants, de spécialistes et de généralistes. Aussi commence-t-on par informatiser *l'enseignement des enseignants* : car c'est là que le déficit en hommes interviendra le plus vite. Il pourrait alors risquer d'interrompre le développement.

L'un des génies du Japon, fondateur de Matsushita, le vieux Konosuke Matsushita, qui continue à quatre-vingt-treize ans d'inventer, de publier, d'organiser, a laissé, voici plusieurs années, sa place à la tête de sa société pour faire maintenant mieux et davantage : prendre la tête de ceux qui se consacrent à l'avenir, à l'approfondissement des systèmes d'éducation, et qui sont préoccupés par le manque d'enseignants qui s'annonce.

Aussi vient-il, pour assurer l'avenir, de créer la plus moderne des grandes écoles : l'école des Penseurs du XXIe siècle (qu'il finance sur la part des bénéfices de ses sociétés consacrée à la fondation Matsushita) pour détecter, recevoir et former des maîtres d'une qualification exceptionnelle, sans rapport avec celle qu'on exigeait jusqu'à présent, et destinés au système « unifié » d'éducation, de formation, d'encadrement, d'organisation, non plus du Japon, mais, selon ses propres termes, du « monde dans lequel sera alors intégré le Japon ». Après demain.

Son emploi du temps lui laisse très peu de liberté. Quand on a la chance de le rencontrer tranquillement chez lui, dans sa vieille et verdoyante villa de Kyoto, on le trouve généralement assis derrière une table basse couverte de fleurs, dans une pièce revêtue de lamelles de bois clair, avec des petits drapeaux des différents pays de la région du monde d'où vient son interlocuteur. Malgré son âge, son activité intellectuelle permanente est intense, et son regard interroge ou souligne questions et réponses avec une vigueur étonnante. Cet homme de quatre-vingt-treize ans ne s'intéresse qu'à l'avenir. Il prie qu'on l'excuse de parler dans un petit micro, pour « éviter de gaspiller de l'énergie en forçant la voix »... Il a beaucoup à faire. Il explique posément que toutes les solutions, pour l'immédiat — le reste du XXe siècle —, sont maintenant pratiquement trouvées ; il n'y a plus qu'à avoir le bon sens de les appliquer. Il considère que ce n'est donc pas son affaire et qu'il doit s'occuper de la suite.

Konosuke Matsushita n'est pas un pionnier solitaire. Les autres leaders du Japon, chacun dans son secteur respectif, sont eux aussi à l'œuvre pour défricher les immenses domaines nouveaux qu'ouvre à l'activité humaine le déploiement de la société informatisée.

Pour *la médecine,* les objectifs japonais sont parallèles à ceux du nouvel enseignement.

Le but à atteindre désormais est un réseau national intégré pour les soins médicaux à tous les niveaux.

A partir de quatre voies d'accès : *l'informatisation des hôpitaux* sur la base généralisée du « diagnostic rapide », grâce aux équipements informatiques d'analyses ; le contrôle ou l'intervention *à distance* pour les zones ou quartiers sans médecins permanents ; *le traitement accéléré des urgences* par un système d'alerte dont le réseau recouvre l'ensemble du territoire et qui soit branché, en tout endroit, sur un centre hospitalier ; enfin un dispositif général pour *la partie la plus âgée de la population* dont les faiblesses ou les accidents doivent pouvoir être traités avec une fréquence spéciale et une rapidité particulière.

Pour remplir tous les emplois médicaux qui vont ainsi être rendus nécessaires, le programme prévoit, parallèlement, la multiplication du nombre des médecins, la formation d'assistants de toute nature, moins qualifiés que le médecin lui-même, mais démultipliant son action, et que l'on appelle « ingénieurs de santé ». Dont on prévoit déjà, d'ailleurs, qu'ils seront en nombre insuffisant. Il faudra donc subdiviser encore leurs tâches.

L'informatisation de la santé, pour accomplir les progrès que la population peut en attendre, va demander en particulier, pour chaque citoyen, un « check up » médical complet *deux fois par an,* qui permette de déployer tous les moyens de *la médecine préventive.* Derrière les machines d'analyses informatiques, si l'on veut traiter deux fois par an toute la population, il faudra, un personnel médical d'autant plus nombreux et que les médecins, de toute manière trop rares, puissent faire confiance au réseau « d'ingénieurs de santé », à partir de leurs observations sur les indications fournies par les ordinateurs, pour établir les diagnostics et faire le tri de ce qui appelle une intervention au niveau supérieur.

Enfin, en deçà des domaines de haute qualification (éducation, médecine, pollution, recherche, etc.), l'informatisation sera mise à la disposition permanente des citoyens dans tout le déroulement de la vie quotidienne — comme l'électricité et comme l'air. C'est le « home computer » ou *l'informatisation chez soi.*

Il s'agira d'un petit ordinateur sur lequel puissent se brancher tout à la fois : le travail à domicile de l'homme ou de la femme qui veulent poursuivre leur tâche hors du lieu professionnel ; l'ensemble des besoins domestiques dans leur relation avec les services extérieurs ; les loisirs, les jeux, l'entraînement éducatif des enfants selon leurs besoins et leur demande, etc. Cette *informatisation du quotidien,* qui finira par être la transformation essentielle, développera les aptitudes humaines de manière naturelle et permanente.

Elle connaîtra son vrai « décollage » avec la mise au point définitive de la *communication orale* dans la relation entre l'homme et la machine, qui se fera alors par la voix humaine et la voix synthétique, sur le mode de la simple communication, sans aucune complication technique. Ni écriture, ni lecture.

Ce nouveau progrès est mis actuellement au point par plusieurs sociétés électroniques, américaines et japonaises, sur la base de ce qu'on appelle la « cinquième génération » des ordinateurs, dont nous avons dit un mot précédemment, celle qui intègre le calcul le plus rapide sur les microprocesseurs à partir de la VLSI, de la miniaturisation la plus poussée, de la vitesse de calcul la plus grande, de telle sorte que l'ordinateur accède à la capacité de « reconnaître les voix, d'y répondre oralement, de lire lui-même les textes, dessins et diagrammes qu'on lui présente... » Au plus près d'un « cerveau humain synthétique » pour permettre la « familiarité » simple et concrète dans la vie quotidienne.

Ce même système, fondé sur la VLSI, doit permettre en même temps la traduction automatique d'une langue dans une autre. Le dernier en date permet la traduction simultanée « à partir de six langues (anglais, français, allemand, italien, espagnol, japonais) en trois langues à choisir parmi les six indiquées ». Il sera le pivot de l'internationalisation des systèmes et des communications.

Car cette marche vers la société nouvelle est inséparable de la dimension mondiale sans laquelle les progrès qu'elle permet, les capacités qu'elle accroît, les activités qu'elle engendre seraient comme mutilés dans leur développement. Le coût financier considérable, l'effort interne de solidarité sociale et l'interdépendance externe sont liés dans *la nouvelle équation planétaire*. Celle-ci suppose de la part des sociétés « riches » mais minées, de la part de l'Opep dont le trésor reste stérile, de la part du Tiers-Monde qui doit tout créer, d'épouser en commun les formes neuves et révolutionnaires du développement. Est-ce humainement concevable ?

Que cette « mondialisation » de la société informatisée soit l'objectif, cela ne fait plus guère de doute. Ce n'est pas assez. Le temps nous est trop compté. Ce doit être l'étape prochaine.

19.
Les prochains tourments

« Je viens de passer quatre mois aux Etats-Unis. J'ai été frappé par une perte de vitalité extraordinaire, qui me semble un phénomène grave et préoccupant. A l'université de Harvard, je ne me retrouvais plus. J'ai eu un choc culturel. »

Celui qui parle ainsi est le sociologue français Michel Crozier, formé à la fois dans les universités françaises et américaines et admirateur de longue date de la fécondité des Etats-Unis qu'il expliqua sans répit à l'Europe du temps du *défi américain,* il y a dix ans, pour réveiller, stimuler le vieux continent.

Pour ceux qui connaissent Michel Crozier et la sobriété de son expression, ces propos sont saisissants. Il confirme ce que l'on sait, ou que l'on craint — et il va plus loin :

« Le phénomène est dû, ajoute-t-il, aux nombreuses décisions mauvaises qui ont été prises lorsque tout allait bien... Il n'y a plus de place pour les jeunes. Plus de jeunes, plus de renouveau : il y a stagnation du marché intellectuel, les gens en place sont devenus des rentiers du système... Comme il n'y a plus d'emploi, les gens ne se préparent plus. Il n'y a plus de bons étudiants en doctorat, donc plus de bonnes recherches... Tout le monde attend, en continuant d'agir comme par le passé. La crise qui secoue actuellement l'Amérique dépasse les affaires, l'université et le monde intellectuel. C'est un problème moral... Les Américains considèrent que « le mal » est arrivé, et ils sont désemparés. On ne trouve plus aucun enthousiasme pour entreprendre des choses nouvelles. Certes, l'Amérique se relèvera. Mais on ne doit pas s'attendre à un relèvement spectaculaire dans les quatre ou cinq ans à venir. »

Ainsi conclut Crozier.

Il faut sans doute affecter ce diagnostic du coefficient sentimental de l'admirateur déçu. Mais, dans un langage plus feutré, les esprits américains les mieux informés partagent ces vues et n'hésitent plus à les proclamer dans l'espoir, légitime, que les défis du monde extérieur provoqueront un réveil américain.

Ainsi, un grand débat a commencé autour de la « ré-industrialisation » de l'Amérique, que d'autres, plus avisés, appellent sa « revitalisation ». Il s'élargit et s'approfondit. Il repose sur des intuitions fondées, des analyses objectives de l'univers extérieur, mais aussi sur des slogans équivoques et des querelles dogmatiques. On ne peut encore présager de son orientation ni de ses effets.

Les plus lucides sont ceux qui ont maîtrisé les récentes découvertes scientifiques et les ressorts de la société informatisée. Leurs équipes et leurs laboratoires sont encore, d'ailleurs, les premiers au monde dans ces technologies. Et eux-mêmes sont les avocats les plus passionnés d'un changement de cap radical pour l'Amérique entière. Ils se battent pour que le corps politique, le corps social de leur pays ne s'engage pas dans l'impasse de la « ré-industrialisation » ni dans les pires errements européens en réclamant les subsides de l'Etat, l'argent public, pour prolonger à tout prix des industries condamnées. Ils y opposent la notion de « revitalisation », qui en est le contraire : mettre toutes les ressources disponibles, devenues trop rares pour être gaspillées, au service de l'informatisation généralisée de l'appareil productif, et de la formation des hommes.

Pour M. Robert Noyce, fondateur de l'une des plus

brillantes sociétés américaines d'électronique, Intel Corporation, enviée des Japonais : « Nous entendons partout aujour-
d'hui des complaintes venant des usines vieillies des industries
en déclin, des secteurs improductifs... Mais le bon moment
pour se préoccuper des industries du passé, qui n'ont pas su se
transformer à temps, c'était il y a dix ans. Aujourd'hui, il s'agit
d'autre chose : il faut engouffrer nos forces dans les télécommunications, les semi-conducteurs, les robots et la formation. Il
n'y a, à l'heure actuelle, qu'un seul secteur dans l'économie
américaine qui soit vraiment porteur d'avenir, il ne faut pas s'y
tromper, c'est celui de la haute technologie et de ce qui y est
lié. »

La première des sociétés américaines dans ce secteur,
Texas Instruments, fait régulièrement la démonstration de sa
force. Son président, M. Fred Bucy, déclare à ses concitoyens :
« Avant dix ans, l'ensemble des industries électroniques et
informatiques sera plus vaste que tout le secteur de l'automobile
et de l'acier. »

Ces hommes, et plusieurs autres, sont très au fait de ce
qu'il conviendrait d'entreprendre sans hésitation et sans autre
délai. Mais ils sont encore peu écoutés et mal compris. D'abord
de leurs collègues dans les secteurs industriels traditionnels.
Ensuite du milieu politique, plus attaché au maintien de
l'emploi industriel tel qu'il est, qu'à la mutation fondamentale
vers la société nouvelle. La campagne présidentielle de 1980
n'aura d'ailleurs guère contribué au réveil.

M. Georges Helmeier, directeur à Texas Instruments,
précise : « Il faut savoir que la société américaine continue à
vivre, pour l'essentiel, sur l'acquis scientifique et technologique
de l'âge d'or des années 60. Pour combien de temps ? »

Et un autre responsable de Intel ne dissimule pas la
difficulté majeure, celle qui fait reculer la majorité des déci-
deurs publics et privés, qui n'ont pas encore trouvé le courage
de l'aborder parce qu'ils n'ont pas découvert les moyens de la
résoudre : « Il faut reconnaître que la révolution technologique,
dans sa première phase, commence par poser un grave pro-

blème d'emploi. Et les nouveaux emplois ne se créeront pas spontanément. C'est toute une politique nouvelle à concevoir et à mettre en œuvre. »

Dans le débat qui secoue l'Amérique, l'une des interventions les plus attendues était celle de l'homme qu'on appelle « le père de la ré-industrialisation », M. Amitai Etzioni, sociologue, professeur à Columbia et conseiller de la Maison Blanche, en 1980, sur les questions industrielles.

Il a publié son diagnostic et les remèdes qu'il préconise, en commençant par cette étonnante formule : « En tant que père, et fier de l'être, de la campagne en faveur de la « ré-industrialisation », je dois la mener moi-même. Afin que chacun sache enfin clairement et complètement de quoi il s'agit. »

De quoi, en effet ?

« Si, dans un monde en pleine évolution, nous cernons précisément ce qui réclame de notre part des actions prioritaires, nous devons placer en tête le problème de l'énergie, à cause de la dépendance à laquelle il nous condamne ; et le problème de la Défense nationale, à cause du renouveau de l'expansionnisme soviétique. »

Pas un mot, tout au long de son exposé, sur l'électronique — le mot n'est même pas prononcé — ni sur l'informatisation.

Et pour que l'Amérique parvienne à maîtriser ce qu'il considère comme les deux menaces majeures entravant son renouveau (la dépendance énergétique, le danger soviétique), M. Etzioni n'hésite pas à prescrire le remède le moins susceptible d'être adopté : « Une très longue période d'austérité et de restrictions dans la consommation privée et publique, qui pourrait bien s'étendre sur une dizaine d'années. »

Ainsi, le « père de la ré-industrialisation » n'a pas peu contribué à obscurcir le grand débat. Du côté des experts américains, qui connaissent parfaitement la nécessité et les moyens du passage à la société informatisée — et de sa mondialisation, si adaptée à la vocation de l'Amérique, — les obsessions nationalistes du conseiller de la Maison Blanche ont paru extraordinairement dépassées, à côté de la question.

Du côté de l'opinion publique, l'idée que le salut doive être précédé de « dix ans d'austérité » ne suscite guère l'enthousiasme, s'adressant à des hommes et des femmes qui sont déjà plongés dans la récession économique la plus rude depuis 50 ans.

Les deux erreurs vont de pair. Si l'on se trompe d'objectif — en préférant la re-militarisation à l'informatisation —, on débouche forcément sur la mauvaise voie : celle de l'appauvrissement, au lieu de ce nouvel épanouissement créateur pour lequel l'Amérique, aujourd'hui encore et plus que tout autre, disposerait du potentiel scientifique et des ressources sociales suffisantes.

Mais enfin, le débat a commencé et c'est l'essentiel. Que les faux prophètes s'expriment les premiers ne doit pas être regretté. Ils provoquent de vives réactions, d'où devrait sortir la régénération de ce pays qui, même s'il a perdu près de dix ans, doit retrouver sa vocation et sa vigueur.

Au même moment, la société japonaise abordait les années 80 par une crise de conscience, qui a débouché sur un autre grand débat, une autocritique que les responsables réunis dans le 60-men Committee ont résumé et consigné à l'intention du gouvernement, comme de l'opinion, dans une vaste étude destinée à « redresser l'orientation et la nature des efforts du pays ».

Qu'y relève-t-on ?

1. « Nous sommes entrés, par rapport aux dernières années, dans une période de relative stagnation en ce qui concerne l'innovation. »

2. « Il va nous falloir mieux apprécier le fait que les progrès technologiques sont devenus plus difficiles. D'abord parce que les technologies nouvelles réclament davantage de temps et d'investissements. Ensuite, parce que l'estimation des

problèmes sociaux soulevés par les percées technologiques devra être plus soigneusement étudiée. »

3. « Des caractéristiques négatives du développement économique japonais sont maintenant apparues et il ne faut pas se les dissimuler : faiblesse du système de stimulation de la création ; fléchissement de l'esprit d'initiative dû à la recherche permanente du consensus ; surestimation des difficultés économiques par rapport aux bénéfices sociaux de l'intégration d'une technologie nouvelle. »

4. « Ces caractéristiques, qu'il serait dangereux de laisser se développer, tiennent au système socio-éducatif qui est resté trop conformiste et qui entrave, par sa nature, les personnalités vraiment fortes et créatrices. »

5. « Il apparaît que, si nous voulons trouver l'élan nécessaire aux années 80, il va falloir changer un certain nombre de conceptions de base et recréer un environnement mieux adapté à la créativité, à la capacité individuelle, au décloisonnement entre l'université, l'industrie et l'Etat. »

6. « Si nous voulons maîtriser la phase de mondialisation, il nous faut apprécier plus précisément deux transformations essentielles à accomplir :

« La première est une révision de nos conceptions sur les rôles respectifs de l'Etat et des industries privées. Les industries privées ont été les sources principales de l'innovation jusqu'à présent, mais elles ne pourront plus développer, par leurs propres moyens, les nouvelles technologies dont les délais de mise au point sont beaucoup plus importants et exigent des capitaux qui dépassent leurs ressources. Il va donc falloir faire intervenir davantage l'Etat, en coopération organique avec les entreprises et les laboratoires du secteur privé. Mais en ne perdant pas de vue que l'Etat, par ses structures et par sa taille, n'est pas capable, s'il devait être le maître d'œuvre, de diffuser avec efficacité les fruits du développement technologique, ni même de les mettre en application. Il faut trouver de nouvelles formules mixtes de coopération. »

« La seconde, pour l'ouverture internationale, et en

particulier les besoins élémentaires du Tiers-Monde (alimentation, médecine, éducation, énergie). »

« Des études préliminaires beaucoup plus poussées et mieux adaptées seront nécessaires. Nous n'avons pas examiné suffisamment les caractères propres, les besoins spécifiques, les systèmes sociaux des pays en voie de développement, avant d'y étendre le domaine de nos activités. Ce préalable est maintenant indispensable. Il faut établir les bases d'une réelle complémentarité entre la société d'informatisation, telle qu'elle se développe chez nous, et les besoins essentiels, immédiats, particuliers, des pays encore sous-développés. Nous pouvons y parvenir, mais à condition de multiplier la communication entre eux et nous, par des échanges d'hommes dans les deux sens. Les leurs venant entamer leur formation dans nos meilleurs instituts, les nôtres apprenant à s'implanter dans les nouveaux pays, à s'adapter à leurs modèles sociaux, pour modeler sur place les solutions aux problèmes du développement. »

Le débat au Japon ne se déroule plus sur le point de savoir s'il faut passer ou non de la société industrielle à la société informatisée. Le choix est fait. Il a commencé, au milieu des passions et des controverses, sur ces deux problèmes, nouveaux pour la culture japonaise et difficiles à appréhender : le changement de nature des liens entre l'Etat et la décision privée ; les changements éducatifs et sociaux nécessaires à la réussite, aléatoire, du passage à l'internationalisation réelle.

Comme pour le débat américain, comme pour les débats inévitables qui vont tourmenter, transformer toutes les sociétés concernées, les bonnes réponses ne sont pas acquises d'avance. Le monde cherche et trouvera le support philosophique des mutations annoncées. La finitude de toujours, qui nous opprimait et imposait sa loi, éclate. A la portée des hommes se trouve enfin la ressource infinie, la seule : l'information, la connaissance, l'esprit.

QUATRIÈME PARTIE

La chance qui passe

1.
Indira s'interroge

Dans la course au développement, les deux super-puissances militaires avaient misé, il y a vingt ans, sur les deux plus grandes nations sous-développées du monde : l'Union Soviétique sur la Chine de Mao, les Etats-Unis sur l'Inde de Nehru.

Krouchtchev, passionné d'agriculture, réserva ses meilleurs agronomes aux équipes chinoises dont la priorité absolue était à l'inverse de l'industrialisation forcée à la Staline : nourrir chaque enfant à sa faim, lui donner ainsi les chances de son développement.

Kennedy choisit celui qu'il considérait comme le meilleur économiste américain de son époque, son ami John K. Galbraith, pour en faire, au grand étonnement de l'intéressé lui-même, son ambassadeur en Inde. Galbraith fut, à Dehli, le lien intelligent entre l'immense continent indien et la puissance économique américaine. Pour gagner « la bataille de l'Inde contre le sous-développement », la Maison Blanche lui accorda, à titre exceptionnel, une liaison directe avec la présidence.

Dans cette formidable compétition dont l'enjeu était, de part et d'autre, l'épanouissement, l'avenir d'une population de près de 700 millions d'hommes et de femmes, aucun des deux géants militaires n'a pu tenir la distance. L'URSS a perdu la Chine, l'Amérique a perdu l'Inde.

La Chine s'est brutalement séparée de Moscou et de son « modèle » de développement. Devenus maîtres de leur destin, les Chinois, sans renier ce qu'ils avaient reçu de Moscou, possèdent désormais les atouts et le pragmatisme qui peuvent leur permettre de brûler les étapes, à condition de faire les bons choix. Et ils se tournent vers le Japon.

Pour la modernisation de la Chine, Tokyo n'a pas hésité, sous l'impulsion de Doko, Inayama, Kobayashi et quelques autres, à choisir les technologies les plus rapides et les plus légères : celles de la « société informatisée ». Il s'agit de viser sans détours la mise en valeur du plus vaste gisement de matière grise de la planète, en s'épargnant le gaspillage coûteux de « l'industrialisation ». La Chine est ainsi, sauf retournements, sur la voie de la puissance inventive.

L'Amérique a perdu l'Inde. Ni Kennedy, ni Galbraith n'eurent vraiment le temps de se mettre à la tâche. Et aussitôt après eux, avec l'accentuation rapide de l'engagement américain au Vietnam et l'accélération de la course aux armements, l'Inde a cessé d'être une priorité dans la stratégie globale des Etats-Unis. Et l'Occident oublia l'Inde qui, livrée aux seules forces mécaniques de l'économie de marché, dériva vers une société inégalitaire et désordonnée.

On y trouve aujourd'hui côte-à-côte, et le plus souvent dans les mêmes villes gigantesques — Bombay, Delhi, Calcutta, Madras — une population de savants, d'ingénieurs, d'universitaires, de managers, d'agronomes, d'ouvriers spécialisés du meilleur niveau, environ 70 millions d'Indiens ; et plus de 400 millions d'illettrés vivant au jour le jour, souvent au bord de la famine, sans formation même pour cultiver la terre, privés de soins médicaux, sans éducation, sans perspective.

Un soir de janvier 1980, les dirigeants du premier empire industriel de l'Inde, celui du vigoureux JRD Tata, réunis dans sa belle et vaste demeure héritée de la longue splendeur de la colonisation britannique et qui s'appelle sobrement « Bombay House », attendaient avec des sentiments mêlés les premiers résultats de l'élection générale la plus incertaine de l'histoire de la plus grande démocratie du monde. Au centre de leurs discussions : la victoire, improbable mais non pas impossible, de la fille de Nehru : Indira Gandhi.

Avant d'être renversée, abandonnée, mise en prison, « la Madame », comme on dit en Inde, avait déjà occupé le pouvoir, à la suite de son père, durant plus de dix ans. Elle est considérée comme un ennemi public par les milieux d'affaires. On la juge inféodée à l'Union Soviétique.

A cette heure où le destin de l'Inde demeure secret, contenu dans les dizaines de milliers de sacs de bulletins de vote dont le dépouillement par les scrutateurs va prendre plus d'une semaine, on parle d'Indira Gandhi, à Bombay, comme d'une personne d'une autre planète, un peu comme Catherine la Grande resta si longtemps l'étrangère pour la bonne société de Saint-Petersbourg... On n'a pas communiqué avec elle, on ne l'a pas rencontrée, on pense le pire de son entourage, on lui prête les plus sombres arrière-pensées. Et pourtant...

Pourtant, paradoxe courant pour ce pays singulier, les mêmes hommes qui attendent là, confiant leurs craintes, ont cette fois tout misé sur Indira... Aucun des grands intérêts privés, ni les Tata, ni les Birla, n'a manqué à l'appel. La fille de Nehru a rencontré de grands problèmes : tout l'appareil d'Etat contre elle, le parti créé par son père contre elle, les forces de police contre elle, ses principaux collaborateurs et alliés en exil, ses fils persécutés, ses communications sabotées — mais elle n'a pas eu de problèmes financiers. Les fortunes de l'Inde qui ont peur de cette femme détestent plus encore le chaos, l'incompétence et la corruption qui, avec ses successeurs et adversaires politiques, ont mis l'Inde au bord du gouffre en trois ans. Plutôt que ces incapables, le diable et sa poigne. On aimerait, de cœur, qu'elle perde ; mais on souhaite, par raison, que l'imprévu arrive et qu'elle l'emporte.

Peut-être aussi cette femme, dont personne ici n'aurait la sottise de sous-estimer l'énergie légendaire, a-t-elle appris, a-t-elle changé...

De Bombay à Dehli, on ne peut pas téléphoner, les horaires d'avion sont incertains, prendre le train c'est partir pour une expédition de près de vingt heures, retenir une chambre est un projet irréalisable. Entre la grande métropole industrielle, vaste port ouvert sur le monde, qu'est Bombay, et le centre de décision politique qu'est Dehli, il y a un fossé logistique immense. Aspect mineur, mais significatif, du sous-développement qui rend l'Inde ingouvernable.

A l'approche du tournant en pente de la rue « Wellington Crescent, dans un quartier modeste, peu fréquenté par les voitures, de New-Dehli, c'est la foule habituelle, un peu gonflée seulement et plus bruyante, plus chaude aujourd'hui, en longues vagues déferlantes, sans cris ni brutalités, autour du petit jardin, non gardé, qui entoure la maison basse de cinq pièces où vit et travaille celle qu'on appelle bien souvent, et plus simplement, Gandhi.

Passé l'entrée, un petit couloir, et c'est aussitôt la pièce où elle se tient en permanence. Le va-et-vient, là, est incessant. Elle l'aime. Il ne la dérange pas. Elle s'adresse de temps à autre à qui elle veut. On ne l'aborde pas sans qu'elle ait fait signe. Elle sait à chaque instant où se trouve l'assistant, infatigable, que lui a légué son père pour la protéger et l'aider, le très habile Yashpal Kapoor qui est connu de l'Inde entière et à qui elle fait signe lorsqu'elle veut communiquer avec l'extérieur ou lorsqu'elle souhaite être seule pour un entretien. Kapoor, alors, fait le vide et dans un calme qui ne sera pas interrompu, Indira s'occupe de l'Inde.

Son extrême fatigue, à l'issue de sa campagne où elle n'a pas dormi une seule nuit depuis vingt-huit jours pour pouvoir, jours et nuits, dans sa jeep de campagne, traverser chaque village de chaque région, son épuisement physique lui donne ce soir-là une grâce particulière, une austère beauté ; il exalte la flamme intérieure, la force de l'expression, la volonté de discuter sans attendre de la construction de l'avenir. Ce que personne ne sait encore, elle-même ne s'attarde plus à y songer : elle a gagné. L'Inde s'est confiée à elle, elle sera au pouvoir avant la fin de la semaine. Seule là aussi, comme il y a six mois, en prison.

Elle revient du Sud, au bord de l'océan, et de Madras. Elle revient de la frontière orientale, celle de la Birmanie, et de Calcutta. Elle revient du Bengale et des bouches du Gange. Elle revient du Penjab au pied de l'Himalaya. Nuit après nuit, elle a traversé les villages, éclairant elle-même son visage d'une lampe électrique pour que les paysans, debout devant leurs maisons de torchis, puissent voir qu'elle est venue jusqu'à eux. Elle revient du fond de l'Inde. Elle sait ce que renferment les monceaux de sacs de bulletins de vote où chaque liste de candidats porte une image afin que les millions d'illettrés puissent comme les autres exprimer leur choix. Et ils l'ont fait, elle le sait. Tout cela, maintenant, c'est le passé. Elle s'interroge, et elle interroge sur l'avenir.

Développer l'Inde, la sortir de la misère, du désespoir, lui donner une vraie chance — comment faire, par où commencer ? Elle ne prétend pas savoir. Elle n'est que questions innombrables, incessantes, précises. Par où commencer ? Après trente années, après l'immense tristesse qui suivit l'assassinat de Gandhi, seul unificateur de l'Inde qui allait se scinder après lui ; après la longue lutte de son père, qu'elle admirait passionnément et suivit pas à pas dans ses tribulations ; après la mort de Nehru abandonné du monde ; après son chemin de croix à elle et celui de ses fils, celui aussi de son peuple plus misérable aujourd'hui qu'à l'aube de l'indépendance — par où commencer ?

Ce qui l'accable le plus, c'est la masse innombrable d'une jeunesse qui n'a jamais pu être éduquée. Combien sont-ils ces jeunes ?

Personne ne le sait vraiment, elle-même ne pourrait exactement le dire : « Les jeunes de moins de quinze ans qui n'ont encore appris ni à lire, ni à écrire, ils doivent être, je pense, environ 200 millions... Alors par où commencer ? »

Elle lira avec surprise, dans le grand reportage que lui consacrera, après son triomphe, le « New York Times », qu'elle n'a aucune chance :

« Indira Gandhi peut-elle, sur la base de sa seule popularité, guider l'Inde à travers les difficultés immenses, les faiblesses insondables qui lui barrent la route du développement ? C'est peu vraisemblable... Les vrais problèmes qu'elle doit affronter ne sont plus électoraux. C'est l'inflation incontrôlable, le chômage écrasant, une productivité en chute libre, des espérances toujours déçues. Un défi surhumain qui n'a guère de chance d'être relevé par Indira Gandhi. »

Un bref éclair dans son regard apaisé, un instant de colère silencieuse :

« L'Amérique a toujours trahi mon père. Elle m'a toujours détestée. Elle a abandonné l'Inde. Elle ne pense qu'à elle et ne comprend rien au reste du monde. Comment est-ce possible ? Quel mépris ! Alors on dit partout que je suis prosoviétique. Quelle sottise... Est-ce que mon père était indulgent envers les communistes ? Est-ce que je le suis, moi ? Je ne suis ni pour l'Amérique, ni pour la Russie. L'une comme l'autre regardent l'Inde comme une chose et comme un enjeu. Je suis pour l'Inde et son peuple, pour tout ce qui peut aider l'Inde, de n'importe où, n'importe comment. Mais par où commencer ? »

Le verdict n'est pourtant pas celui du « parti américain », mais des organisations internationales : l'Inde continue de stagner. Son revenu par tête, qui reste au seuil critique et misérable de 200 dollars, n'a que peu de chances d'atteindre les 300 dollars... en l'an 2000. Et la situation économique s'est encore plus détériorée ces dernières années qu'au cours des deux décennies précédentes.

De 1978 à 1980, le budget national a non seulement cessé de croître au faible rythme antérieur de 2 à 3 % par an, mais il a chuté de plus de 3 %. On compte maintenant 300 millions d'Indiens « en état de pauvreté absolue ». Les chômeurs ne sont pas vraiment recensés. En comptant seulement ceux qui, ayant eu un travail régulier, l'ont perdu et sont parvenus à s'inscrire quelque part, ceux-là seulement, il y a 15 millions de chômeurs officiels. Les autres ne sont pas reconnus comme tels, n'ayant jamais eu statut de travailleurs où que ce soit. Alors par où commencer ?

Le programme des deux décennies d'industrialisation massive, fondé comme dans presque tous les pays du Tiers-Monde sur l'industrie lourde selon le modèle de développement soviétique, n'a abouti qu'à des échecs. La bureaucratie énorme, incontrôlable, employant deux, trois, quatre fonctionnaires au lieu d'un pour chaque poste de travail, n'a cessé d'étendre le champ de sa stérilité. Elle n'a su ni construire les routes, ni multiplier les écoles, ni fertiliser les terres, ni répandre les services de santé. Elle ne sait que contrôler, vérifier, interdire. Par où commencer ?

Par-delà son courage, son détachement, par-delà le rayonnement de son intelligence, la vertu d'Indira qui en impose et séduit, — c'est sa modestie.

Elle sait qu'elle peut comprendre, elle dit qu'elle ne sait presque rien. Oui, elle sait communiquer avec son peuple, lui redonner espoir lorsqu'il le perd, aller le trouver là où personne ne va jamais, lui faire sentir, parfois sans un mot, qu'elle connaît sa douleur et qu'elle ne pense qu'à lui ; oui, cela elle sait. Lui dire, lui exprimer qu'elle l'aime ; elle sait. Mais c'est tout ce qu'elle sait.

Elle a entendu parler de ces choses qu'on appelle « la technologie », domaine mystérieux qu'elle dit ne pas bien distinguer de l'industrie. Or, et là elle est ferme, il faut à tout prix des industries à l'Inde, beaucoup d'industries.

Il faut donner du travail, de toutes les manières, à des dizaines et des dizaines de millions de bras. Beaucoup d'usines, encore des usines. Que tous ceux qui sont prêts à aider l'Inde à s'industrialiser sachent qu'ils peuvent venir : ils seront bien accueillis. Si la technologie c'est davantage d'industries, alors il faut beaucoup de technologie. Et comme l'Opep a raison de proclamer qu'elle va utiliser son pouvoir, si merveilleux vu de si loin, pour imposer à l'Occident, qui n'en a jamais voulu, « le transfert de technologie » et l'accélérer. Au demeurant, elle est en bons termes avec l'Opep « parce que les musulmans savent qu'avec moi, en Inde, ils sont protégés. Les pays de l'Opep le savent. Ils doivent être pour le Tiers-Monde, et ils sont musulmans, donc ils aideront l'Inde à obtenir, pour ses immenses besoins, de nombreux transferts d'industries. Ou, si vous voulez, de technologie ».

Elle veut en savoir plus sur cette toute petite pastille, qu'elle regarde pour la première fois, où elle distingue de fines rayures à peine perceptibles — un microprocesseur.

Américain ou japonais ?

Peu importe : ils sont tous pareils. Ces machines qui répandent une nouvelle révolution n'ont pas de patrie et ne connaissent pas de frontières. Elles sont toutes faites à partir du même sable (« du sable, vraiment, comment du sable ? ») et elles se mettent au travail partout où on les installe, partout où l'on comprend qu'elles ne viennent pas seulement remplacer les grosses mécaniques, dont elles pulvérisent les performances, mais libérer du travail le plus dur les hommes eux-mêmes.

Indira, qui écoute toujours si bien, interrompt : ce qu'elle veut, c'est l'inverse. Ou plutôt, son peuple veut l'inverse. Il veut du travail. Qu'on implante des usines, n'importe quelles usines, pourvu qu'elles emploient beaucoup d'hommes. Il n'y aura jamais trop d'usines.

Et puis, il faut aussi beaucoup d'écoles, et des routes pour y aller, et des logements autour, et beaucoup de maîtres, et des écoles pour former ces maîtres, et des cadres pour que l'immense main-d'œuvre apprenne à mieux travailler, à augmenter son rendement dans les usines ; il faut embaucher et encadrer.

Qui va aider l'Inde à parcourir tout ce chemin pour qu'un jour, lointain sans doute, elle finisse par rattraper l'univers industriel et se rapprocher de son niveau de vie ? Peut-on du moins commencer ?

L'Inde aujourd'hui, c'est 200 dollars par tête et par an, contre 10 000 dollars aux Etats-Unis, en Europe ou au Japon. Peut-on imaginer qu'avec un immense effort d'industrialisation, une volonté de travail ranimée dont ce peuple est capable, la moitié du niveau de vie occidental puisse être atteinte d'ici le début du siècle prochain ? Si déjà on pouvait en être assuré...

Les calculs, connus de tous désormais dans ce qu'on appelle « les instances internationales », lui répondent : si la croissance annuelle des pays du Tiers-Monde se maintenait au rythme de 5 % par an, et le rythme moyen de l'univers développé à la moitié, il faudrait *150 ans* pour que le revenu des peuples du Tiers-Monde égale celui des peuples des pays industriels. Autant dire : jamais.

Jamais, en tout cas, les peuples prolétaires n'auront la patience d'attendre 150 ans.

« Attention au désespoir du Tiers-Monde, il peut en sortir le chaos mondial ! » s'est écrié Kurt Waldheim, secrétaire général des Nations Unies, en ouvrant la dernière session du conseil économique et social de l'ONU. « Il y a entre les deux populations de la planète, celle de la partie développée et celle de la partie non développée, une faille de nature sismique, si profonde que des craquements terribles peuvent se produire qui feront tout exploser », a répété Robert McNamara en dressant le bilan affligeant de deux décennies dites « de développement ». Et Willy Brandt, au bout de deux ans de travail à la tête de la commission de personnalités internationales compétentes qui s'y sont dévouées, a écrit en tête de son rapport : « Notre commission a été unanime à estimer qu'*une révision fondamentale* des rapports entre les deux parties du monde *s'imposait d'urgence.* Le système établi à la fin de la guerre mondiale a abouti aujourd'hui, pour les pays du Tiers-Monde, à une situation si gravement défavorisée qu'elle exige un rééquilibrage en profondeur. C'est ce qu'exprime la revendication, largement répandue et reconnue, d'un nouvel ordre économique international. Il s'agit bien là en vérité d'une échéance historique. »

Oui, Indira Gandhi a entendu. Mais elle a entendu tellement de promesses et de résolutions depuis trente années qu'elle a cessé d'écouter tout en regardant son pays continuer à s'enfoncer. Elle veut autre chose. Elle veut de l'industrie. Elle veut comprendre le rôle de cette « technologie » dans l'industrie : quelle différence essentielle entre *avant* et *maintenant*? Pourquoi cette petite pastille, ce microprocesseur, représente-t-il une « révolution » capable de périmer la conception du progrès industriel entretenue jusqu'à ces dernières années? Comment l'emploi ne dépendrait-il plus de l'accumulation d'industries? Comment se peut-il que la chance de développement et de progrès, pour un peuple, *quel que soit son niveau actuel,* selon la formule étonnante qui marque l'époque même, ne soit plus l'industrialisation traditionnelle mais ce qui la dépasse : l'informatisation?

Dans la réponse, qu'il ne sera pas simple de faire comprendre ni admettre — et pourtant il le faut, sous peine de régression —, on doit distinguer deux volets.

L'un se trouve dans le prolongement de la règle constante du progrès qui s'est imposée depuis cinquante ans et qui livre l'explication fondamentale des différences de développement : l'innovation technique a été, au sein même de l'ère industrielle, le facteur principal de toute croissance. C'est elle qui a fait en particulier l'Amérique moderne, jusqu'aux années 70, et a assuré sa prédominance.

Une enquête des plus complètes a été entreprise aux Etats-Unis par la National Science Foundation sur le point de savoir quel a été, depuis cinquante ans, le facteur principal du progrès économique américain. Réponse : l'innovation technique.

Selon le rapport de la Fondation, la croissance économique américaine, depuis 1929, a été due *pour moitié* à l'innovation.

L'analyse va plus loin. Pour pouvoir en tirer les

enseignements, permettant de faire *renaître la croissance* dans un Occident anémié, tombé au niveau zéro, et dans un Tiers-Monde dont nous savons qu'il ne trouverait plus aujourd'hui dans l'industrialisation classique qu'un frein supplémentaire, la National Science Foundation a comparé les résultats obtenus par les industries sur cette longue période *en fonction de leur degré de technologie.*

Celles qui se sont concentrées sur la « haute technologie » ont connu par rapport à l'ensemble des industries :

— une croissance de productivité *deux fois* plus rapide ;

— une croissance de production *trois fois* plus rapide ;

— une hausse des prix *six fois* plus faible.

Tandis que les Américains prenaient connaissance de ces conclusions qui méritent une réflexion approfondie, les Européens aboutissaient à des constatations analogues en cherchant comment lutter contre la récession généralisée qu'ils subissent de plein fouet, et quelle voie emprunter pour retrouver la route perdue du progrès social et de l'amélioration du niveau de vie. M. André Danzin a conduit plusieurs de ces études et en tire cette leçon : « Nous observons que rien, dans le passé, n'a pu s'opposer à la puissance issue des techniques supérieures... Le principal moteur de l'évolution est la recherche scientifique et technique. »

D'où la nécessité, sans tarder davantage, de concentrer les efforts et les investissements sur les plus récentes technologies, de ne plus hésiter à remplacer les machines en place par de plus nouvelles et de plus performantes. Cette nécessité est dans la ligne de tout le progrès du XXe siècle. Tel le premier volet de la mutation.

L'autre est nouveau : *la révolution technologique d'aujourd'hui n'est plus seulement le prolongement des progrès techniques qui se sont succédé. Elle est une transformation des conditions mêmes de la lutte des hommes pour maîtriser leur environnement et multiplier leurs ressources ; elle est un changement de société.*

Cette fois, il ne s'agit plus de mettre entre les mains

des hommes des appareils de production plus efficaces. Il s'agit de remplacer progressivement le travail industriel des hommes par celui des machines informatisées qui, de proche en proche, pourront tout fabriquer plus vite et moins cher. Cette grande transformation inévitable, est vivement souhaitable : elle entraîne la multiplication des échanges, des besoins d'informations ; elle conduit ainsi, par un même mouvement, à mieux *utiliser, cultiver, approfondir les capacités individuelles.*

Les responsables politiques de l'Opep réunis à Alger en mars 75 réclamaient, au nom de tout le Tiers-Monde et pour la première fois, « l'accélération du processus de développement par un transfert approprié de la technologie moderne ».

L'Occident ressentit cet appel comme une agression et préféra l'ignorer, espérant que l'excès même et l'irréalisme de cette revendication la rendraient éphémère. C'est le contraire qui s'est produit. Comment ?

L'arme de l'énergie, puis celle de l'investissement sont tombées entre les mains de l'Opep. Il ne peut plus être question d'espérer sortir durablement de la crise *sans épouser la mutation* entre les deux mondes.

Dans les années qui ont suivi, la révolution du microprocesseur et des télécommunications a précisément apporté les moyens d'accélérer d'une manière jusque-là inimaginable un processus de développement qui permette de tendre vers l'égalisation à un horizon qui n'est plus de 150 ans — mais sans doute celui d'une génération.

La perspective ainsi clarifiée, l'objectif n'étant plus discutable, il reste à saisir une part considérable du problème : comment peut s'effectuer, au niveau où il faut l'entendre, ce « transfert de technologie » ?

La revue mensuelle d'économie de l'Arabie Saoudite écrit là-dessus ce que tout le monde pense : « Le transfert de technologie est comme la maternité. Tout le monde est pour. Comme la maternité, personne ne sait vraiment quelle en est la nature. Mais nous savons qu'il est la matrice de tout progrès et de tout développement. »

A condition — là tout reste à faire — de bien comprendre que l'on ne parle plus de la même chose qu'hier. Hier, à l'ère industrielle.

Si le monde occidental s'engage dans cette voie neuve, plus féconde par les performances des machines, et plus humaine par l'emploi des capacités, *comment imaginer que le Tiers-Monde en reste, lui, à fournir « une main-d'œuvre bon marché » pour des usines d'un autre âge* dont les produits n'auraient d'ailleurs plus aucun débouché ? Ce serait le comble du contresens.

Le Tiers-Monde doit donc lui aussi, sans étapes préalables qui aggraveraient encore ses retards, choisir d'entrer dans cette ère nouvelle. L'informatisation s'appliquera et s'adaptera à ses propres besoins. Les robots seront disponibles pour être à l'œuvre partout et partout au même prix. Les informations, données, connaissances seront, par définition, accessibles à tous instantanément. Le seul transfert qui compte, dont tout développement dépendra, c'est la promotion de chaque peuple, de chaque homme, du stade où les moyens d'apprendre lui font défaut à celui à partir duquel il peut développer ses facultés, ses aptitudes, sa créativité propres.

Que faut-il pour que ce transfert-là puisse commencer à s'opérer vers les pays immenses et pauvres ? Rien qui y déménage des machines dépassées. Rien qui ressemble aux équipements de béton et d'acier qui ont accompagné l'industrialisation classique.

Il s'agit de définir, d'y mettre en œuvre les moyens appropriés et nouveaux qu'on appelle déjà, dans la société informatisée, les « infrastructures immatérielles ».

Celles qui, par les ondes et à travers l'espace, relient tout lieu de travail, en tout endroit, au réseau mondialisé des données et des connaissances. Permettant de conjuguer dans un même processus de production ou de création toute « énergie informatique », toute information nécessaire, avec le travail qui s'accomplit à l'appel et sous l'effet de la décision humaine.

Celles qui diffusent les éléments nécessaires à la formation des personnes là où elles sont, selon les besoins qu'elles ressentent, qu'elles apprennent à traduire, à exprimer, à conjuguer.

La communication, l'éducation sont ainsi les premières de ces « infrastructures immatérielles » qui peuvent se concevoir et s'étendre tout autour de la planète. Il n'y aura pas de « coup de baguette magique ». Simplement, tout peut devenir réalisable par étapes, à partir du moment où l'on aura cerné l'essentiel : l'ouverture des esprits, leur aptitude à apprendre. C'est cette course que prophétisait Toynbee « entre l'éducation et la catastrophe ».

Tous ceux qui, depuis près de trente ans, se consacrent aux problèmes du Tiers-Monde, et qui ont le plus souvent pris comme terrain l'exemple de l'Inde immense, en sont arrivés à une conclusion commune : on s'est trompé de stratégie.

En cherchant sans relâche à « industrialiser » les pays du Tiers-Monde, on a partout, à de rares exceptions près, aggravé leurs problèmes. On a déraciné les hommes de leur terre. Ils sont venus s'agglomérer dans des villes tentaculaires. On a suivi, sans prévisions raisonnables, en fondant tout sur l'espoir d'un taux de croissance qui s'est avéré fallacieux, le chemin le plus anti-naturel : déserter les terres, qui pourraient nourrir, pour aller encombrer des villes qui ne fournissent plus de travail.

Il fallait, il va falloir cultiver au contraire la *décentralisation,* renverser tous les mécanismes de *concentration* qui bloquent le développement.

L'inversion de cette dynamique inhumaine, on voit maintenant comment l'informatisation va s'y prêter, en s'adaptant localement aux problèmes du Tiers-Monde, en lui permettant d'amorcer son rééquilibrage.

L'un des hommes qui n'a cessé d'attirer l'attention

des états-majors occidentaux sur ces impératifs de la nature et de la raison (féconder la terre, freiner l'exode rural, lutter contre l'urbanisation, décentraliser à tout prix, responsabiliser les hommes au lieu de les enrégimenter) est Maurice Guernier.

A l'origine, il était chargé auprès de Jean Monnet, commissaire au Plan pour la reconstruction française, des « questions d'outre-mer », c'est-à-dire déjà du Tiers-Monde. Il n'a plus jamais cessé. Et il est aujourd'hui le compagnon d'Aurelio Peccei, au Club de Rome, chargé de ces mêmes problèmes. Il a rédigé et rendu public en 1968 un cri d'alarme : « La dernière chance du Tiers-Monde. » Cette chance n'a pas été saisie. Il n'a été entendu ni alors, ni depuis. Les terres ont continué d'être abandonnées et les métropoles géantes des pays pauvres de devenir, avec dix, quinze, vingt millions d'habitants, les ghettos de la planète.

Aujourd'hui, Maurice Guernier, apercevant les moyens nouveaux d'une réelle décentralisation, décrit comment ils pourraient s'intégrer à chaque milieu humain.

« Nous avons toujours trop pensé que le développement était exclusivement économique. Alors qu'il est principalement sociologique et humain. Dans certains villages d'Asie et d'Afrique, j'ai trouvé des niveaux de vrai développement plus élevés que dans certains quartiers de New York ou de Chicago... Ce développement du Tiers-Monde ne peut naître que de l'épanouissement complet des hommes. Il est urgent, tout d'abord, d'arrêter l'exode rural, le développement hideux des gigantesques bidonvilles de Caracas, Lagos, Calcutta, et cent autres absurdes mégalopoles : c'est l'objectif majeur de toute politique, désormais, du Tiers-Monde.

« Tout état est incapable de diriger, d'encadrer des millions de paysans. Nulle part il n'a réussi à diriger les paysans. Il faut décentraliser toute décision vers les villages ruraux. Là seulement réside la vie réelle des campagnes. C'est donc le village qu'il faut transformer en véritable entreprise de développement, en centre de décision et de gestion. »

En quoi l'informatisation va-t-elle jeter un pont entre

cette vision, dont la logique est incontestable, et les moyens de son application, qui n'ont cessé depuis trente ans de nous échapper ?

Par la nature même des « infrastructures immatérielles », celles qui, à partir des *mémoires informatiques*, centres mondiaux, par définition communs à tous, de données et de connaissances que l'on peut brancher en tout point de tout pays, et des *réseaux de télécommunications* qui abolissent les distances et se substituent à la plus grande part des besoins en transport des produits et des hommes.

Un comité villageois, obligé d'organiser ses relations humaines et ses méthodes de production, au premier chef agricole, y parviendra s'il est *branché* sur ces centres et réseaux qui apportent l'information, la connaissance, l'éducation, la médecine, qui lui fourniront ainsi les moyens de son auto-développement — à la condition de disposer, pour environner et exploiter l'informatique, d'un nombre très réduit d'intermédiaires dont Guernier fait une description précise permettant de concevoir dès maintenant l'implantation, dans la communauté locale, de la société informatisée :

« Il s'agit d'installer dans chaque petite communauté régionale, ne dépassant pas 50 000 à 100 000 habitants, un petit état-major léger composé de : un agronome, un médecin, un éducateur. Ils seront les « conseillers de progrès » à la disposition des villages.

« Ces trois techniciens, par leur présence, susciteront dans chaque village la désignation naturelle de trois ou six jeunes habitants dont la fonction sera d'être des « transmetteurs de messages ». Ces hommes et femmes seront, en quelque sorte, des médecins aux pieds nus, agronomes aux pieds nus, éducateurs aux pieds nus. Ils ne suivront aucun cours, n'auront aucun diplôme. Ils sauront transmettre les messages des conseillers de progrès jusqu'aux villageois. Par exemple :

« Quand les yeux suppurent, mettre trois gouttes du médicament indiqué. Sur les plaies, mettre le mercurochrome signalé... Voici les engrais pour la prochaine campagne du coton... Nous sommes informés de la date d'arrivée de la mousson : voici les semences qui sont sélectionnées... Les affiches, dont vous voyez les images, vont vous apprendre à déchiffrer. Chaque semaine, vous en aurez de nouvelles... »

Maurice Guernier a ainsi fait l'effort — d'autres maintenant, sur plusieurs continents, suivent exactement la même voie — de concevoir et de décrire, sur la base de l'expérience vécue dans le Tiers-Monde, la nature de l'encadrement humain qui sera en mesure d'exploiter et de diffuser sur place les apports de l'informatisation mondiale.

Le plus récent président du « Forum du Tiers-Monde », l'égyptien Ismaïl-Sabri Abdalla, confirme la *règle d'or de la décentralisation,* seule voie réaliste vers le développement, et précise l'environnement humain de base qui permettra à l'informatisation de féconder directement le Tiers-Monde :

« La stratégie de développement doit partir d'une évolution rurale autonome. Aucune approche ministérielle ou administrative ne sera à la hauteur de cette tâche : la modernisation, au sens plein, de la communauté villageoise. Les paysans eux-mêmes doivent être mis en mesure de prendre en main leur destin. L'apport technologique externe est indispensable. Le dialogue entre paysans et « conseillers techniques » doit être mutuellement éducatif, le pouvoir de décision demeurant entre les mains des paysans. Car ce qui compte, c'est le développement du paysan lui-même. Il ne peut se réaliser et se poursuivre qu'en appliquant les moyens de la technologie à l'approfondissement de la démocratie locale, en rendant au paysan ses droits d'homme et de citoyen. »

Guernier, comparant son expérience et ses propositions avec celles de l'Egyptien, conclut : « Il y a en somme identité complète de vues entre la conception exposée par Sabri Abdalla et les nôtres. Je n'hésite plus à lui donner une priorité absolue. Elle concerne directement le sort de deux milliards d'êtres humains. »

Ces comités de village, ces conseillers de progrès, ces transmetteurs de message, auxquels les spécialistes du Tiers-

Monde assignent ainsi une fonction de développement, seront pleinement efficaces à partir de la diffusion, de la décentralisation des informations, rendues accessibles par la nouvelle technologie.

Ces quelques intermédiaires qui viennent d'être décrits auront pour rôle d'enraciner progressivement le système informatique qui sera présent, tout entier, par une simple antenne locale — en langage technique : *le terminal* — dont le coût aura cessé de compter et dont l'utilisation, par le « dialogue » avec les équipes locales, réclamera, nous l'avons vu à l'Institut de Singapour, un entraînement de quelques semaines, au plus de quelques mois. Là, enfin, se précise le court-circuit conduisant au développement.

La réponse à sa question, Indira Gandhi, sans qu'elle en eût encore pris conscience, l'a en quelque sorte donnée elle-même : le seul vrai « transfert », c'est le transfert de la « flamme ». Transmettre d'un humain à l'autre la volonté d'être et de connaître. Ce « bouche à bouche » qu'elle accomplissait jour après jour, nuit après nuit, sur les routes de l'Inde, communiquant le sentiment de pouvoir espérer, de pouvoir exister, il s'agit de le prolonger, de le perpétuer. S'agissant de l'esprit et de la volonté, les « infrastructures immatérielles » seront à ce bouche à bouche ce que les microprocesseurs sont devenus par rapport à la merveilleuse et insuffisante machine de Babbage, jadis inspirée par Ada de Lovelace.

2.
Un Sudiste au travail

Dix ans avant que l'Opep ne connaisse ses premiers succès, treize ans avant que n'apparaisse le premier microprocesseur, vingt ans avant Taïf, un jeune homme du Tiers-Monde a compris cet avenir. Il se lance alors dans l'action avec la prescience des conditions actuelles du développement, du « transfert ».

Karl Schiller, qui l'a vu à l'œuvre dans les années 70, n'hésite pas à dire : « C'est un jeune génie. »

Schiller suggéra qu'il participe au travail du petit groupe d'hommes d'Europe, du Japon, du Golfe, réuni à la recherche des voies de convergence. Bien qu'il soit à la tête du plus puissant fonds d'investissement international, et représentant permanent à l'époque de sa région au sein de la Commission Brandt, il accepte.

D'étape en étape, il n'a cessé de démontrer une évidence aisément oubliée : pour comprendre les conditions du développement du Tiers-Monde, pour guider les actions qui peuvent y contribuer, *il faut appartenir soi-même au Tiers-Monde.*

L'admettre paraît encore vraiment difficile. Mais si quelqu'un peut évacuer des esprits ce « vestige immatériel » du colonialisme, ouvrir par son expérience du terrain et sa lucidité la voie du premier des transferts, celui de la confiance, sans lequel rien ne se fera, c'est cet homme si jeune encore : Abdulatif Al Hamad.

Quand il refusa, à vingt-deux ans, de faire carrière au ministère des Affaires étrangères de son pays, et qu'il préféra choisir le tout petit Kuweit Fund for Arab Development, qui employait alors deux personnes en tout et pour tout, Abdulatif Al Hamad savait déjà ce qu'il voulait. Surtout pas les cercles internationaux, les discours, les jeux diplomatiques, les dîners mondains. Ouvrir et multiplier, le plus vite possible, les chantiers du développement.

Sa trajectoire et ses réalisations sont exemplaires.

Le premier transfert qu'il conçut, avec une efficacité caractéristique, ce fut d'abord à son profit.

N'ayant encore que peu de ressources, c'était en 1962, mais pressentant que le pétrole de son petit pays, admirablement pourvu par la nature, allait un jour ou l'autre lui procurer des moyens considérables, il voulut *apprendre* le métier d'investisseur mondial, ce qu'il serait appelé à devenir. Il demanda à la direction de la Banque mondiale que l'un des meilleurs experts du grand organisme international vienne passer deux ans à ses côtés pour lui enseigner les mécanismes, analyser avec lui les projets, mettre au point les procédures. En moins de deux ans il connaissait le métier. Homme du Tiers-Monde, il avait aussi mesuré combien il faudrait adapter les leçons de son moniteur pour que la greffe puisse prendre dans son univers.

Il ne tarda pas à en faire la démonstration, par une sorte de contre-transfert qui prend sa signification aujourd'hui où la métamorphose nécessaire de l'action dépend, avant tout, du changement d'état d'esprit.

La première occasion offerte à Abdulatif Al Hamad fut un projet de développement agricole en Tunisie. Présenté au conseil de la Banque mondiale, en vue du prêt à long terme que sa réalisation exigeait, le projet avait été refusé. Il n'offrait pas les garanties minima de rendement économique répondant aux critères de gestion de l'organisme international.

L'ayant appris, Adbulatif présenta le même projet à son propre conseil et au gouvernement de son pays, en déclarant dans son rapport : « Au-delà du rendement incertain, en effet, à en attendre en termes économiques, nous devons mesurer *les effets sociaux* de cet investissement qui est appelé à modifier, par sa mise en œuvre même, les méthodes du travail local, les habitudes à l'égard de la culture, les aptitudes à saisir les conditions de la croissance. »

Le projet fut adopté, financé, guidé par le Kuweit Fund. Exclusivement mis en œuvre par les équipes tunisiennes locales, son succès dépassa largement les espoirs. Ainsi un nouveau critère, celui de « rendement social », était né et avait pris le pas, au nom même de l'efficacité, sur le traditionnel rendement financier.

En quelques années, le Kuweit Fund fit la preuve, à propos de bien d'autres projets, qu'en s'attachant d'abord à accélérer la qualification des hommes on pouvait de surcroît retrouver plusieurs fois sa mise de fonds.

Quinze ans plus tard, relatant l'expérience de ce qui est devenu maintenant le premier fonds mondial d'investissement, tenu, équipé, dirigé par des hommes du Tiers-Monde, l'économiste anglais Robert Stephens écrit :

« Au fur et à mesure que se développaient les projets lancés par le Kuweit Fund, la Banque mondiale, sous la présidence de Robert McNamara se mit à en étudier de plus près les principes nouveaux, les critères de choix différents, les méthodes de stimulation, et, finalement, à faire passer à son tour, de plus en plus fréquemment, l'évaluation d'un investissement en termes de rendement social avant l'estimation financière elle-même. Elle en tira un grand profit. »

Et, concernant l'avenir : « Selon les estimations de l'OCDE, les disponibilités de l'Opep en capitaux d'investissement pourraient atteindre, au début des années 80, près de 250 milliards de dollars. Soit près de 6 % de toute la production nationale, cumulée, des vingt premières puissances industrielles du monde. *La manière, les principes, les critères d'utilisation de*

cette capacité d'investissement de l'Opep auront alors une impor-
tance vitale, non seulement pour le monde arabe, mais pour le Tiers-
Monde tout entier, et par conséquent pour les nouveaux équilibres de
l'économie mondiale... A ce moment-là, on découvrira l'exemple
fondamental qu'aura constitué le Kuweit Fund, le travail de
pionnier qu'il aura accompli en plaçant au premier rang des
critères d'investissement le développement des hommes.

« Si les fortunes tirées des revenus du pétrole doivent
être employées à un développement efficace, il y faudra avant
tout un encadrement humain sérieux, inventif et incorruptible.
La preuve que ces qualités, rares mais essentielles, peuvent être
réunies, et la preuve de leur efficacité décisive sur la durée,
auront été fournies par cette contribution primordiale du
Kuweit Fund aux nouveaux modes de développement. »

Le « jeune génie », selon Schiller, qui a conduit cette
aventure, ne se sent plus jeune du tout après vingt ans de travail
sur les chantiers de cinquante pays du Tiers-Monde, mais son
action ne se relâche pas. Il tire lui-même la leçon, simple et
rigoureuse, de cette déjà longue expérience :

« Le facteur premier de tout développement économique est le développement de l'homme lui-même. Le développement, en fin de compte, est d'abord un processus mental. Il
commence par une attitude d'esprit. Le succès d'une action de
développement se mesure très précisément au niveau de
conscience et de responsabilité auquel elle hisse les hommes à
qui elle s'adresse. »

Il conclut : « C'est en fonction de cette règle, et en se
fixant cet objectif, *que l'on envisagera l'alliance de la capacité*
financière de l'Opep et de la capacité technologique des pays
développés pour transformer les conditions de démarrage des
économies du Tiers-Monde. Du choix de cette orientation
pourraient alors naître des conditions mondiales de développement qui seraient bien plus rapides, et même spectaculaires,
que ce que l'on osait espérer jusqu'à présent. »

Il éclaire et dessine ainsi les voies par lesquelles on
peut répondre à la demande de l'Opep visant l'ensemble du

Tiers-Monde : *En semant le pétrole, on doit récolter le développement.*

Ses théories sont le fruit d'expériences vécues, de projets en plein essor, d'infrastructures réalisées dans des régions qui s'étendent, d'année en année, plus loin à l'ouest du golfe d'Arabie, vers le Soudan, l'Algérie, le Niger, le Cameroun, et à l'est du Golfe vers l'Iran, le Pakistan, l'Inde, la Birmanie. Avec, partout, les mêmes succès dus à la mise en œuvre des mêmes priorités : la *nourriture* des hommes (techniques agricoles autonomes), leur *santé* (équipes volantes, reliées à des centres modernes), leur *éducation* (aidée maintenant par les moyens informatiques).

L'invention décentralisée, nécessaire au développement du Tiers-Monde, étant devenue le cœur du problème mondial, on a conçu, autour de McNamara, une idée révolutionnaire : obtenir par consensus que le prochain président de la Banque mondiale, celui qui lui succédera à la tête de la principale institution financière internationale gérée depuis toujours par des responsables occidentaux et présidée depuis toujours par un américain, soit, pour la première fois, un homme du Tiers-Monde. Abdulatif Al Hamad ?

Discrètement répandue, cette idée a offusqué au sein de bien des organismes occidentaux qui contribuent majoritairement au capital de la Banque Mondiale. Il n'est pas acquis, naturellement, qu'elle soit retenue.

Mais l'audace ici est la sagesse même : saurait-on que parmi les candidats possibles à ce poste, jugé majeur par les responsables de cent cinquante nations, figure un homme du Tiers-Monde dont la capacité est incontestée, il deviendrait bien difficile de l'en écarter.

De tous les « transferts », celui-ci pourrait bien être le plus grand accélérateur : par une marque, enfin donnée, de confiance légitime. De reconnaissance, en vraie grandeur, de l'égalité.

Abdulatif ne s'en préoccupe pas. Il ne cherche pas à séduire les Occidentaux qui sont encore les maîtres des décisions dans toutes les grandes institutions. Lorsqu'il s'exprime, c'est sans esprit de compromis, car la fortune de son pays n'a pas infléchi sa conviction : les pays du Golfe sont des pays du Tiers-Monde, des sous-développés. En mars 80, le « Middle East Economic Survey » lui posait la question suivante :

     « Quel est votre message pour les Arabes ? Quel est le rôle d'une nation comme la vôtre, qui a des ressources pétrolières, qui fait partie du Tiers-Monde et qui doit nouer des relations économiques étroites avec le monde industriel ? »

     Il répondit :

     « A mes yeux, nous sommes totalement une nation du Tiers-Monde, du Sud. Nous ne sommes pas, et nous n'accepterons jamais de faire partie intégrante de l'univers industriel, du Nord. Car nous ne devons pas nous faire d'illusions sur les apparences actuelles de notre richesse, ni céder à la tentation de croire que nous faisons partie du Club des nations développées. La vérité, c'est que nous ne sommes que des membres privilégiés du Club des sous-développés. Aussi notre solidarité avec le Sud est-elle totale. L'interdépendance entre le monde arabe et les autres pays du Tiers-Monde est bien plus grande, et économiquement plus essentielle, que nos liens avec le Nord. »

     Déclaration d'hostilité ? Non, plus simplement d'identité. Il serait dommage qu'il en soit autrement. Si Abdulatif Al Hamad figure au premier rang des architectes du « nouvel ordre international » c'est, outre sa valeur personnelle, à cause de cette appartenance profonde à l'univers du Sud.

     Au siège de la banque londonienne qui est l'une de ses filiales ; en séminaire, à Bruxelles, sur les suites à donner au rapport Brandt ; à Paris, dans le salon de son hôtel où il s'est réservé un coin pour recevoir ses interlocuteurs — on dirait un ascétique professeur britannique au regard aigu d'intellectuel, économe de ses gestes. Pas un fils du désert. Jusqu'à ce qu'on le retrouve chez lui, vêtu de la longue robe blanche de son pays, toujours coiffé de la ronde capuche, heureux et détendu au milieu de l'équipe d'une dizaine d'hommes qu'il a formés et avec laquelle il travaille. Là, sur la vaste terrasse donnant sur la cour de l'immeuble d'architecture arabe construit pour le Kuweit Fund, il est dans son univers.

Un petit émetteur-récepteur électronique toujours branché le relie à sa ville et de là au reste du monde.

Il ne déjeune pas. Le travail se prolonge jusqu'à deux heures, puis tout le monde rentre. Lui-même dîne chez lui d'où il ne cesse de régner sur le réseau de ses projets de développement qu'il connaît un à un, qu'il a visités chacun plusieurs fois.

Quand il en a le temps, il entame une longue promenade dans les dunes pour chercher de nouvelles idées d'avenir — un avenir qu'il appelle plus qu'il ne le redoute. Il croit à la supériorité illimitée, il en reçoit quotidiennement les preuves, de la ressource humaine.

Au printemps 80, il participa à Paris à l'une des réunions du Groupe — celui qui allait recevoir, un peu plus tard, le rapport japonais établi sous l'autorité de Doko — et discuta avec les membres présents des raisons pour lesquelles les travaux essentiels de la commission Brandt n'avaient atteint, semblait-il, qu'une audience de spécialistes. C'est au cours de la discussion que fut évoquée la nécessité d'un exposé public des données nouvelles du monde, destiné à une prise de conscience collective. Idée qui, chemin faisant, aboutit au présent ouvrage.

Cette réunion de Paris, qui dura deux jours, réunissait autour de la table, à l'invitation des Français présents, Abdulatif Al Hamad, deux représentants japonais — celui de Doko, qui était cette fois son propre successeur à la tête de Ishikawajima-Harima, M. Shinto; et le jeune vice-ministre des Finances, M. Matsukawa, qui avait sacrifié sa seule semaine de vacances en famille; le professeur Schiller, une fois de plus, venu de Hambourg, entre deux séjours en Arabie ou au Pakistan, pour irriguer de son expérience exceptionnelle les travaux du groupe; le président de l'institut de Kiel, que nous avons vu à l'œuvre au séminaire d'Asahi; l'avocat international

Samuel Pisar, imperturbable et souvent solitaire dans la croisade qu'il poursuit pour créer des liens vivants entre sociétés hostiles, entre Est et Ouest, entre Nord et Sud, selon son concept économique et humain d' « armes de la paix ». Et puis un personnage singulier à qui le travail de ce groupe doit beaucoup, le Suisse Peter Huggler. Une table d'hommes optimistes au milieu de la tempête. Mais d'un optimisme sous réserves...

Giersch, le mieux informé de tous les aspects de la détérioration économique, inquiet pour l'Allemagne elle-même qui s'essouffle visiblement à son tour, demande à son collègue du golfe d'Arabie comment les hommes réunis là pourraient contribuer à créer un « choc salutaire », indispensable à la prise de conscience de la nature et de l'ampleur des efforts à entreprendre.

Al Hamad répond par une analyse simple : tant que, par des études et des documents, on se contente de s'adresser aux spécialistes et aux responsables, on peut certes les intéresser, ils peuvent en tirer des enseignements, mais on ne provoque pas de mobilisation. On doit donc faire autre chose. Et trouver quoi.

Giersch estime qu'il faut s'adresser directement à l'opinion. C'est elle, dit-il, qui n'est pas éclairée, car on refuse de l'informer complètement. On croit d'abord que ces nouveaux problèmes — crise énergétique, révolution technologique —, sont trop complexes pour être saisis par le citoyen au niveau moyen de culture économique et scientifique ; on estime ensuite que la crainte que peut susciter l'exposé des faits risque d'engendrer des réactions de défaitisme, et qu'il serait bien prématuré de le faire tant qu'on n'a pas une idée précise des solutions à proposer. Ainsi, on continue d'attendre.

De son analyse des raisons du silence, le président de l'Institut de Kiel tire la conséquence inverse : seule une opinion publique à qui l'on ne cacherait rien de la vérité, qui d'ailleurs lui revient de droit, serait capable de faire naître le courage et la volonté d'agir, d'ouvrir la voie à la renaissance d'un monde unifié.

Abdulatif Al Hamad déclare : « Je suis d'une région du monde à laquelle vous pensez tous, le golfe d'Arabie, mais dont l'Occident n'a jamais voulu connaître les vraies réalités. On connaît notre pétrole, on ne cherche pas à savoir qui nous sommes. C'est vrai pour nous, c'est plus vrai pour le reste du Tiers-Monde. Or la nouveauté décisive de l'époque qui s'ouvre, c'est l'interdépendance totale entre nos univers. L'énergie, l'alimentation, la production, les marchés, l'inflation, le chômage, rien, absolument rien ne peut plus être abordé en persistant à croire que les uns peuvent s'en sortir sans les autres. Tous nos univers ne font plus qu'un. C'est un « village global », celui que l'on nous avait annoncé. Désormais il est là, nous y sommes. Il faut s'en rendre compte, se mettre à tisser les liens qui donneront à ce village — la planète — une vie nouvelle... Il reste très peu de temps.

« Vous autres Européens, vous Japonais, devez avoir à l'esprit la situation désolante de vos pays au lendemain de la guerre mondiale. Vous vous trouviez en pleine détresse. Une vision, une générosité sont alors venues vous redonner vie, et vous lancer dans la voie d'un nouveau développement : ce fut le plan Marshall. Aujourd'hui le Tiers-Monde dans son entier est dans une situation encore pire que celle où vous étiez. On a de nouveau besoin, à cette échelle, et aux conditions de notre époque d'une telle vision et d'une telle volonté. C'est sans doute à la conscience collective qu'il faut s'adresser, en sachant la toucher et l'éclairer. Mon expérience en tant de pays différents m'inspire confiance. Mais il faut savoir faire confiance. »

A la fin de la seconde journée de travail, la décision fut ainsi prise d'organiser, autour d'une équipe légère, à Paris, les travaux des uns et des autres pour les faire converger en une analyse commune, si possible avant la fin de l'année.

Les Japonais, qui avaient constamment et ardemment contribué aux échanges de vues, avec plus de mérite que quiconque puisqu'ils venaient chaque fois de si loin, ne furent pas aisément convaincus qu'il convenait de publier, sous une forme quelconque, ce que l'on risquerait de prendre pour une synthèse des discussions et expériences du Groupe. Ils n'étaient pas habilités à s'engager. Mais le Suisse Peter Huggler, habitué aux difficultés ou malentendus qui naissent si facilement des différences culturelles, se chargea « d'en parler avec Doko ».

Singulier personnage. Né à Zurich d'une grande famille protestante de Suisse allemande, Peter Huggler s'est transformé en un lien bien particulier entre deux univers. Le don qu'il manifeste, chaque fois dans la langue de ses interlocuteurs, pour nouer des relations humaines, il le doit sans doute à sa décision de rompre très tôt avec le monde d'hier. Il vaut la peine d'en dire un mot.

Son père était sculpteur, ami de Giacometti, élève de Bourdelle ; sa mère était psychiatre, élève de Freud à l'école de Vienne. Dès l'enfance, il parle l'allemand, l'anglais et le français. Ses études terminées, il prend une décision : quitter son univers — nous sommes en 1955, l'année de Bandung, au lendemain de Dien Bien Phu, à la veille de Suez — ; l'univers de ses amis et de ses condisciples, qui partent pour Harvard, Londres, la Sorbonne, ne sera plus le sien.

Huggler quitte Zurich, la Suisse, l'Europe. Il choisit, parmi les propositions qu'on lui fait, celle d'une société minière qui lui offre, s'il accepte d'y rester au moins quatre ans, d'aller travailler aux Indes, à Ceylan, en Birmanie. Il n'hésite pas, il va vers le Tiers-Monde.

Après six ans en Inde et autour de l'Inde, il va pousser plus loin vers l'Orient et arrive alors dans un univers encore plus étrange, surtout plus fermé : le Japon.

La puissance japonaise, à la fin des années 50, est à peine naissante, frileusement accrochée à l'Amérique, happant tout ce qui lui vient du pays qui l'a foudroyée, puis ouverte au monde.

Ce Japon, il le découvre en pleine effervescence. Loin

d'être la fourmilière laborieuse de travailleurs indifférenciés que l'on décrit, le Japon de 1960 se révèle au regard de Peter Huggler comme un vivier où chacun veut, de toutes ses forces, créer, apprendre, inventer, faire mieux que les autres, et mieux qu'hier. Voilà ce qu'il cherchait : le levain qui fera lever la lourde pâte du Tiers-Monde. Amoureux du Tiers-Monde, il épouse le Japon... et une Japonaise.

Sa trajectoire, la joie de vivre qui émane de lui, annoncent sans doute la vocation des nouvelles générations, des étudiants d'aujourd'hui.

Etabli à Tokyo, il peut maintenant, du Japon et de Zurich, viser son objectif de toujours : les masses asiatiques. Son rêve et sa hantise, ces peuples auxquels il se sent appartenir et qui sont abandonnés.

Il prêche longtemps dans le vide. Ni Tokyo ni Zurich ne se soucient du Tiers-Monde. Alors il crée l'instrument de sa lutte : une banque mi-suisse mi-japonaise, un premier lien. Mais le cœur de son dispositif, la première « infrastructure immatérielle » qui va se montrer efficace pour unir d'un mince fil vivant les deux univers, maintenir la communication, les faire converger, ce sera lui-même. Son invention est d'une extrême simplicité : il va vivre *à la fois* à Tokyo et à Zurich, travaillant un mois au Japon, un mois en Europe, faisant chaque mois le voyage aller et retour, vivant, selon son expression, « la vie d'un banlieusard du monde », une simple mallette à la main, sans autre bagage.

Il devient le spécialiste du Japon pour les Européens et le représentant de l'Europe pour les Japonais. De part et d'autre, ceux qui s'intéressent à l'autre monde prennent l'habitude de venir le trouver. Et il leur parle, sans jamais se lasser — depuis vingt ans maintenant — du Tiers-Monde.

Aujourd'hui, il est à son affaire. La réunion de Paris fait suite à celle qui s'est tenue dans son bureau à Zurich où, pour la première fois, Européens et Japonais se sont rencontrés pour bientôt former le petit groupe. C'est là, avec toutes les difficultés d'une première communication de cette nature, et la lente traduction de chaque intervention, que tout a commencé dans le foisonnement des idées et une commune passion de s'atteler à la tâche.

A la réunion suivante furent invités les premiers responsables arabes, afin de compléter le « groupe de Paris » en associant les trois univers : la Communauté européenne, le golfe d'Arabic, le Japon. Cellule en somme de ce « village global » d'Abdulatif Al Hamad qui, au moment où il évoquait son Sud, devant ces « Nordistes » d'Europe et du Japon, commençait seulement à apprendre, comme tous, les imminents bouleversements de la « révolution technologique ». Le dessin de l'avenir se précisait.

3.
Vienne appelle Marshall

La requête pressante d'une vision « à la Marshall »,
présentée par Abdulatif Al Hamad face aux Nordistes, est au
centre de toutes les recherches sur les moyens d'une renaissance
globale.

Ce que représentait l'Amérique à la fin de la guerre
par rapport au reste du monde industriel en ruine (l'Europe et
le Japon), l'univers développé dans son ensemble le représente
aujourd'hui par rapport au Tiers-Monde.

La « vision Marshall » était d'une lumineuse simplicité. A l'époque, l'Amérique aurait pu se retrancher sur sa
position dominante, utiliser sa supériorité économique, profiter
le plus longtemps possible du retard pris par les autres, étendre
son empire — c'eût été alors la catastrophe.

Car ses capacités productrices, au milieu des ruines
extérieures, n'auraient pas pu se développer. L'Europe étant
insolvable, l'Amérique impériale, engorgée, se serait retrouvée
comme une île cernée de tous côtés par un océan de pénurie et
de misère. Allait-on oublier l'erreur historique de 1919 qui avait
abouti à la grande dépression, puis au fascisme, puis à une
nouvelle guerre ?

L'équipe Marshall comprit quel était l'intérêt plus
profond des Etats-Unis : *aider les autres à s'aider eux-mêmes.*

L'Amérique, en répandant spontanément les conditions du développement, en profiterait comme les autres et en tirerait le plus grand profit. Première vision, généreuse et clairvoyante, de cette interdépendance qui allait devenir la loi de la survie et du développement.

Aujourd'hui, une vision analogue, aux dimensions de la planète, s'impose à l'univers développé vis-à-vis de l'ensemble des peuples prolétaires. Mais ses conditions d'application seront forcément très différentes, adaptées à une autre époque, à d'autres économies, d'autres peuples.

Le plan Marshall consistait en une aide financière apportée à des pays qui, sous les décombres de la guerre, recelaient toutes les infrastructures nécessaires à un redémarrage, à condition d'en recevoir les moyens. Villes, routes, usines, main-d'œuvre qualifiée, laboratoires, systèmes d'éducation, tout était là, prêt à être remis à flot. Le plan Marshall remplit cette fonction. Et l'Amérique vit progressivement les pays victimes de la guerre reprendre des forces, se redresser, devenir des partenaires actifs.

A partir de là commença une ère de croissance et d'expansion sans précédent en Occident. Elle devait durer trente ans. Par l'effet même de la spirale de prospérité, l'aide Marshall de départ fut rendue au centuple aux Etats-Unis.

Cette grande affaire avait bouleversé les règles du jeu éternel : on ne prenait plus aux uns pour donner aux autres, on avait mis en place un système supérieur grâce auquel tout le monde gagnait. Le développement de chacun profitait au développement des autres et l'accélérait. Ce fut un cycle économique d'un type nouveau, solidarité de nature supérieure, profitable à tous.

A tous — mais à l'intérieur d'un cercle fermé. Le reste du monde n'existait pas, on l'ignorait. Il n'avait d'ailleurs aucun moyen d'imposer sa présence.

Ainsi s'agit-il maintenant d'autre chose. L'Occident ne retrouvera pas la voie de la croissance, il s'asphyxiera, verra son ordre social se disloquer, s'il n'a pas le sursaut d'intelligence et la volonté nécessaires pour ouvrir la voie du développement aux pays du Tiers-Monde, qui offrent la seule voie de son propre redéploiement. L'interdépendance et ses lois biologiques se sont maintenant étendues à toute la planète. Telle est *la nouvelle dimension* du problème.

Sa nature aussi est nouvelle. Si un nouveau plan Marshall pouvait simplement consister en une aide financière, ce serait à la fois insuffisant et, en soi, stérile. Ce dont le Tiers-Monde a d'abord besoin, c'est du réseau complet d'infrastructures qui fonde les bases du développement. Cette tâche est maintenant clarifiée.

A l'ère de la révolution technologique et de la société informatisée, ces infrastructures ne sont plus les lourds équipements que la société industrielle a mis des décennies, voire des siècles, à édifier pour son développement. Il s'agit aujourd'hui de réseaux plus subtils, plus puissants aussi, bref très différents : ceux qui permettront aux pays du Tiers-Monde, branchés sur des systèmes d'information et de communications communs à toute la planète, de développer par eux-mêmes leur potentiel spécifique.

L'un des hommes qui s'y est le plus attaché en Occident, s'en entretenant régulièrement avec les responsables de l'Opep dont il est devenu l'hôte permanent et l'ami très franc, est le Chancelier d'Autriche Bruno Kreisky.

Dans sa capitale, Vienne, d'où il a si souvent empêché, à lui seul, que ne s'aggravent les crises entre l'Est et l'Ouest, il est devenu un lien permanent entre l'Europe industrielle et le Tiers-Monde.

Sa croisade ne cesse plus, ni à Vienne ni ailleurs. Il dit et redit ce qui lui paraît essentiel, le point de départ d'un mouvement de renaissance.

Parlant au début de l'hiver 80 à la session de New Delhi, organisée par l'ONU, sur la prochaine décennie du développement, il rend d'abord hommage, sous la présidence d'Indira Gandhi, à la mémoire du Pandhit Nehru, qu'il décrit comme un inspirateur des efforts d'aujourd'hui :

« Nehru fut l'un des grands penseurs stratégiques de notre époque. Il montra la voie de l'avenir à toutes les nouvelles générations : vers un développement mondial intégré. L'admiration que j'ai conçue pour lui dans ma jeunesse m'inspire aujourd'hui dans toutes mes réflexions sur notre commun devoir vis-à-vis de ce développement. La vision de Nehru, et des hommes de cette époque qui furent ses compagnons à la tête du mouvement d'émancipation du Tiers-Monde, est devenue pour nous un impératif encore plus pressant. Le moment est venu de le transformer en réalité concrète, sans délai et sans autre négociation. Nous avons déjà perdu un temps considérable et gâché bien des occasions.

« Le point de départ de tout effort cohérent, je ne cesserai de le répéter, est que les pays développés s'assignent pour tâche *de permettre au Tiers-Monde d'avoir accès au réseau d'infrastructures modernes,* adapté aux nouvelles conditions de l'économie et de la technologie, réseau à partir duquel chaque pays du monde sous-développé sera en mesure de mettre en valeur *ses propres ressources et de trouver sa propre voie de développement.* Si nous avons su ainsi l'équiper, il le fera selon sa propre culture, sa propre créativité, ses propres capacités d'invention.

« Tout commence par ces infrastructures. C'est la condition nécessaire, et désormais suffisante, au progrès de tout développement. Les peuples auront ainsi les moyens de transformer en création la ressource capitale dont ils disposent, la seule dont ils aient besoin grâce aux nouvelles technologies : leur propre intelligence.

« *Ce que furent à une autre époque les réseaux de chemin de fer, de routes et de canaux, dont la mise en place exigea des décennies, ce sont aujourd'hui les réseaux de télécommunication, d'information, d'informatisation, d'éducation, de formation selon les technologies les plus modernes. C'est le droit absolu des peuples qui veulent se développer à disposer sans transition de ces réseaux.* Il est de notre devoir et de notre intérêt qu'ils en disposent et les mettent en œuvre. Il s'agit bien d'un nouveau plan Marshall, mais adapté à notre époque et à la nouvelle nature de l'économie. »

Kreisky est l'un des meilleurs intercesseurs de l'Occident auprès du Tiers-Monde et du Golfe. Le dialogue permanent, familier et confiant, qu'il entretient avec les uns et les autres constitue déjà en soi une « infrastructure immatérielle » d'une toute autre efficacité que les tables de conférences et de négociations.

Il ne s'agit pas, il ne s'agit plus de se partager des richesses (lesquelles ?), il s'agit de livrer au Tiers-Monde les moyens de passer à la phase supérieure de la société informatisée pour le rendre lui-même capable de créer.

Prenons l'exemple du calcul. Sa métamorphose a été, nous l'avons vu, au cœur de la révolution moderne du développement.

Il a fallu des siècles pour passer du boulier à la table de multiplication, à la règle logarythmique, aux machines à calculer, puis aux premiers et massifs ordinateurs, aux transistors, enfin aux microprocesseurs.

Au bout de cette longue chaîne d'inventions et de progrès, on détenait le merveilleux appareil à partir duquel, par la maîtrise désormais totale du calcul, convergent dans un même processus de création les trois éléments fondamentaux de toute richesse : *l'information, la matière, l'énergie.*

Pourquoi faudrait-il que les peuples d'Asie, d'Afrique, d'Amérique Latine, soient tenus, en quelque sorte, de refaire ce long parcours, de repartir de l'enseignement élémentaire de l'ère qui s'achève ? La télécommunication, le microprocesseur, leur convergence dans le nouveau processus de création, doivent être librement et complètement mis à leur disposition, chez eux et pour eux, comme partout.

Le cas de l'éducation est l'un des plus exemplaires. L'informatisation en transforme les données. Elle doit accélérer tout le processus, comme pour la dissémination des fruits du calcul, en le mondialisant. Dès 1975, dès la naissance même du microprocesseur, le Hollandais Jean Tinbergen, prix Nobel d'Economie, auteur de « La Renaissance d'un Ordre international », a entr'aperçu cette conséquence majeure pour le Tiers-Monde :

« Nous allons avoir les moyens de diffuser l'éducation elle-même. La révolution technologique qui commence les apporte, elle les contient en elle. Elle va permettre de concevoir *un réseau unique d'éducation,* avec des centres communs de données, des infrastructures communes de télécommunication, qui, tout en respectant chaque spécificité et chaque culture, seront fondés sur des structures communes à tout l'ensemble. »

Et trois ans plus tard, l'Anglais Evans, étudiant plus spécialement les domaines où l'informatisation allait transformer les conditions du progrès pour les pays non développés, mettait lui aussi l'éducation en tête des premières grandes conséquences :

« La manière dont l'ordinateur pourra servir à résoudre les problèmes du Tiers-Monde constitue le facteur même de son ascension. Les secteurs les plus favorables seront la médecine, la météorologie, l'agronomie. Mais c'est l'application à *l'éducation* qui sera la plus importante de toutes.

« Les problèmes des nations sous-développées du Tiers-Monde ne pourront être résolus qu'avec la mise en route d'un programme éducatif de masse, qui sera mondialisé. Une telle politique était impensable jusqu'à la révolution technologique, à cause de son prix de revient très élevé. La situation sera toute différente avec une informatisation qui tendra à devenir pratiquement gratuite, et un marché en progression exponentielle pour les ordinateurs éducatifs. Les premiers pas seront accomplis dès le début des années 80.

« Le rythme s'accélérera. La nouvelle génération, dans le monde sous-développé, sera la première à bénéficier totalement de l'impact de l'enseignement informatisé. La fin de l'ignorance ne sera plus très loin. »

La ré-invention de la vision Marshall pour les années 80, c'est l'informatisation unifiée, réponse communautaire et créatrice à l'exigence d'univers qui se sont si longtemps ignorés ou exploités et qui ne peuvent fonder leur prospérité, leur emploi, que sur la prospérité, l'emploi de l'autre.

Les dernières prouesses de la science sont intervenues au juste moment pour nous permettre de répondre à l'appel pressant des circonstances, si nous avons la sagesse et la volonté de saisir la chance qui est ainsi offerte.

Au long de la toute dernière période, cette science nous a apporté la découverte décisive sur la relation fondamentale entre la matière, l'énergie et l'information. Cette relation et sa maîtrise sont à la révolution technologique ce que fut l'équation d'Einstein à l'explosion nucléaire.

L'explosion informatique peut être à la crise de l'économie mondiale ce que la bombe fut à la guerre mondiale. Une transformation fondamentale, une métamorphose, un changement d'univers. Il s'agit d'un même phénomène : creuser toujours plus loin pour s'approcher du secret même de la vie.

Cette démarche de l'esprit vers le déchiffrement puis la conquête des mécanismes les plus intimes du processus vital est notre histoire. *Ses découvertes appartiennent à tous les hommes. Dans leur dissémination au bénéfice de tous les peuples réside la chance de gagner de vitesse les forces de dislocation.*

C'est la source de la vie qui nous a livré, l'une après l'autre, les découvertes qui peuvent créer maintenant ressources et richesses — au-delà de celles de la Nature, dont on annonçait à juste titre la limite et l'épuisement.

La société informatisée apporte, sous nos yeux les moyens de transformer en création, en développement, le potentiel d'intelligence, les facultés individuelles de tous.

Une matière jusqu'à présent inerte et ignorée mais inépuisable, le silicium du sable, devient sous le simple regard intelligent de l'homme la ressource des ressources. Ce silicium, à la disposition de tous, est la seule matière, la seule dont la nouvelle technologie ait désormais besoin. Matière la plus répandue de l'univers avec l'oxygène. C'est le sable courant, celui des rivages, des déserts. La moitié de toute la croûte terrestre en est faite. La nature ne compte plus. La création est de l'esprit.

Ce processus exponentiel, il ne dépend plus que de l'intelligence des sociétés humaines de le mettre en place et en œuvre. Il pourrait nous apparaître comme un aboutissement, cadeau ultime qu'il ne resterait plus qu'à exploiter. Pourtant, ce n'est déjà qu'une étape...

4.
Au plus près de la vie

La révolution technologique, la société informatisée apparaissent déjà comme une simple transition vers une nouvelle approche du secret de la vie et de la création elle-même. C'est l'histoire, en pleine expansion, de l'ingénierie biologique et génétique — notre nouvel horizon.

L'un des spécialistes de la révolution informatique, le Français Jacques Maisonrouge, d'IBM, l'annonce parmi d'autres : « Nous savons déjà que la science la mieux placée pour prendre la relève de l'ère électronique et créer les nouvelles activités, sera la biologie. Elle aura des retombées sur des domaines aussi divers et essentiels que l'alimentation, la santé, l'énergie. »

L'éditorialiste d'un journal scientifique américain écrit : « Le développement le plus prometteur depuis l'invention du transistor, s'annonce sous la forme de l'ingénierie génétique. Elle pourrait, à partir de la maîtrise des mécanismes les plus délicats de la biologie, permettre des percées révolutionnaires, en particulier vers de prodigieuses inventions en matière de santé, de créations alimentaires, de production d'énergie. »

Et le rapport japonais qui nous a décrit le passage du microprocesseur à la société informatisée, livre le même message *à partir de plusieurs années d'expérimentation en laboratoire*. Il décrit les moyens qui mettent à la disposition de l'homme de nouvelles ressources à partir du « travail programmable » des organismes vivants de base : microbes, bactéries, virus. Travail réalisé !

En somme, jusqu'à présent, nous n'avons exploré et domestiqué le potentiel de la science et de la technologie que sous un seul angle : celui des progrès de la micro-électronique.

Voici l'étape suivante abordée : l'exploitation des richesses que recèle l'information transmise à travers la chaîne génétique elle-même.

Cette information est transportée par l'ADN[1], sorte de « chip » génétique. En combinant les informations de divers circuits génétiques, une ingénierie adaptée, plus fine que celle de toutes nos sciences électroniques, sait maintenant aboutir à un véritable « travail » de création, de production, dont la puissance sera à celle du microprocesseur ce que celle-ci est, aujourd'hui, aux mécaniques qu'il remplace.

Déjà, les premières applications de cette percée scientifique sont exploitées en pharmacie. On aborde maintenant la mise au travail « programmée », comme en électronique, des cellules organiques afin de produire des aliments de toutes natures à partir de la masse végétale. L'ingénierie génétique met en état de développement des plantes qui s'adapteront aux conditions tropicales, qui rendront les espaces désertiques à la production alimentaire, etc.

Cette nouvelle ingénierie permet de « programmer » les bactéries en fonction de bien d'autres productions encore. Les enzymes, on l'a détecté depuis longtemps, sont capables de transformer le raisin en vin, ou le lait en fromage ; c'est selon le même processus, organisé par la « programmation génétique », que les bactéries sont mises au travail, en laboratoire, pour recréer la série des produits pétrochimiques de synthèse et, en

---

1. L'ADN (acide désoxyribo nucléique) constitue la base des organismes vivants et du corps de l'homme.

fin de compte, les hydrocarbures eux-mêmes — l'énergie.

Enfin, de la masse végétale (la biomasse) irriguée par le soleil, on passe déjà, parallèlement, à l'exploitation de la mer et des océans — cinq à six fois l'ensemble du volume continental. Des algues géantes sont traitées, transformées, puis récoltées sous forme de méthane. Au Japon et en Californie, des fermes marines, dont certaines occupent des dizaines de milliers d'hectares, fournissent, en ce moment même, des récoltes régulières d'engrais et d'aliments.

La créativité de la science, creusant toujours plus profond vers les secrets de la vie, trace ainsi, en moins d'une génération, une prodigieuse trajectoire : la découverte et l'exploitation de l'atome et de son énergie ; la mise au jour des mécanismes de l'électronique et la mise au travail des microprocesseurs, la révolution technologique, la société informatisée ; l'ingénierie biologique et génétique au potentiel immense en des domaines qui paraissaient inaccessibles : l'alimentation de synthèse, l'agriculture aidée par les microbes, la production d'énergie elle-même.

L'explosion des découvertes de la science, la capacité de les mettre en exploitation de plus en plus rapidement, se conjuguent pour donner aux ressources mises à la disposition de l'homme, pour les années 80, une allure exponentielle. Et déjà apparaît la maîtrise progressive de deux formes d'énergie. D'abord *le Soleil* lui-même, dont nous recevons dix mille fois plus d'énergie que l'humanité tout entière n'en consomme. Plus tard la *fusion* nucléaire, c'est-à-dire le mécanisme même de la production d'énergie à l'intérieur du Soleil.

Cette exubérance offre un tel contraste avec les menaces qui pèsent de toutes parts sur la société mondiale en ce début des années 80, qu'il serait insensé d'imaginer que la transition se fera seule, comme spontanément.

Vivre le drame actuel en rêvant du jaillissement à venir, attendre ainsi l'avènement du futur serait une illusion suicidaire. Si l'on choisit d'attendre, ce futur n'adviendra jamais. Le chaos l'aura désintégré. S'il est vrai que tout est possible, y compris le développement illimité, il est tout aussi vrai que *les deux ou trois prochaines années seront celles des plus grands périls*. Seules peuvent les conjurer la volonté de l'homme, sa clairvoyance dans l'action à entreprendre.

Les déséquilibres et les risques d'affrontement, les fissures sociales et les dangers d'explosion ou d'affaissement, les ruptures de communications entre les peuples, les passions et les ignorances font de ces années une période redoutable.

C'est sur cette tâche unique, dont le succès demeure bien incertain, qu'il faut nous concentrer : franchir cette période.

Nous connaissons la réalité concrète de l'espoir pour demain. Mais nous ne sommes pas demain. La dernière traversée pour atteindre au rivage d'un nouveau destin dépend de notre intelligence. Le défi mondial est en somme relevé. Le défi de l'immédiat serait-il surhumain ?

5.
Fin de la préhistoire

L'ambition de cet ouvrage est d'informer l'opinion de quelques vérités neuves qui ont déjà changé l'horizon avant de pénétrer les esprits. Or, si nous ne modifions pas le regard que les hommes portent sur leur monde et son avenir, nous n'aurons pas commencé notre tâche. Il y a encore tant à apporter...

Au début de la désolante décennie qui vient de s'achever, le président français nouvellement élu, M. Valéry Giscard d'Estaing, ouvrait ainsi sa première conférence sur la situation internationale :

« Le monde est malheureux. Il est malheureux parce qu'il ne sait pas où il va. Et parce qu'il devine que s'il le savait, ce serait pour découvrir qu'il va à la catastrophe. »

Mots qui retentissent encore par leur charge de vérité. Telle était bien la racine du mal et il fallait le dire. Non que lui ni personne ait eu, à cette époque, les moyens ou les intuitions qui auraient permis d'entraver la fatalité. Ils n'existaient pas. Mais c'était un appel, un défi à l'intelligence en réponse au défi des circonstances.

Ce pari sur le pouvoir de la vérité de « forcer le destin », d'inventer une société qui, pour tous et par tous, pourrait surmonter les forces du malheur, nous savons maintenant qu'il était raisonnable, puisqu'il peut être gagné.

Il reste qu'à l'heure où nous sommes, il ne l'est pas encore.

Si le monde et les hommes étaient malheureux au long des années 70, pour l'être davantage encore au début des années 80, c'est qu'une révélation s'est emparée des esprits et y a fait naître la peur.

L'ère de la croissance continue qui avait duré trente ans, entraînant une consommation matérielle exponentielle, aboutissait à son terme. La nature entière dressait soudain ses limites en travers de la route suivie avec insouciance par la société industrielle. C'est ce qui a engendré la peur et avivé les querelles.

Si les ressources de la nature étaient désormais comptées, l'urgence serait bien d'imposer un plan de partage, qui ne pourrait être qu'une répartition de la pénurie. Dans un univers clos, la bataille pour obtenir quelque sursis ou arracher quelque avantage est une bataille contre les autres. Tous contre tous. C'est ce qui est arrivé.

Le monde développé, désirant perpétuer son système, n'a employé sa supériorité technique qu'à fausser le jeu des autres, à dévaluer le prix de l'énergie, à maintenir le Tiers-Monde à distance.

L'Opep, prenant conscience de ses faiblesses et de ses limites dans un système monétaire et industriel dont elle commençait certes à apprendre les mécanismes, mais sans nullement les maîtriser, a commencé par se replier.

Le Tiers-Monde, pris à la gorge, n'est plus qu'un bloc de méfiance, que désir de revanche.

Ainsi, de la menace de pénurie est née la peur, essaimant la méfiance. On convoqua, on multiplia « les négociations ». L'une après l'autre, elles ont échoué. Et chaque échec a aggravé l'amère impuissance. L'action engagée n'a pu à aucun moment réduire les malentendus.

La négociation, toujours vaine et toujours remise sur le tapis, est devenue « la poursuite de la guerre par d'autres moyens ». En attendant qu'elle entraîne, par l'excès de souffrances et de haines, la guerre pure et simple.

Cet héritage empoisonné des années 70, on en trouve partout les traces et les symptômes.

Les hommes du Sud, les représentants du Tiers-Monde n'ont jamais été aussi désabusés. Pour eux, l'époque qui vient de s'écouler peut se résumer ainsi :

La grande majorité des peuples du Tiers-Monde s'était ralliée à l'espoir d'un « nouvel ordre économique international ». Ses principes et ses fondements ont été clairement énoncés par plusieurs des penseurs modernes de l'univers du Sud : Manuel Perez Guerrero, du Venezuela, Mahbub Ul-Haq, du Pakistan, Raoul Prebish, d'Argentine, etc. Ils furent soutenus par les efforts diplomatiques d'autres leaders du sud : Carlos Andres Perez ou Julius Nyerere. Ce fut un mouvement général et profond.

Leur objectif à tous : une plus grande équité dans la répartition des richesses et des revenus du système mondial. Non pas seulement pour des raisons morales et idéologiques, mais pour assurer, par l'efficacité même de cette meilleure justice, la chance réelle d'une nouvelle croissance d'ensemble.

Etait-ce utopique ? C'était raisonnable. Aussi, durant la décennie, et sous l'effet des chocs pétroliers, le concept d'un nouvel ordre économique n'a-t-il plus été combattu de front ; il a été admis dans son principe. Baptisé « dialogue Nord-Sud », il a été intégré dans la machine bureaucratique des Nations Unies qui l'a laminé au long d'une série ininterrompue de conférences et de réunions : on en a compté deux mille en moins de dix ans !... En 1977, le dialogue Nord-Sud était visiblement moribond. En 1979, sa rupture a entraîné une désagrégation générale.

L'organe officiel du Fonds monétaire international formulait ainsi son diagnostic dans son premier rapport de 1980 :

« Les années 70 se sont terminées sur l'évidence que les structures de production, les modes de vie, les concepts de croissance auraient tous à être transformés et reconstruits dans les années 80. Le système international s'est effondré. »

Nous y sommes.

Au moment même de cet effondrement, les matériaux et les outils sont réunis pour permettre de construire une société intelligente où les limites de la nature n'en seraient plus pour l'homme, où la politique de pénurie relèverait d'un autre âge. C'est la chance qui passe.

Un autre dirigeant européen, parvenu lui aussi aux principales responsabilités au cœur de la tempête, le chancelier Helmut Schmidt, a senti, à la fin de 1979, que la nature du problème mondial avait commencé à se transformer sans que l'on s'en fût vraiment aperçu.

Il a formulé alors l'intuition qu'un renversement était en train de s'opérer :

« Et si l'avenir de notre société devait, en fin de compte, souffrir moins de la pénurie de matières premières que du manque universel de conscience historique, de l'incapacité des nations à avoir *des rapports naturels de partenaires* ? »

Entre Giscard d'Estaing et Helmut Schmidt, une intimité de vues et d'action n'a cessé de se nouer. Entre 1977 et 1980, c'est de cette Europe que sont venus, souvent, les efforts de rapprochement et de proposition. Enfin, la Communauté européenne a su se choisir pour président un leader politique qui a affirmé de longue date son autorité et son indépendance d'esprit, le Luxembourgeois Gaston Thorn. Avant même de prendre ses fonctions, il était déjà en action au Moyen-Orient, à New York, pour le Tiers-Monde.

Ce qui compte maintenant, c'est ce mot des Européens : le mot *partenaire*. Est-il désormais concevable, alors que ce ne le fut jamais au long des années 70, qu'il puisse prendre sens ?

Les rapports ne peuvent être que conflictuels dans une « négociation » visant à trouver des formules de partage d'une masse fixe — voire même en régression — de ressources et de richesses. Chacun ne peut assurer sa part qu'aux dépens des autres. Aussi n'y a-t-il pas de « partenaires » dans ce genre de pourparlers à l'intérieur d'un monde clos, fini. Il n'y a que des antagonistes.

La notion de *partenaire* est liée à l'existence d'un univers très différent de celui de la rareté. D'un univers qui soit en état d'expansion et de création. Mais n'est-ce pas là ce que préparent les innovations les plus récentes, examinées et recensées dans le présent ouvrage, n'est-ce pas cette *nature nouvelle* du monde qui apparaît aujourd'hui ?

Ce que nous avons pu rassembler ici, nombre d'experts de plusieurs pays le savaient et ont su en parler. Mais le tumulte des passions, le piétinement des négociations ont brouillé leurs messages. Ainsi « le monde malheureux », amer et batailleur, a franchi, *sans s'en apercevoir,* un cap historique. Il ne sait pas encore qu'il a changé d'orbite.

Nous passons de *la société industrielle,* consommatrice exponentielle de ressources naturelles, à la *société informatisée,* créatrice exponentielle de biens matériels et du développement des facultés humaines. Nous passons de la guerre commerciale autour de marchés étroits à un système mondial de production et de communication. C'est l'annonce d'un changement d'époque. Comment le négocier ?

Cette question — désormais nous le savons — doit être posée en des termes différents : *faut-il le négocier ?*

Du temps où elle était nécessaire, la négociation s'est à chaque instant révélée impraticable. Aujourd'hui où elle pourrait s'ouvrir, où il s'agit de recréer un cycle commun de croissance et de développement à l'opposé du partage hargneux, la négociation n'a plus d'objet.

En progressant dans notre travail où la réponse à l'appel de Taïf et à celui des circonstances s'est élaborée d'elle-même, nous avons retrouvé, dans ce qui constitue le testament de Jean Monnet, un texte d'une simplicité lumineuse et prémonitoire :

« L'expérience m'a montré que ceux qui croient m'avoir compris n'en tirent pas plus que les autres les conséquences dans leur comportement — *si naturelle est pour eux la négociation elle-même qui leur paraît avoir sa fin en soi.* Nous sommes là, dis-je, *non pour négocier des avantages, mais pour rechercher notre avantage dans l'avantage commun.* C'est seulement si nous éliminons tout sentiment particulariste qu'une solution pourra être trouvée. Dans la mesure où nous saurons changer nos méthodes, c'est l'état d'esprit de tous qui changera de proche en proche. *Aussi demandai-je que le mot même de « négociation » ne fût plus employé. »*

Vérité de notre temps pour les continents comme, du temps de Monnet, pour les Européens. En changeant de regard, on reconnaît l'existence de l'autre, partenaire indispensable. D'un mouvement naturel qui redonne chance à l'avenir.

La grande négociation, en somme, n'était qu'un piège. Cette évidence, en s'imposant à son tour, achève de nous libérer.

L'Occident ne peut rebondir hors de la crise et vers un plein emploi des facultés de chacun qu'en équipant, en développant tout le Tiers-Monde. C'est ce que réclame l'appel de Taïf. Mais c'est aussi, c'est d'abord son pressant intérêt. Cette identité évite d'avoir à négocier.

La réponse arabe aux besoins de l'Occident n'a pas non plus à être négociée : elle doit aller de soi. Le Golfe d'Arabie proclamant son appui sans réserve au développement intégré du Tiers-Monde, détermine, s'il est sincère, ses investissements : *consacrer à l'informatisation mondiale les moyens financiers considérables qu'elle exige.* C'est ainsi qu'il transformera, selon l'expression même de son ambition, « les revenus du pétrole en développement ». Que viendrait ajouter le formalisme d'une négociation à cette convergence d'intérêts ?

Enfin *le Tiers-Monde* n'a, lui non plus, rien à négocier.

Il demande à être équipé pour vivre et pour créer. Nous savons maintenant que là se trouve la « nouvelle frontière » indispensable à l'expansion générale.

Ce qui est demandé au Tiers-Monde, c'est d'utiliser le plus efficacement possible les infrastructures qu'il partagera avec tous, pour s'enrichir le mieux possible et devenir l'immense marché qu'il peut seul représenter pour le reste du monde comme pour chacun des pays qui le composent.

Certes, il y a l'effort de se mettre au travail. Mais si le Tiers-Monde en reçoit enfin les capacités, personne ne saura l'en empêcher, comme nul ne pourra l'y forcer : cela ne dépendra que de lui. Il n'y a rien à négocier.

Permettre à la nouvelle dynamique de s'amorcer, de se déployer — il ne s'agit pas là d'une négociation, il s'agit d'autre chose : une reconnaissance commune, parallèle, par les différents partenaires, des mêmes évidences nouvelles.

Reconnaissance, c'est le mot clé. Reconnaître l'économie nouvelle, la société d'intelligence, l'avenir commun à tous. Et, du même coup, se reconnaître les uns les autres partenaires dans un mouvement d'ensemble.

Cette reconnaissance, elle non plus, n'est pas négociable. Elle sera, ou ne sera pas. On ne négocie pas l'évidence. A chacun de regarder, de réfléchir, de se décider. Cette prise de conscience, et elle seule, forgera notre chance.

Ainsi ne faut-il pas négocier. Faut-il maintenant conclure ?

Prétendre, au terme de ce parcours accompli en commun, tirer une leçon, un message, dicter une ligne de conduite — de quel droit ?

Encore une survivance d'un passé qui s'en va et qu'il faut laisser derrière nous. Les doctrines, les dogmes, les conclusions figent le temps, la pensée et la vie.

Renoncer tranquillement à négocier, éviter soigneusement de conclure, rester à l'écoute de soi-même et des autres, voir la chance qui passe, sentir qu'elle est l'avenir, suffit à fonder notre espérance.

Plus puissante que les héritages antagonistes, plus profonde que les derniers marchandages, plus féconde que les traditions et les hiérarchies, cette Espérance jaillie du fond des âges et du génie des prophètes anime avec force et gaieté la jeunesse du monde.

L'annonciateur conscient de cette société post-industrielle, Jean Jaurès, écrivait à la fin du siècle dernier :

« Nous ne sommes encore que dans la préhistoire. L'histoire humaine ne commencera véritablement que lorsque l'homme, échappant à la tyrannie des forces inconscientes, gouvernera par sa raison et sa volonté la production elle-même...

« Ce sera le jaillissement de la vie, ardente et libre, de l'humanité *qui s'appropriera l'univers par la science, l'action et le rêve.*

« Le jour où il y aurait, entre toutes les formes de l'activité humaine, entre toutes les fonctions, libre passage, libre et incessante circulation, les aptitudes changeantes ou incertaines de l'homme ne seraient pas figées et immobilisées dès la première heure par la fonction d'abord choisie par eux ; les activités seraient perpétuellement en éveil, et même les poussées de sève tardive pourraient s'ouvrir de nouveaux canaux et éclater en floraison imprévue. »

Vision optimiste, vision lucide. J'en trouve la vibration, et comme un premier signe de son accomplissement, dans un simple reportage publié par la correspondante du « Monde » sur les rivages américains du Pacifique. Cette incursion lointaine de Sylvie Crossman nous donne une émotion pour rêver. Regardons avec elle des enfants comme les autres, en vacances :

« A 150 km au nord de Los Angeles, juste après Santa Barbara, dont les façades fleurent encore propre le missionnaire venu d'Espagne, il faut prendre sur la droite la « Paradise Road » et plonger sur un chemin cahoteux dans une infinie vallée blonde : ce nom annonce les activités d'une colonie de vacances. On a planté, à côté du portique, une pancarte jaune serin : *computer camp.*

« Dans la chaumière où s'instruisent, dînent et dorment les pensionnaires, l'enfant à la frimousse pailletée de taches de rousseur a repoussé le clavier de son ordinateur « Apple-II ». Découvrant l'appareil qui lui barre les quenottes, il sourit : « Puis-dire quelque chose ? Je me sers de l'ordinateur, qui est à la maison, pour intimider les amis de mes parents. Je les attire dans ma chambre, je tapote à toute allure sur mon clavier, je fais apparaître des figures en trois dimensions sur l'écran... Ils sont terrifiés ! »

« Son sourire s'est élargi. Il a remis sa casquette de base-ball. Il s'excuse. Il lui faut terminer avant midi la mise au point d'un jeu électronique, avec des planètes inconnues, des soucoupes volantes et des envahisseurs. Il a douze ans. « Treize au mois d'avril 1981 », précise-t-il...

« D'un autre coin de la salle à manger monte une chanson métallique dont l'air est familier : *Song Sung Blue*, de Neil Diamond. John, onze ans, un blondinet passionné de musique, a programmé son mini-ordinateur « Texas Instruments 99/4 » de manière qu'il reproduise son air favori. Point d'orgue final. John vibre de joie. Pas une fausse note. Volume et rythme respectés. Il crâne un peu. « C'était compliqué, mais, en fait, cela ne m'a pas pris plus de trois bonnes heures. »

« Madame, David m'a chipé mon ordinateur ! » Cette voix pleurnicharde soulage. Un gros chagrin d'enfant comme à l'école. Il y a onze ordinateurs pour douze enfants. Georges poursuit : « C'est pas juste. Je venais de finir d'apprendre le " Pascal " et Michèle m'avait promis de me montrer ce qu'on pouvait faire avec le " Fortran "... » Ces jeunes apprentis — ces enfants de l'avenir — parlent le « basic », langue élémentaire pour s'entretenir avec l'ordinateur, mais aussi le « Pascal », code linguistique plus complexe.

« Trois heures de cours obligatoires par jour. Une heure de piscine tous les après-midi. Du karaté. Des jeux d'équipe. Des séances de méditation au cours desquelles l'un des moniteurs, spécialiste des sciences psychologiques, leur apprend à développer leur intuition, leur sensibilité. Le reste du temps, ils ont le champ libre.

« Les trois moniteurs du Computer Camp savent toujours où les trouver : devant les ordinateurs. Ils s'y amusent comme des petits fous : ils répètent les exercices du matin, ils soulèvent le capot du clavier, tripotent les micro-plaquettes de silicium, débranchent et rebranchent les fils du circuit électronique, ajoutent ou retirent une mémoire au ventre de leur machine pour perfectionner ses capacités. Quand ils font leurs valises, après deux semaines de séjour, l'ordinateur n'a plus guère de mystère pour eux.

« La première semaine, les novices ont appris le basic et la mécanique de l'appareil. Les autodidactes ou les élèves déjà initiés ont perfectionné leur savoir. La deuxième semaine, chacun s'est mis à traduire en langage électronique son violon d'Ingres : le jeu, la musique, le dessin, la science-fiction, les mathématiques, la rédaction.

« L'ordinateur est un outil, comme le livre, après Gutenberg. Comme le livre, c'est un tremplin pour les créateurs. Face à la révolution électronique, il n'y a qu'une alternative, selon Denison Bollay : apprendre à contrôler la technologie ou se laisser contrôler par elle. Pour former des enfants sains de corps autant que d'esprit, il a installé ses ordinateurs sous les frondaisons de 120 ha de forêt, pendant les vacances.

« A les fréquenter de plus près, c'est vrai qu'ils sont musclés, affectueux et sociables, les pensionnaires du Computer Camp. Vite, ils laissent tomber le masque du crâneur. Quand on le leur demande, ils vous font une place à leurs côtés, vous prennent le doigt et le guident sur le clavier, vous trouvent des excuses quand vous vous trompez. Ils s'éclaboussent et s'égosillent dans la piscine comme tous les enfants du monde, puis reviennent en hâte devant l'ordinateur — bâtir les tendresses d'un nouvel âge pour leurs parents, à la rentrée.

« Ces enfants, de dix à quinze ans, sont venus à Santa Barbara des quatre coins de l'Amérique. Mais aussi de Tokyo et de Provence. Les parents du golfe d'Arabie ont annoncé les leurs pour l'été prochain.

« Gregory, le seul petit génie, est potelé comme un bébé. Il a réussi à décoder un programme conçu par des techniciens et protégé par ses inventeurs contre une éventuelle reproduction. Puis il l'a reconstitué. Il travaille en ce moment à la mise au point d'un jeu électronique que M. Bollay espère bientôt pouvoir breveter.

« Le maître montre Greg du doigt : « Ces petits bouts d'hommes, ce sont nos dirigeants de demain. Nous avons intérêt à les mettre du côté des bons. C'est plus sûr pour l'avenir... »

Au-delà des flammes, des passions, des douleurs d'aujourd'hui — qui refuserait de croire, qui renoncerait à espérer que nous pouvons sortir de la préhistoire ?

Paris, Octobre 1980.

ANNEXE

Le Groupe de Paris
(sa création, son activité, sa mission)

Le Groupe de Paris

Le Groupe de Paris, dont la réflexion et l'action sous-tendent cet ouvrage, a été créé par des hommes venus de trois univers : Europe, Japon, golfe d'Arabie. Il est né d'un constat, et d'une détermination.

— La scène mondiale est dominée depuis trente ans par l'antagonisme Est-Ouest, qui a réquisitionné les énergies et stérilisé les imaginations créatrices. Les tensions et les menaces d'aujourd'hui en démontrent les graves conséquences.

— La course aux armements a réduit à néant toute tentative de réponse au déséquilibre entre le Nord et le Sud, c'est ce schisme, avant tout, qui engendre la crise générale.

— L'ère du « défi américain », de la suprématie d'un seul pays dans les domaines économique et scientifique, est révolue. De nouveaux pôles sont apparus : la Communauté européenne, le Japon et le Sud-Est asiatique, le golfe d'Arabie. *Le monde est multipolaire.*

Tel est le constat.

Ce Multi-Monde restera-t-il un monde éclaté, violent et impuissant ?

Ou parviendra-t-il à conjuguer ses capacités par l'intelligence ?

Trouver par quels chemins atteindre une nouvelle dynamique de développement — telle est la tâche à laquelle les membres du Groupe de Paris ont résolu de s'employer.

La création du Groupe fut décidée au cours de l'été 1979, à l'initiative de l'auteur de cet ouvrage, avec le ministre et professeur Allemand Karl Schiller et l'avocat international Samuel Pisar, l'apôtre des « Armes de la Paix ».

A l'automne 1979, l'analyse du Multi-Monde était discutée, à Zurich, avec les Japonais. Elle fut ensuite approfondie en novembre et décembre au Japon, avec quelques-uns des principaux responsables économiques et scientifiques du pays, en particulier autour de Toshiwo Doko et Saburo Okhita.

Pendant l'hiver 1980, à New Delhi, puis au printemps, à Alger, le Groupe examina les problèmes du développement, avec les responsables de ces pays. Il y fut assisté par Eric Laurent, spécialiste des rencontres sur le Tiers-Monde.

A Koweit puis à Riyad, il étudia avec les leaders arabes, qu'on voit en action dans ce livre, les conditions de l'utilisation du pétrole comme levier de développement. J. P. Smith, spécialiste américain du Moyen-Orient, lui apporta sa collaboration régulière.

A Washington, des entretiens avec Robert McNamara et son équipe, ainsi qu'avec les sénateurs

Proxmire et McGovern ; puis les recherches du jeune John A. Phillips (l'étudiant de Princeton qui réinventa la Bombe A) sur la décentralisation, l'énergie, et l'informatique ; complétèrent la phase préparatoire des travaux.

En mars 1980, l'une des réunions plénières du Groupe, à Paris, permit une première synthèse. Chaque partie du monde ressent avant tout ses propres frustrations, et son isolement. Jamais la nécessité d'un langage commun, transcendant les querelles, les clichés et les dogmes, n'a été plus urgente — c'est ce que formula Samuel Pisar.

Partageant cette analyse, le professeur Giersch, président de l'Institut d'économie mondial de Kiel et Abdulatif Al Hamad directeur général du Kuwait Fund posèrent la question : que faire ? Le premier fossé à combler était celui de l'incompréhension. Regarder ensemble, reconnaître ensemble.

La complexité des problèmes, incontestable, ne doit surtout pas servir de prétexte à les escamoter. Chaque homme, chaque femme, peut les comprendre. Et les solutions n'interviendront que si chacun, là où il se trouve, en est précisément conscient et averti. C'est le pari que font ensemble les hommes du Groupe. Répondant à l'interpellation formulée ainsi par Françoise Giroud : *Les gouvernants de demain auront donc à inventer. Et surtout, surtout, à permettre d'inventer.*

Ce pari sur la confiance a aussi conduit, pour guider l'action, à la réalisation du présent ouvrage. Publié aujourd'hui en quinze langues il offre une base commune aux diverses recherches ultérieures. Michelle Gaillard, responsable de l'antenne du groupe à Paris, a assuré la mise en œuvre des travaux.

A l'été 1980, les membres du groupe réunis dans le Golfe, ont défini, ensemble, les principes qui guideront la suite de leur action, entièrement consacrée au développement, simultané, intégré, des diverses parties du monde.

Le Groupe de Paris, au-delà des crises, des passions politiques, des conflits régionaux, poursuit avec les personnalités compétentes, son travail d'organisation de projets, échanges, recherches, pour contribuer à ouvrir les frontières et les esprits.

[Les réunions du Groupe, au long de cette première période, eurent lieu à : *Hambourg* (juillet 79), *Paris* (septembre 79), *Zurich* (octobre 79), *Tokyo* (novembre 79), *New Delhi* (janvier 80), *Koweit* janvier 80), *Riyad* (février 80), *Paris* (mars 80), *Washington* (avril 80), *Alger* (juin 80), *Koweit* (juillet 80), *Paris* (août 80).]

Bibliographie

PREMIÈRE PARTIE

Livres

ADELMAN Morris, *The world petroleum market*, John Hopkins.

AUJAC Henri, ROUVILLE J. de, *La France sans pétrole*, Calmann-Lévy.

BENOIST-MECHIN Jacques, *Ibn Séoud*, Albin Michel ; *Fayçal*, Albin Michel.

BLAIR John M., *The control of oil*, Pantheon.

BROWN Lester, FLAVIN Ch., NORMAN Colin, *Runing on empty. Future of automobile in an oil short world*, Norton.

BURCKHARD John Lewis, *Travels in Arabia*, Cass.

CLUB DE ROME, rapport Meadows, *Halte à la croissance*, Fayard.

COMMONER Barry, *The Politics of Energy*, Knopf.

DEROGY Jacques, GURGAND Jean-Noël, *Israël, la mort en face*, Laffont.

DUCROCQ Albert, *Victoire sur l'énergie*, Flammarion.

FORD FOUNDATION, *A time to choose : America's energy future*, Cambridge Mass.

FULLBRIGHT Walter, *The arrogance of power*, Random House.

HAYES Denis, *Rays of Hope*, Norton.

HUBBERT King, *Nuclear energy and fossil fuels*, America Petroleum Institute.

JACOBY Neil H., *Multinational Oil*, Collier Mac Millan.

KIENAN Thomas, *The Arabs*, Little Brown.

KISSINGER Henry, *Le chemin de la paix*, Denoël ; *Mémoires, A la Maison-Blanche*, Fayard.

LAWRENCE T. E., *Les Sept Piliers de la sagesse*, Payot.

MABRO Robert, *World Energy : issues and policies*, Oxford University Press.

MALEK Anouard Abd el, *La Pensée politique arabe contemporaine*, Seuil.

MONTBRIAL Thierry de, *L'Énergie, le compte à rebours*, J.-C. Lattès.

MOSLEY Léonard, *La Guerre du pétrole*, Les Presses de la Cité.

ODELL Peter R., *Oil and world power*, Taplinger.

PATAI Raphaël, *The Arab mind*, Charles Scribner's sons.

RODINSON Maxime, *Les Arabes*, PUF.

SAMPSON Anthony, *Les Sept Sœurs*, A. Moreau.

SID-AHMED Abd el Kader, *L'OPEP, passé, présent et perspectives*, Economica.

SOHLBERG Carl, *Oil Power*, New American Library.

STOBAUGH Robert, YERGIN Daniel, *Energy Future*, Random House.

THESIGER Wilfred, *Arabian Sand ; Desert, Marsh and Mountain*.

YERGIN Daniel, *La Paix saccagée*, Balland.

Revues et articles de presse

ABU-KHADRA, Dr. Rajaï M., *The spot oil market : genesis, qualitative configuration and perspectives*, Opec Review, vol. III/4 1979.

AL-ANI, Dr. Awni S., *Opec oil for western Europe*, Opec Review, vol. III/4 79/80.

AL CHALABI Fadhil, *Opec and the international oil industry : a changing structure*, Oxford University Press ; *Past and present patterns of the oil industry in the producing countries*, Opec Review vol. III/4 79/80.

AKINS James, *The oil crisis : this time the wolf is here*, Foreign Affair's, April 1973.

ECONOMIST (The), London, *The phony oil crisis*, 7/7/73.

EXPRESS (L'), *Vivre demain*, numéro spécial, n° 1221 de décembre 1974.

INTERNATIONAL HERALD TRIBUNE, *Special Issue on Saudi Arabia,* February 1980.

LEVY Walter, *A series of future emergencies centering around oil will set back world progress for many, many years,* Foreign Affair's, June 1980.

MANSUR SAAD Dr. Jafar, *Conservation : towards a comprehensive strategy,* Opec Review vol. III/4 1979.

NEW YORK TIMES, *Saudi push on petrochimicals,* March 8, 1980.

ORTIZ René, *Oil upstreams : opportunities, limitation, policies,* Opaec bulletin 1979.

PETROLEUM WEEKLY, *The future of Saudi Arabia Oil Production,* Staff report to the subcommittee of Foreign Affair's, 23/4/80.

RICHBURG Keith, *Soviet will be importing oil within 3 years, CIA reports says,* Washington Post, 30/6/79.

STAUFFER Thomas, *Arguments for arab oil cuts,* International Herald Tribune, 23/3/80.

WALL STREET JOURNAL, *Russian Know-How. Technology of finding and producing oil is weak point for Soviets.* 1980.

YAMANI Ahmed Zaki, *The new era in the oil industry,* Middle East Economic Survey, 20/12/74; *Oil Fact. From illusion to reality.* Speech to Dubarton oaks energy conference reprinted by the US congressional record, 6/11/79.

DEUXIÈME PARTIE

Livres

BAIROCH Paul, *Le Tiers-Monde dans l'impasse,* Gallimard.

BANQUE MONDIALE, *Rapport annuel sur le développement dans le monde,* 1980.

BERTHELOT Yves, TARDY Gérard, *Le Défi économique du Tiers-Monde,* La Documentation française.

BESSIS Sophie, *L'Arme alimentaire,* Maspero.

CASTRO Josué de, *Géographie de la faim,* Editions ouvrières.

CHALIAND Gérard, *L'Enjeu africain,* Le Seuil.

COMBRET François de, *Les Trois Brésils,* Denoël.

DANIEL Jean, *L'Ere des ruptures*, Grasset.

DEROGY Jacques, CARMEL Hesi, *Histoire secrète d'Israël*, Olivier Orban.

DJILAS Milovan, *Tito*, Molden.

DUMONT René, *L'Afrique noire est mal partie*, Seuil ; *L'Utopie ou la mort*, Seuil.

FANON Frantz, *Les Damnés de la terre*, Maspero.

FONTAINE André, *Histoire de la guerre froide*, Fayard.

GALBRAITH J. K., *The nature of Mass poverty*, Harvard University Press.

GEORGES Susan, *Comment meurt l'autre moitié du monde*, Laffont.

GUERNIER Maurice, *Tiers-Monde, les trois quarts du monde*, Dunod.

HARRISSON Paul, *Inside the Third world*.

HEYKAL Mohamed, *Le Sphinx et le Commissaire*, Editions Jeune Afrique.

LACOUTURE Jean, *Nasser, in Quatre Hommes et leur peuple*, Le Seuil.

LAURENT Eric, *Un Monde à refaire (débats à France-culture)*, Mengès.

LINHART Robert, *Le Sucre et la Faim*, Editions de Minuit.

MEIR Golda, *Ma Vie*, Laffont.

MENDE Tibor, *De l'aide à la recolonisation*, Le Seuil.

MENDÈS FRANCE Pierre, *Dialogue avec l'Asie*, Gallimard.

MORGAN Dan, *Les Géants du grain*, Fayard.

MOUSSA Pierre, *Les Etats et les Nations prolétaires*, Seuil.

MYRDAL Gunnar, *Challenge of World Poverty*, Pantheon.

NAIPAUL V. S., *India, a wounded civilization*, Knopf.

NASSER, *Philosophie d'une révolution*, numéro spécial de *L'Express* du 3/8/56.

ROY Jules, *La Bataille de Dien Bien Phu*, Julliard.

SADATE Anouar el, *A la recherche d'une identité*, Fayard.

SAIFAL Amin, *The rise and fall of the Shah*, Princeton University Press.

SAMPSON Antony, *La Foire aux armes*, Laffont.

TEVOEDJERE Albert, *La Pauvreté, richesse des peuples*, Editions ouvrières.

VAN TIEN DUNG (Général), *Et nous prîmes Saïgon*, Sycomore.

WARD Barbara, *Program for a small planet*, Norton.

WARNECKE Steven J., *Stockpiling of critical raw materials*, Royal Institute of Foreign Affair's.

TROISIÈME PARTIE

Livres

AGAMA, *Yamamoto, the reluctant admiral*, Kodansha.

ARNAUD J. F., *Le Siècle de la communication*, Albin Michel.

ATTALI Jacques, *La Parole et l'Outil*, PUF.

BELL Daniel, *La Société post-industrielle*, Laffont.

CHAMOUX Jean-Pierre, *L'Information sans frontière*, Informatisation et société.

CLARK Ronald, *Einstein, sa vie*, Stock.

COHEN Rachel, *L'apprentissage précoce de la lecture*, PUF.

CROZIER Michel, *Le Mal américain*, Fayard (automne 80).

DANZIN André, *Science et Renaissance de l'Europe*, Chotard.

EVANS Christopher, *Les Géants minuscules*, Inter Editions 80.

GIARINI O., LOUBERGE H., *La Civilisation technicienne à la dérive*, Dunod.

GRAPIN Jacqueline, *Radioscopie des Etats-Unis*, Calman-Lévy.

HONDA Soichiro, *Honda*, Stock.

IBUKA, *Kindergarden is too late*, Simon and Schuster.

LATTES Robert, *Mille Milliards de dollars*, Ed. Publications premières.

LORD Walter, *Pearl Harbour*, Laffont.

LORENZI J. M., LE BOUCHER, *Mémoires volés*, Ramsay.

LURIA A. R., *The Working Brain*, Penguin Books.

MANCHESTER William, *La Splendeur et le Rêve*, Laffont.

NORA-MINC, *L'Informatisation de la société*, La Documentation française.

PASSY (Colonel), *Souvenirs 2e Bureau Londres*, Solar.

PISAR Samuel, *Le Sang de l'espoir*, Laffont.

RESTACK Richard M., *The brain : The last frontier*, Doubleday.

RODGERS William, *L'Empire IBM*, Laffont.

RUFFIÉ, Jacques, *De la Biologie à la Culture*, Flammarion.

SCHLESINGER Arthur, *L'ère de Roosevelt*, Denoël ; *Les 1 000 jours de Kennedy*, Denoël.

Toffler Alvin, *Le Choc du futur*, Denoël; *La Troisième Vague*, Denoël.

Vogel Ezra, *Japan as number one*, Harvard.

Wessel Milton, *Freedom's Edge : The computer Threat*, Addison Wesley.

Wittrock M. C., *The human brain*, Prentice Hall.

Documents, revues et journaux (langue anglaise)

Business Week, *The US decline; Microprocessors : a revolution for growth*, spécial report of March 13, 1979; *Robots join the labor force*, special report of June 9, 1980.

Economist (The), *All that is electronic does not glitter*, March 1, 1980.

Far Eastern Review (Hong Kong), December 14, 1979, *Electronics Revolution : success in innovation is the main problem ahead*.

International Herald Tribune, Kandell Jonathan, *Robots answer Volvo's blue collar blues*, March 31, 1980; Schuyten Peter, *Technology paves US industrial path*, August 22, 1980. (Par Amitaï Etzioni), *Father of the re-industrialization thesis renews call for new US growth base*, June 30, 1980.

Jacudi (Japan Computer Development Institute), *The Plan for Information Society : A national goal Forward year 2000*, May 1972.

Articles from Japan Economic Journal (The), weekly edition in English of the Nihon Kezai.

Newsweek, *And man created the chip*, cover-story of June 30, 1980.

New York Times, Sullivan Walter, *Japan ushers in new era of production*, January 11, 1980.

Time, *The Year of Dr. Einstein*, cover-story of February 19, 1979.

Wall Street Journal, Rout Laurence, *Many managers resist « paperless » technology*, June 24, 1980.

Langue française

Boston Consulting Group, *Les Mécanismes fondamentaux de la productivité*, Hommes et techniques 80.

Cepii (Centre d'Etudes Prospectives Industrielles et Internationales), *Etats-Unis, croissance, crise et changement technique*, juillet 1980.

Commission des Communautés Européennes, *La société européenne face aux nouvelles technologies de l'information : une réponse communautaire,* juillet 1980.

Documentation Française 80 (La), *Actes du colloque international informatique et société* (5 volumes).

Echos (Les), *L'Europe pourrait faire les frais du choc industriel nippon-américain,* 4 janvier 1980.

Expansion (L'), Spécial Informatique : *Où en est l'informatisation de la société française ? La course au microprocesseur,* 19/9/80.

Monde (Le), Drouin Pierre, *L'essoufflement du progrès technique : Prométhée au creux de la vague,* 29/6/79 ; *La fin du laisser-faire technologique,* 9/1/80 ; *L'attente du Tiers-Monde,* 11/7/80 ; *Avenirs possibles, 2000 et des poussières,* 20/4/80.

Monde (Le), Grapin Jacqueline, *La bataille de la technologie,* 29-30/10/77 ; *Investissement dans les nouvelles technologies,* 3/10/78.

Monde (Le), Interview d'Etienne Davignon par Ambroise Rendu, *Il faut former les jeunes aux technologies nouvelles,* 4/3/80.

Monde (Le), Maisonrouge Jacques, *Reconnaître les industries de l'avenir,* 16/11/79.

Nouvel Observateur (Le), Alia Josette, *Ordinateurs : la révolution chez vous,* 19/5/80.

Organisation des Nations Unies pour le développement et l'industrialisation, *Industrie 2 000 : perspectives,* United Nations 1979.

Quatre Vérités (Les), Crozier Michel, *La Vitalité et la morale perdue,* juin 1980.

Langue allemande

Der Spiegel, *L'électronique, pétrole de notre époque,* n° 33, août 1980.

QUATRIÈME PARTIE

Livres

Armand Louis, Drancourt Michel, *Le Pari européen,* Fayard.

Bonnet Gérard, *La vie c'est autre chose,* Belfond ; *Les Hommes malades de la science,* Belfond.

CLOSETS François de, *Le Bonheur en plus*, Denoël.

COTTA Alain, *La France et l'Impératif mondial*, PUF.

FABRA Paul, *L'Anticapitalisme*, Flammarion.

GANDHI Indira, *Ma Vérité*, Stock.

GARAUDY Roger, *L'Appel aux vivants*, Le Seuil.

GROSSER Alfred, *Les Occidentaux*, Fayard.

GUERNIER Maurice, *La Dernière Chance du Tiers-Monde*, Laffont.

JOUVENEL Bertrand de, *Un voyageur dans le siècle*, Laffont.

JULIEN Claude, *Le Suicide des démocraties*, Grasset.

KALDOR Mary, *The disintegrating west*, Hill and Wang.

LATTES Robert, *Pour une autre croissance*, Seuil.

MANSHOLT Sicco, *La Crise*, Stock.

MEGRELIS Christian, *Danger protectionnisme*, Calmann-Lévy.

MELMAN Seymour, *The permanent War economy*, Simon and Schuster.

MONNET Jean, *Mémoires*, Fayard.

MULLER Ronald, *Revitalizing America*, Simon and Schuster.

PALÉOLOGUE Eustache, *Les nouvelles relations économiques internationales*, PUF.

PALME Olaf, *Le Rendez-vous suédois*, Stock.

PECCEI Aurelio, *La Qualité humaine*, Stock.

PHILLIPS John Aristotle, *Mushroom*, William Morrow.

PISANI Edgard, *Défi du monde, campagne d'Europe*, Ramsay.

PISAR Samuel, *Transactions entre l'Est et l'Ouest*, Dunod ; *Les Armes de la paix*, Denoël.

REVEL Jean-François, *Ni Marx, ni Jésus*, Laffont ; *Les Idées de notre temps*, Laffont.

ROUGEMONT Denis de, *L'Avenir est notre affaire*, Stock.

SAUVY Alfred, *La Machine et le Chômage*, Dunod.

SCHMIDT Helmut, *La Volonté de paix*, Fayard.

STEPHENS Robert, *The Arab New Frontier*, Temple Smith.

STOFFAES Christian, *La grande menace industrielle*, Calmann-Lévy.

Documents, revues et journaux

CLUB DE ROME (Botkin, Elmandjra, Malitza), *No limits to learning*, Pergamon.

FAR EASTERN REVIEW, *Opec's helping hand for the third world*, 1/8/80.

GROS, JACOB, ROYER, *Sciences de la vie et Société,* La Documentation française.

HAMAD Abdulatif al, Interview dans le Middle East Economic Survey, mars 1980.

LEONTIEFF Wassily, *The future of the world economy,* United Nations study 1977.

McNAMARA Robert, Discours à l'université de Chicago, 22/5/79.

MONDE (Le), CROSSMAN Sylvie, *Les futurs maîtres des robots,* 7/9/80.

OCDE, LESOURNE Jacques, *Rapport Interfuturs,* 1979.

RAPPORT BRANDT, *Nord-Sud : un programme de survie.* Idées/Gallimard.

TINBERGEN Jan, *Nord-Sud : Du défi au dialogue,* 3ᵉ rapport au Club de Rome, SNED/Dunod.

UNESCO-MORAZE Charles, *La Science et les Facteurs de l'inégalité.*

WASHINGTON POST, OBERDORFER Don, *The global economies,* March 23, 1980.

Achevé d'imprimer en novembre 1980
dans les ateliers de l'Imprimerie Bussière
à Saint-Amand-Montrond (Cher)
pour le compte de la librairie Arthème Fayard
75, rue des Saints-Pères, Paris-6ᵉ

ISBN 2-213-00938-4